Pop Art

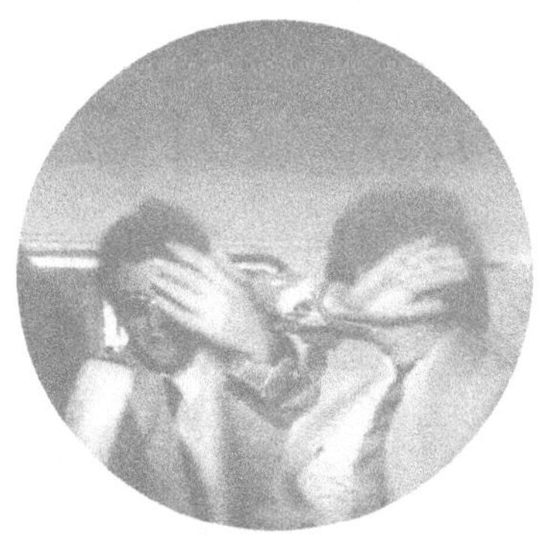

Pop Art
Pittura e soggettività nelle prime opere di Hamilton,
Lichtenstein, Warhol, Richter e Ruscha
di Hal Foster

© 2016 Postmedia Srl, Milano
© 2014 Princeton University Press

The First Pop Age
Painting and Subjectivity in the Art of Hamilton,
Lichtenstein, Warhol, Richter, and Ruscha

Traduzione dall'inglese di Kevin McManus
Book design: Samuele Menin

www.postmediabooks.it
ISBN 9788874901609

Pop Art

Pittura e soggettività nelle prime opere di
Hamilton, Lichtenstein, Warhol, Richter e Ruscha

Hal Foster

postmedia●books

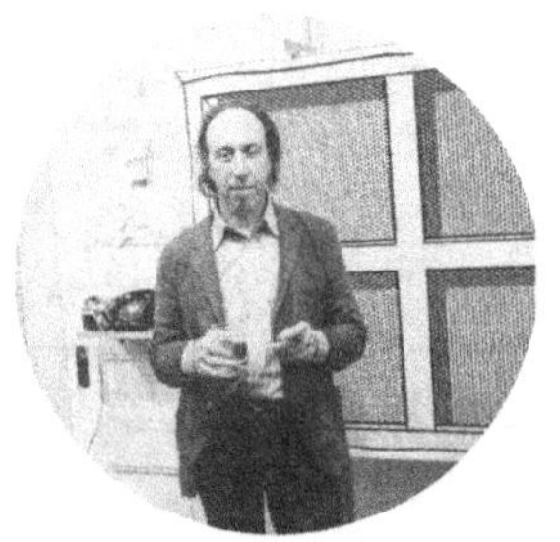

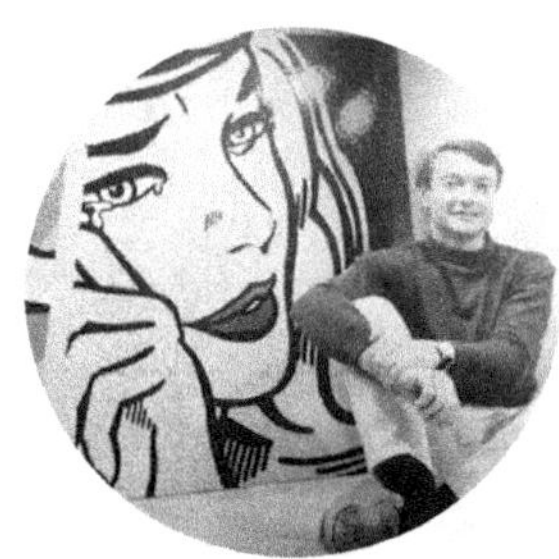

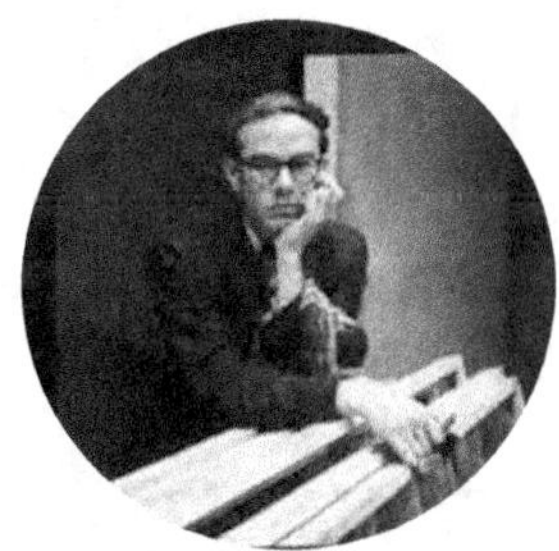

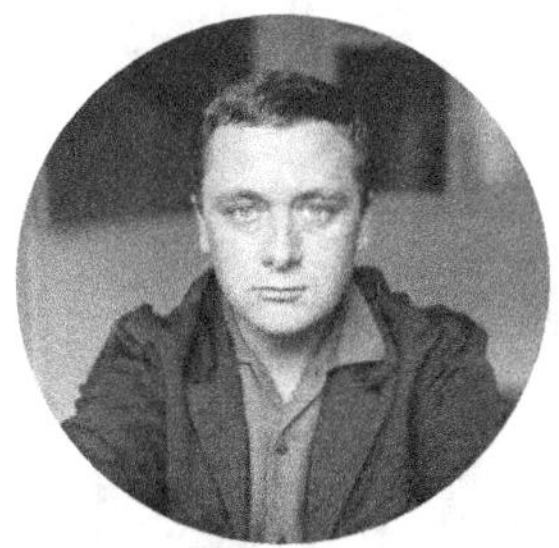

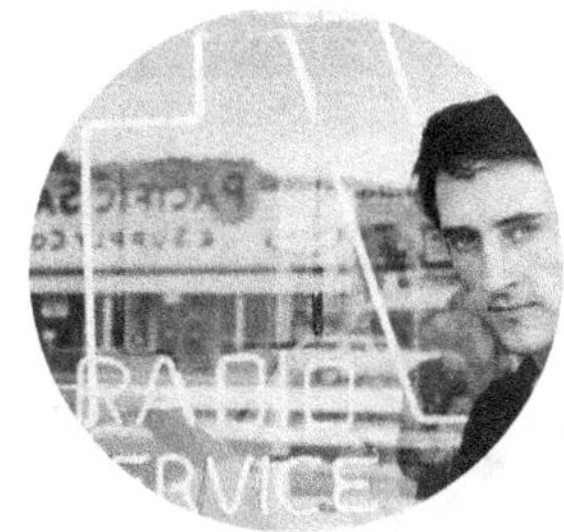

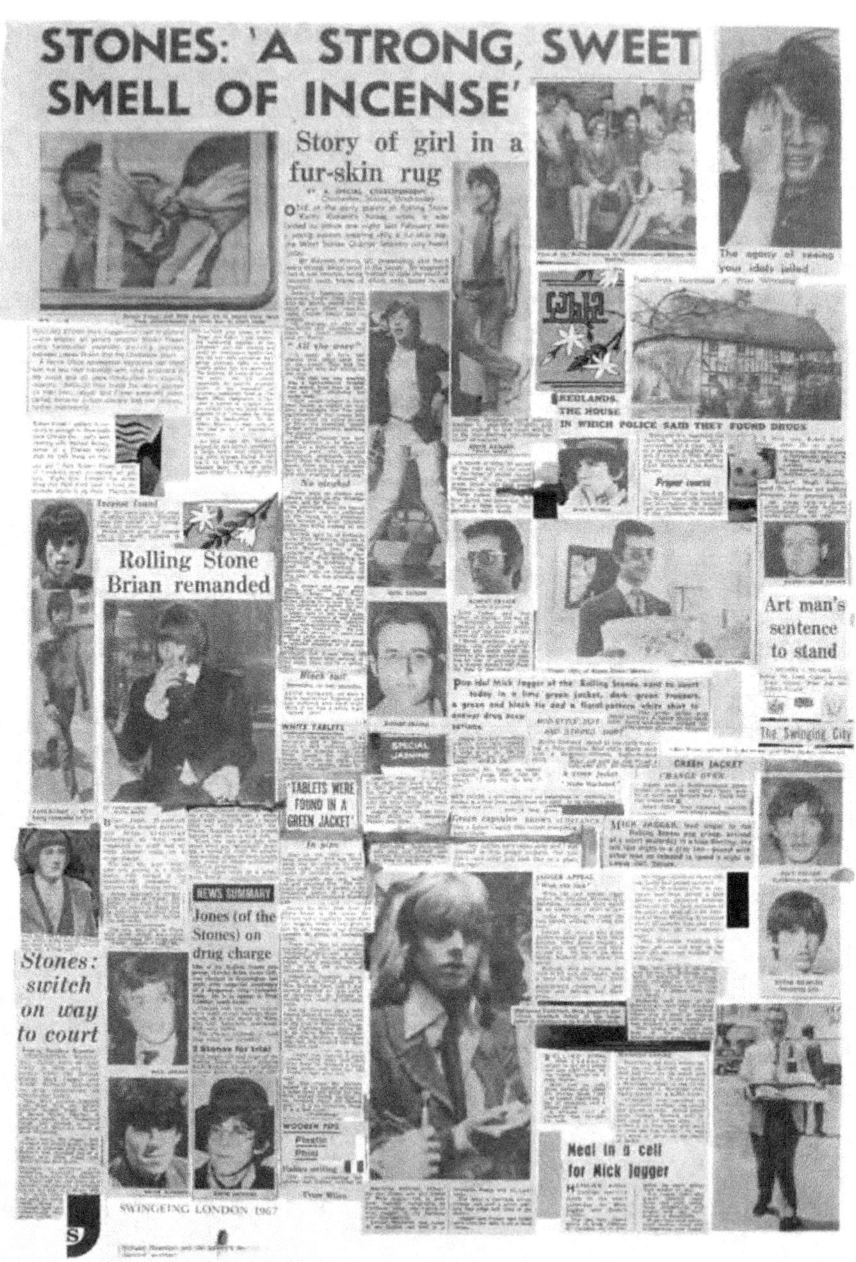

Richard Hamilton, Swingeing London 67 – poster, 1968. Stampa litografica offset, cm 70 x 50

Il 12 febbraio 1967, in seguito a un blitz della polizia locale nella casa di Keith Richards nel Sussex, Mick Jagger e il noto commerciante d'arte londinese Robert Fraser vengono portati via in manette per possesso di droga. Nelle settimane successive, i tabloid pubblicano una pletora di reportage sull'arresto, e alcuni mesi più tardi Richard Hamilton realizza una litografia che mette insieme numerosi ritagli, alcuni dei quali piuttosto salaci: "Stones: un forte, dolciastro odore di incenso", "La storia di una ragazza in un tappeto di pelliccia", "Le pillole ritrovate in una giacca verde". Tra le foto utilizzate dalla stampa, ce n'è una scattata attraverso il finestrino di un furgone della polizia, che ritrae Jagger e Fraser mentre vengono trasportati al tribunale di Chichester per la lettura delle accuse. Nei due anni a seguire, Hamilton utilizza questa foto come soggetto di sette quadri a serigrafia, amplificandone gli effetti in vari modi: l'immagine, già sgranata in partenza, è resa ancor più sfocata; i colori, sporchi in partenza, sono impalliditi come per effetto di un flash, e in tutte le versioni tranne una, la portiera del furgone è eliminata, così che lo spettatore sembra spinto dentro l'abitacolo dall'avidità del suo stesso sguardo[1].

Quasi in reazione a questa invasione, le due celebrità, normalmente favorevoli a una visibilità di questo tipo, cercano di evitarla coprendosi il volto con le mani ammanettate in modo da allontanare il nostro sguardo indiscreto. Il titolo dei quadri, *Swingeing London 67*, si prende gioco, in un colpo solo, dei frequentatori di festini (l'espressione "Swinging London" era stato coniata di recente) e del severo giudizio rivolto in particolare a Fraser: "Ci sono occasioni in cui una sentenza particolarmente drastica (*swingeing* in inglese) può servire da deterrente", aveva infatti detto il giudice, condannando il commerciante d'arte a sei mesi di lavori forzati. L'immagine, tuttavia, non è tanto una protesta contro il sistema giudiziario, quanto una riflessione sulle complesse implicazioni della celebrità[2]. Letto sotto questa luce, il gesto di coprirsi il volto potrebbe richiamare l'espressione prototipica di vergogna che Masaccio conferisce ad Adamo nella *Cacciata dei Progenitori dall'Eden* (1424), e sarebbe del resto tipico di Hamilton commentare una scena "pop" d'attualità con un'allusione alla storia dell'arte; tuttavia, con un'altra soluzione a lui cara, l'artista inserisce un elemento di ambiguità, il sorrisetto quasi beffardo di Jagger al di sotto della mano, che va a sommarsi alle manette, leggibili come una sorta di braccialetti mostrati all'obiettivo dei fotografi (e ricoperti, in una versione del quadro, da luccicanti pezzi di alluminio). Come altri artisti pop, infatti, Hamilton è più interessato alle forme di mediazione dell'evento che all'evento stesso, e il soggetto della sua selezione e rielaborazione è proprio la mediazione, ossia la modalità attraverso la quale l'evento è reso immagine a nostro uso e consumo. *Swingeing London 67* è una prima riflessione su un mondo dei media che oggi costituisce per noi una sorta di seconda natura, un mondo nel quale trasgressione e adorazione sono concetti tutt'altro che opposti, le manette sono spesso trasformate in monili, e la visibilità di per sé, cercata o meno che sia, sovrasta tutto il resto.

Swingeing London 67 tocca molti dei temi trattati in questo libro: come la pop art inglobi spesso pittura e fotografia l'una dentro l'altra, in modo da combinare un effetto illusorio di immediatezza a quella che di fatto è una mediazione, come questo connubio rievochi la tradizione artistica pur portando in primo piano soggetti tratti dalla contemporaneità (*Swingeing London 67*, a modo suo, è una pittura di storia, volto com'è a immortalare un istante drammatico), come un simile trattamento della cultura delle immagini rappresenti un atteggiamento ambiguo, né esplicitamente critico né strettamente connivente, e come infine tale ambiguità stia a dimostrare non solo una confusione sempre maggiore di pubblico e privato, ma anche una sempre più articolata sovrapposizione di immagine e soggettività. Concentrerò l'attenzione su cinque protagonisti della pop art: Richard Hamilton, Roy Lichtenstein, Andy Warhol, Gerhard Richter ed Ed Ruscha. Questi artisti mettono a tema, in modo più marcato di altri, la nuova condizione della pittura e dello spettatore nella prima età pop, che secondo me inizia nella seconda metà degli anni Cinquanta. Detta in parole povere, la mia tesi è la seguente: in quegli anni si verificò un cambiamento di stato dell'immagine come della soggettività, e il fondamentale lavoro di questi cinque artisti rende conto di questo fatto in maniera estremamente chiara.

* * * * *

Già nei primi anni Cinquanta, alcuni membri dell'Independent Group (IG) di Londra, un eterogeneo gruppo di giovani architetti, critici e artisti che includeva nomi come Eduardo Paolozzi e John McHale, iniziano ad attingere a piene mani dalla cultura popolare dalla quale ricavano le immagini poi utilizzate in una serie di progetti di metà decennio. Contemporaneamente, Robert Rauschenberg, Jasper Johns e altri artisti tra New York e la California mettono in atto una rielaborazione degli espedienti dell'immagine trovata e

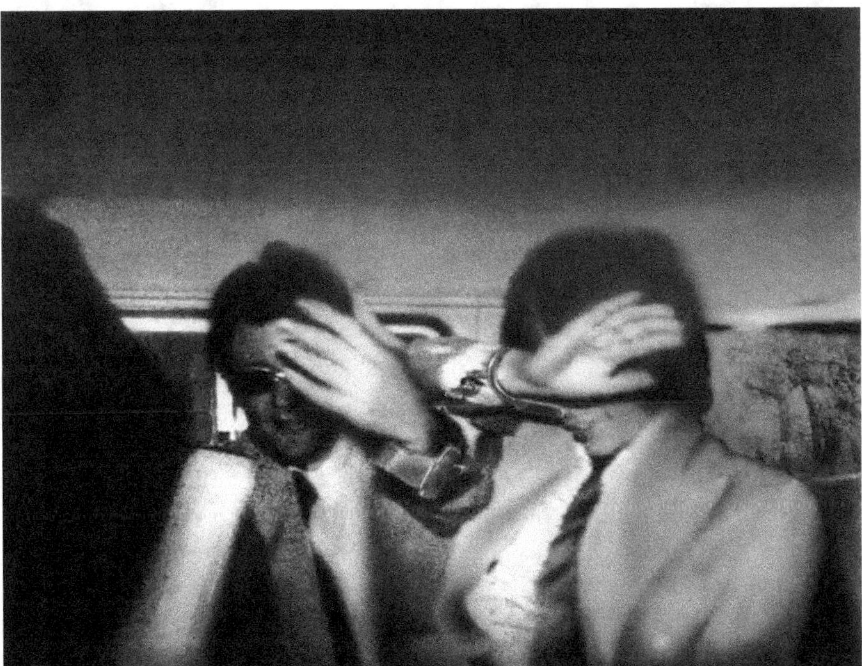

Richard Hamilton, Swingeing London 67 (f), 1968-69. Serigrafia e pastello su carta, cm 68 x 85

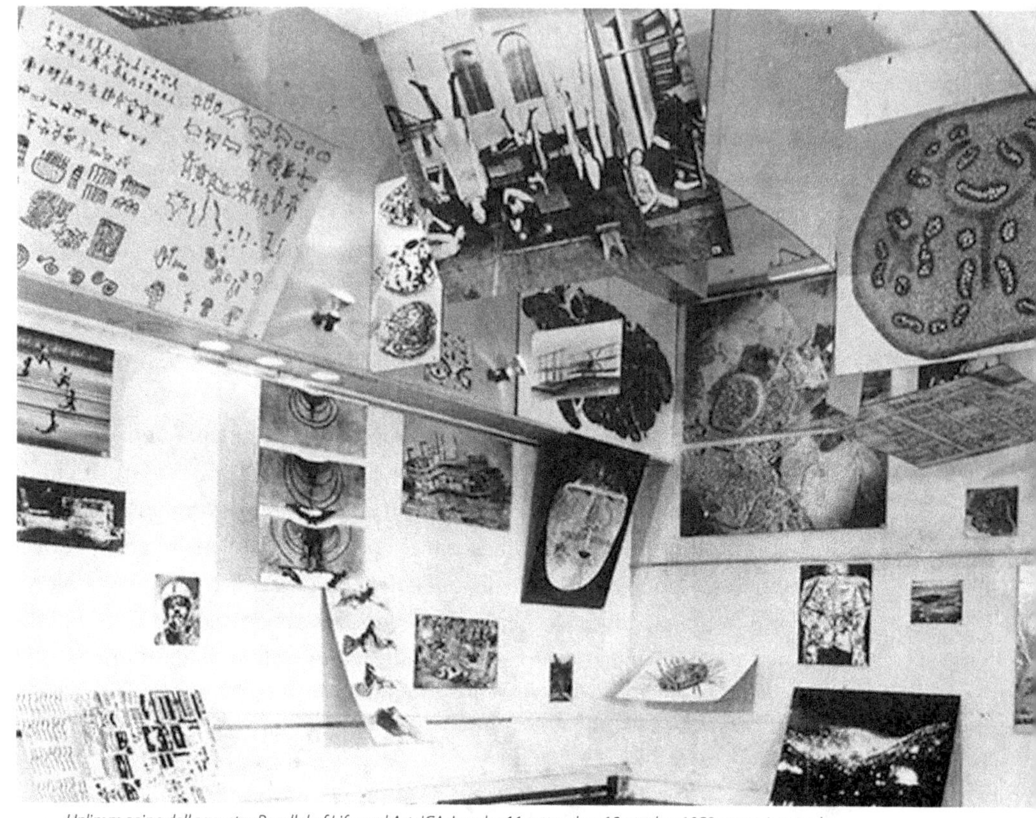

Un'immagine della mostra Parallel of Life and Art, ICA, Londra 11 settembre-18 ottobre 1953, organizzata da The Independent Group. A dx: Una veduta della mostra This Is Tomorrow, Whitechapel Art Gallery, Londra 9 agosto-9 settembre 1956

dell'oggetto *readymade*, in modi che a loro volta contribuiscono a spianare la strada alla pop art[3]. Tutti questi predecessori propongono una pratica del collage che la pop adatterà poi al medium pittorico; un momento di svolta in questa vicenda è rappresentato dal passaggio di Hamilton dal formato collage di *Just what is it that makes today's homes so different, so appealing?* (1956), realizzato originariamente come poster per la mostra finale dell'IG, *This Is Tomorrow*, al quadro da cavalletto *Hommage à Chrysler Corp.* (1957), il primo dei suoi "tabular paintings". Da questo punto di vista, la pop art vera e propria non ha a che fare più di tanto con la disarticolazione neo-dadaista della superficie pittorica riscontrabile nei precedenti inglesi e americani come Paolozzi o Rauschenberg; anche per lo stesso Hamilton, i cui lavori sono composti da frammenti, l'elemento distintivo della pittura pop è piuttosto il salto compositivo da una giustapposizione

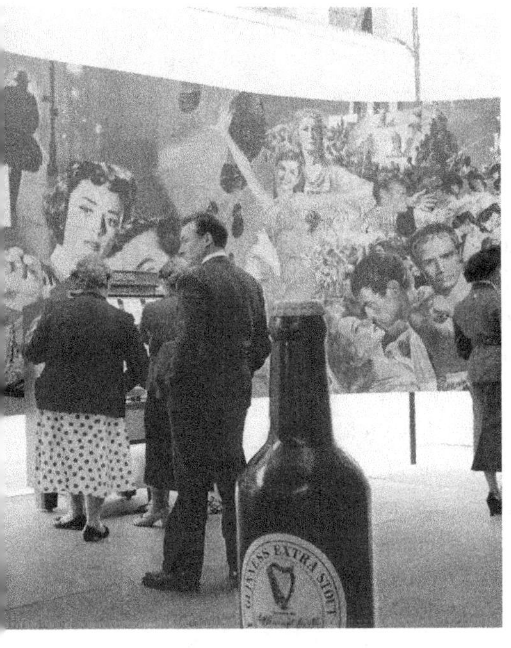

di parti a un'immagine data, perlopiù trattata come un tutto coerente[4]. Certo, l'arte pop spinge la pittura al limite, spesso per misurare gli effetti della cultura del consumismo in generale (brillanti annunci pubblicitari su riviste, immagini cinematografiche fortemente iconiche, schermi televisivi, e così via), ma nel far questo non dimentica il riferimento con la tradizione del "quadro"[5]. Proprio questo interscambio tra alto e basso consente alla pop art di mantenersi in contatto con "la pittura della vita moderna", definita un secolo prima da Charles Baudelaire come un'arte che si sforza di "distillare l'eterno dal transitorio"[6].

Da una parte va detto che, ai tempi della pop, i *mass media* sembrano avere la meglio sui medium artistici, infatti la pop art fa capire che tutto, o quasi, può essere riformattato come immagine, e fatto passare attraverso i più diversificati modi di presentazione. Dall'altra parte, la pop art resiste a qualsivoglia teleologia dei media così com'era stata proposta da Marshall McLuhan, secondo il quale un mezzo come la radio era destinato a diventare il contenuto di un mezzo più evoluto come la televisione, e si serve della pittura per riflettere sulle trasformazioni apportate alla cultura popolare – e anche alle belle arti in genere – da invenzioni come la fotografia, il cinema, la TV, etc. Pertanto, proprio quando la pittura sembra sul punto di essere messa da parte non solo nella cultura di massa, ma anche entro la stessa arte d'avanguardia (com'era già successo in ambiti come Happening, Fluxus e Nouveau Réalisme, e poco dopo con il minimalismo, l'arte concettuale e l'arte povera), fa il suo deciso ritorno nelle più importanti manifestazioni della pop, quasi come una meta-arte capace di assimilare gli effetti di alcuni media e di riflettere sugli altri proprio in virtù della relativa distanza che la separa da essi.

Fin dall'inizio, il coinvolgimento della pop art con la cultura popolare spinge la critica a concentrarsi sul suo contenuto. "Non riesco a vedere l'arte attorno al soggetto", disse un critico della statura di Leo Steinberg in un convegno tenutosi al MoMA il 13 dicembre 1962: "Qualsiasi considerazione di carattere estetico o formale, al momento, è offuscata"[7]. Un offuscamento, del resto, ben più evidente agli occhi di spettatori meno benevoli verso la pop art, i quali proprio per questo si rivelano particolarmente attenti[8]. Gli artisti sono alquanto suscettibili rispetto a questa attenzione nei confronti del contenuto, che essi ritengono una componente secondaria rispetto alla forma, un altro punto sul quale i critici non rendono loro giustizia: se infatti i contenuti sono perlopiù ritenuti scontati, la forma è giudicata facile, sia da realizzare che da vedere, e il problema della fruizione non è quindi tanto l'"offuscamento", quanto la possibilità di leggere attraverso contenuto e forma come se fossero trasparenti. Oggi, tuttavia, ci rendiamo conto di quanto siano elaborate le composizioni di Hamilton e Lichtenstein, e come due autori quali Richter e Ruscha riescano a complicare in vari modi il nostro guardare. Per farla breve, anche quando cercano un impatto immediato (Lichtenstein stesso usa questo termine in alcune interviste giovanili), questi artisti vi associano una complessità di fondo, alla quale non si sottrae nemmeno Warhol, le cui immagini logore, per quanto possano apparire iconiche, sono spesso difficili da assimilare. La mia ricerca è pertanto un tentativo di rendere maggiore giustizia a questi artisti sul piano della forma, di tributare loro il rispetto teorico che è sostanzialmente mancato finora, di dimostrare le sfumature della loro creatività e della loro riflessione. Il desiderio è di dedicare loro quella stessa attenzione ai paradigmi del fare pittorico che Steinberg aveva fornito a Rauschenberg e Johns più di quarant'anni fa, quando avevano appena riconfigurato la pittura come una "piatta superficie documentaria che schematizza le informazioni". Anche la pop art ha i suoi "altri criteri", e ciascuno dei cinque artisti di cui mi appresto a parlare propone un modello preciso di immagine in grado di proiettare una particolare nozione di soggettività[9].

Detto questo, nei capitoli che seguono non mancheranno i *leitmotif* della critica alla pop art, alcuni dei quali sono già stati ricordati: si tratta in particolare delle opposizioni binarie alto/basso, forma/contenuto e immediatezza/mediazione, ma anche di altre come rappresentazione/astrazione, pittura/fotografia, manualità/procedimento meccanico, privato/pubblico, contemplazione/distrazione, critica/complicità. Tutti binomi che hanno costituito l'anima di gran parte delle letture della pop art, se non dell'arte moderna in generale. Secondo il mio modo di vedere, tuttavia, la pop art punta a destabilizzare queste opposizioni attraverso una convergenza (talvolta una fusione) dei loro termini, allo scopo di volgere questa confusione a proprio vantaggio. Ad esempio, pittura e fotografia, manuale e meccanico non vengono messi in contrapposizione, ma piuttosto mescolati, come notato fin da subito dal critico Brian O'Doherty, che descrive questa particolare forma di ibridazione con l'ossimoro "*readymade* fatto a mano"[10]. Allo stesso modo, la pop art non intende riportare l'arte alle certezze della rappresentazione dopo le vicissitudini dell'astrazione, ma combina piuttosto le due categorie in una modalità simulacrale che non solo si differenzia da entrambe, ma finisce addirittura per corroderle[11]. Vi è poi l'ambigua caratterizzazione di quest'arte rispetto al sistema, verso il quale dimostra di non essere né critica né complice: già a metà anni Cinquanta i membri dell'IG auspicano infatti un approccio che sospendesse il giudizio rispetto alla cultura popolare. Lo stesso Hamilton, con le sue "riflessioni al setaccio" sulle strategie di rappresentazione mediata, cerca più che altro un'"ironia dell'affermazione" che possa combinare "reverenza e cinismo" in parti uguali[12]. Nelle loro immagini delle condizioni di esistenza nella società dei consumi, gli altri artisti di cui tratto hanno prodotto diversi connubi di compiacimento e disdegno, contemplazione e distrazione, distanza critica e immersione, lasciando al fruitore il compito di districarli. Questa riflessione ci porta a porre la questione del soggetto nella pop art, uno dei punti fondamentali del volume.

Come affermato più volte, il soggetto ritratto tende ad essere superficiale, se non del tutto piatto, psicologicamente e fisicamente. I prelievi dal fumetto di Lichtenstein sono forse il caso più evidente, ma non certo l'unico, e questa sciatteria della posa è riscontrabile anche negli stessi personaggi-artisti che animano la scena pop: "Se volete sapere tutto su Andy Warhol", ha detto l'eroe pop per eccellenza, "guardate la superficie dei miei quadri, dei miei film e della mia stessa figura, e mi troverete. Al di là, non c'è nulla"[13]. L'interesse per il superficiale, il banale, il neutro, altrettanto presente in Richter e Ruscha, è ben più di una semplice reazione estetica al profondo soggettivismo che caratterizzava ancora i residui di surrealismo ed espressionismo astratto. Come molta letteratura e molta critica del tempo (si pensi ai primi romanzi di J.G. Ballard), la pop art constata un affioramento di tale soggettivismo nella superficie del mondo, con l'interiorità psicologica del soggetto borghese ormai confusa in un tutt'uno con l'esteriorità della vita quotidiana nel consumismo[14]. Malgrado questa insistenza sulla superficie, peraltro, la pop art non manca di rendere conto della soggettività (anche di quella prodotta da un trauma, è bene sottolinearlo), e il più delle volte lo fa proprio mentre tenta visibilmente di *sospenderla*, non solo tramite l'uso di gesti inespressivi e forme neutre, di motivi banali e sciocche immagini fotografiche, ma anche nell'esagerazione con la quale imita una cultura di massa votata a manipolare il soggetto in modo calcolato, dopo avergli fatto credere di essere del tutto autonomo[15]. Ne risulta un atteggiamento paradossale verso i sentimenti, la visione e la significazione, che vengono strutturati rispettivamente in affetti oscillanti tra una piattezza totale e una sorprendente intensità, in uno sguardo capace di mostrarsi spento o volitivo a seconda del momento, e in una serie di significati che sembrano a prima vista non esserci, per poi rivelarsi in tutta la loro abbondanza, trasformando lo spettatore da registratore passivo a frenetico iconologo[16]. Come intuito già dai primi critici, la superficialità del soggetto nella pop art è legata a doppio nodo all'inflazione dell'immagine entro la logica della società dei consumi, concetto questo che già allora aveva trovato ampio spazio nella sociologia: si pensi, solo in ambito nord-americano, a *La sposa meccanica* (1951) di McLuhan, a *I persuasori occulti* (1957) di Vance Packard, e a *The Image: a Guide to Pseudo-Events in America* (1961) di Daniel Boorstin. Parallelamente, l'importanza dell'immagine nella formazione della coscienza individuale era messa in evidenza negli studi di psicologia, e non solo da quelli legati alla Gestalt o all'analisi dell'*io*, ma anche, in modo ben diverso, dalla psicanalisi lacaniana; lo stesso Lacan, nel suo seminario del 1 dicembre 1954, spiega come "l'*io*, visto nel suo aspetto essenziale, è una funzione immaginaria"[17].

La pop art propone un'ipotesi analoga, dotata di una propria profondità psicanalitica: se l'*io* può essere letto, almeno in parte, come un'immagine, allora l'immagine può essere a sua volta vista come un io, ossia una superficie che funge da schermo per le proiezioni della psiche. È per questo che nella pop art, e soprattutto in Warhol, le persone sono spesso trattate come una specie entro il "genere" delle immagini, e viceversa, laddove persone e immagini sono parimenti soggette alle vicissitudini dell'immaginario, inteso da Lacan come un regno volatile nel quale impulsi narcisistici ed aggressivi entrano in competizione reciproca[18]. L'idea di una relazione tormentata tra soggetto e immagine contrasta con l'abituale lettura della pop art come espressione della stessa facile iconicità che caratterizza le celebrità mass-mediatiche o i *brand* delle merci di consumo: al contrario, quest'arte in generale, e Warhol in modo particolare, sono in grado di mettere in luce la difficoltà insita nella nostra condizione di *homo imago*, la fatica necessaria ad ottenere e mantenere un'immagine coerente del *sé* e dell'*altro*. Proprio questa fatica rivela la sostanziale duplicità presente nei lavori e negli autori pop, un'oscillazione tra l'iconicità e il suo contrario, l'evanescente o perfino lo spettrale. È così che Warhol ha operato, contemporaneamente, da superstar e da fantasma, tanto nell'arte quanto nella vita, fino a proporre per se stesso, per il proprio epitaffio, la definizione di "figment" (proiezione della fantasia); ed è così che Lichtenstein ha potuto presentare se stesso, in *Self-Portrait* (1978), come un'assenza, una t-shirt vuota al di sotto di uno specchio che non riflette nulla[19]. Per certi versi, questa duplicità è legata al paradosso secondo il quale il soggetto pop, pur essendo costituito ed espresso da immagini, può anche essere disarticolato e dissolto attraverso di esse, e l'immagine seriale è sufficiente a produrre questo doppio effetto, come negli *Elvis* realizzati da Warhol nel 1963: con l'aiuto dell'assistente Gerard Malanga, l'artista riproduce in serigrafia, su un'unica tela di undici metri, sedici ripetizioni della stessa immagine di Elvis, per poi inviare l'opera alla Ferus Gallery di Los Angeles, dove viene inizialmente esposta su una sola parete, salvo essere successivamente suddivisa in cinque tele che vanno ad aggiungersi agli altri Elvis già presenti in galleria. Lungo questo stravagante fregio, la figura di Elvis appare, con numerose sovrapposizioni, in diverse densità di inchiostro serigrafico nero su pittura d'argento a spray, come se si trattasse di una gigantesca pellicola stampata per sbaglio. La fonte dell'immagine, in effetti, è un film, il western di Don Siegel *Stella di fuoco* (*Flaming Star*, 1960), nel quale Elvis recita la parte di Pacer Burton, il figlio di un rancher texano e di una donna Kiowa presi in mezzo nel contrasto tra i mondi inconciliabili dei bianchi e dei nativi americani. Nelle serigrafie, l'aspetto è quello di un pistolero che sembra venir fuori dalla tela, non privo di una dimensione eroica, le gambe allargate, una mano protesa a puntare il revolver, lo sguardo intenso, le narici frementi e le labbra pronte a dare il bacio della morte: in breve, il tipico Elvis. Ma a dispetto di tutta questa iconicità, Warhol ci fa capire che Elvis è ancora soggetto all'instabilità dell'immaginario:

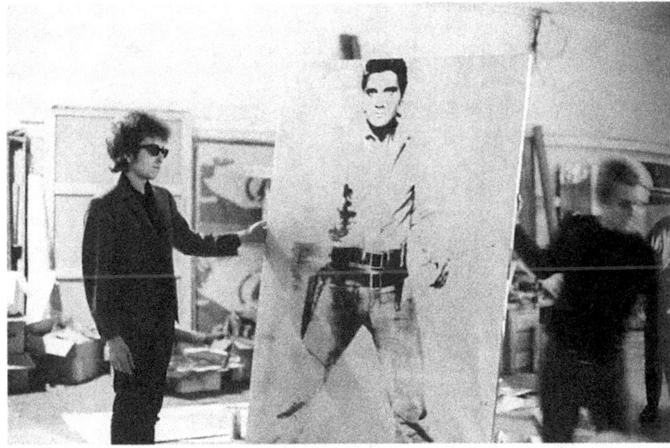

Bob Dylan e Gerard Malanga con Double-Elvis (Ferus-Type) nella Factory
231 East 47th street, New York 1965

narcisista e aggressivo al contempo, singolare ed evidente come icona ma seriale ed evanescente come immagine, vistoso e sbiadito, presente e simulacrale al tempo stesso, proprio come una stella di fuoco[20]. "La natura che parla alla macchina fotografica è infatti una natura diversa da quella che parla all'occhio", scrive Walter Benjamin in *Piccola storia della fotografia* (1931)[21].

Una generazione più tardi, Hamilton, Lichtenstein, Warhol, Richter e Ruscha esplorano i cambiamenti sulla natura umana derivanti dalle nuove tecnologie dell'immagine, e in particolare l'educazione e la verifica del soggetto da parte di obiettivi fotografici, cinematografici e televisivi. Nel fare ciò, non si limitano dunque a riflettere sui soggetti-effetti di queste tecnologie, ma mettono in luce un fondamentale cambiamento nel modo in cui la cultura modella l'individuo. Secondo gli artisti pop, infatti, l'acculturamento della classe media in espansione dopo la guerra è avvenuto non tanto attraverso la "Grande Tradizione" artistica o letteraria, come ancora auspicavano critici quali F.R. Leavis e Clement Greenberg, ma piuttosto attraverso il "Partenone di plastica" della cultura popolare e dei mass media; più precisamente, il soggetto consumista si forma per identificazione con celebrità e merci, piuttosto che per inculcamento di principi da parte di "apparati ideologici di stato" come la scuola o la Chiesa[22]. La pop art trova sì diletto in questo nuovo ordine simbolico, ma non sempre: nella sua mimesi della società dei consumi è presente un lato oscuro, come è assai evidente in Warhol, e in particolare nelle serigrafie della serie *Death and Disasters*, piene di incidenti d'auto e intossicazioni da tonno in scatola, ma anche nei lavori di altri artisti, che mostrano in vari modi come la cultura delle immagini ha riconfigurato la soggettività nell'era postbellica.

E tuttavia questa riconfigurazione non è presentata come un totale assoggettamento: nel rielaborare la cultura delle immagini, ad esempio, la pop art suggerisce uno slittamento nella funzione dell'artista, che non è più né il creatore

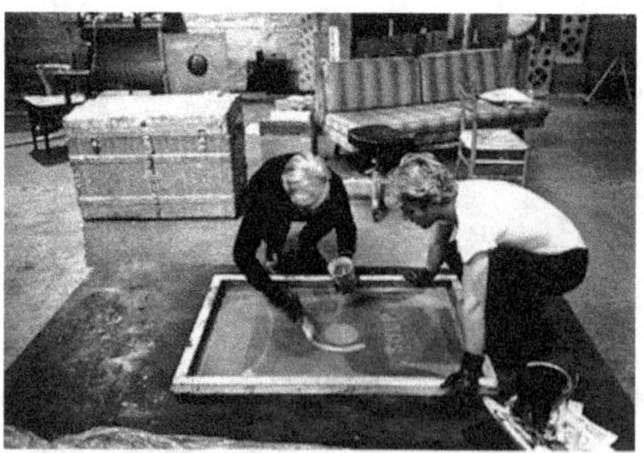

Andy Warhol e Gerard Malanga nella Factory, New York 1965

romantico né l'ingegnere razionalista – le due categorie in cui tendevano a suddividersi i modernisti dell'ante-guerra – ma piuttosto un designer professionista. Hamilton e Lichtenstein, non a caso, avevano lavorato come progettisti, Warhol come illustratore e Ruscha come grafico. Questo cambiamento di ruolo lascia emergere un nuovo tipo di progetto: l'uso dell'immagine artistica come una sorta di sonda invisibile per esplorare la serialità preconfezionata che ha pervaso i linguaggi della cultura contemporanea, per scomporre i *cliché* della celebrità e della merce di consumo, per mostrare come funzionano, come hanno trasformato l'essenza dell'umano come quella dell'oggetto, e infine per rimetterli insieme con una differenza che, per dirla con le parole di Lichtenstein, può non sembrare "enorme", ma è probabilmente "cruciale"[23]. Tutto questo, peraltro, nell'auspicio che tale capacità possa estendersi anche al fruitore, che cioè l'*homo imago* non finisca per essere esclusivamente soggetto alle rappresentazioni culturali, ma diventi anzi, nel bene e nel male, co-autore delle immagini che lo coinvolgono. Ciascuno di noi, come ha scritto Hamilton, può diventare "uno specialista nell'aspetto delle cose"[24].

Ciò non toglie che i critici di sinistra non hanno tutti i torti quando sottolineano una componente conservativa nella pop art. Innanzitutto, come si spiega questa dedizione totale al vecchio medium della pittura, nonostante la sua caduta in disgrazia nell'arte d'avanguardia a cavallo tra anni Cinquanta e Sessanta? La pop art opta per la pittura, questo è certo, ma lo fa anche per evidenziarne i limiti, in modo da farla diventare cartina di tornasole e smascherare le forze che agiscono sull'immagine e sul soggetto. La questione del rapporto tra pittura e soggettività ha trovato ampio spazio nel pensiero estetico, almeno a partire da Kant e Hegel, con la composizione ideale dell'immagine spesso modellata sulla compostezza ideale della persona. Le due cose sono esplicitamente messe in relazione nella definizione di esperienza estetica come contemplazione disinteressata e pensiero libero da vincoli, definizione lasciata in eredità da Kant e Hegel a una schiera innumerevole di seguaci, tra filosofi, artisti, critici e storici dell'arte[25]. Alla luce di questa tradizione, la pop art e la pittura dovrebbero essere pienamente in tensione, dal momento che la pop, nel suo votarsi a una cultura di massa data in pasto ai media e al mercato, promuove perlopiù una fruizione interessata, e celebra un essere tutt'altro che distaccato. Optando per rappresentazioni proiettate e acquisite, la pop art registra cambiamenti nella tecnica della produzione di immagini, evidenti anche in pittura, ma soprattutto imita la fruizione distratta sollecitata da queste immagini, mettendo a dura prova le vecchie unità di composizione pittorica e punto di vista. Ne risulta che molte composizioni pop oscillano tra il crollare a pezzi e lo stare insieme, tra sublimazione e desublimazione, altre due opposizioni che vengono così rese più complesse. Assai spesso, anche l'immagine pop è messa in difficoltà come lo è il soggetto: Richter definisce "feriti" alcuni suoi lavori, mentre Warhol usa il termine "malati".

In precedenza ho suggerito che la pop art si sia mantenuta fedele alla concezione baudelairiana della "pittura della vita moderna". Hamilton, ad esempio, fa riferimento a questa idea fin dagli scritti giovanili e sembra collocarla alla base della fondamentale domanda da lui posta nel 1962: può la cultura popolare "essere assimilata nel discorso sulle belle arti?"[26]. Ma la sua rilevanza è confermata anche da Richter e Ruscha, nel momento in cui giungono a combinare, rispettivamente, la pittura di paesaggio alla fotografia amatoriale, e l'arte astratta al *graphic design*, mentre Lichtenstein vi fa ricorso nei suoi *cliché* pittorici derivati, oltre che da Pablo Picasso e Joan Miró, da Walt Disney. Solo in Warhol la tradizione del *tableau* appare compromessa, e non mancano comunque le eccezioni, come le immagini dalla serie "Death and Disaster", che possono rientrare nell'ambito della pittura di storia, e i famosi ritratti, un genere sul quale nessun altro artista nel dopoguerra ha inciso tanto.

Baudelaire aveva rivolto a Édouard Manet un complimento ambiguo dicendo che era stato il primo artista della "decrepitezza": a mio modo di vedere, i pittori pop costituiscono il punto di arrivo di questa particolare tradizione[27]. Insieme alla pittura, infatti, la pop art conserva anche tutte le ansie della vita moderna, e

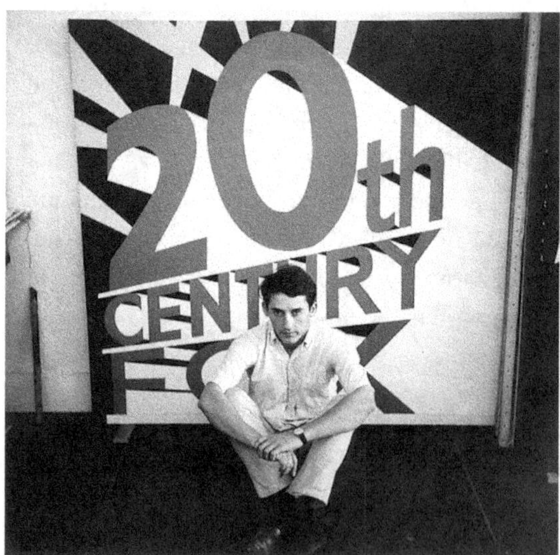

Ed Ruscha nello studio di Echo Park seduto davanti a Large Trademark with Eight Spotlights, Los Angeles, California 1963. Foto: Joe Goode

proprio per questo motivo mi rifaccio, per descrivere gli effetti della modernità, a concetti formulati molti decenni fa, come "reificazione", "feticizzazione" e "distrazione". Entro l'orizzonte pop, questi concetti vengono amplificati dalle innovazioni tecnologiche del dopoguerra, e la pop art stessa, nella sua mimesi, li enfatizza ulteriormente, mostrandoci come, in un'economia dei consumi, gli oggetti e le immagini tendono a diventare seriali e simulacrali, e le merci tendono ad operare come segni, e viceversa. Per essere più precisi, la pop art si propone di cogliere un cambiamento nella natura stessa dell'apparire, in seguito al quale il mondo della pubblicità si mostra come una seconda natura presentata attraverso una visualità fotografica, filmica e televisiva[28]. La reificazione, termine che a suo tempo descriveva la trasformazione in oggetto delle relazioni umane nell'ambito della produzione e del consumismo capitalista, assume qui l'aspetto apparentemente opposto: non più un diventare "cosa", quanto piuttosto un liquefarsi, un alleggerirsi, come se ciò che Karl Marx e Friedrich Engels avevano appena osato immaginare nel *Manifesto comunista* (1848) riferendosi alle dinamiche capitaliste in generale – "tutto ciò che è solido svanisce nell'aria" – fosse diventato realtà[29].

Nel suo tentativo di dipingere questa rinnovata modalità dell'apparire, che Hamilton definisce «phloo» fotografico, Ruscha «patina di celluloide», la pop art la rende talvolta più seduttiva ancora di quanto non sia, e lo fa, questo è certo, per puro compiacimento. Tuttavia, questa ostentazione ha anche un valore conoscitivo: nella sua rappresentazione di questo mondo patinato,

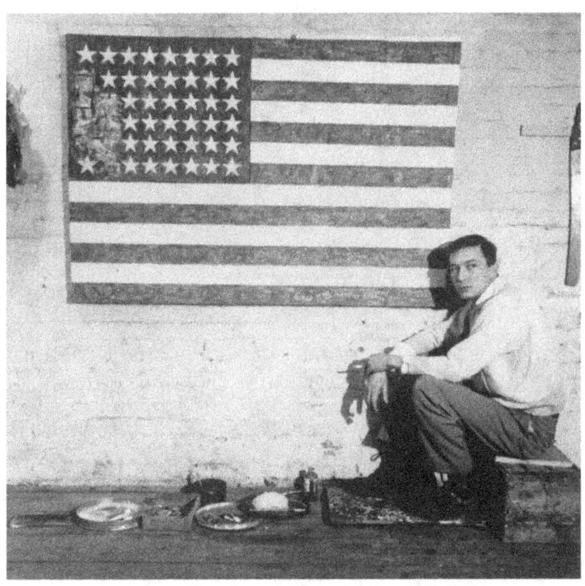

Jasper Johns ritratto da Robert Rauschenberg nello studio in Pearl Street, 1954-55, New York

infatti, la pop art smaschera un impulso generalizzato a ridurre tutto in pittura, ma anche a feticizzare le immagini così prodotte, ossia a conferire loro una vita e un potere propri. È questa, in fin dei conti, la teoria del capitalismo implicita nella pop art: che la sua politica e la sua economia dipendano da una combinazione di feticismi, sessuale, semiotico e della merce, una sorta di "super-feticismo" nella cui orbita la produzione di oggetti, immagini e segni diventa tanto più oscura quanto più si fa intenso il nostro coinvolgimento con questi fantasmi[30]. La pop si rivolge quindi a una modernità elevata alla seconda potenza dall'espansione capitalista del periodo post-bellico, e i capitoli che seguono intendono mettere in evidenza alcuni aspetti di questo fenomeno. Per Baudelaire e i suoi seguaci la modernità era una stupefacente finzione da celebrare, ma anche un mito terribile da mettere in questione, tanto che, spesso, i grandi pittori della vita moderna, da Manet ai miei cinque artisti pop, ne sono anche i grandi dialettici: sono cioè in grado di alternare la celebrazione dei suoi effetti alla loro decostruzione critica[31].

Dal punto di vista metodologico, pertanto, non ho intenzione di storicizzare la pop art in relazione al suo contesto sociale, quanto piuttosto di periodizzarlo, attraverso i suoi stessi paradigmi di pittura e soggettività, in relazione alla modernità capitalista più in generale[32]. È qui che la mia allusione alla "pittura della vita moderna" si interseca con il titolo del volume *The First Pop Age*, che riecheggia uno dei testi fondanti della prima età pop, scritto dal critico di architettura Reyner Banham. In *Architettura della prima età della macchina* (1960), concepito nell'ambito dell'Independent Group, Banham manifesta la propria distanza, storica e ideologica, dai primi teorici dell'architettura moderna[33], con lo scopo di mettere in discussione l'esclusivismo funzionalista o razionalista di figure quali Walter Gropius, Le Corbusier, Nikolaus Pevnser e Siegfried Giedion – la convinzione cioè che la forma debba conseguire dalla funzione o dalla tecnica – e di recuperare piuttosto gli imperativi modernisti avanzati dall'espressionismo e dal Futurismo, che questi illustri personaggi avevano trascurato. Nel fare questo, Banham propone l'immaginario della tecnologia come componente principale della progettualità moderna; di quella progettualità, cioè, che vive la sua "seconda età della macchina", come egli stesso la definisce, o "prima età pop", come la definisco io in queste pagine.

Cercherò di applicare la stessa lente deformante alla pop art, in modo da mettere in luce i suoi modelli di pittura e soggettività. Inoltre, come Banham si è volto al passato della prima età della macchina anche per spiegare certe tendenze nel proprio momento culturale, così anch'io faccio riferimento alla prima età pop anche per far dare conto di alcuni elementi ricorrenti nella nostra condizione presente. Queste sono alcune delle domande che pongo, tacitamente e senza pretendere risposta: quali sono stati i cambiamenti significativi nell'apparenza visiva e sensoriale delle immagini proiettate ed acquisite, nella capacità del consumismo e della tecnologia di farsi soggetto di rappresentazione? In che modo questi cambiamenti sono trattati in arte? La pittura ha ancora le carte in regola per riflettere su questi temi, o al contrario si è sempre illusa di poterlo fare? Si può dire che l'ordine simbolico presentato dalla pop art sia ancora oggi in vigore con gli stessi caratteri? In definitiva, abbiamo superato indenni la prima età pop, o ne viviamo ancora i postumi?[34] Indubbiamente, se si seguirà questa linea di indagine, non mancheranno errori di auto-comprensione, che tuttavia possono essere a loro volta istruttivi: se Banham ha svelato come i creatori dell'architettura moderna fossero troppo innamorati della ragione strumentale ("la forma segue la funzione"), mentre le star della pop art ci appaiono eccessivamente succubi della cultura dei media ("è un villaggio globale"), i nostri punti deboli quali sono?[35]

• • • • •

La scelta dei cinque artisti significa naturalmente l'esclusione di molti altri, e mi rammarica soprattutto l'assenza di donne e minoranze nelle pagine di questo libro. Certamente ci sono state artiste coinvolte nella pop art (si pensi a Pauline Boty, Vija Celmins, Niki de Saint Phalle, Rosalyn Drexler, Lee Lozano); tuttavia, era impossibile che le donne ne fossero i soggetti principali, innanzitutto perché ne erano i principali oggetti, se non addirittura feticci. E per quanto reiterino spesso questa oggettificazione, gli artisti che ho scelto mettono talvolta la feticizzazione sotto scrutinio[36]. Se le donne erano spesso fin troppo visibili come oggetti, le minoranze non erano invece sufficientemente

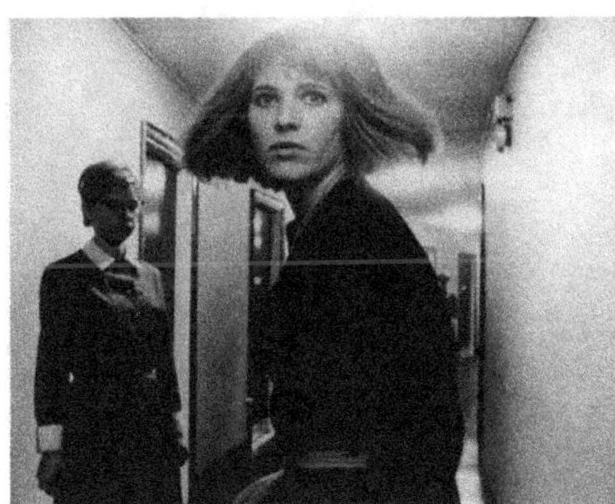

Pauline Boty nel film di Ken Russell
"Pop Goes the Easel" (Inghilterra 1962)

visibili come soggetti, e solo recentemente gli artisti di colore attivi in ambito pop hanno ottenuto la dovuta attenzione[37]. Proprio questo è forse il principale limite di una pratica artistica come la pop art "mainstream", il fatto di trarre i propri materiali da una cultura di massa che tratta determinati soggetti secondo stereotipi, mentre altri non li considera del tutto.

Quasi a peggiorare le cose, il mio piccolo canone comprende unicamente uomini bianchi fin troppo premiati tanto dal circuito museale quanto dal mercato. All'interno della società consumista degli anni 1955-1960, il mondo dell'arte subì profonde trasformazioni, e i miei artisti furono tra i primi a trarre beneficio di questa nuova commercializzazione; per quanto, va detto, non siano loro cinque, solitamente, a comporre la rosa di nomi comune alla maggior parte delle riflessioni sulla pop art. Va inoltre ammesso che, nel porre l'accento sulla pittura, dedico alla scultura solo un piccolo spazio, per di più in relazione ai diversi modelli di immagine sviluppati dai miei artisti. Un'analisi siffatta tralascia quindi figure di primo piano come Claes Oldenburg, e del resto vi sono anche altri pittori che avrei voluto includere[38]. Dall'altro lato, non sempre gli artisti scelti rientrano esattamente nella categoria pop. Per fare un esempio, per quanto mi concentri sulle prime manifestazioni di questo movimento, mi ritrovo talvolta a discutere lavori più tardi che tendono a starne fuori, in parte per respingere alcune definizioni troppo ristrette, in parte per resistere alla facile considerazione che il lavoro di questi artisti tenda a perdere di efficacia nel tempo (opinione, questa che lascia ancora alcune ombre sulla lettura, in particolare, di Lichtenstein e Warhol). Di nuovo, credo che oggi vi sia una distanza sufficiente dalla pop art per rileggerla con nuove categorie, e anche per tentare una visione proiettata sui possibili effetti sull'arte contemporanea.

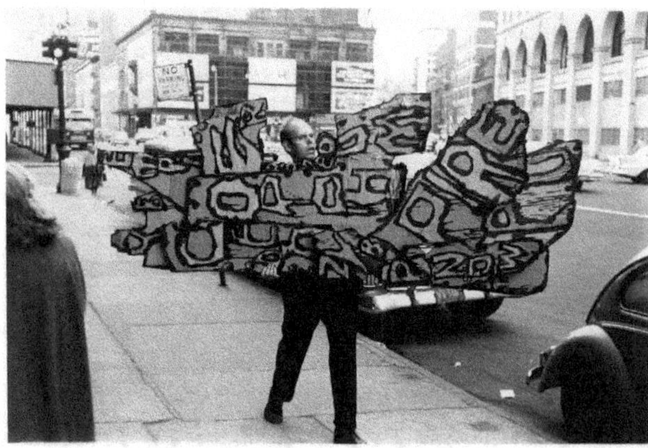

Claes Oldenburg trasporta Street Sign (1960)
alla Reuben Gallery, New York, 1960. Foto di I. C. Rapoport

Molti dei capitoli di questo libro sono stati pensati inizialmente come saggi, anche nel senso etimologico di primi tentativi di affrontare il tema, ma con la speranza, un giorno, di rivederli, estenderli e collegarli tra loro.

* • * *

Molte persone mi sono state d'aiuto in entrambe le fasi di questo lavoro, nel corso degli ultimi dieci anni. Per i consigli in fase di stesura, devo ringraziare i miei editor di "London Review of Books", di "New Left Review" e di "Raritan", oltre ai colleghi di "October" (Soprattutto Benjamin Buchloh e Yve-Alain Bois, con i quali dialogo spesso nelle pagine che seguono). Ho concepito questo progetto nel corso di un convegno sulla pop art all'università di Princeton nel 2002, e l'ho modellato al Courtauld Institute, dove mi trovavo come docente del Research Forum nel semestre del Fall 2007. Ringrazio Deborah Swallow e Mignon Nixon per avermi invitato a insegnare al Courtauld. Sono inoltre grato ai partecipanti al mio seminario sulla pop art nello Spring 2008, a tutti coloro che hanno letto il manoscritto almeno in parte (Graham Bader, Mark Francis, Kevin Hatch, Gordon Hughes, Alex Kitnick, e Lisa Turvey), e a chi ha collaborato alla produzione del volume (Hanne Winarsky, Maria Linden feldar, Christopher Chung, Terri O'Prey, e Kip Keller). Ancora una volta, grazie a Sandy per il suo affetto, e a Tait e Thatcher per la loro energia.

1. Hamilton elimina il finestrino del furgone nella foto originale attraverso il fotoritocco; tuttavia, nella versione finale (l'unica stampata) lo ricostruisce come una cornice di compensato con vetri scorrevoli. Questo gioco con gli elementi di design è tipico di Hamilton, al quale piace esplorare i differenti effetti ottenuti mediante l'utilizzo dei diversi mezzi espressivi (*Swingeing London 67* compare anche in versione stampata).

2. Il giudice è citato in Morphet R., ed., *Richard Hamilton*, Tate Gallery, Londra 1992, p. 166. A quel tempo, Fraser era sia amico che mercante di Hamilton, fatto che qui indica come, a Londra come a New York, il mondo dell'arte e quello dello spettacolo fossero già interconnessi.

3. Si veda, in particolare, Ferguson R., ed., *Hand-Painted Pop: American Art in Transition 1955-1962*, LAMOCA/Rizzoli, Los Angeles 1993. Parlerò di questi collegamenti nei Capitoli 1 e 2. Si noti che in tutto il volume userò la parola "Pop" per riferirmi alla pop art e "pop" per riferirmi alla cultura popolare.

4. Qui Hamilton ha in mente soprattutto Warhol. Ovviamente, il collage era stato recuperato già da tempo come linguaggio pubblicitario.

5. C'è una vasta letteratura sul *tableau*, o "quadro", ma è stato Denis Diderot a catturare la sua essenza nella voce "Composizione", scritta da lui stesso per l'*Encyclopédie* (1751-72): "Un quadro [*tableau*] ben composto è una totalità racchiusa in un solo punto di vista, dove le parti concorrono a un medesimo scopo e formano, con la loro mutua corrispondenza, un insieme altrettanto reale di quello delle membra in un corpo animale; in perciò una pittura costituita da un gran numero di figure disposte a casaccio, senza proporzione, senza intelligenza e senza unità, non merita il nome di *vera composizione* più di quanto studi sparsi di gambe, nasi, occhi, su uno stesso cartone meritino di quello di *ritratto* oppure quello di *figura umana*": citato in Barthes R. (1977), *Diderot, Brecht, Ejzenštejn*, trad. it. in *L'ovvio e l'ottuso*, Einaudi, Torino 1985, p. 91. Sempre durante l'Illuminismo, Gotthold Lessing presenta la sua

nota opposizione tra le arti spaziali e temporali, che confermano l'unità prescritta da Diderot per la pittura, con questa clausola aggiuntiva: "La pittura può usare solo un singolo momento di un'azione nelle sue composizioni coesistenti e deve perciò scegliere il più significativo [*trächtig*] e dal quale le azioni che lo precedono e lo seguono siano più facilmente comprensibili", Lessing G.E. (1766), *Laocoonte*, trad. it. Sansoni, Firenze 1954, p. 80 (traduzione leggermente modificata). Duecento anni dopo, Clement Greenberg aggiorna queste definizioni neoclassiche nella sua spiegazione della "pittura modernista", che si concentra, inoltre, su un "singolo momento" della percezione: "Idealmente il dipinto dovrebbe essere colto nel suo insieme con un solo sguardo, la sua unità dovrebbe essere immediatamente evidente e nella sua unità dovrebbe risiedere la qualità suprema di un quadro, ovvero quando questo ha al massimo grado la forza di stimolare e controllare l'immaginazione visiva. Questa è una cosa che si può cogliere solo in un istante indivisibile" (Greenberg C. (1959), *La ragione dell'arte astratta*, trad. it. in *L'avventura del modernismo*, Johan & Levi Editore, Monza 2011, p. 113). Si tratta di una posizione estremamente reattiva, e Greenberg dieci anni prima aveva riconosciuto "la crisi della pittura da cavalletto" nel suo saggio, dallo stesso titolo, del 1948: Greenberg C. (1948), *La crisi della pittura da cavalletto*, trad. it. in *L'avventura del modernismo*, pp. 78 sgg.). Il *tableau* era già stato contestato anche dai Costruttivisti russi (e altri), come epitome della tradizione della pittura borghese. Torno spesso, in questo libro, al disturbo del quadro che la pop art mette in atto; ad esempio, nel Capitolo 1, suggerisco che questo disturbo potrebbe essere una decostruzione, più che un'opposizione, per cui la pop art intensifica la reazione dello spettatore del quadro modernista sino al punto che la sua agognata "presenza" slitta nel suo temuto opposto. Per una spiegazione magistrale dell'importanza del quadro per Diderot e per i suoi contemporanei, si veda Fried M., *Absorption and The Theatricality: Painting and Beholder in the Age of Diderot*, University of California Press, Berkeley e Los Angeles, 1980, pp. 71-105. Fried ritorna sull'argomento, sempre esaustivamente, in Id., *Manet's Modernism*, University of Chicago Press, Chicago 1996, pp. 267-280.

6. Baudelaire C. (1863), *Il Pittore della vita moderna*, trad. it. Abscondita, Milano 2004, p. 12. In questo celebre saggio, una parte del quale è anticipato nel suo *Salon de 1946*, Baudelaire effettuò un cambiamento nel soggetto trattato – già iniziata nella pratica da Édouard Manet e altri artisti – lontano dalle tematiche elevate del mito e della storia, avvicinandosi alle attività della vita cittadina quotidiana, in particolare i passatempi della classe media. Un tale cambiamento nei contenuti implicò anche un cambiamento nella forma e persino nel *medium*; ad esempio per catturare i movimenti in città dei soggetti borghesi, Baudelaire ipotizza che lo schizzo sarebbe stato più utile rispetto ad altre tecniche (l'esempio nel saggio non è Manet ma Costantin Guys, che fu poi conosciuto per i suoi rapidi schizzi della vita parigina). Infatti, secondo Baudelaire, quale miglior strumento della fotografia può rendere "l'effimero, il fuggitivo, il contingente", qualità chiave del "caleidoscopio" della vita metropolitana? Il poeta rimase ancora riluttante verso il nuovo mezzo, in parte perché non vedeva il suo potenziale dal punto di vista dell'espressione creativa (opinione che presto divenne la più diffusa sulla fotografia), in parte perché non credeva che essa fosse adatta all'"altra metà" della sua missione artistica, che era estrarre "l'eterno e l'immutabile" da questa mutevole modernità. Questa "altra metà" era ancora la pittura, e quindi la pittura – sebbene influenzata, a dire il vero, da attributi già appartenenti alla fotografia – rimase il mezzo essenziale.

7. Leo Steinberg è citato in Selz P., ed., *A Symposium on Pop Art*, "Arts", April 1963, p. 35, ristampato in Madoff. S.H., ed., *Pop Art: A Critical History*, University of California Press, Berkeley e Los Angeles 1997, p. 72. Oltre a Steinberg e Selz, il simposio includeva Henry Geldzahler, Hilton Kramer, Dore Ashton, Stanley Kunitz. Tratterò più estesamente delle prime reazioni alla pop art nel Capitolo 2.

8. Si veda Madoff. S.H., *Pop Art: A Critical History*, per un esempio rappresentativo di queste reazioni ostili.

9. Mi riferisco agli importanti saggi raccolti in Steinberg L., *Other Criteria: Confrontations with Twentieth-Century Art*, Oxford University Press, Oxford 1972, p. 88. È per questo motivo che spesso cito i miei cinque artisti (ognuno di essi è anche linguisticamente creativo, a suo modo).

10. O'Doherty B., *Doubtful but Definite Triumph of the Banal*, "New York Times", 27 October 1963. David Deitcher sviluppa questa definizione in *The Unsentimental Education: The Professionalization of the American Artist*, in Ferguson R., ed., Hand-Painted Pop

11. Il concetto di simulacro veiene riabilitato in questo momento, talvolta proprio riferendosi alla Pop Art, da studiosi del calibro di Michael Foucault, Gilles Deleuze e Jean Baudrillard. Mi soffermerò su questo punto nel Capitolo 3 e nel Capitolo 4.

12. Hamilton R., *Collected Words, 1953-1982*, Thames and Hudson, Londra 1982, p. 78.

13. Citato in Berg G., *Andy: My True Story*, "Los Angeles Free Press", 17 March 1963.

14. Nello stesso periodo c'erano altre espressioni di questo impulso anti-soggettivo, come il *noveau roman* di Alain Robbe-Grillet e la prima critica di Roland Barthes, ma essi abbracciarono la neutralità come mezzo per evitare le ideologie, il che riguarda una differente problematica (europea), concernente le politiche della guerra fredda, piuttosto che la sensibilità della società dei consumi. Ritornerò su quest'argomento nel Capitolo 4.

15. La pop art registra anche il contesto storico, come hanno dimostrato studiosi quali Thomas Crow, Anne Wagner e Micheal Lobel.

16. In *Other Criteria*, Steinberg associa il soggetto-effetto di un Rauschenberg con la schizofrenia e quello di un Johns con la tolleranza del dolore; ancora una volta, la pop art tende a combinare questi due aspetti e perciò a differire da entrambi. Tali paradossi erano attivi, nello stesso momento, anche altrove: per esempio, mentre alcuni scrittori si dilettavano in un delirio interpretativo (tra gli altri, Thomas Pynchon, Philip K. Dick, William Burroughs, William Gaddis), altri si proclamavano "contro l'interpretazione" (un esempio per tutti, Susan Sontag).

17. Lacan J., *L'io nella teoria di Freud e nella tecnica della psicanalisi 1954-1955, II seminario*, libro II, trad. it. Einaudi, Torino 1991, p. 41. Qui Lacan sviluppa quanto trattato ne *Introduzione al narcisismo* (1914), articolo in cui Freud sostiene che l'io diventa oggetto dell'investimento libidico nell'immagine riflessa del corpo. Riguardo all'io come "funzione immaginaria", si consideri questa osservazione di Warhol: "di solito accetto la gente in base all'immagine che ha di se stessa, perché l'immagine che ha di se stessa ha a che fare con il suo modo di pensare più di quanto non ne abbia l'immagine oggettiva", Warhol A. (1975), *La filosofia di Andy Warhol*, trad. it. Costa & Nolan, Genova 1983, p. 62.

18. "L'aggressività è la tendenza correlativa a un modo di identificazione che chiamiamo narcisistico", scrive Lacan in Lacan J. (1948), *L'aggressività in psicoanalisi*, trad. it. in Lacan J. (1966), *Scritti*, vol. I, trad. it. Einaudi, Torino 1974, p. 104, articolo associato al suo famoso saggio *Lo stadio dello specchio come formatore della funzione dell'Io* (1936-49), sempre contenuto in Lacan J., *Scritti*.

19. Questa tensione tra iconicità ed evanescenza è riproposta in relazione ai soggetti della pop art, in particolare come appare in Warhol. Per esempio, da un lato c'è Barthes (tra gli altri): "Marilyn, Litz, Elvis, Troy Donahue non sono presentati, nel senso stretto del termine, nella loro contingenza, ma nella loro eternità: essi possiedono un 'eidos', che la pop art si propone di rappresentare". Dall'altro lato c'è Benjamin Buchloh (tra gli altri), per il quale Warhol offre ai consumatori una possibilità di "vedere celebrata [...] proprio la loro condizione di uomini cancellati come soggetti". In mia opinione queste due polarità possono incontrarsi nel momento in cui si trovano nel campo dell'arte. Si vedano Barthes R. (1980), *L'arte, questa vecchia cosa*, trad. it. in Codognato A., *Pop Art: evoluzione di una generazione*, Electa, Milano 1980, p. 46; Buchloh B., *L'arte unidimensionale di Warhol: 1956-1966*, trad. it, in McShine K., ed., *Andy Warhol. Una retrospettiva*, catalogo della mostra (Palazzo Grassi, Venezia 1990), Bompiani, Milano 1990, p. 57. Su Warhol come "invenzione", si veda il Capitolo 3.

20. Come simbolo dell'*homo imago*, Elvis aggiorna, nell'era dei consumi, non solo l'uomo vitruviano dalle proporzioni classiche, ma anche l'uomo meccanizzato di Muybridge. È qui implicita, ancora una volta, una nuova idea dell'io, come se fosse proiettato – ad esempio, un nuovo senso di identificazione, inteso cinematograficamente come la proiezione di un'immagine idealizzata (in questa luce, Ray Johnson pensò bene di intitolare uno dei collage con Elvis del 1955 *Oedipus*).

21. Benjamin W. (1931), *Piccola storia della fotografia*, trad. it. in *L'opera d'arte nell'epoca della sua riproducibilità tecnica. Arte e società di massa*, Einaudi, Torino 1966, p. 62. Potrebbe trattarsi dello stesso modo in cui Warhol sfrutta l'"ardente" omoerotismo di Elvis, inavvertitamente implicato nel titolo del film *Stella di fuoco*.

22. Si veda Leavis F.R., *The Great tradition*, Doubleday, Garden City, N.Y. 1954, e McHale J., *Plastic Parthenon*, "Dot zero", spring 1967. Come vedremo nel Capitolo 1, questa nuova tendenza di assumere uno stile proprio indipendentemente dalla tradizione, annunciata da Hamilton in un lavoro come *Just what is it that makes today's homes so different, so appealing?*, è un *leitmotiv* della ricerca dell'IG, specialmente negli scritti di Lawrence Alloway e di Reyner Banham. "I film americani e le riviste furono l'unica cultura vivente che conoscemmo da bambini", Banham ribadisce ai suoi colleghi dell'IG. "Tornammo alla pop art nei primi anni cinquanta come Behans tornava a Dublino o Thomases a Llaregub, un ritorno alla nostra letteratura nativa, alle arti nostrane" (Banham R., *Who Is This Pop*, "Motif", n. 10, Winter 1962-1963, p. 13). D'altra parte, i critici americani, sia di sinistra che di destra, tesero a screditare questo sviluppo, con formule quali "masscult", "midcult" e "guys-and-doll lumpenbourgeoisie" (rispettivamente MacDonald D., *Against the Grain: Essay on Mass Culture,*

1962 e Wolfe T., *Kandy-Kolored Tangerine-Flake Streamline Baby*, 1965). Potrei aggiungere che per me la pop art rimane un'avanguardia, sia per il suo addestramento postbellico che per l'allenamento del soggetto.

23. Lichtenstein citato in Swenson G., *What is Pop Art? Part 1*, "Art News", November 1963, ristampato in Madoff. S.H., ed., *Pop Art: A Critical History*, p. 108.

24. Hamilton R., *Collected Words*, p. 136. Faccio riferimento in particolar modo al suo *My Marilyn* (1965), di cui tratterò nel Capitolo 1. Per il suggerimento di un *homo imago* nell'arte e nella cultura postbellica, il presente volume potrebbe essere letto insieme al mio libro precedente, *Prosthetic Gods*, MIT Press, Cambridge 2004, che si focalizza sulle fantasie del primitivo e della macchina nell'arte e nella cultura prebellica.

25. Si vedano Kant I., *Critica del giudizio* (1790) e Hegel G.W.F., *Estetica* (1820-1826 circa).

26. Hamilton R., *Collected Words*, p. 35

27. Baudelaire C., *Correspondance*, Gallimard, Paris 1973, 2:497. Il critico Hilton Kramer, di impostazione conservatrice, una volta collocò Rauschenberg e Johns nella "periferia decadente del gusto borghese" (*Month in Rewiew*, "Arts", febbraio 1959, pp. 48-50). Considero questo abbassamento come un elogio, per cui la pop art fiorì in tale declino.

28. "L'arte commerciale è la nostra arte", commenta Lichtenstein nel 1964; "è il nostro argomento di discussione e in questo senso è natura". Con un'ispirazione simile, Richter ribadisce nel 1989, "Le fotografie sono quasi natura". Si veda Lichtenstein in Johnson E. H., ed., *American Artists on Art from 1940 to 1980*, Harper and Row, New York 1982, p. 103; Richter G., *Writings, 1961-2007*, DAP, New York 2009, p. 228. Georg Lukács elaborò il concetto di "seconda natura" (al quale ritorno spesso), in Lukács G. (1916), *Teoria del romanzo. Saggio storico-filosofico sulle forme della grande epica*, trad. it Sugar, Milano 1962 e, con toni esplicitamente marxisti, in Id. (1923), *Storia e coscienza di classe*, trad. it. Sugar, Milano 1974, dove è anche introdotto il concetto di reificazione.

29. A metà degli anni Cinquanta, per esempio, Roland Barthes scrisse, "Il mondo intero può essere plastificato, e perfino la vita", Barthes R. (1957), *Miti d'oggi*, trad. it. Einaudi, Torino 1994, p. 169. James Rosenquist suggerì questo salto nella reificazione in *Reification* (1961), una tavola dipinta di rosso, giallo e arancione acceso con le prime tre lettere del titolo costituite da luci elettriche bianche che si accendono ad intermittenza, con qualche lampadina mancante. "Lo sguardo oggi più teso alla sostanza, quello mercantile che va dritto al cuore delle cose, si chiama réclame. Questa spazza via lo spazio che restava libero per l'osservazione e ci spinge le cose fin sotto il naso, pericolosamente vicine quanto un'automobile che dallo schermo cinematografico ci si fa incontro tremolando, sempre più gigantesca. [...] Che cosa rende in definitiva la réclame tanto superiore alla critica? Non ciò che dice la rossa scritta mobile del giornale luminoso: la pozza infuocata che, sull'asfalto, la rispecchia" Benjamin W. (1928), *Strada a senso unico. Scritti 1926-1927*, trad. it. Einaudi, Torino 1983, p. 54.

30. Certi aspetti della pop art, come questo "super-feticismo", legittimano metodi interpretativi che sono spesso visti come conflittuali, come il freudiano o il marxiano. Ad esempio, la pop art parla ad un mondo spettacolare di superfici immaginifiche, e nello stesso momento parla anche ad un soggetto umano non del tutto privo di una profondità psicologica, richiedendo così le spiegazioni dei Situazionisti e degli psicologi insieme – posizioni che altrimenti sarebbero incompatibili le une con le altre. In questi casi, la teoria deve adattarsi all'arte, e non viceversa. (Mi soffermerò sul feticismo semiotico nel Capitolo 1.)

31. Questa è un'importante intuizione di T.J. Clark e Thomas Crow, tra gli altri. Si veda, per esempio, Clark T.J., *The Painting of Modern Life: Paris in the Art of Manet and His Followers*, Knopf, New Yprk 1985, e Crow T., *Modernism and Mass Culture in the Visual Arts* (1983), in Modern Art in the Common Culture, Yale University Press, New Haven 1996.

32. Tale storicizzazione è l'impostazione diffusa della storia dell'arte contemporanea attuale, invece io sono interessato a un diverso tipo di storicizzazione, che riguarda i concetti sviluppati in un'opera d'arte. Per uno studio di questa prospettiva, si veda Agamben G., *Cos'è un paradigma*, in *Signatura rerum. Sul metodo*, Bollati Boringhieri, Torino 2008. Per una critica della sua applicazione negli studi sul modernismo, si veda Jones C., *The Modernist Paradigm: The Artworld and Thomas Kuhn*, "Critical Inquiry", n. 3, primavera 2000

33. Banham R. (1960), *Architettura della prima età della macchina*, trad. it. Calderini, Bologna 1970.

34. Tali domande richiedono uno sguardo in parallasse, e sebbene io sia diffidente verso le *grands récits* come i successivi postmodernisti, questo scetticismo è diventato un'opinione fine a se stessa, e le opere focalizzate su un periodo storico preciso, come "la prima età del pop", possono risultare utili. Per gli sguardi in parallasse, si veda Foster H., *Cos'è successo al Postmoderno?* In Id. (1996), *Il ritorno del reale. L'avanguardia alla fine del Novecento*, trad. it. Postmedia Books, Milano 2006; riguardo ai testi focalizzati su periodi storici circoscritti, si veda Foster H., *Dialogues in Art History, from Mesopotamian to Modern: Readings for a New Century*, National Gallery of Art, Washington 2009. Sicuramente Warhol fu il principale predecessore del contesto artistico newyorkese sviluppatosi tra gli anni Ottanta e Novanta e da me analizzato, ma oggi non pare più essere questo il motivo. Non è chiaro, inoltre, assumendo tale prospettiva genealogica, se l'arte sia creata o semplicemente riproposta. Un'ulteriore nota a proposito di una parallasse personale: sono nato nel 1955, un mese dopo che Disneyland aveva aperto a luglio, nello stesso anno in cui Rauschenberg produceva *Bed* e Johns *Target with Plaster Casts*. Sono una creatura appartenente alla prima età del pop nei suoi aspetti sia ottimistici, sia catastrofici: l'utopia di un dialogo mondiale contro la realtà dell'assassinio di Kennedy; le immagini della missione Apollo contro le scene della guerra del Vietnam. In questo periodo, un bambino, educato nello stupore di fronte ai progressi della scienza medica e, nello stesso tempo, nel terrore verso la minaccia atomica, potrebbe credere in cose opposte, come per esempio: "Vivrò per sempre, morirò domani". Forse è stata questa formazione antinomica che mi preparò a vedere la pop art come doppia, rivoluzionaria e mortale insieme.

35. Ad esempio, gli artisti pop hanno forse perso il passaggio chiave nei regimi postbellici di controllo – un passaggio marcato non tanto dallo spettacolo delle immagini mediali (come credevano i Situazionisti), quanto dall'amministrazione del "biopotere" (come arriva ad affermare Foucault)? Ma potrebbe anche essere che lo spettacolo e il biopotere non siano contraddittori nella pratica come paiono esserlo nella teoria, e che la pop prenda come oggetto di riflessione, se non così esplicitamente come con la prima, anche la seconda istanza.

36. Per una prima critica della pop art su questo specifico aspetto, si veda Mulvey L., *Fears, Fantasies and the Male Unconscious*, oppure *You Don't Know What is Happening, Do You, Mr Jones?*, in Id., *Spare Rib* (1973), ristampato in Id., *Visual and Other Pleasures*, Indiana University Press, Bloomington 1989. Si vedano anche Whiting C., *A Taste for Pop: Pop Art, Gender and Consumer Culture*, Cambridge University Press, Cambridge 1997 e la mostra del 2010 dal titolo *Seductive Subversion: Women Pop Artists 1958-1968*, curata da Sid Sachs presso l'University of the Arts di Philadelphia e promossa come "la prima grande mostra delle artiste pop". C'è, tuttavia, un chiaro aspetto omosessuale nella pop art, evidente soprattutto in Warhol; questo importante punto è stato esaustivamente trattato da Douglas Crimp, David Dietcher, Jonathan Flatley, Jonathan Katz, Richard Meyer, Kenneth Silver e Jonathan Weinberg.

37. Si veda, per esempio, Mercer K., ed., *Pop Art and Vernacular Cultures*, MIT Press, Cambridge 2007

38. Tra gli altri, Öyvind Fahlström, Sigmar Polke e ames Rosenquist; il primo è oggetto di una recente monografia di Michael Lobel, mentre agli altri due non sono stati dedicati studi adeguati riguardo al loro periodo pop. Inoltre, vedo gli sviluppi inglesi e francesi della pop art come un argomento distinto da quello preso in questione. Tutto ciò per constatare un'ovvietà: questo libro non è uno studio onnicomprensivo sui cinque artisti scelti, tantomeno una mappatura completa della pop art.

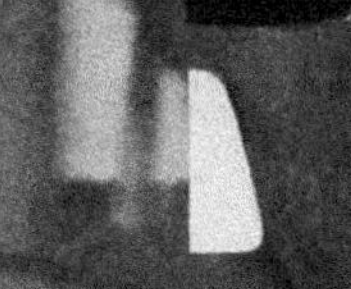

Richard Hamilton fotografato da Timothy Greenfield-Sanders per la copertina di "ARTnews", New York, febbraio 1991

Richard Hamilton

L'immagine tabulare

"Walter Gropius scrisse un libro sui silos per cereali, Le Corbusier sugli aeroplani e Charlotte Perriand portava in ufficio un nuovo oggetto ogni giorno; oggi, invece, noi collezioniamo pubblicità"[1]. Questa piccola poesia in prosa fu inserita in un saggio degli architetti inglesi Alison e Peter Smithson pubblicato nel novembre 1956, tre mesi dopo la leggendaria mostra *This Is Tomorrow* alla Whitechapel Gallery di Londra, che aveva visto tra gli espositori i membri dell'Independent Group (IG), una vivace formazione di giovani architetti, artisti e critici. Trascurando il fatto che gli stessi Gropius, Le Corbusier, Perriand e compagnia erano a loro volta alquanto mediagenici, l'affermazione degli Smithson è polemica: *loro*, Gropius e simili, i protagonisti del design modernista, trovavano ispirazione nelle strutture funzionali, nei mezzi di trasporto e nelle merci di qualità, mentre noi, gli Smithson e soci, sacerdoti della cultura di massa, ci ispiriamo piuttosto, come modelli, "all'articolo usa e getta e alla confezione pop"[2]. Una scelta dettata in parte dal gusto, suggeriscono gli Smithson, in parte dalla disperazione: "Al giorno d'oggi, stiamo perdendo il nostro ruolo tradizionale a favore del nuovo fenomeno delle arti popolari: la pubblicità. [...] Dobbiamo prendere in qualche modo le misure di questa intrusione, se vogliamo contrapporre ai suoi stimoli travolgenti ed emozionanti quelli derivanti dalla nostra sensibilità"[3]. Altri componenti dell'Independent Group, come Richard Hamilton e Reyner Banham, condividono questa ansia.

Chi sono i profeti di questo epico spostamento di valori? Forse il primo artista del gruppo a "collezionare pubblicità" è Eduardo Paolozzi, che attribuisce ai collage realizzati a partire dalla propria collezione il nome "bunk"[4]. Sebbene quest'estetica dell'albo per affissioni sia messa in atto anche da Nigel Henderson, Willam Turnbull e John McHale, è Paolozzi, in una serata di aprile nel 1952, a proiettare annunci pubblicitari, ritagli di rotocalco, cartoline e grafici su una parete del neonato Institute of Contemporary Art, in una nota dimostrazione di quello che è a tutti gli effetti il metodo particolare dell'Independent Group, quello cioè di accostare, fuori da qualsiasi gerarchia, una selezione di immagini comuni, all'apparenza slegate, oppure in qualche modo connesse, a volte entrambe le cose insieme. Utilizzata dai suddetti artisti in alcuni collage iniziali, questa modalità di presentazione è proposta per la prima volta come strategia curatoriale da Richard Hamilton in una mostra del 1951, *Growth and Form*, ispirata dall'ormai classico volume *Crescita e forma* (1917) del biologo scozzese D'Arcy Wentworth Thompson, e sviluppata in eventi successivi come *Parallel of Life and Art*, curata da Paolozzi, gli Smithson e Henderson nel 1953, *Man, Machine & Motion*, curata da Hamilton nel 1955, e soprattutto *This Is Tomorrow*, del 1956, che raggruppa artisti, architetti e designer in dodici "team". In quanto strategia artistica, tuttavia, il metodo è portato avanti soprattutto nelle immagini "tabulari" (*tabular paintings*) di Hamilton.

Se Paolozzi e Hamilton suggeriscono un paradigma estetico utile sia al collage che a pratiche curatoriali, è Banham a fornire le argomentazioni teoriche a sostegno di un'"età pop": "Siamo già entrati nella seconda età delle macchine [...], e possiamo guardare indietro considerando l'epoca precedente [...] quale un periodo del passato"[5]. Così scrive in architettura nella prima età della macchina, studio concepito come dissertazione nei giorni di gloria dell'Independent Group, nel quale Banham vede accresciuta la sua distanza storica rispetto agli storici dell'architettura moderna come Nikolaus Pevsner, suo maestro al Courtauld Institute, che nel 1936 aveva scritto *I pionieri dell'architettura moderna*). Per quanto votato all'architettura moderna, Banham è alquanto scettico nei confronti del canone razionalista dei Gropius, Le Corbusier e Mies van der Rohe, così come presentato da Pevsner, Sigfried Giedion e altri: attua cioè una critica di questa versione del modernismo, basandosi sulla ricerca di un criterio per esprimere in modo soddisfacente l'età della macchina, identificato con la tecnologia, assunta a categoria fondante del design moderno, il design della seconda età della macchina o anche, per dirlo in maniera diversa, della prima età pop. Secondo

Banham, Gropius e compagni avevano semplicemente imitato l'aspetto superficiale della macchina, e non i suoi principi dinamici: avevano assunto le forme semplici e le superfici lisce della macchina anziché l'operatività cinetica della sua tecnologia: una visione troppo "selettiva", ma anche troppo ordinata, una sorta di estetica "classicista" travestita da elogio della macchina[6]. Le Corbusier, del resto, aveva legittimato questa visione quando, in *Vers une architecture* (1923), aveva paragonato una Delage del 1921 al Partenone; Banham ritiene assurdo questo accostamento, essendo le automobili "veicoli del desiderio" in senso futurista, e non platonici oggetti-tipo. Solamente un soggetto che vede l'automobile come "un veicolo del desiderio popolare e un sogno che il denaro può comprare" può veramente incarnarne lo spirito moderno[7].

Sotto questo punto di vista, il Banham profeta del pop è tutt'uno con il Banham revisionista del modernismo. Come altri membri dell'IG, è cresciuto assimilando la cultura popolare dei rotocalchi, dei fumetti e dei film americani prima della guerra; proprio questo è il significato del termine "pop" negli anni successivi al conflitto, nulla a che vedere con l'accezione "folk" della cultura locale, e nemmeno con quella attuale di "pop art" (di questi due significati, il primo è già estinto ai tempi dell'Independent Group, mentre il secondo non esiste ancora per nessuno). Da buoni divoratori di periodici e film, i membri dell'IG sono abbastanza vicini a questo versante della cultura americana da conoscerlo a fondo, e allo stesso tempo abbastanza lontani da desiderarlo ancora, soprattutto in un'Inghilterra francamente povera di alternative appetibili,

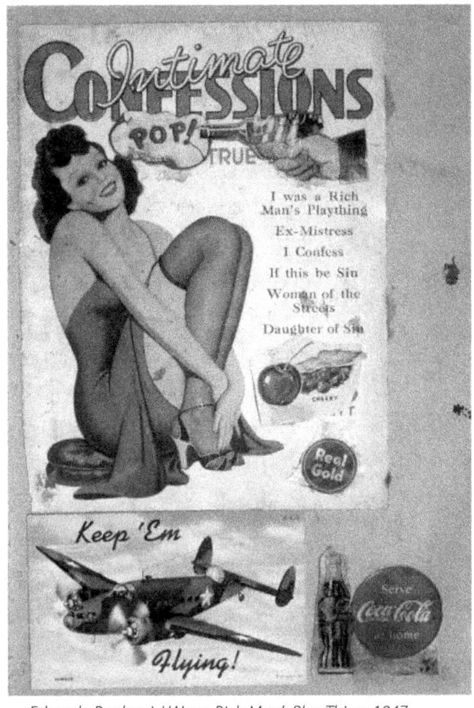

Eduardo Paolozzi, I Was a Rich Man's Play Thing, 1947 Collage, cm 35 x 23,5. Courtesy: Trustees of the Paolozzi Foundation

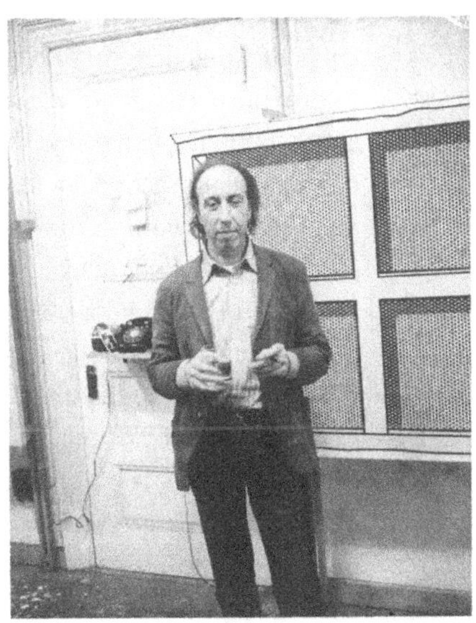

Richard Hamilton ritratto da Roy Lichtenstein nello studio di quest'ultimo a New York, 1968

limitate alla civilizzazione d'élite di Kenneth Clark, al modernismo accademico sostenuto da Herbert Read e alla tradizione operaia studiata da Richard Hogart[8]. Di conseguenza, l'IG non mette granché in discussione questa cultura, finendo per creare il paradosso di un gruppo di giovani degli anni Cinquanta che è al tempo stesso americanofilo e di sinistra. A quel tempo, un primo "americanismo" di stampo fordista legato alla produzione di massa, che aveva attraversato l'Europa negli anni Venti con importanti effetti su Gropius e altri, viene rimpiazzato da un secondo "americanismo" consumista, legato piuttosto alla potenza dell'immagine, al *sex appeal* della confezione e al ricambio accelerato dei prodotti: questi i valori su cui la prima età pop fonda le categorie del proprio linguaggio.

Una simile revisione del design modernista non è quindi solo una questione accademica, ma anche un modo di rivendicare un'"estetica del consumabile", già proposta dal futurismo, come caratteristica di questa età pop, nella quale gli "standard [...] incentrati su quanto vi è di permanente" hanno ormai perso di importanza[9]. Per mettere in pratica questo esperimento, Banham dispone di due laboratori: le attività dell'IG (discussioni, conferenze e mostre) e la propria attività di saggista, che svolge applicando ai prodotti commerciali i metodi di studio iconografico concepiti al Courtauld Institute per la cultura "alta". Più di chiunque altro, Banham si propone di allontanare la riflessione sul progetto dall'orizzonte modernista legato alle forme astratte, portandola nell'ambito di una semiotica pop dell'immagine culturale, e seguendo così la transizione dal grande *architetto* come autorità determinante per la produzione industriale al *pubblicitario* come istigatore del desiderio consumistico. "Le fondamenta della precedente struttura intellettuale della teoria del progetto sono crollate", scriveva Banham nel 1961. "Non è più accettato universalmente che l'architettura sia l'analogo universale del progetto"[10]. Da tale punto di vista, non è stato il libro ad uccidere l'architettura, come profetizzato da Victor Hugo in *Notre-Dame de Paris* (1831); sono stati piuttosto il parafango cromato e l'aggeggio di plastica a soppiantarla dal ruolo di paradigma del "progetto". In modi diversi gli Smithson (seguiti da Cedric Price, Archigram e altri) hanno "preso le misure di questo intervento" in architettura, mentre Hamilton ha fatto lo stesso in arte[11].

Molti degli entusiasmi di Banham sono condivisi da Hamilton. Anch'egli trae godimento dalla macchina non per la sua praticità funzionale, ma per la sua forza emozionale, la sua potenza mitica. Nell'introduzione alla sua mostra del 1955, *Man, Machine & Motion*, un allestimento a griglia di oltre duecento immagini di meccanomorfi sott'acqua, sulla terraferma, in cielo o nello spazio, Hamilton arriva al punto di rispolverare il vecchio *tòpos* del centauro uomo-macchina,

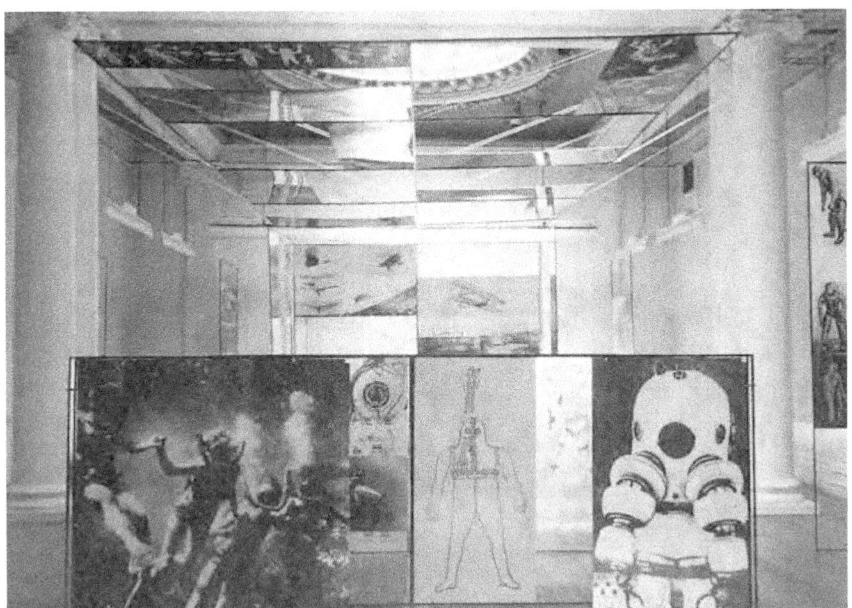

L'allestimento di Man, Machine & Motion, Hatton Gallery, Newcastle, 1955

introdotto come ideale da Filippo Tommaso Marinetti nel Manifesto futurista del 1909. E tuttavia, come Hamilton stesso sa bene, le macchine esibite in *Man, Machine & Motion* sono alquanto obsolete per i tempi, così come sono quasi *naïf* i centauri meccanici, e tutto sommato assurdi i riferimenti al tecno-futurismo[12]. Privo dello zelo che contraddistingue Banham, Hamilton pratica già, verso la cultura popolare come verso l'arte alta, la cosiddetta "ironia dell'affermazione", espressione presa in prestito dal *maestro* Marcel Duchamp, e chiosata come "un particolare miscuglio di rispetto reverenziale e cinismo" (Hamilton, *Collected Words, 1953-1982*, p. 78; tutte le citazioni successive sono tratte dallo stesso libro). Questo atteggiamento è di fondamentale importanza, e se ne parlerà ancora più avanti; basti dire che Hamilton non intende mai essere puramente critico, chiamandosi fuori dalla cultura popolare o dall'arte alta, e ancor meno radicale in senso proprio (la sua versione dell'Independent Group non è certo la Scuola di Francoforte, e nemmeno l'Internazionale Situazionista), ma neppure passivamente complice. Piuttosto, immerso com'è tanto nella cultura popolare che nell'arte alta, egli intende sperimentare, testare le modalità operative tipiche di ciascuna delle due; rispettoso e al tempo stesso cinico, cerca di esplorarne e di sfruttarne la rinnovata relazione, una sorta di sovrapposizione carica di senso[13].

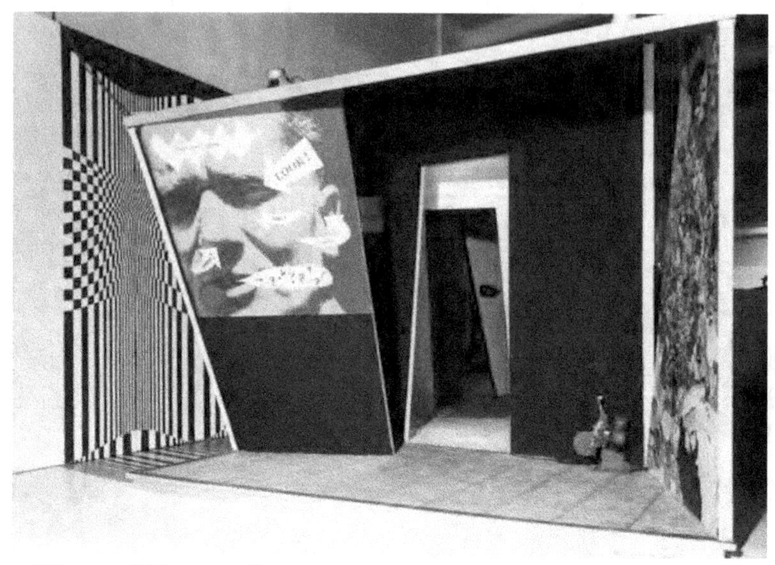

L'allestimento del Gruppo n. 2 alla mostra This Is Tomorrow, Whitechapel Art Gallery, Londra, 1956

L'"ironia dell'affermazione" è del resto evidente in *This Is Tomorrow*, che vede Hamilton inserito nel "team" completato dall'artista John McHale e dall'architetto John Voelcker (fig. 1.3). Questa formazione, la seconda su un totale di dodici, parte da presupposto che nuove tipologie di "immaginario e percezione" richiedano strategie di rappresentazione altrettanto nuove, e proprio per il catalogo della mostra Hamilton realizza il suo noto piccolo collage, *Just what is it that makes today's homes so different, so appealing?* (fig. 1.4), il quale rende conto per lo meno del nuovo "immaginario", facendo un sommario dell'iconografia pop emergente, quella costituita da "uomo, donna, umanità, storia, cibo, giornali, cinema, TV, telefono, fumetti (informazione illustrata), parole (informazione testuale), cassette registrate (informazione sonora), automobili, elettrodomestici, spazio"[14]. Per quanto debitore dei collage "bunk" di Paolozzi, *Just what is it…?* anticipa una visione del tutto personale dell'immagine pop, un mondo di figure gonfiate e tirate a liscio, ostentazioni di merci e simboli mediatici, un'immagine, che, a suo dire, è "tabulare almeno quanto è pittorica": *tabulare* nel senso che è una compilazione sistematica degli individui-merce di questo mondo, *pittorica* nel senso che colloca queste entità in uno spazio ancora per certi versi illusionistico. Vale a dire che, per quanto l'accostamento di materiali abbia la funzione di scardinare la superficie, lo spazio rimane perlopiù coerente[15].

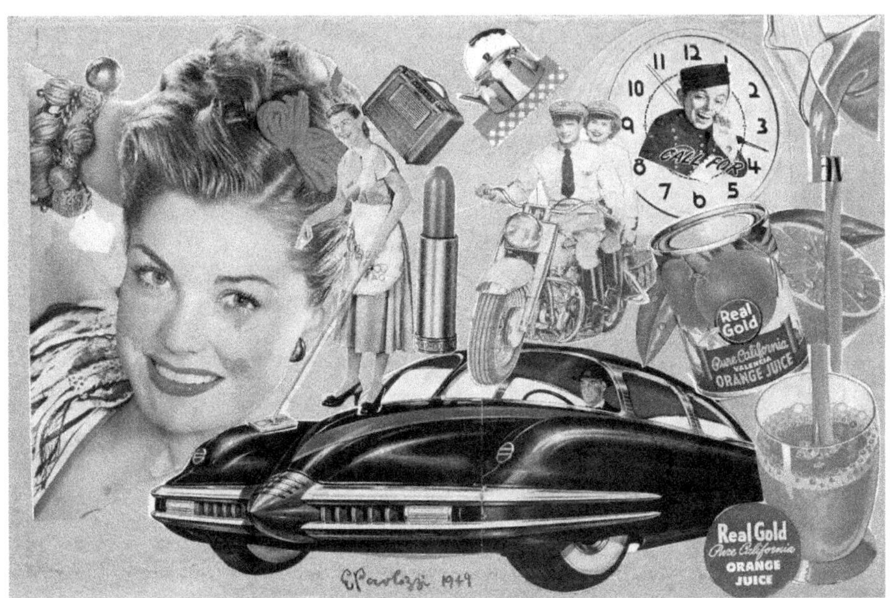

Eduardo Paolozzi, Real Gold, 1949. Courtesy: The Eduardo Paolozzi Foundation

Due mesi più tardi, in una lettera agli Smithson del gennaio 1957, Hamilton spiega il suoi interesse nei confronti delle ricerche allora in corso nell'Independent Group: "immaginario tecnologico" (come nell'indagine di *Man, Machine & Motion*), "design automobilistico" (per il quale cita Banham), "immagini pubblicitarie" (come in Paolozzi, McHale e gli stessi Smithson), "l'approccio pop al design industriale" (come esemplificato dalla *House of the Future* degli Smithson), e "lo sfondo pop art/tecnologia" (l'Indepent Group in generale, e soprattutto *This Is Tomorrow*) (pp. 9-10)[16]. Hamilton riversa direttamente questi interessi nei quadri "tabulari", eseguiti tra il 1957 e il 1964, quando li espone per la prima volta come serie coerente alla Hanover Gallery di Londra. Oltre ad essere i suoi lavori più importanti, essi costituiscono un fondamentale modello di immagine della prima età pop[17].

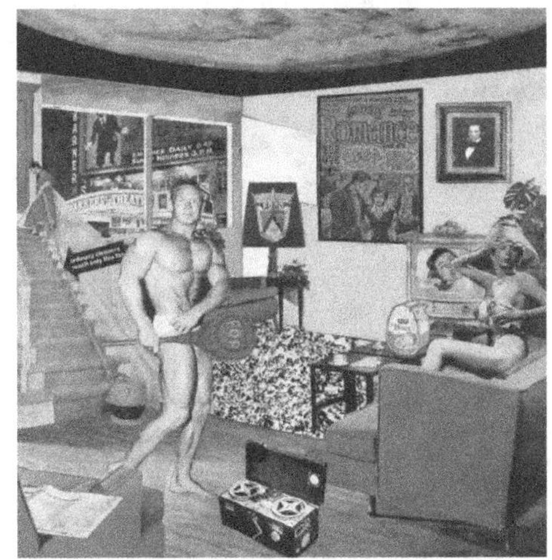

Just what is it that makes today's homes so different, so appealing?, 1956. Collage, cm 26 x 25

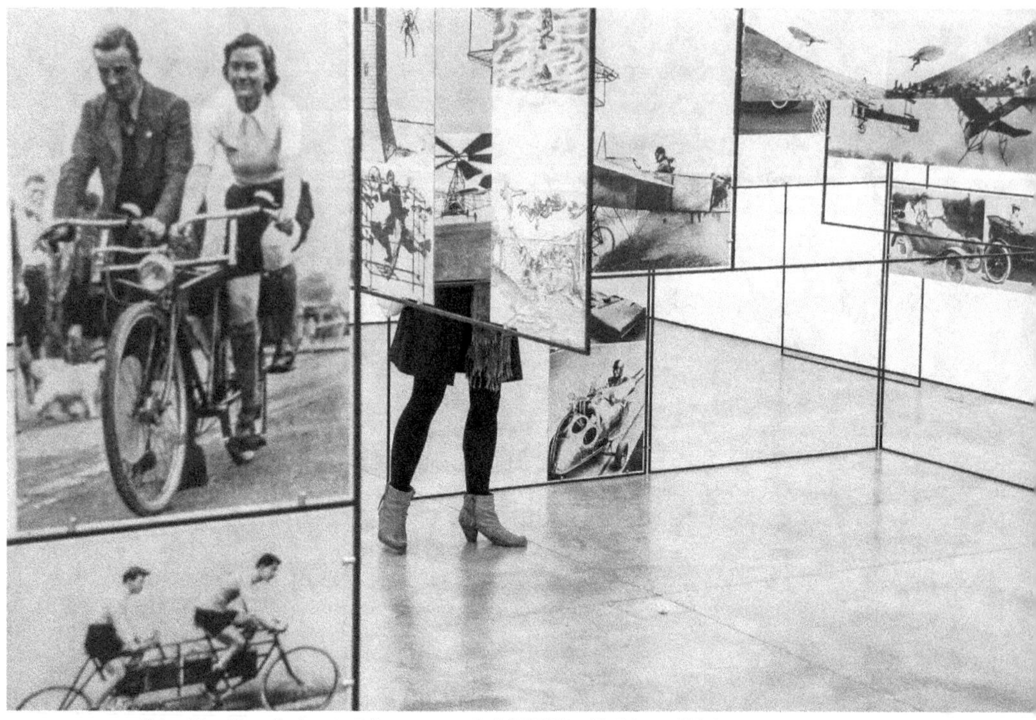

*Richard Hamilton, rifacimento della sua personale del 1957 Man, Machine and Motion,
ICA, Londra, 12 febbraio – 6 aprile 2014*

• • *Una situazione seducente*

La lettera agli Smithson, sostiene Hamilton, fornisce "le basi teoriche" per
Hommage à Chrysler Corp. (1957). Il quadro segna l'inizio dell'attenzione per
l'automobile come forma prototipica di oggetto-merce di design del Novecento
(almeno fino alla nascita del personal computer), e per Hamilton essa è più un
metamorfico "veicolo del desiderio" alla Banham che un platonico oggetto-
tipo alla Le Corbusier[18]. "Trae i propri simboli da svariati campi e contribuisce
al linguaggio formale di tutte le merci di consumo", scrive nel 1962. "Ci è
presentata dal *testimonial* in una raffigurazione a tutto tondo della vita cittadina:
un mondo dei sogni, dove però il sogno è profondamente realistico: il desiderio
collettivo di una cultura traducibile in un'immagine di realizzazione totale. È
possibile assimilarla entro la consapevolezza tipica delle belle arti?" (p. 39).

Hommage è la prima risposta a questo interrogativo ricorrente: l'"ironia dell'affermazione" è qui intesa in senso tutt'altro che paradossale, poiché Hamilton è talmente convinto dell'immaginario automobilistico di metà secolo, talmente preciso nell'imitarne ogni sfumatura, da essere portato quasi naturalmente a ironizzare sulla sua logica feticista. Ovvero, egli rivela la frammentazione di ciascun corpo messo in mostra – la nuova Chrysler in primo piano, e la vestale-showgirl dietro di essa – in una serie di dettagli erotici (come nel feticismo definito da Freud), di cui è possibile comprendere il processo di produzione (come nel feticismo della merce teorizzato da Marx). Non solo Hamilton ci mostra come queste distinte parti del corpo siano soggette al medesimo processo di frammentazione e reificazione – associato, fin da Lukács, alla produzione industriale – ma va oltre, mettendole in relazione per analogia (l'essenziale forma costituita dal seno e dalla coppa, ad esempio, con il fanale e l'aletta). Nel fare ciò, dimostra come il feticcio sessuale e il feticcio-merce confluiscano l'uno nell'altro, dal momento che i due corpi si scambiano proprietà formali e addirittura parti, alla Marx, in un modo che li rende pregni di potenza erotica alla Freud: condividono insomma in più di una maniera il "corp" del titolo[19]. Questa concrezione di feticismi diversi, intuita da Hamilton, è un portato storico della prima età pop, una funzione dell'economia dei consumi post-bellica, entro la quale l'effettiva produzione delle merci è tanto più alienata quanto più intenso diventa il nostro coinvolgimento libidinale nei confronti di esse. Per quanto già intravisto nel surrealismo, nella pop art questo super-feticismo si trova per la prima volta al centro della scena, e i *tabular paintings* lo mettevano in atto secondo una modalità tra il giocoso e il parodistico che era al tempo stesso eccessiva ed emblematica[20].

I caratteri principali tipici del *tabular painting* sono già presenti in *Hommage*. Come ci rivela Hamilton, la composizione è "una compilazione di temi derivati dai rotocalchi": diverse immagini, rispettivamente, per l'auto, la donna e lo showroom. Collocate su un pallido sfondo color carne, le figure sembrano emergere da questo spazio e dissolvervisi nuovamente; per

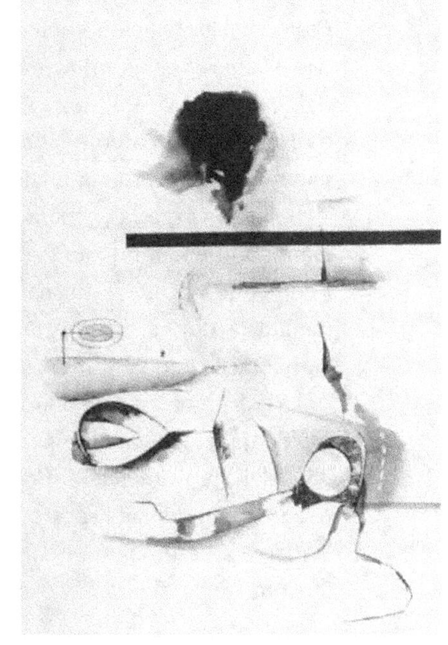

Studio per Hommage à Chrysler Corp, 1957
Inchiostro, gouache e collage, cm 34.5 x 21.5

realizzare i propri scopi, pertanto, Hamilton sfrutta la conflagrazione di figura e sfondo messa a punto da tanta pittura modernista. Già frammentata, l'automobile è anche ruotata per essere messa in mostra, così che il faro e il paraurti sulla destra possono essere letti come la parte anteriore, l'aletta e il parafango sulla sinistra come la parte posteriore (l'aletta è in realtà l'immagine a collage di un componente, nuovo di zecca, per prese d'aria). Come Banham, Hamilton è un maniaco dei dettagli: "i pezzi sono presi da annunci pubblicitari per la Chrysler Plymouth e Imperial", ci rivela; "ci sono alcuni materiali della General Motors e un po' di Pontiac". Tuttavia, per quanto feticisticamente specifiche, queste parti sono ricomposte non solo in un insieme coerente, ma addirittura in una forma assai vicina all'astrazione: se nel quadro la donna accarezza l'automobile, Hamilton stesso accarezza a sua volta la propria immagine con il colore, smussandone i contorni spigolosi. Come l'auto, anche la donna è ridotta, entro un esile profilo, a una serie di parti eroticamente caricate, seni e bocca, due zone inserite da Freud tra le caratteristiche sessuali secondarie, qui rappresentate rispettivamente dalla resa schematica di un "Exquisite Form Bra" e dalla foto, inserita a collage, delle labbra di una certa "Voluptua", protagonista di un programma televisivo notturno prodotto ai tempi in America[21]. Si tratta dunque di rappresentazione come feticizzazione, un procedimento allargato qui all'aspetto del mondo-oggetto in generale: il design dell'automobile, la posa della donna, la messinscena, e così via. Una versione autoriflessiva, quasi ai limiti del paradossale, di quello che Walter Benjamin aveva chiamato, in ambito surrealista, "il *sex-appeal* dell'inorganico"[22]. Questa è dunque la schematizzazione a chiasmo realizzata da Hamilton: un'auto è (come) un corpo di donna, e i due si mescolano quasi naturalmente. La stessa analogia, peraltro, alimenta il gergo sessista del tempo – "bella carrozzeria!", "paraurti niente male!", e così via – reso letteralmente da Hamilton nei suoi quadri, e scimmiottato nei suoi scritti. Va però detto che tra i due corpi non c'è uno scambio alla pari: la macchina diventa quasi animata, mentre la donna assume un aspetto spettrale, privo di vita, quasi che la sua carnalità sia ceduta, in una sorta di *transfer* feticistico, alla Chrysler.

La macchina assume dunque in sé gli attributi erotici della donna, inclusi quelli problematici che caratterizzano il nudo nella tradizione pittorica occidentale. Si consideri nuovamente la rotazione delle parti corporee entro il quadro: la stessa rotazione è applicata spesso, nella pittura moderna, al corpo femminile, come è evidente ad esempio nel *Nudo blu* di Matisse, per non parlare dell'inverosimile torsione della figura accovacciata ne *Les Damoiselles d'Avignon* di Picasso

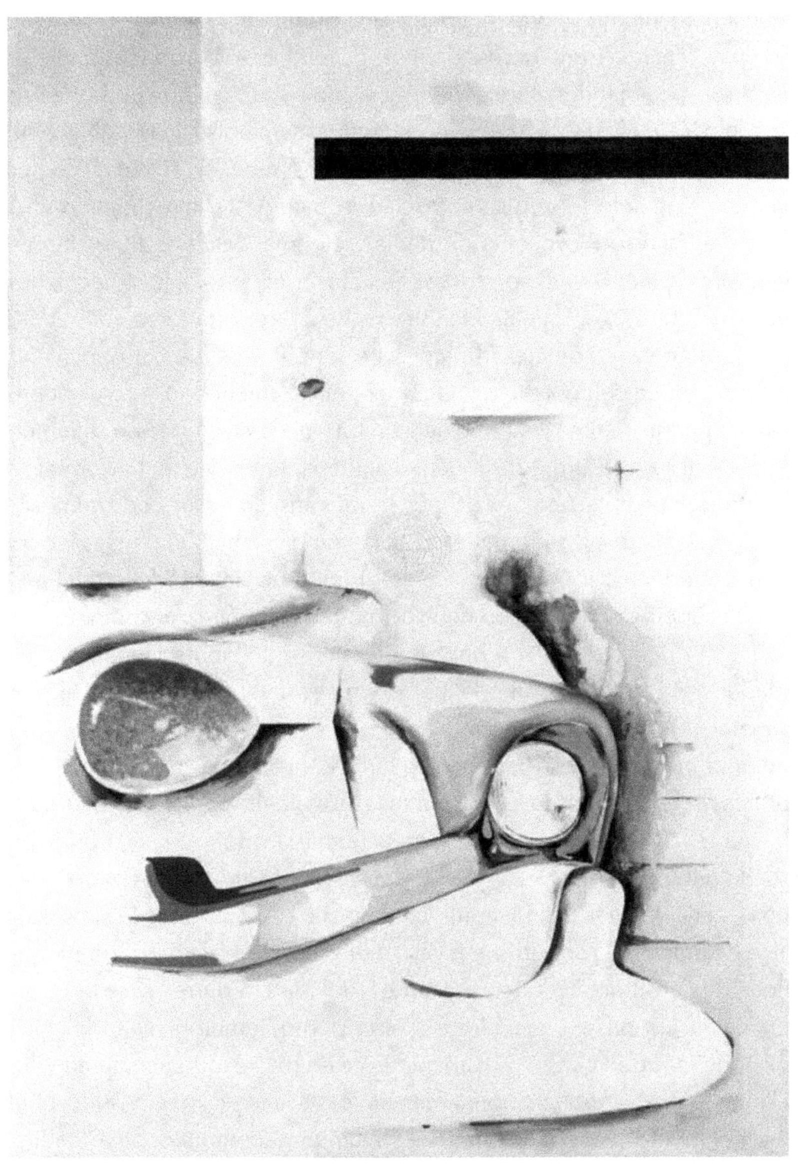

Hommage à Chrysler Corp., 1957. Olio, lamina di metallo e
collage su tavola, cm 122 x 81,5.
Collezione privata

(entrambe opere dipinte cinquant'anni esatti prima di *Hommage*). Lo stesso Picasso aveva tentato, in numerosi disegni, di rendere il corpo femminile con una sola linea, una manifestazione di virtuosismo ma anche una pulsione verso il sopravvento[23]. In effetti, in *Hommage*, Hamilton sembra suggerire che l'abilità nel disegno dei vecchi maestri sia diventata una tecnica di indagine quasi pornografica. Non solo i corpi sono lasciati in bella vista, ma vengono anche fatti passare attraverso il processo di mediazione finalizzato alla messinscena: "Il motivo principale, il veicolo, è frammentato in un'antologia di tecniche di presentazione" (p. 31), ci segnala Hamilton, che del resto rafforza con il colore l'effetto di brillantezza artificiosa tipico delle superfici lucide dei rotocalchi, a sua volta inquadrate dall'obiettivo fotografico, quasi che non fossero disponibili altri modi d'apparire. Come vedremo nei capitoli successivi, lo stesso slittamento è suggerito anche da altri artisti pop. Parallelamente, viene trasformato lo spazio pittorico: diventa uno spazio per la messinscena *tout court*, una sorta di showroom ispirato all'"International Style rappresentato da suggestioni di Mondrian e Saarinen", il primo rinvenibile in ciò che rimane della griglia che scandisce la superficie, il secondo nelle forme procaci che la decorano. La riga nera è un'altra di queste "suggestioni", quella derivante dal design grafico delle riviste, laddove la feticizzazione delle cose in segni sembra giungere al pieno compimento[24].

In sintonia con quanto sosteneva Édouard Manet un secolo prima, Michel Foucault scrive che il museo è diventato la principale cornice di riferimento per la pittura; sempre in linea con Manet, Benjamin nota come il principale valore della pittura sia diventato quello espositivo, ovvero la sua condizione di prodotto per la vendita[25]. Con Hamilton, al museo si sovrappone lo showroom, la cornice è puramente espositiva e il valore di esposizione stesso è rimpiazzato dal valore di consumo, laddove mostrare vuol dire sedurre, e sedurre vuol dire vendere. È un passo notevole, e d'altra parte Hamilton mette in atto la feticizzazione in modo quasi volutamente eccessivo, isolando e mettendo l'una contro l'altra le sue componenti fondamentali, ossia la logica paradossale, quella cioè del frammento che appare in sé perfettamente compiuto, e la tendenza alla fissazione, alla chiusura autoreferenziale, che è in un sol colpo formale, psicologica e semiotica. *Hommage*, infatti, come del resto i *tabular painting* successivi, è un pastiche di diverse tecniche, segni e tratti – riconducibili a pittura, fotografia, collage, a linguaggi astratti, figurativi, modernisti, commerciali – che per sua natura si oppone alla riduzione del corpo a feticcio immacolato. Si consideri anche solo la tavolozza, che pur evocando la finitura della fotografia

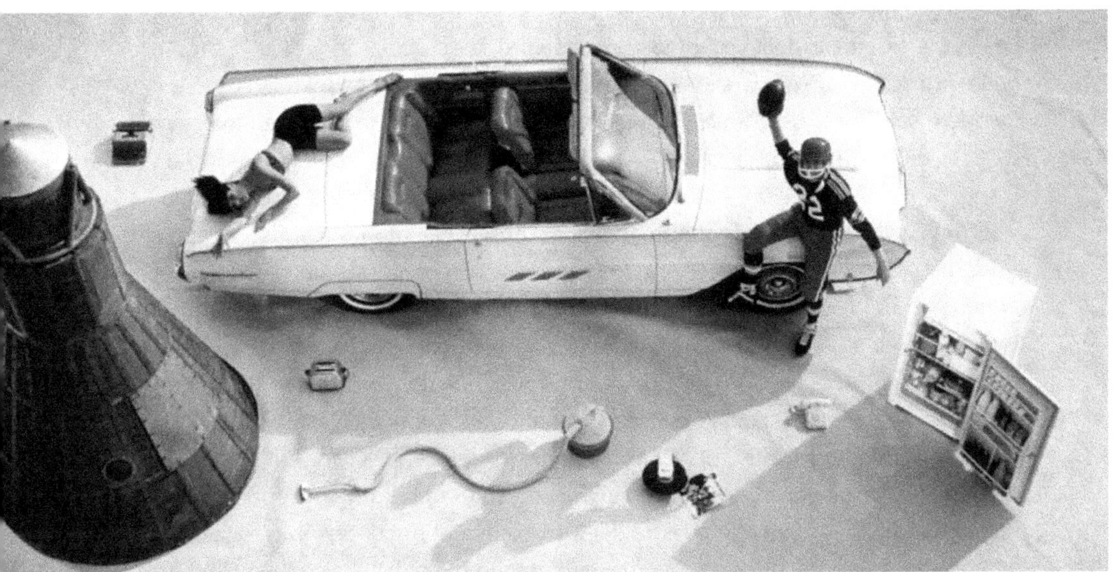

Richard Hamilton, Photograph for the cover of Living Arts Magazine, 1963
Collezione privata

non esita a proporre rosa carnosi e marroni escrementizi, quasi a ristabilire la fisicità proprio nel bel mezzo della sua apparente dispersione[26].

Il gioco di alternanze tra il frammento e il totale si verifica anche a livello di materiali: pur contenendo parti di fotografia e pellicola metallica, *Hommage* segna un cambiamento netto dal collage puro di *Just What Is It...?* alla pratica pittorica dei tabular picture veri e propri; ciononostante, il metodo di base rimane quello dell'accostamento. La composizione interna al dipinto è fatta di pezzi assemblati, e diversi studi rivelano la presenza di un processo di sottrazione e addizione spinto verso un'unità per molti versi problematica[27]. L'eterogeneità delle tecniche pittoriche nel quadro rispecchia quella delle risposte psicologiche da parte del fruitore. Qui come altrove in Hamilton, infatti, la feticizzazione, ossia un dislocamento dell'interesse erotico all'interno dell'*oggetto*, assume caratteri non lontani da quelli della sublimazione, ovvero un dislocamento dell'oggetto stesso dell'interesse. Ad esempio, per quanto feticizzate, le due serie di parti del corpo sono anche entrambe sublimate, ricollocate verso qualità estetiche legate alla bellezza, e questo avviene soprattutto quando il contrasto tra pezzi diversi viene sfumato in passaggi di tecnica pittorica (attorno al fanale, per esempio), e quando la fattura pittorica gioca con gli effetti fotografici della lucentezza e dell'offuscamento (come lungo il paraurti)[28]. In questi casi, la feticizzazione si guadagna la grazia della sublimazione, mentre la seconda acquisisce la forza della prima. In un certo senso, Hamilton ripensa la sublimazione come un "rendere sublime", ossia una concentrazione e un accrescimento dell'intensità erotica, piuttosto che una dispersione e un affievolimento (come suggerito da Freud)[29]. Il *tabular picture* schematizza anche questi dislocamenti di intensità.

In questo, Hamilton è indubbiamente vicino a Duchamp. *La sposa messa a nudo dai suoi celibi, anche* (1915-23) è per lui un'ossessione fin dai tempi di *Hommage*: nel 1960, infatti, egli pubblica una traduzione tipografica della *Scatola verde*, una serie di appunti per il *Grande Vetro* (il titolo con cui l'opera è perlopiù nota), e nel 1966 esegue addirittura una ricostruzione del Vetro stesso. Hamilton menziona in effetti "una citazione" da Duchamp in *Hommage*, inserendo in uno studio preliminare un riferimento ai tre pannelli della sposa, poi espunto dalla versione finale del quadro. Ma forse egli ha in mente soprattutto un appunto della scatola verde in cui Duchamp parla della sua opera come di un'"interrogazione della vetrina" e di un "coito attraverso un pannello di vetro"[30]. Se questo è vero, Hamilton porta avanti questa interrogazione, trasformandola nella tentazione

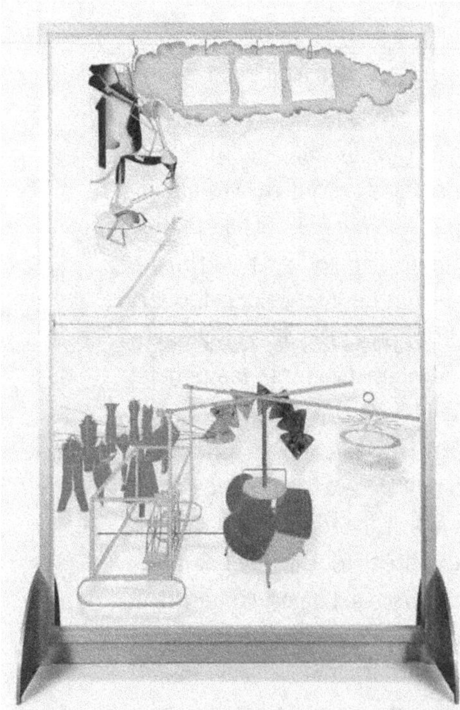

dello showroom, dove non solo elementi tradizionali come la linea, il colore e il modellato sono diventati strategie di presentazione della merce, ma aspetti dello stesso modernismo artistico e architettonico – "Mondrian e Saarinen", i segni schematici e le bande geometrizzanti – sono diventati dispositivi di esposizione commerciale[31]. L'allusione a Duchamp, peraltro, può essere considerata più in generale, in quanto *Hommage*, come il *Grande Vetro*, è a tutti gli effetti una "macchina celibe"[32]. Ma se nell'opera duchampiana sposa e celibe sono ben distinti, qual è l'uno e quale l'altro nel lavoro di Hamilton? A dispetto del riferimento scritto al coito, in Duchamp zona superiore e inferiore non penetrano l'una nell'altra, cosa che invece avviene in Hamilton: date le proprietà comuni, automobile e donna, forse, contribuiscono

Richard Hamilton, The Bride Stripped Bare by her Bachelors, Even (The Large Glass), 1965-66. Olio, piombo, polvere e vernice su vetro, cm 278 x 176. Replica dell'opera di Marcel Duchamp del 1915-23

a costituire la sposa come veicolo del desiderio, mentre noi fruitori andiamo
a costituire il celibe. E del resto, aspetto fondamentale della vicenda, lo
spettatore del *tabular picture*, come quello delle riviste che lo compongono, è
presumibilmente maschio. In ogni caso, la vetrina di cui parla Duchamp appare
dissolta in Hamilton, il quale ci mostra un desiderio a sua volta trasformato:
non del tutto soddisfatto, questo è sicuro, ma nemmeno totalmente frustrato
come nel *Grande Vetro*.

Il *tabular picture* successivo, intitolato *Hers is a lush situation* (1958),
consiste in un'ulteriore catalogazione di immagini tratte da rotocalchi, nella
quale l'artista spinge l'associazione tra donna e automobile a un punto tale da
superare la semplice analogia formale, sfociando nell'unione vera e propria.
Le curve della guidatrice implicita sono fuse con i profili del paraurti, del
fanale, dell'aletta, del parabrezza e della ruota, e questo centauro-automobile
è a sua volta sovrapposto ad altri nel traffico di un'appena accennata città.
Allo stesso tempo, "la guidatrice siede proprio nell'immobile punto centrale
di tutto questo movimento: la sua è una situazione seducente" (p.32), la "lush
situation" del titolo, per l'appunto. La citazione è tratta dalla recensione di
una Buick del 1957 su "Industrial Design", a cui il dipinto è ispirato, mentre la
situazione descritta è un giro in macchina per la parte orientale della Midtown
di Manhattan, come dimostrato dalla parziale raffigurazione dell'edificio delle
Nazioni Unite – con tanto di riflesso di due grattacieli antistanti – a formare
il parabrezza. La strutturazione, quindi, è simile a quella di *Hommage* (come
quasi tutti i *tabular picture*, entrambi i quadri misurano circa cm 80 x 120), ma
l'orientamento è differente, spostato dal verticale all'orizzontale, e lo *showroom*
è esteso alla città nel suo complesso: assieme alla pagina del rotocalco, forse,
Hamilton ha voluto così evocare lo schermo cinematografico, e in particolare
la forza proiettiva della nuova tecnologia Cinerama)[33]. Inoltre, la donna
non è più una commessa nell'atto di proporre
l'auto al fruitore, ma una star che la guida: le
labbra nella parte alta del quadro sono quelle,
nientedimeno, di Sofia Loren. Letto e carrozza
ad un tempo, la Buick è il suo palcoscenico, e
persino il ridimensionato palazzo delle Nazioni
Unite si inchina al suo cospetto[34].

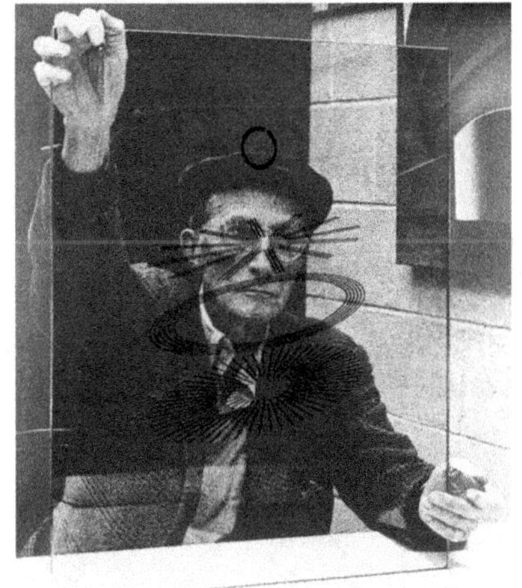

Richard Hamilton, *Marcel Duchamp*, 1967
Litografia su carta. Collezione Tate Gallery

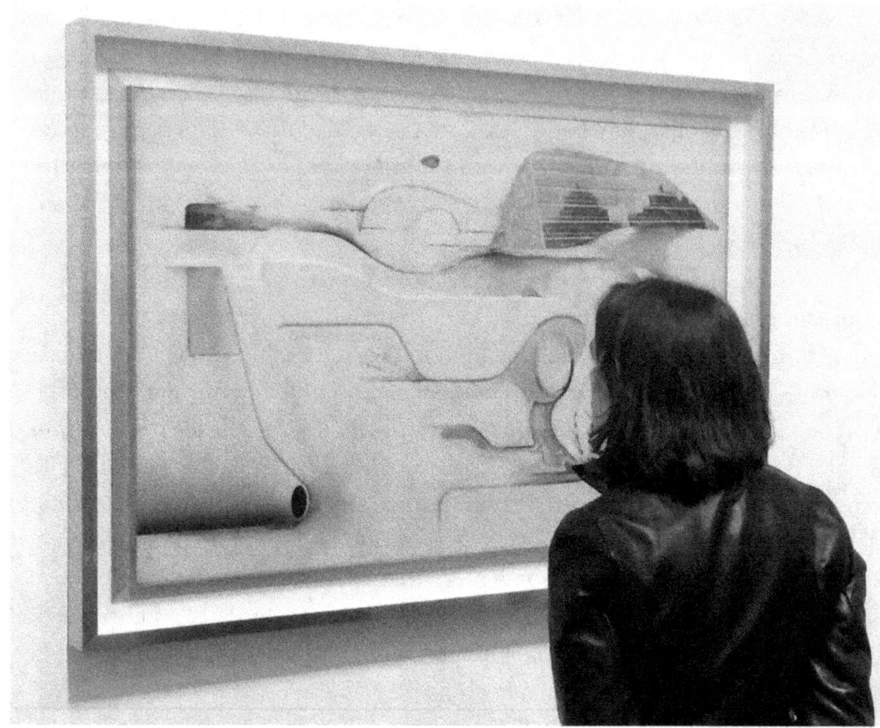

Hers is a lush situation, 1958. Olio, cellulosa, lamina di metallo e collage su tavola, cm 58,5 x 122

Al tempo stesso, Sofia viene spazzata via in un mare di superfici disparate, metalliche e carnose, patinate e sudicie; si tratta, insiste Hamilton, di "un confuso mare di metallo, favolosamente lavorato nella forma di un missile o di una sonda spaziale, di un rossetto che esce da una guaina di ottone laccato, di una *gaufre*, di una porzione di gelatina" (p. 49). Il quadro è anche un vortice di spazi differenti, fatto di forme concave (il tubo di scappamento in basso a sinistra), convesse (l'alettone in basso a destra), e a metà strada tra i due estremi (il telaio attorno al fanale, realizzato con un foglio di alluminio per dare l'impressione di metallo pressato, parte del cofano in bassorilievo). In effetti, *Lush situation* mette insieme il *Grande Vetro* e le *Damoiselles d'Avignon*, e li rifà entrambi usando i componenti di un'auto, così da rileggerli come ingorgo stradale, trasformando il mondo di Duchamp e il bordello di Picasso in una Manhattan rivisitata da Hamilton come grande amplesso automobilistico-architettonico. Da questo punto di vista, il quadro segna il passaggio successivo nell'evoluzione pop della

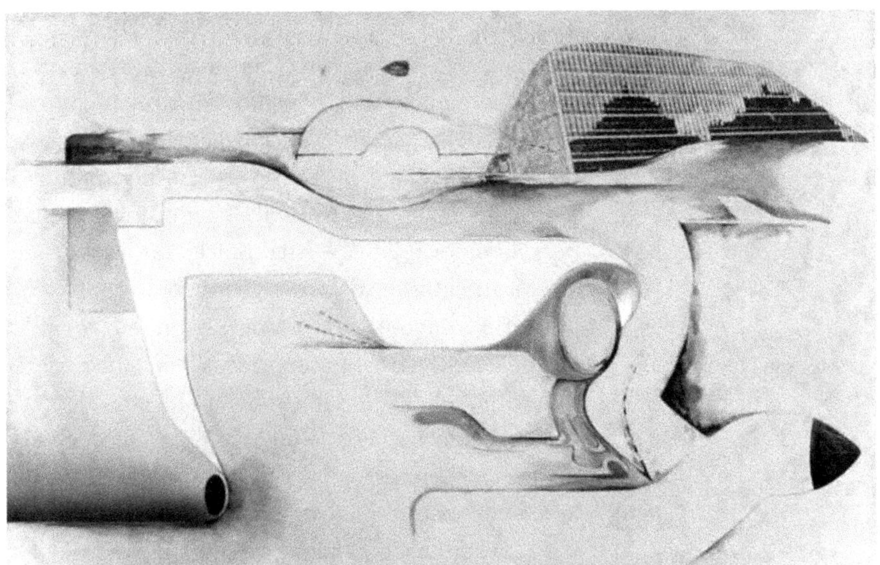

Hers is a lush situation, 1958. Olio, cellulosa, lamina di metallo e collage su tavola, cm 58,5 x 122

"macchina celibe", messa in atto da Hamilton con uno spirito decisamente surrealista: almeno per il momento, infatti, l'artista inglese sembra vicino all'orbita di Hans Bellmer, con *Lush situation* leggibile come un aggiornamento grafico della *Mitragliatrice in stato di grazia* (1937), in cui Bellmer rende un tutt'uno donna e arma. Tuttavia, ciò che nell'artista tedesco era ancora perverso, persino osceno, in Hamilton è diventato in qualche modo normale, persino bello: una "situazione seducente" al posto della minaccia sadomasochista, la *dolce vita* pop al posto della mantide religiosa surrealista[35].

Benché Hamilton cerchi di assimilare il linguaggio popolare alla "consapevolezza formale delle belle arti", il processo assimilativo avviene anche in senso opposto: *Lush situation* fa capire a che punto sia arrivato in tale direzione, dal momento che il nudo (e l'odalisca in particolare) è scomodato per l'annuncio pubblicitario di una Buick. Come per il Gatto del Cheshire, tutto ciò che resta della donna è il suo sorriso, come se un disegno di Willem De Kooning, anziché essere cancellato da Rauschenberg, fosse stato rielaborato da un designer di automobili. Sia dal punto di vista cronologico che da quello dell'effetto visivo, queste labbra esistono a metà strada tra quelle create da De Kooning nei suoi dipinti della serie *Woman* e quelle riprodotte da Warhol nelle serigrafie dedicate

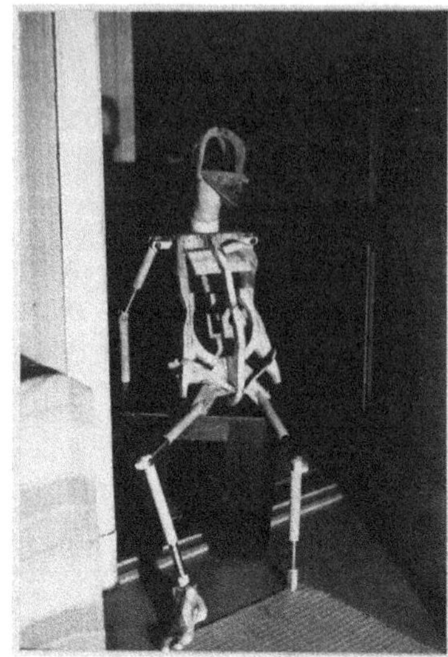

Hans Bellmer, Untitled, from La Poupée (The Doll), 1936. Collection SFMOMA

a Marilyn. Nel processo la linea, che in De Kooning è ancora elemento stilistico personale ed espressivo, quasi il medium del contatto umano tra l'artista e la modella, appare, pur nell'aspetto seducente dell'insieme, come un elemento statistico prodotto industrialmente: la "linea" diventa "la linea esatta" per "la nuova linea" della Buick, un espediente astuto utilizzato dal designer-pubblicitario per attirare il fruitore-consumatore. Da un lato, quindi, la linea è nuovamente eroticizzata: la situazione è in effetti quella della seduzione, un harem di curve, e per quanto il corpo femminile in quanto tale sia perlopiù disperso, una corporeità decisamente femminile pervade ancora il quadro, ancora una volta contaminando altre parti, come nel rosso della carrozzeria sotto il parabrezza[36].

Dall'altro lato, la linea è anche manipolata e manipolativa, reificata, e per certi versi i due processi sono qui tutt'altro che contraddittori: come la feticizzazione e la sublimazione, eroticizzazione e reificazione confluiscono l'una nell'altra. Tale è, secondo Hamilton, il *sex appeal* dell'inorganico nel 1958. Peraltro, se la linea viene così rivalutata, lo stesso avviene per l'elemento plastico, in modo tale da rendere perlopiù indistinguibili altri due termini opposti come *animato* e *inanimato*. Il vecchio sogno futurista di un mondo inorganico caricato di forza vitale, dapprima ostentato nell'ambito della cultura fascista, si avvera così, con una declinazione diversa, in quella consumista, e in *Lush situation* Hamilton ne mette in luce l'inquietante influenza sulla vita quotidiana: è diventato un fatto di tutti i giorni, ci dice, normale come un giro in centro. "Più che una sostanza, la plastica è l'idea stessa della sua infinita trasformazione", scrive Roland Barthes in *Miti d'oggi*, appena un anno o due prima di *Lush situation*, "il mondo intero può essere plastificato, e perfino la vita"[37]. Tale è la reificazione nel dopoguerra, come suggerisce del resto lo stesso Hamilton, "come rossetto […] *gaufre* […] gelatina": un proteiforme processo fatto di materiali, tecniche

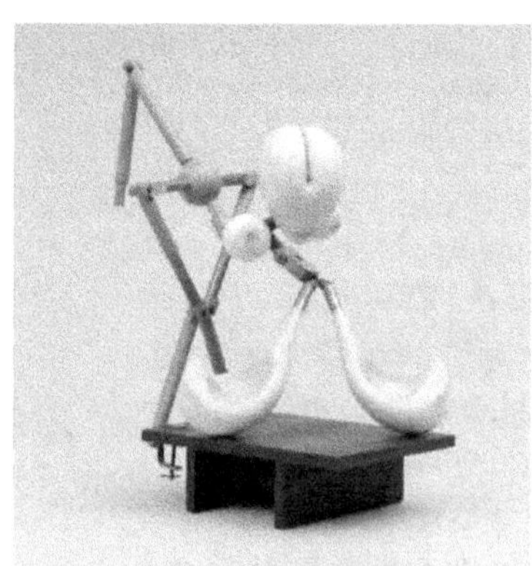

Hans Bellmer, Mitrailleuse en état de gràce, 1937 Legno e metallo, cm 78,5 x 75,5 x 39,5 New York, MoMA

ed effetti nuovi, il quale può tranquillamente assumere in sé i caratteri dei suoi processi contrari, come la liquefazione, o addirittura la rarefazione (si noti ad esempio il luccichio dell'edificio dell'ONU, o del paraurti)[38].

"Il sesso è dappertutto" scrisse Hamilton nel 1962, "rappresentato simbolicamente nel fascino del lusso massificato, nel dialogo tra la plastica carnosa e il metallo, liscio e più carnoso ancora" (p. 36). Di nuovo, come visto in *Hommage* e *Lush situation*, questa plasticità erotica non è solo feticistica – legata cioè a dettagli caricati di libido e spesso resi realisticamente, come le labbra incollate – ma anche sublimante, ossia legata a forme di dislocamento della seduzione, perlopiù costituite da elementi astratti come la linea

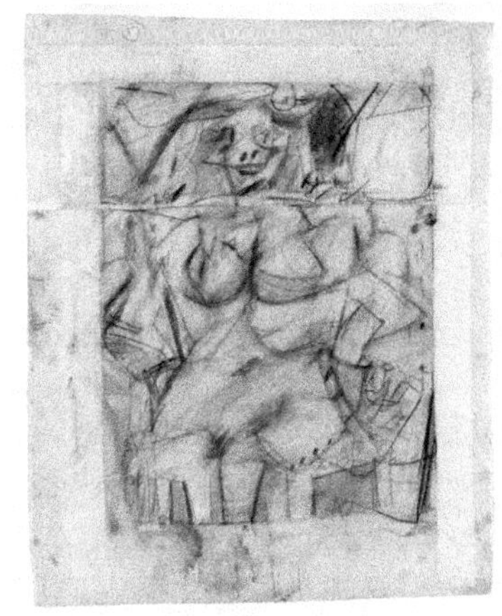

Willem De Kooning, Seated Woman, 1952. Disegno. Courtesy: The Lauder Foundation Fund

sensualmente curva. È come se Hamilton seguisse l'occhio concupiscente nei suoi salti saccadici da una forma all'altra, la prima associata alla seconda – dal seno ai fanali, dai fianchi ai paraurti e così via, attraverso e attorno il campo visivo – con movimenti che sembrano talvolta metonimici, essendo il desiderio definito anche dal suo stesso passare continuo di oggetto in oggetto, talvolta metaforici, essendo il sintomo generato dalla propria stessa logica associativa[39]. In ogni caso, l'unione di questi due complessi di operazioni – la concentrazione feticista sui dettagli e il movimento libidinico da un lato, lo slittamento sublimante e il rispecchiamento sintomatico dall'altro – permea lo spazio ibrido dei *tabular picture*, opere dal contenuto al contempo specifico e sommario, dalla fattura al contempo franta e unitaria, dalla composizione al contempo sottrattiva e additiva, dalla configurazione mediale vicina, contemporaneamente, al collage e alla pittura.

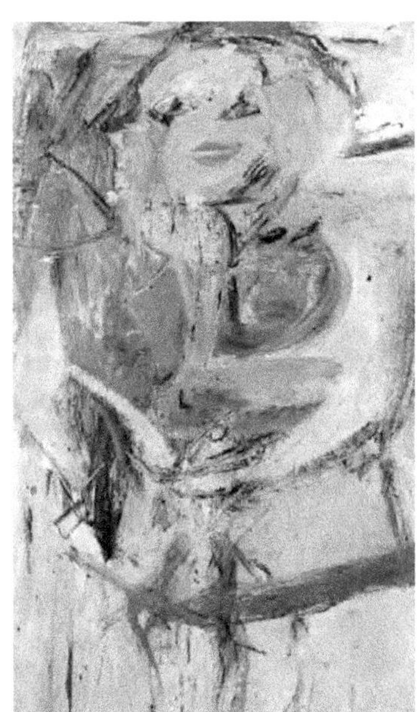

Willem De Kooning, Marilyn Monroe, 1954 Olio su tela. Courtesy: The Willem De Kooning Foundation

• • *Phloo*

Le associazioni di termini opposti già messe sul piatto in *Hommage* e *Lush situation* sono intensificate in *$he* (1958-61), che costituisce forse la *summa* dei *tabular painting*, e che Hamilton descrive come una "riflessione passata al setaccio della parafrasi compiuta dal *testimonial* sul sogno del consumatore". *$he* sviluppa la concezione dei due quadri appena analizzati: se *Hommage* era strutturato sulle immagine di una Chrysler tratta da una rivista, e *Lush situation* era ispirato alla recensione di una Buick, qui si tratta invece della foto, sempre tratta da un periodico, di un frigorifero-freezer della RCA Whirlpool, e la dichiarazione implicita è che nella società capitalista lo showroom non finisce mai, nemmeno (anzi, a maggior ragione) tra le mura di casa. L'artista elenca la bellezza di dieci fonti diverse per il frigorifero, la donna e l'ibrido tostapane-aspirapolvere (da lui chiamato "toastuum"), tutti attribuiti a designer e marchi specifici; ancora una volta in analogia con Banham, Hamilton si dimostra un iconografo maniacale delle rappresentazioni pop della vita quotidiana. Al contempo, alludendo alla formula baudelairiana della pittura moderna, egli vede in questa evocazione della quotidianità un segnale dell'"epico" e dell'"archetipico"[40]. Del ricorrente scenario donna+merce, Hamilton nota innanzitutto "la carezza": "Posa caratteristica: il corpo inclinato verso l'oggetto, come in un gesto di affettuosa genuflessione. Possessivo ma al tempo stesso generoso. La donna offre le delizie dell'articolo in vendita assieme ai suoi propri considerevoli attributi".

Questo "archetipo" della donna associata alla merce era già stato trattato in *Hommage* e in *Lush situation*, ma in questo caso è anche la merce a mettere in vendita la donna, e non solo il contrario: la donna diventa così un accessorio all'ultimo grido (come il decongelatore incollato al suo fianco), un bene di consumo immediato (come la bottiglietta sulla mensola), e la sua commerciabilità è dichiarata in modo palese dal simbolo del dollaro nel titolo. Tanto la donna quanto il frigorifero sono "merci bianche"[41]. Tuttavia, benché sia evidente la promessa di risparmio di tempo tipica del consumismo, la strada da fare è ancora lunga: è chiaro, come lo stesso Hamilton sottolinea, che la mamma ha "un lavoro come quello di papà; anche lei porta un'uniforme", evocata dal grembiule bianco (p. 36). E per quanto i puntini grafici che rappresentano il movimento del *toastuum* sembrino seguire il volo e la caduta di una fetta di pane tostato, essi possono anche essere interpretati come uno studio taylorista del tempo-moto del lavoro in cucina, attività prevalentemente femminile. Al tempo stesso, l'uniforme ha linee sinuose, mentre la fonte dell'immagine (presa da "Esquire") è di alto livello, così come la modella, Vikki

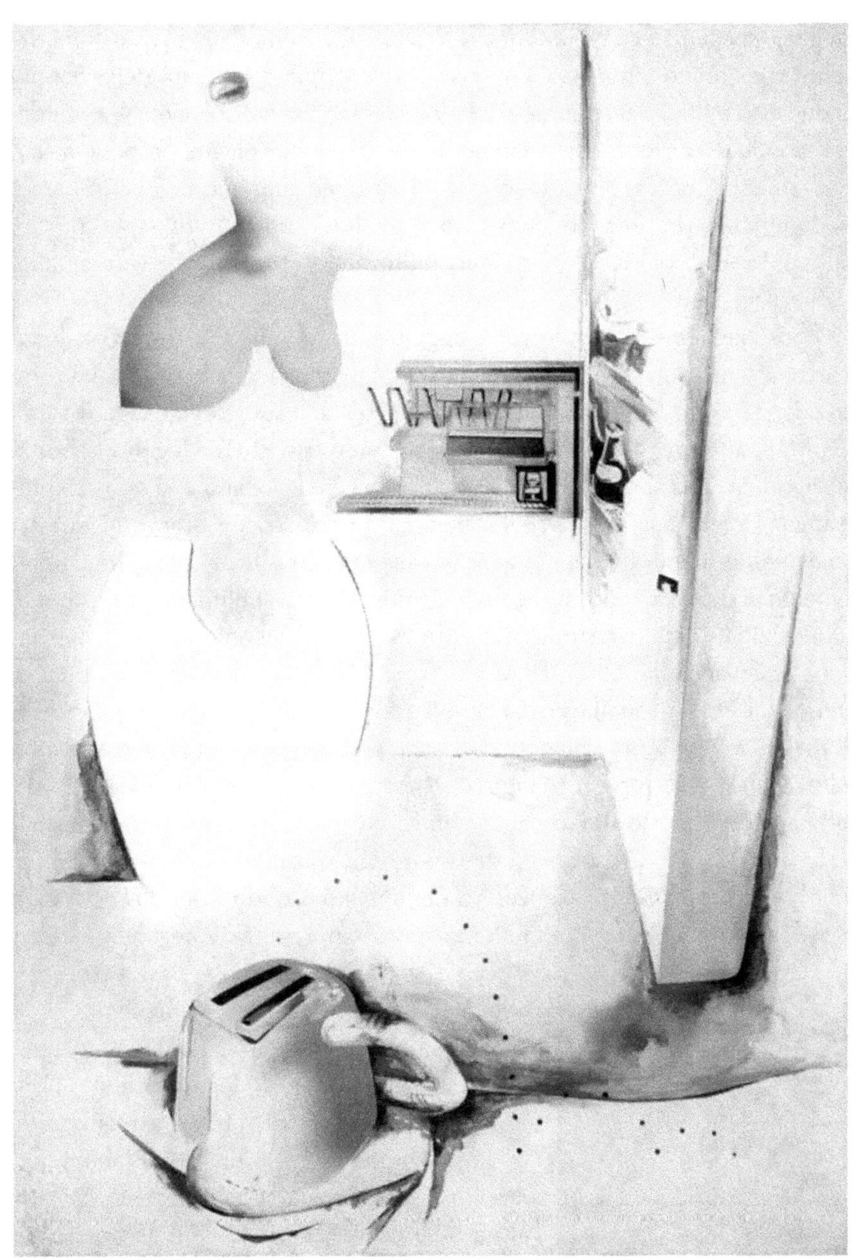

$he, 1958-61. Olio, cellulosa e collage su tavola, cm 122 x 81,5
Collezione della Tate Gallery

Dougan, "specializzata nell'indossare vestiti aperti sulla schiena e costumi da bagno". Se l'uomo vittoriano, come si dice, sdoppiava la figura della donna nei due estremi della madonna e della prostituta, il suo discendente borghese del secondo dopoguerra, destinatario implicito del messaggio, propone a sua volta la dualità tra casalinga efficiente ed elegante gatta morta, con in basso il suo grembiule in rilievo bianco-sabbia, in alto il suo abito da sera, con "le spalle e il seno", ci dice l'artista, "amabilmente aerografati con vernice alla cellulosa" (p. 37)[42].

Nonostante queste "amorevoli" aggiunte, la donna è di nuovo ridotta ad essenza erotica, non più seni e labbra, come nei due quadri visti in precedenza, ma occhi e fianchi. Ancora una volta, il suo corpo è tagliato via, salvo riapparire per associazione nei rosa e nei rossi che collegano la porta del frigorifero alla superficie del tavolo, colori che evocano una volta di più il sangue, forse sangue mestruale, elemento rimosso che ritorna in questa immagine altrimenti immacolata della casalinga sofisticata. Ma il maggiore elemento di shock, quello che sconvolge questa scena sublimante, è l'estrema riproposizione della rotazione del corpo femminile: come avveniva per la donna accovacciata nelle *Damoiselles* picassiane, vediamo in alto la parte anteriore, in basso quella posteriore (il fondoschiena). Inoltre, a giudicare dai fianchi in legno smerigliato e dall'occhio in plastica (quasi incollato alla bell'e meglio), il rilievo e il collage sono sfruttati per ottenere effetti feticistici, esattamente l'opposto di ciò che avveniva invece in molti esempi del Dada berlinese e del Costruttivismo russo, laddove veniva denunciato proprio il *modus operandi* feticista della rappresentazione tradizionale. L'occhio, di forma lenticolare, si apre e si chiude come il frigorifero, si accende e si spegne come il *toastuum*: apparentemente, in questo mondo pop di oggetti animati, non sono solo le scatole di sardine a ricambiare il nostro sguardo[43]. Come le labbra in *Hommage* e *Lush situation,* questo occhio ci attira a sé come un punto di fuga applicato alla superficie. È forse possibile che Hamilton abbia colto il germe di una sistemazione analoga in Duchamp, e in particolare nel suo lavoro finale, *Etant donnés* (1946-

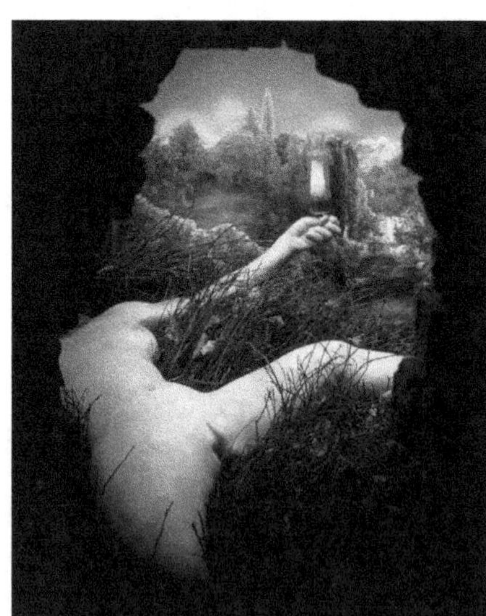

Marcel Duchamp, Etant donnés, 1946-66

66), il diorama esposto, attraverso il buco della serratura, al Philadelphia Museum of Art, nel quale il sesso del manichino disteso nell'erba funge da oltraggioso punto di fuga per l'intera scena? Nei *tabular paintings*, Hamilton suggerisce spesso una staffetta tra occhio, bocca – o vagina – e punto di fuga, richiamando alla memoria la stringata interpretazione dello spazio prospettico in *Etant donnés* fatta da Jean-François Lyotard: "Con celui qui voit" ("scemo chi guarda" ma anche, volendo, "colui che guarda una vulva"). In Hamilton, tuttavia, la relazione tra riguardante e riguardato sembra più benevola: benché l'occhio, come la scatoletta di sardine resa celebre da Jacques Lacan, accenni a una velata minaccia, il ricordo di una mancanza, il suo sguardo si configura anche come un ammiccante invito[44]. "La donna proposta nell'arte degli anni Cinquanta era un anacronismo", scrive Hamilton nel 1962, sicuramente pensando a De Kooning:

> [...] vicina a noi come un odore nello scarico; enfia sulle sue stampelle rosa, stupida e lasciva; anni luce dalla donna razionale che abita il mondo al di fuori dell'arte. Là, piuttosto, è veramente sensuale, ma impersona la propria stessa sensualità, e la performance è piena di vita. Pur essendo l'ornamento più prezioso di tutti, è spesso trattata come un accessorio qualunque. La cosa peggiore che possa succedere a una ragazza, a sentire la pubblicità, è di non trovarsi squisitamente a sua agio nel suo set di elettrodomestici (p. 36).

Ma in *$he* è davvero tutto così a posto? Lo ripetiamo, ci sono quei rosa e rossi quasi disturbanti, e quell'occhio fuori posto; come le sue precorritrici, la donna incarna la logica contraddittoria del feticcio, parziale e perfetto, castrato e fallico al tempo stesso, e nel fare ciò trova l'ambiguo sostegno del bizzarro elettrodomestico in primo piano. Un ibrido tra la pubblicità della General Electric e quella della Westinghouse, il *toastuum* prepara il cibo e raccoglie i rifiuti contemporaneamente; come il frigorifero, che raffredda e scongela insieme, è un servomeccanismo non privo di un'assurdità di fondo, una piccola Macchina Celibe sulla falsariga delle onanistiche macinatrici di caffè e di cioccolata di Duchamp, una delle quali è inserita nel Grande Vetro[45]. Ancora una volta, Hamilton ci mostra il feticcio, ma è un feticcio difettoso, se non addirittura fallimentare. Nemmeno la delimitazione della cucina è compiuta, indizio di un momento della storia in cui non c'è una separazione netta tra casa e lavoro, tra privato e pubblico. E in effetti Hamilton ha realizzato *$he* nel periodo del "dibattito in cucina" tra Richard Nixon e Nikita Kruscev (24 luglio 1959), occasione che fece assurgere la cucina a punto focale del dibattito politico, una zona calda nella Guerra Fredda. Per certi versi, *$he* è un quadro storico legato al momento di questa "domesticità di guerra", e si può estendere l'osservazione agli altri *tabular picture*[46].

Come *Hommage* fa coppia con *Lush situation*, così *$he* è abbinato a *Pin-up* (1961), con il quale abbiamo un ulteriore cambiamento di scena, dalla generica cucina alla generica camera da letto, come segnalato dalla donna nuda e dal reggiseno penzolante, ma anche dall'ennesimo elettrodomestico ibrido, un telefono Princess Bell e un giradischi Wundergram fusi in un unico oggetto. Può darsi che *Pin-up* ritrovi la casalinga sexy di *$he* a qualche ora di distanza, dopo una serata in città: questo, almeno, suggeriscono la giarrettiera, le calze di nylon e i tacchi alti, tutti in stile illustrativo, il seno in bassorilievo e il reggiseno fotografato ed inserito a collage. Il contesto sociale, tuttavia, è differente, un cambiamento reso esplicito dal titolo, che tradisce peraltro la fonte originaria dell'immagine, non più il sofisticato "Esquire", ma le "foto di donnine", che comprendono, a detta di Hamilton, "non solo le immagini eleganti e spesso di ottima fattura di 'Playboy', ma anche quelle più volgari e insulse che si trovano in certi equivalenti di basso livello come 'Beauty Parade'" (p. 40). Qui la donna è l'unico articolo in vendita: i suoi seni non sono solo messi in bella mostra, ma raddoppiati (appaiono anche di profilo), evidenziati (dalla stessa sorta di aureola che circonda la testa), e ingranditi (letteralmente "imbottiti"). Per dirla in termini duchampiani, la Vergine ha da tempo lasciato il posto alla Sposa, ed è "messa a nudo" nel senso più letterale possibile, tanto da lasciar intravedere anche il segno dell'abbronzatura. E infatti, come suggerito dai puntini grafici, la prossima mossa di questo spogliarello è un colpo di gamba che metterà ancora più in vista il sesso; da questo punto di vista, la posa attuale è uno strano connubio di passivo e attivo: la donna è sì agente, ma solo nel senso della messinscena.

A parte gli ormai consueti toni carne di derivazione fotografica, è la parrucca bruna a segnare la tonalità dominante di una tavolozza relativamente scura; essa assume inoltre la funzione svolta, nei quadri precedenti, dall'occhio e dalla bocca. La donna, di conseguenza, non ha modo di ricambiare il nostro sguardo, che può procedere senza particolari impedimenti. Va detto, inoltre, che il suo corpo è perlopiù integro, se confrontato a quelli presenti negli altri lavori, di cui questo non condivide, pertanto, la desublimata fisicità: non ci sono ad esempio

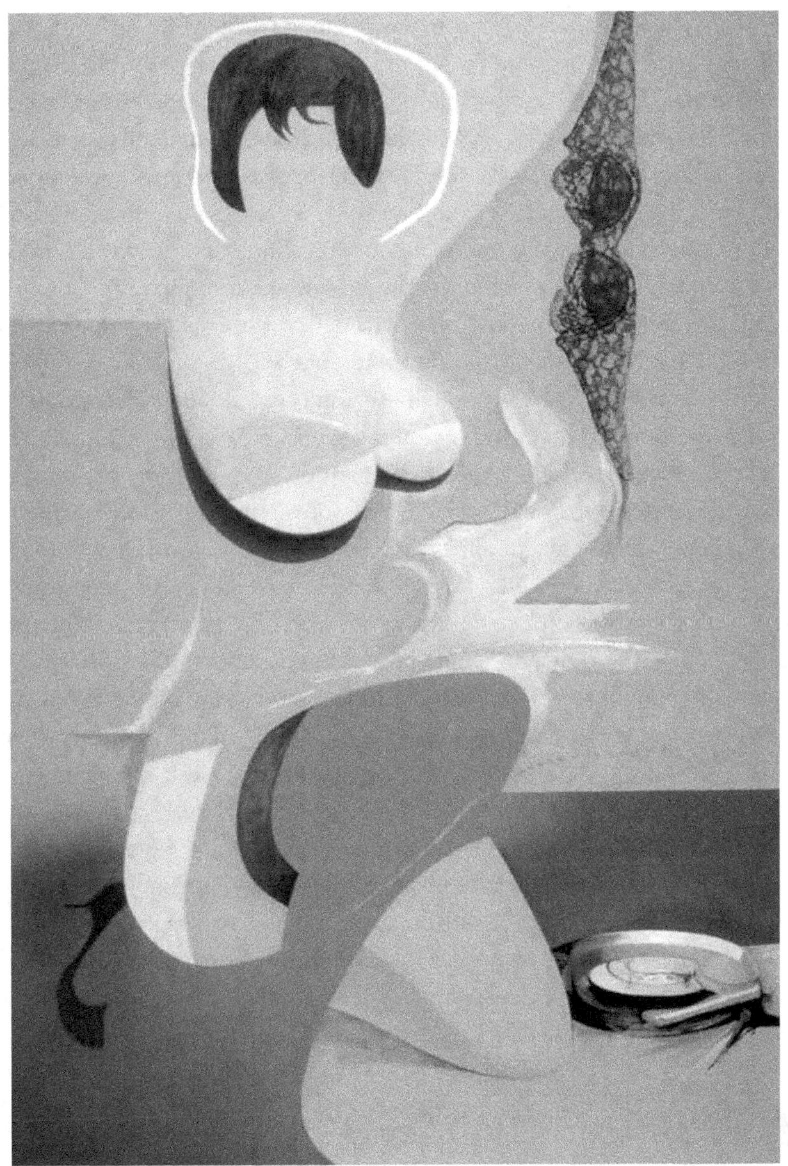

Pin-up, 1961. Olio, cellulosa e collage su tavola, cm 122 x 81,5

le tinte rosso-sangue, anche se i marroni rimangono per certi versi soggetti ad associazioni fecali. Insomma la feticizzazione, più che messa in discussione, è dichiaratamente sfoggiata, tanto nella figura femminile che nelle sue bardature (non solo il reggiseno e la parrucca, ma anche la giarrettiera, i collant e le scarpe col tacco). In ultima analisi, né il termine "alto", ossia la tradizione del nudo e l'odalisca (con echi di Manet, Renoir, Matisse e Picasso), né il termine "basso", le foto da giornaletto sexy, subiscono particolari trasformazioni: anziché erodersi a vicenda, si rinforzano. Alcuni studi per il quadro, che mostrano una confusione picassiana (o, ancora, bellmeriana) tra parti del corpo – seni e teste, capezzoli e occhi – ottengono un effetto più destrutturante ancora. Nell'opera finale, un simile mescolamento è visibile solo nella sezione centrale, dove i seni e il ventre vanno a sovrapporsi, rispettivamente, alle natiche e a un ginocchio. Con una scelta significativa, tuttavia, la logica delle parti del corpo trasformate in oggetti-componenti è estesa al mondo-oggetto nel suo complesso, dove di nuovo il reggiseno, la parrucca, i tacchi alti e il giradischi-telefono appaiono tanto vitali, addirittura erotici, quanto lo è la donna. Come il *toastuum* di *$he*, questo nuovo ibrido è particolarmente problematico, un incrocio non solo tra due apparecchi, ma anche tra due mezzi di intrattenimento e comunicazione. Da questo punto di vista, l'unione non appare nemmeno così assurda, dal momento che Hamilton, attento osservatore degli sviluppi della tecnologia, sembra qui suggerire una tesi che sarà presto associata al nome di Marshall McLuhan, quella cioè secondo cui "il contenuto di ogni medium è sempre un altro medium", e la tecnologia dei media progredisce appunto mediante la combinazione di dispositivi e l'assimilazione di funzioni; un processo, quest'ultimo, che all'inizio degli anni Sessanta doveva presentarsi accelerato tanto quanto al giorno d'oggi[47]. Non manca naturalmente la componente ironica: a cosa può servire un giradischi-telefono? La feticizzazione, sessuale e tecnologica, potrà anche non essere messa in discussione, ma di sicuro è messa in evidenza, ridicolizzata mediante l'eccessiva rielaborazione di un assurdo oggetto consumistico[48].

Glorious Techniculture (1961-64) e *AHH!* (1962) formano un'altra "coppia" di *tabular picture*. Più complessi di *$he* e *Pin-up*, essi tornano

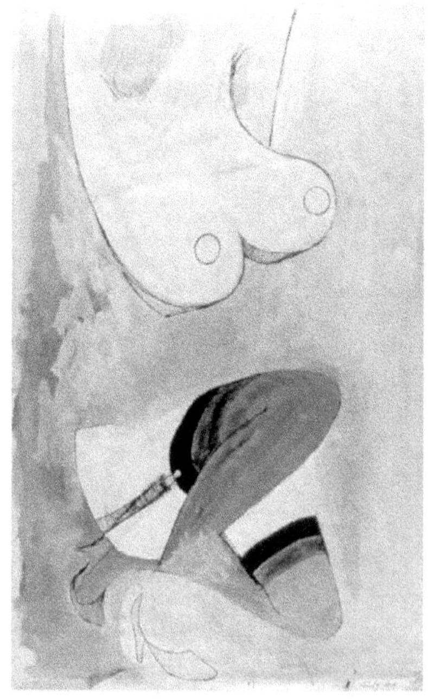

Pin-up Sketch V, 1960
Inchiostro, acquerello e gouache, cm 37 x 23

all'archetipo della donna-automobile di *Hommage* e *Lush situation*, ma per complicarlo, forse anche troppo. Inizialmente intitolato *Anthology*, *Glorious Techniculture* misurava originariamente due metri e mezzo di altezza, e i due terzi superiori erano destinati a un'immagine fantastica della *skyline* di Manhattan immersa nella luce notturna, con i suoi grattacieli estesi mediante la moltiplicazione seriale fotografica, una sorta di aggiornamento pop del classico film espressionista *Metropolis*. Accanto alle cime dei grattacieli, sopra una striscia color argento, campeggiava un'enorme fotogramma tratto da *I dieci comandamenti* (1956), con Charlton Heston nel ruolo di Mosè, quasi a trasformare la *skyline* in un gigantesco schermo Cinerama: bastone in mano, braccia aperte, Heston-Mosè divide le acque del Mar Rosso per consentire il passaggio della donna-automobile prescelta. Commissionata per il congresso dell'International Union of Architects tenutosi a Londra nel luglio 1961, questa versione fu presto tagliata in due dall'artista, il cui attacco alla *hybris* dell'architettura, implicito nell'opera, aveva perso mordente una volta passata l'occasione del congresso: la parte superiore fu eliminata, quella inferiore risistemata fino a costituire il quadro che vediamo oggi. Anche in assenza delle torri da Gotham City e del Mosé hollywoodiano, *Glorious Techniculture* è un'"antologia" dei più svariati miti della cultura popolare e dei relativi modi di rappresentazione stilistica[49]. Tra i motivi pop vi sono, al centro, ricordi di un'auto, di un'arma da fuoco e di una chitarra, in alto a sinistra frammenti di un grande cartellone, in alto a destra una bandiera americana; a dare una campionatura dei modi di rappresentazione sono invece una linea nera storta derivante dalla sezione di un tubo di raffreddamento di un motore Corvair, sei frecce, che stanno forse a significare appunto il raffreddamento, e campioni di rosa e gialli, emblemi della pittura astratta in generale. Come i quadri visti in precedenza, *Glorious Techniculture* è sostanzialmente una Macchina Celibe, in questo caso articolata in automobile, arma da fuoco e chitarra. Rappresentata da una stampa a collage del paraurti posteriore e dell'alettone di una Corvair, l'automobile è incorniciata dal profilo del fucile, che a sua volta funge da spazio interno ospitante la Sposa, una piccola testa femminile, anch'essa di profilo, con un velo spazzato dal vento. Di fronte, i due Celibi hanno l'aspetto di "uomini-robot dallo spazio", prodotti dalla sezione di un motore stampata sulla superficie del quadro e successivamente ridipinta in vari punti[50]. Questo bizzarro confronto è raddoppiato da quello tra l'arma scura sulla destra e la pallida chitarra sulla sinistra, che reca il nome del cantante rockabilly Tony Conn, scritto in corsivo.

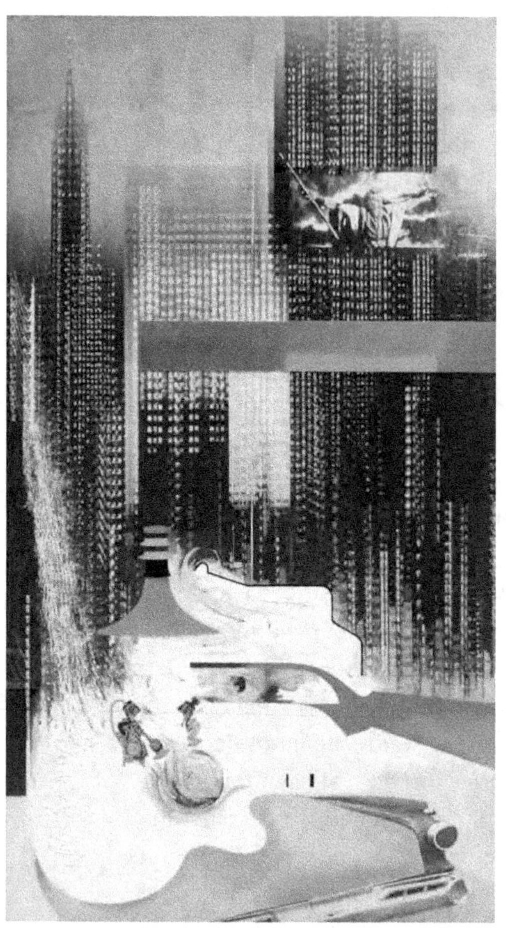

La versione originale di *Glorious Techniculture*, 1961

La "gloriosa tecnicultura" del titolo, quindi, è un'America lasciata in pasto alle bandiere, alle auto e alle armi, un'America ancora legata al mito, vecchio eppur nuovo, del West, quello prodotto a New York e a Hollywood. Per Hamilton, il fucile è il simbolo-chiave: "Le armi da fuoco e la caccia costituiscono un ramo della mitologia pop, il simbolo del West e dei grandi spazi all'aperto; in un contesto urbano, rappresentano la violenza, organizzata e non, e anche uno dei giocattoli preferiti dai bambini"[51]. Provocatoriamente, l'artista accosta questo oggetto pieno di implicazioni alla chitarra e all'automobile, quasi a suggerire che la violenza rappresentata dal fucile sia sublimata dalla cultura della musica country e dei grandi viaggi in macchina. Un simile processo di civilizzazione causa peraltro anche più di una confusione di genere, tanto che il fucile è messo a confronto con la chitarra, mentre i piccoli Celibi, patetici quanto quelli di Duchamp, sembrano quasi contenti di essere sbatacchiati da una parte all'altra dell'abitacolo mentre la Sposa è alla guida. La scala relativa, in effetti, lascia perplessi, e suggerisce una sensazione di spaesamento, persino di delirio, che Hamilton associa immediatamente all'America.

Anche in *AHH!* la Sposa ha il controllo totale e la sua situazione è ancora più seducente. La prima differenza riguarda la scala, dalla panoramica di *Glorious Techniculture* al primo piano dell'abitacolo di un'auto. La fonte è un inserto pubblicitario di "Life", dedicato a una Plymouth del 1955, che mostra un guanto di velluto appoggiato al pomello della leva del cambio, con un'inquadratura tanto ravvicinata da mettere fuori fuoco il cruscotto. Nel quadro Hamilton riduce la mano al dito indice, prolunga la leva, trasforma il cambio in un fucile (di nuovo l'associazione automobile-arma da fuoco) e fa del cruscotto un intreccio

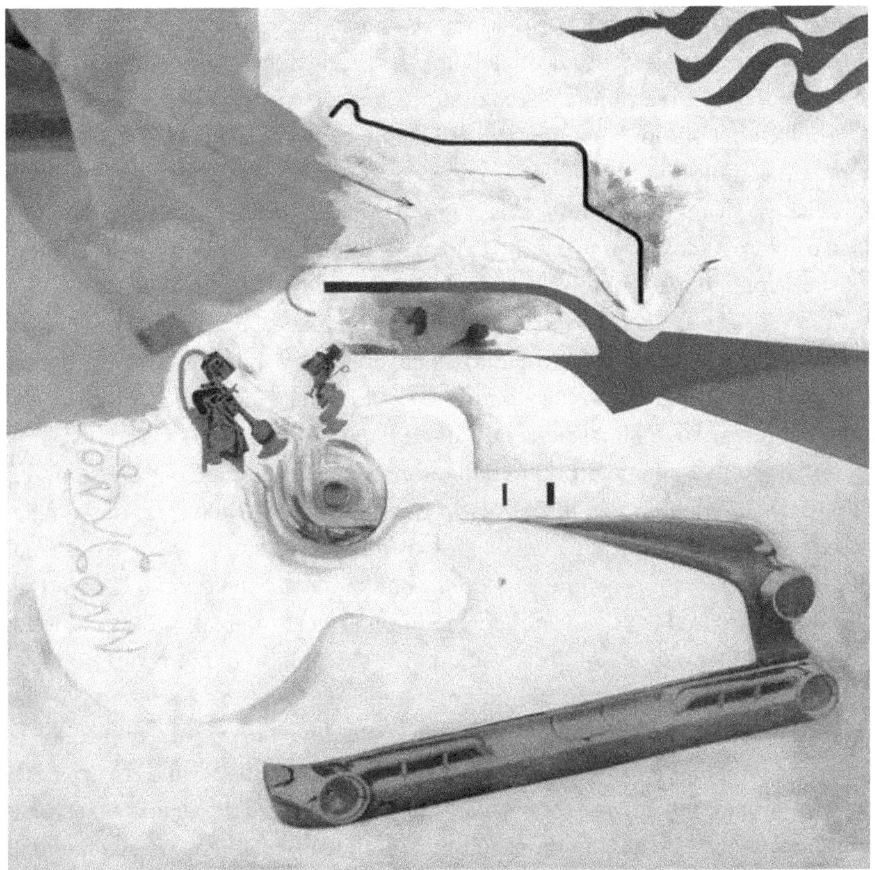

Glorious Techniculture, 1961-64. Olio e collage su tavola di asbesto, cm 122 x 122

di rossi, marroni, rosa e blu di grande fisicità. "Quando iniziai a lavorare alla tavola", scrive Hamilton "il soggetto divenne assolutamente erotico. Molto del suo edonismo deriva dal seducente piacere visivo che solo le lenti della macchina fotografica sanno procurare". Questo piacere deriva innanzitutto dalla natura tattile e visuale delle diverse superfici e dei diversi spazi, ciascuno con una differente messa a fuoco: "La definizione dell'immagine oscilla nello spazio di un labbro. Un mondo di fantasia con implicazioni erotiche: intimità, trasgressione, ma solo su un piano puramente visuale. La sensualità al si là del semplice atto della penetrazione, un'ebbra caduta in una sorta di estatica peluria colorata; immediata, distaccata e statica, in modo da consentire un'analisi completa" (p. 50). Vi è dunque rappresentata, suggerisce l'artista, la relazione non solo tra effetti fotografici e pittorici, ma anche tra questi stimoli e il nostro responso sensoriale e sessuale. Hamilton battezza questo miscuglio di effetti "phloo" (p. 50), un termine adeguato alla natura proteiforme della reificazione post-bellica di cui sopra, una modalità di manifestazione che può effettivamente sembrare seduttivamente fluido, come in questo caso. Al contempo, *AHH!* è un tentativo di mitigare questa stessa condizione, di de-reificare parzialmente linea e colore attraverso una composizione seduttiva delle sfocature e delle tinte, quasi a riconfigurare il phloo[52].

Come *Glorious Techniculture*, anche *AHH!* riflette sulla mitologia pop e sull'immaginario tecnologico: il dito della donna sta per toccare il grilletto allungato di un fucile che è in parte "arma di Isher" (definizione ispirata al titolo del romanzo di fantascienza di Alfred Elton van Vogt del 1951), e in parte accendino (un Varaflame prodotto dalla Ronson). L'ibrido è ancora più strambo del giradischi-telefono di *Pin-up*, ma in questo caso l'elemento fondamentale è l'erotismo del "controllo con un polpastrello" che esso evoca. Nella sua introduzione a *Man, Machine & Motion*, Banham sottolinea come la leva del cambio sia progredita "dalla salda presa di una mano guantata su un pomello massiccio al tocco di un dito nudo su una sorta di gambo di cromo"[53]. Questa nuova mediazione esercitata dal potere tecnologico è un altro dei motivi che interessano Hamilton, e il modo in cui egli rende l'idea di questo "controllo" è mitico e comico al tempo stesso: come Dio nella Cappella Sistina, la donna è infatti in procinto di attivare un meccanismo fantastico, quello di una Macchina Celibe entro la quale gli uomini sono tolti completamente di mezzo. La fiamma orgasmica liberata dal fucile sembra riconducibile alla donna (forse una versione della "fioritura" della Sposa), così come il "sospiro di estasi comicamente avviluppato" nel fumetto (*AHH!*). Ciononostante, il suo desiderio e nuovamente deviato, in senso feticistico, sul *gadget*, e il messaggio implicito è che il "controllo con un polpastrello" sia meglio del sesso con qualsiasi partner in carne e ossa.

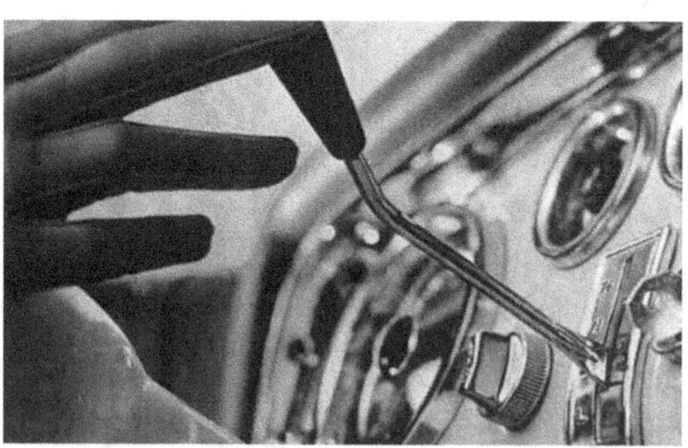

Fonte iconografica per AHH!, tratta da "Life Magazine", 1955

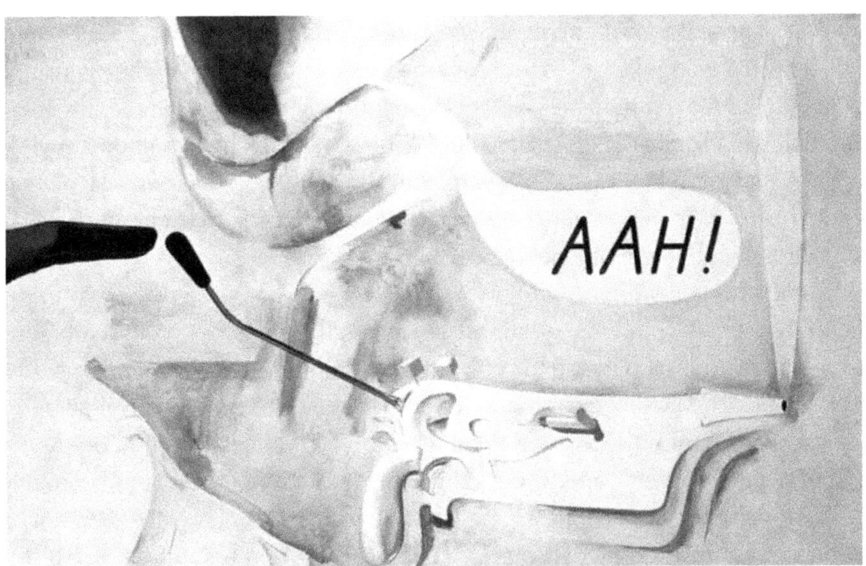

AHH!, 1962. Olio su tavola, cm 81,5 x 122

Nei *tabular picture*, Hamilton mette in primo piano la donna come protagonista della cultura consumista del dopoguerra, e sfrutta questa nuova funzione (che tuttavia non capovolge la vecchia logica di subordinazione) come un modo per aggiornare la tradizione della figura femminile in pittura. Un caso particolare, nel quale sono presenti anche uomini, è costituito da *Towards a definitive statement on the coming trends in men's wear and accessories* (1962), una serie di quattro quadri, il cui titolo è a sua volta tratto da una rivista, lo speciale annuale di "Playboy" sulla moda maschile. Hamilton descrive la serie come "un'indagine preliminare su specifici concetti della mascolinità": nello specifico, l'uomo in "un ambiente tecnologico", rappresentato dal Presidente Kennedy ancora in vita, l'uomo in "un contesto sportivo", rappresentato da un broker/giocatore di football, l'uomo in "un qualche aspetto atemporale della bellezza maschile", esemplificato da un Ermes/culturista, e una combinazione delle tre categorie, esemplificata dall'astronauta John Glenn, che il 20 febbraio 1962 era diventato la prima persona a completare un'orbita attorno alla terra. Oltre agli emblemi di vari sistemi di rappresentazione resi familiari dagli altri *tabular picture*, ogni figura è associata a un particolare accessorio – un transistor, un telefono, una molla elastica e un jukebox rispettivamente – ossia un particolare meccanismo dei media, della comunicazione, del body-building e dell'intrattenimento, strumenti della società dello spettacolo. Si può dire forse che Hamilton anticipi qui la nostra dipendenza da cellulari, Blackberry, iPod e così via, la nostra condizione di Macchine Celibi servomeccaniche? Se è così, lo fa tramite la sua solita "ironia dell'affermazione".

Il cambio di genere è marcato non solo da un adeguamento della tavolozza (meno rosa e rossi, più blu e grigi), ma anche negli oggetti: le donne sembrano essere a casa propria, o messe in vetrina assieme a prodotti di consumo, mentre gli uomini sono al lavoro, o comunque alle prese con dispositivi legati all'azione. Tuttavia, per quanto mescolate alle merci, proprio tramite di esse le donne si mostrano relativamente aperte nei confronti del mondo, mentre gli uomini, seppur apparentemente connessi alle rispettive protesi tecnologiche, appaiono in uno stato di reclusione, di protezione, i corpi avvolti in un'uniforme, le teste in caschi, perlopiù soffocanti gli spazi[54]. Inoltre, gli uomini sono schiavi della moda tanto quanto le donne, e questa condizione condivisa ridimensiona la differenza sessuale evidenziata dal titolo.

La "sfilata di moda" era uno dei soggetti principali della pittura moderna secondo Baudelaire[55]. "La modernità è il transitorio, il fuggitivo, il contingente, la metà dell'arte, di cui l'altra metà è l'eterno o l'immutabile". Queste due facce, tuttavia, sono opposte in senso dialettico, non in senso diretto: l'artista cerca l'epica "nel momento transitorio", "di estrarre l'eterno dall'effimero"[56]. Già al tempo di Baudelaire, il presunto eroismo della vita moderna era in dubbio; ciononostante, una parte di Hamilton sembra ostinata a crederci. Così commenta questa sfilata di uomini in *Towards a definitive statement*: "viviamo in un tempo in cui l'epica è realizzata. Il sogno è un tutt'uno con l'azione, e la poesia è animata da una tecnologia eroica"[57]. Ed è proprio nella cultura di massa che va cercato questo eroismo: "l'epica è diventata sinonimo di un certo tipo di cinema, e l'archetipo eroico è sepolto in profondità nell'intrattenimento cinematografico. Se l'artista non vuole allontanarsi troppo dai suoi antichi propositi, sarà probabilmente costretto a saccheggiare le arti popolari per recuperare quell'immaginario che è la sua legittima eredità" (p.42). Quest'ultima frase, che richiama alla missione degli Smithson di "prendere le misure" delle "arti popolari", è rivolta direttamente all'interrelazione vista in Hamilton tra alto e basso, pittura e cultura pop.

• • *Tabulare e pittorico*

Quali sono dunque le implicazioni dei *tabular picture*? Tanto per cominciare, il termine (e Hamilton è attento alle parole almeno quanto alle immagini) deriva dal latino *tabula*, che indica il tavolo, ma anche le tavolette per la scrittura, che nell'uso antico accoglievano anche figure dipinte o stampate. Di sicuro, questa associazione piaceva molto a Hamilton, che si serve di entrambe le tecniche (e non necessariamente la stampa è subordinata alla pittura), e lo fa anche perché gli effetti ad esse associati sono profondamente coinvolti con la logica dei media. "Tabular", pertanto, coinvolge anche la sfera della scrittura, che del resto l'artista chiama in causa più volte nei titoli e nei propri elenchi generativi; ma connota anche il termine "tabloid", che Hamilton utilizza direttamente in *Swingeing London 67* (1968-69), una serie di poster e dipinti (di cui si è parlato nell'Introduzione) basati sulla copertura nella carta stampata dell'arresto di Mick Jagger e Robert Fraser per possesso di droga. Inoltre, i *tabular picture* contengono tracce dell'ibrido verbo-visuale caratteristico di riviste e tabloid (come nelle narrative implicite in *Hommage, Lush situation, $he, AHH!* e così via)[58]. Sotto questo aspetto, forse, Hamilton anticipa il segno misto di informazione e immagine che caratterizza lo spazio mediale elettronico di oggi, un quadro spesso seducente che porta spesso un imperativo insistente ("clicca qui", "invia ora", e così via)[59].

La maggior parte di questi lavori, pertanto, è "tabular" nel senso che il loro copione è costituito da una tabella: una tabella di termini in *Just what is it...?*, di immagini in *Hommage* e *$he*, di *cliché* giornalistici in *Hers is a lush situation* e *Towards a definitive statement*. La definizione del verbo "to tabulate" riportata nell'*Oxford English Dictionary* è "organizzare in forma sistematica". Non c'è dubbio che Hamilton faccia proprio questo, e non solo sul piano del contenuto, poiché, ancora una volta, la sua principale preoccupazione è di ottenere una ben precisa "sovrapposizione di stili e modalità di presentazione". Stili e modalità che sono innanzitutto commerciali, come nei diversi linguaggi formali che l'artista chiama in causa: quello modernista, ripreso nelle citazioni di segni astratti, e la sua degenerazione commerciale, riscontrabile negli elementi della cultura d'avanguardia e di quella di massa che egli tratta come già "assimiliati" (si pensi alle "suggestioni di Mondrian e Saarinen" nell'annuncio su cui è basato *Hommage*). Per dirla con le parole di Hamilton, "la fotografia diventa diagramma, il diagramma si tramuta in testo", e tutte e tre sono trasformate dalla pittura (p. 38)[60]. In effetti, l'artista inglese realizza un media-spazio composito nel quale lo scambio capitalista

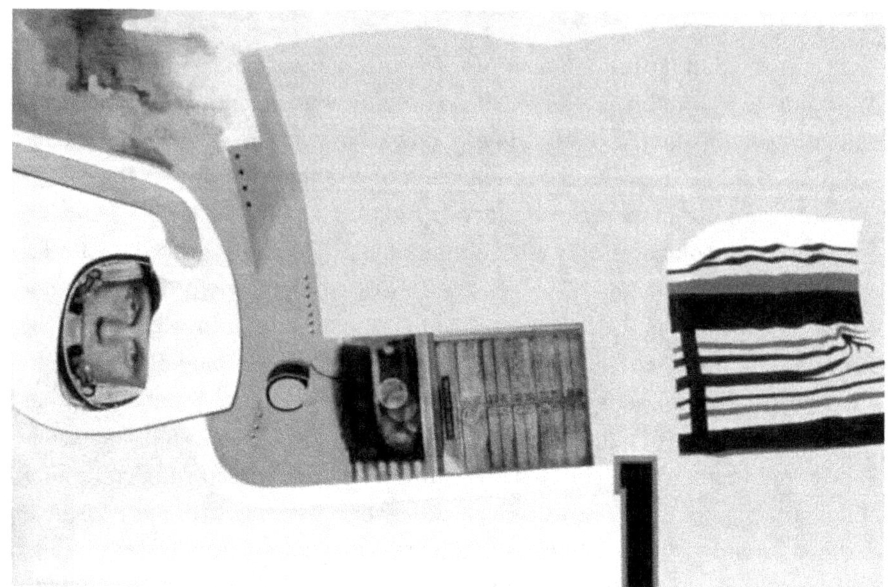

Towards a definitive statement on the coming trends in men's wear and accessories - (d), 1962
Olio, collage e rilievo su tavola, cm 61 x 81,5

ha tramutato categorie di rappresentazione un tempo distinte in "significanti sospesi": e nel passaggio tra anni Cinquanta e Sessanta questa è una riflessione di rilievo, non certo lo spesso frainteso *cliché* sul postmodernismo che è diventata oggi[61]. Da un lato, Hamilton vuole che queste "entità plastiche [mantengano] intatta la propria identità di tracce-simbolo", il che spiega l'uso di "idiomi plastici differenti", come fotografia, collage e rilievo (p. 38). Dall'altro, egli cerca "il tutto unificato" della pittura (ibid.), e si serve della sua continuità di superficie non solo per collegare tra loro i dettagli, ma anche per rallentarli, quasi a facilitare il nostro giudizio critico, ragione per cui Hamilton, per quanto interessato a ogni tipo di medium, rimane fondamentalmente legato alla pittura. Come un pubblicitario, quindi, Hamilton tabula (correla) media e messaggi diversi, e tabula (calcola) questa correlazione sulla base del suo appeal e del suo effetto psicologico. Nel fare ciò, lascia aperta anche per il pubblico la possibilità di un'"analisi valutativa"[62].

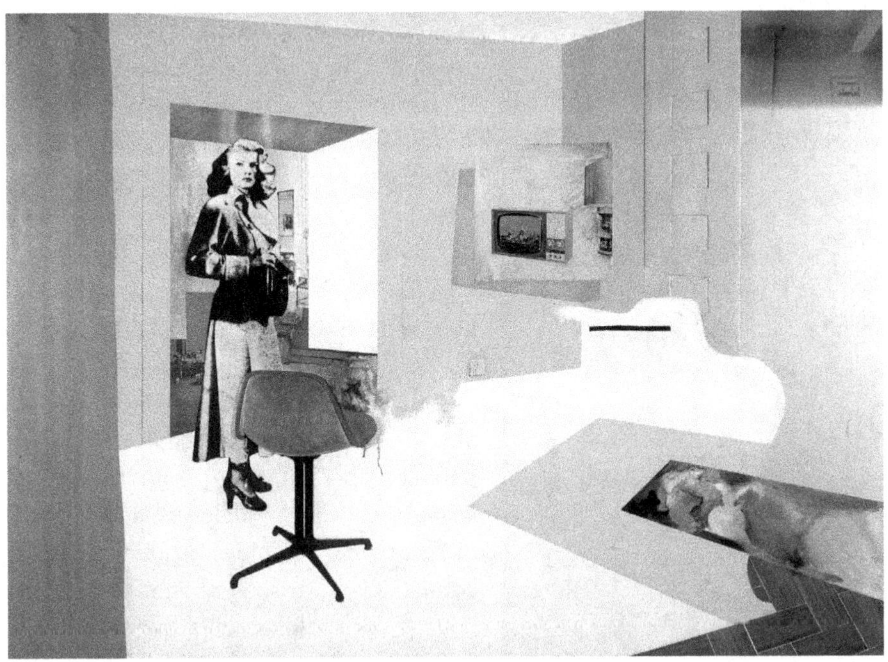

Interior II, 1964. Olio, collage e rilievo su tavola, cm 142 x 183

La portata di questo sdoppiamento della cultura popolare è oggetto di un vivace dibattito all'interno della letteratura critica sulla pop art: quando essa è veramente analitica, e quando è puramente elogiativa, addirittura affascinata? La questione è di particolare importanza in Hamilton, la cui "ironia dell'affermazione" cerca di suddividere questa differenza, consentendo all'autore di partecipare come agente in entrambi i termini. "Un'arte affermativa non è necessariamente acritica" (p. 52), insiste, servendosi di una doppia negazione che suggerisce però una difficoltà nel ragionamento. Il paradosso, sicuramente, produce spesso una tensione tra l'investimento emotivo nell'immagine e il distacco da essa, tensione trasmessa anche al fruitore. In ogni caso, il *pastiche*, che per Hamilton non è un termine dispregiativo, non è sfacciatamente casuale, come in molti collage dadaisti nonché, se è per questo, nel Neo-Dada dei colleghi Paolozzi e Rauschenberg[63]. Un ulteriore esito del pop, o del "figlio di Dada", come Hamilton ama dire (p. 42), è il fatto che questa "casualità"

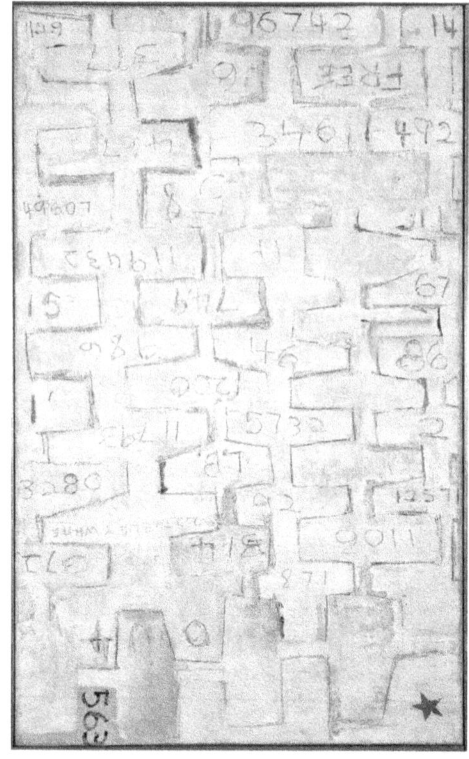

Robert Rauschenberg, White Painting with Numbers (The Lily White), 1949

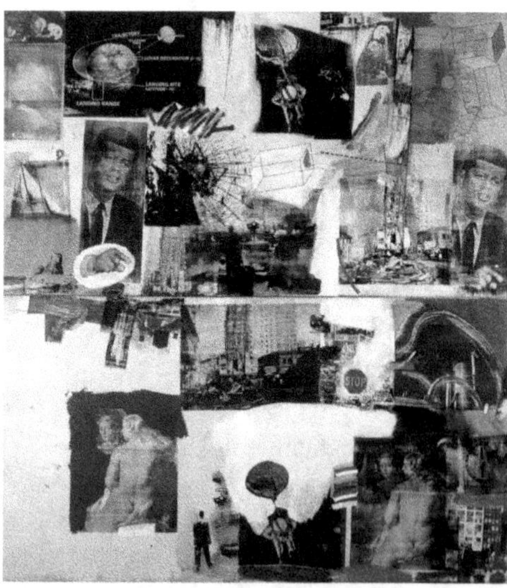

Robert Rauschenberg, Skyway, 1964
Courtesy: Dallas Museum of Art

sia ormai una caratteristica dei media in generale, una logica della distrazione entro il repertorio dell'industria della cultura[64]. Talvolta Hamilton spinge questa logica all'estremo, con fare quasi dimostrativo, talvolta, i *tabular pictures* sono "logici" in un altro senso, per così dire tipologico; talvolta, infine, le due cose si verificano contemporaneamente, come ad esempio in *Towards a definitive statement*.

Qui la differenza di Hamilton con gli altri artisti si fa più evidente. L'estetica dell'albo per affissioni può essere la stessa dei colleghi inglesi, ma la pratica di Hamilton è più programmatica e composizionale rispetto a quella dei "Bunk collage" di Paolozzi, gli schermi saturi di Henderson, o i collage a strisce di McHale. Ancora una volta, indirizzati come sono a mettere alla prova l'assimilazione della cultura popolare nella "tradizione delle belle arti", i *tabular picture* sono, imprescindibilmente, *pittura*. Sotto questo aspetto, una distanza simile lo separa dai corrispettivi americani: per quanto il paragone con Rauschenberg, soprattutto guardando *Towards a definitive statement*, possa venire spontaneo, il tabular picture è ben diverso dal "letto su tela". Secondo Leo Steinberg, che ha coniato il termine nel suo fondamentale saggio *Other Criteria* (1968-72), Rauschenberg ha propiziato un passaggio all'inscrizione orizzontale di immagini culturali che hanno rotto con paradigmi tradizionali della pittura come la finestra, lo specchio, o anche la superficie astratta, tutti spazi

piatti verticali da guardare come di fronte a una scena reale[65]. Come il "letto
su tela", il *tabular picture* può apparire orizzontale, sia in senso letterale,
per come è disposto all'interno dello studio, appoggiato su un tavolo o
sul pavimento, sia nel senso metaforico del suo registrare immagini e testi
lungo "l'asse continuo belle arti/pop"[66]. Ciononostante, anche qui Hamilton
insiste sull'elemento pittorico, laddove Rauschenberg punta a decostruirlo:
a dispetto della schematizzazione orizzontale di immagini e testi "trovati",
l'immagine tabulare è ancora un quadro verticale che presenta uno spazio
semi-illusionistico, anche se, effettivamente, questo orientamento accomuna il
rettangolo della pittura al formato delle riviste e allo schermo[67]. "Il quotidiano
lo si legge più spesso lungo il piano verticale che lungo quello orizzontale"
aveva notato Benjamin in una sintetica genealogia delle tecniche di fruizione
di testi e immagini nel mondo occidentale, "mentre il film e la pubblicità
forzano interamente la parola stampata entro la perpendicolare dittatoriale"[68].
Per certi versi, Hamilton mantiene il piano verticale nei suoi quadri perché
vuole mettere alla prova la "perpendicolare dittatoriale" di media moderni
come il cinema e la pubblicità, come risulta esplicito soprattutto, forse, nella
versione originale di *Glorious Techniculture*).

Ma ci sono altre differenze strutturali tra
Hamilton e Rauschenberg. Proprio nella
sua eterogeneità, il letto su tela promuove
uno sparpagliamento dello sguardo,
un'"occhiata vernacolare" associata talvolta
alle connessioni e disconnessioni casuali
dello spazio urbano e televisivo; il *tabular
picture*, al contrario, concentra e focalizza
lo sguardo, anche quando lo porta a spasso
lungo la superficie[69]. Inoltre, il *tabular
picture* ha una sua iconografia (talvolta
persino eccessiva), cosa che non si può
dire per il *flatbed*, nonostante i molteplici
tentativi da parte degli storici dell'arte di
rintracciare fonti precise alle quali attribuire
significati particolari; coerentemente
alla sua formazione nell'IG, Hamilton
sceglie per il proprio lavoro un approccio
comunicativo, quasi pedagogico, anche qui

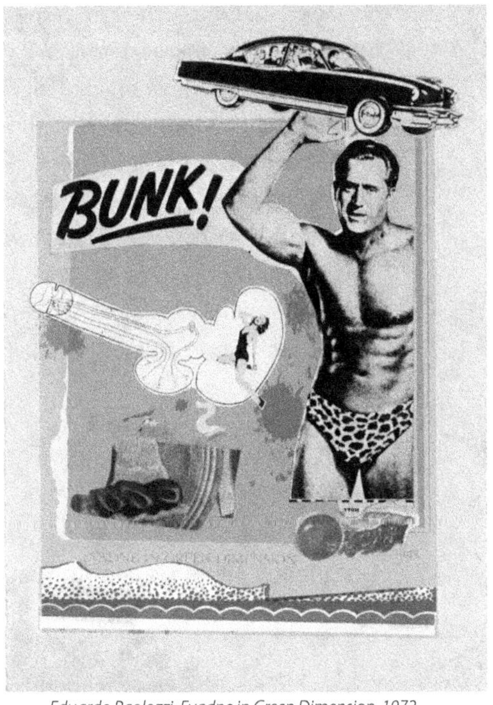

Eduardo Paolozzi, Evadne in Green Dimension, 1972

differenziandosi da Rauschenberg, per quell'elemento cognitivo che questi non ha (Steinberg parla, a proposito dei *combine paintings*, di effetti "schizofrenici"). Soprattutto, Hamilton non rinuncia alla profondità – pittorica, psicologica, ermeneutica e storica – mentre i suoi colleghi americani tendono a dissolverla. Non c'è insomma un valido equivalente del *tabular picture* nell'arte americana[70]. E neanche in quella europea, a dire il vero: per fare un esempio, il *tabular picture* attesta una ricerca sistematica entro una tipologia specifica di immagini culturali, e non un "archivio anomico" di una gamma sterminata di queste immagini, come suggerito invece dalla raccolta di fotografie di Gerhard Richter intitolata *Atlas*[71].

La chiave è proprio l'intenzione cognitiva: come scriveva László Moholy-Nagy nel 1928 (e come confermava Benjamin nel 1931) con il diffondersi della riproduzione meccanica nella prima Età della Macchina l'idea di "alfabetizzazione" iniziava ad includere la decodificazione di fotografie con didascalia[72]. A ciò si aggiunga che nella prima età pop, come suggerisce Hamilton, il cittadino alfabetizzato deve saper decostruire la parola-immagine mediata che lo chiama in vari modi da cartelloni pubblicitari, riviste, rotocalchi, film, televisori e altri tipi di schermo. Certo, questa alfabetizzazione è una componente fondamentale alla costruzione del "sé" nella cultura del dopoguerra, e ha a che fare non tanto con una "grande tradizione" letteraria o artistica (come sperano ancora i grandi "anziani" come F.R, Leavis e Clement Greenberg), quanto con una diffusa pletora di quei segni-merce e di quelle apparizioni mediali che Hamilton indica come le proprie fonti: dai servizi dei rotocalchi ai film di Hollywood, da Vikki Dougan a John Glenn[73]. Come pura suggestione, va ricordato che nell'uso antico la parola "tabular", sempre secondo l'*Oxford English Dictionary*, si riferisce anche a "un corpus di leggi inscritte su una tavoletta". Possiamo dunque intendere questi *tabular picture* come altrettante ricerche, quasi pedagogiche, di "un nuovo corpus di leggi", una nuova forma soggettiva di inscrizione, un nuovo ordine simbolico che plasma la società pop?[74].

Hamilton è consapevole dei prerequisiti di questo ordine. Dedito alla natura, egli sa benissimo che si tratta di una natura mediata:

Negli anni Cinquanta, ci rendemmo conto della possibilità di vedere il mondo intero con un solo sguardo, attraverso la grande matrice visuale che ci circonda; una visione sintetica, 'istantanea'. Il cinema, la televisione, le riviste, i giornali immergevano l'artista in un ambiente totale, che era di natura fotografica.

Certo, l'artista non pretende di criticare questa vice-natura da una presunta posizione distaccata rispetto ad essa, ma non si limita nemmeno a soccombervi. Allo stesso modo, egli rimane fedele all'immagine (i suoi *Collected Words* si concludono con questa affermazione: "Non ho mai dipinto un quadro che non mostri un'intensa consapevolezza della figura umana" (p. 269) e al tempo stesso prende atto di come sia anch'essa trasformata, non solo dal processo di riconfigurazione messo in atto dalle macchine e dalla confusione con la merce, ma anche da un continuo fenomeno di progettazione e ri-progettazione come immagine-prodotto[75]. Anche qui, tuttavia, Hamilton riesce a non accettare semplicemente la condizione, senza però illudersi di poterla rifiutare.

La società dei consumi, scrive l'artista in *Persuading Image*, un saggio nato da una conferenza tenutasi nel 1959, vive della fabbricazione del desiderio attraverso il design, di un'obsolescenza artificiale, esagerata di immagini, forme e stili[76]. In questo processo, lo stesso consumatore è "fabbricato", progettato in relazione al prodotto. "Sono io?", si chiede Hamilton a proposito della merce in *$he*, scimmiottando lo slogan con cui il pubblicitario circuisce l'acquirente: "L'oggetto è 'progettato pensando a te'" (p. 36). I *tabular picture* si propongono di analizzare e decostruire questa condizione: non solo l'accumulo feticistico-sublimatorio di oggetti e scopi differenti, ma anche la messa in gioco, a livello sociale, di soggetti da parte di immagini, nelle immagini, ma in realtà come immagini. Oggi questo processo ci è diventato quasi naturale, trasformando ciascuno di noi, come lo stesso Hamilton aveva previsto, in uno "specialista nell'aspetto delle cose" (p. 136), progettista e progetto al tempo stesso, quasi un servomeccanismo del consumo[77]. I *tabular picture* ci permettono di distanziarci da questo processo e leggerlo analiticamente.

Hamilton esplora direttamente questa condizione nella propria versione della grande icona pop Marilyn Monroe, realizzata nel 1963 dopo il suo primo viaggio negli Stati Uniti. *My Marilyn* (1965, fig. 1.21) riporta in pittura parte di una stampa a contatto da un servizio fotografico di George Barris, comprensivo di indicazioni editoriali da parte di Marilyn su quali immagini tagliare e quale posa consentire; in poche parole, come apparire, e quindi *come essere*[78]. In quella che si può grossomodo definire una griglia, un gruppo di quattro immagini compare due volte, con segni e tagli leggermente differenti, in alto a sinistra e, più in piccolo, centralmente in basso: ciascuna di queste immagini è poi ripetuta, più in grande e con ulteriori alterazioni, nei rimanenti rettangoli che costituiscono il quadro. I cambiamenti più radicali riguardano l'unica immagine approvata da Marilyn, e marcata con "Good":

qui il colore è quello della fotografia deteriorata (il cielo e il mare sono due strisce di un rosa e di un arancione stridenti), e il corpo della star è sbiancato, come in un negativo, come se fosse già assente (e in effetti, lo era, nel 1965). La Marilyn celebrata da Hamilton è ancora una star, ma più che un oggetto erotico è una solerte mente progettuale, la severa artista della propria possente iconicità, la spietata *editor* del proprio apparire che emerge dal quadro, e il cui rigore editoriale è condiviso da Hamilton: in ogni caso, l'implicazione da cogliere in tutto ciò è che, nell'età pop, essere vuol dire innanzitutto costituirsi in immagine. Questo rapporto con l'icona di Marilyn è assai diverso – più mirato e specifico – rispetto alla generica agitazione di De Kooning o al senso di soggezione espresso spesso da Warhol[79].

Qui Hamilton lavora non solo sulle "possibilità" semiotiche offerte da Marilyn stessa, che a quanto pare segnava le stampe con il primo strumento a portata di mano, un rossetto, una limetta per le unghie, un paio di forbici, ma anche sugli stati psicologici da lei evocati, che variano, a detta dell'artista, dal "narcisismo" all'"auto-distruzione". In un sol colpo Marilyn sembra desiderare, persino adescare lo sguardo (e del resto, la presa di possesso dello sguardo altrui è il *sine qua non* della celebrità) ma anche temerlo, addirittura rifiutarlo, probabilmente a ragione, dato che le sue "X" masochistiche sembrano quasi anticipare il nostro sguardo invadente, che anche nel tentativo di essere solidale si rivela in realtà, almeno parte, sadico. Sotto questo aspetto, *My Marilyn* sollecita un confronto con l'altro grande saggio sul problematico bagliore della visibilità VIP, *Swingeing London 67*, realizzato tre anni più tardi.

Se il prodotto eccede spesso la propria funzione, come Hamilton suggerisce in *Persuading Image*, anche la domanda eccede altrettanto spesso il bisogno. Addirittura, l'autore delinea una vera e propria formula consumistica, *domanda – bisogno = desiderio*, non troppo distante da quella sviluppata da Lacan negli anni Cinquanta. Sotto questa luce, è forse possibile affermare che la definizione lacaniana del desiderio sia a sua volta storicamente radicata, ossia determinata dalla società dei consumi? Ancora una volta, i *tabular picture* sembrano condividere con Lacan l'accezione di desiderio come scivolamento metonimico, al tempo stesso feticistico e sublimante, da un'immagine all'altra, un ritrovamento degli stessi oggetti sotto vesti sempre diverse. Letto in quest'ottica, il *tabular picture* non si limita ad antologizzare le "tecniche di presentazione", ma va ben oltre, imitando l'attenzione distratta del desideroso spettatore-consumatore. Pertanto, l'assimilazione pittorica della fotografia, del collage e del rilievo può non sembrare poi così conservatrice, specie se messa

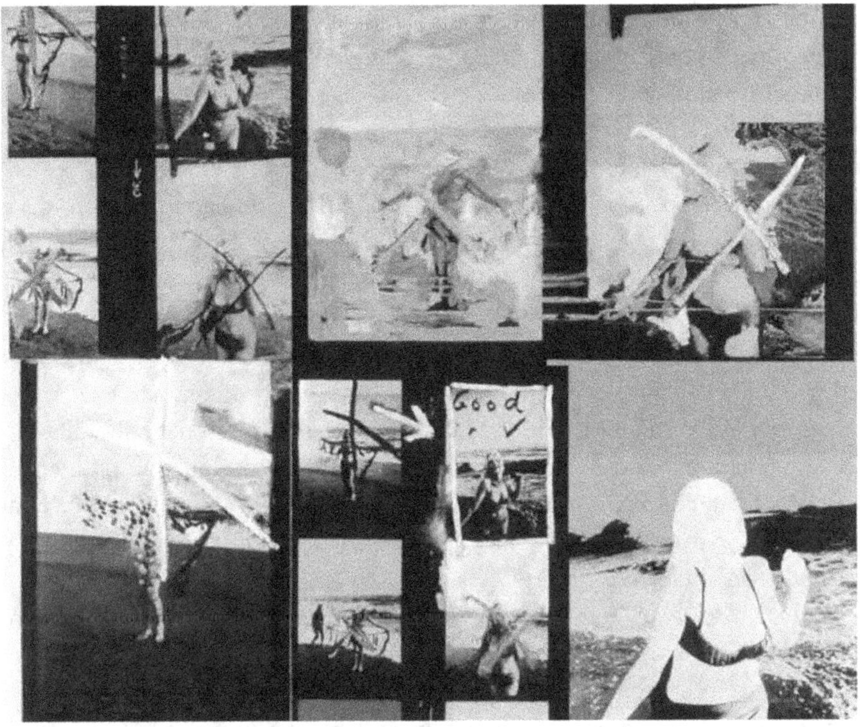

My Marilyn, 1965. Olio e collage su carta fotografica riportata su tavola, cm 103 x 122

in relazione con la comune interpretazione del Dada come trasgressivo, sulla quale peraltro lo stesso Hamilton si dichiara scettico, soprattutto a proposito delle letture di Duchamp. Come si è notato, l'artista assume gli effetti feticistici della pittura borghese tradizionale, per non parlare di altri dispositivi, sia legati all'ottica modernista (collage e rilievo) che di natura più commerciale (come il rotocalco); egli riconosce cioè che tutte queste forme sono rielaborate entro un'economia generale del feticismo – sessuale, semiotico e della merce – e si impegna a sfruttare questo nuovo ordine, basato sull'apparenza e sullo scambio, talvolta allo scopo di decostruirlo[80]. La pittura consente il dovuto mix di dettagli sovraccarichi e di parti anatomiche ibride, ma anche di instabilità ottica (del soggetto) e tattilità erotica (dell'oggetto); ed è proprio questa combinazione irrisolta a consentire ai lavori giovanili di Hamilton di sfaldarsi e allo stesso tempo di mantenere l'unità compositiva, cosa che del resto si può dire (come si vedrà nel cap. 3) anche per Warhol[81].

Infine, in che modo questo effetto può collimare con la pittura tradizionale? Ovvero: qual è la relazione tra il *tabular picture* e il *tableau*? Di nuovo, il gesto iniziale di separazione dalle pratica del collage, presente in *Just what is it...?* significa che la pittura è per i *tabular picture* una categoria di riferimento primaria. I formati e i codici di tutti i media chiamati in gioco (annunci pubblicitari, poster, fotogrammi, servizi fotografici, immagini da rotocalco) mettono alla prova la pittura da cavalletto, e l'elemento chiave di questa prova è la capacità dei vecchi generi della pittura, come il nudo, la natura morta, la veduta d'interni, di assumere questi nuovi materiali. Il rischio è doppio: da un lato il *tableau* può risultare schiacciato dai materiali eterogenei, come credevano molti critici della pop art, dall'altro i materiali stessi possono essere ricondotti a tecniche e tradizioni associati all'idea di quadro. Se il primo di questi pericoli, tuttavia, è da escludere nel caso di Hamilton, il secondo non è poi un gran problema. Hamilton, infatti, è convinto che la pittura rimanga il modo migliore per riflettere sui nuovi media mentre stanno emergendo, ed è soprattutto per questo che rimane fedele al *tableau*.

Ma non mancano motivi ulteriori: "Nelle correnti principali della pittura occidentale (almeno a partire dai Greci) è stato dato per scontato che un quadro debba essere fruito come una totalità percepita e compresa in un solo istante, prima che ne vengano esaminate le singole parti", scrive nel 1970. "Alcuni artisti del XX sec. hanno messo in dubbio questo presupposto", aggiunge, pensando in primo luogo alle immagini eteroglosse di Klee e al "pre-tabulare" *Grande Vetro* di Duchamp (p. 104). Chiaramente, Hamilton è più vicino a questa linea "minore" (non perché secondaria, ma perché ribelle)[82]. Ma allo stesso tempo, è altrettanto chiaramente fedele alla tradizione dominante della pittura "come una totalità percepita e compresa in un solo istante", una tradizione che, se non dai Greci, parte sicuramente dalla prospettiva rinascimentale, passando attraverso il *tableau* neoclassico fino a giungere al "quadro modernista" celebrato da Clement Greenberg e Michael Fried (Cézanne, Picasso, Mondrian, Pollock). Peraltro, tra i suoi contemporanei, Hamilton può contare su figure come Paolozzi e Rauschenberg, nelle quali vede la sua stessa genealogia unirsi a questa tradizione dominante, tanto che, alla fine, *tableau* e *tabular picture* non sono forse così distinti. Questa, almeno, è l'impressione che si ricava dai suoi lavori, che sono "vedute" al tempo stesso "istantanee" e "sintetiche" (quasi un ossimoro, osserva Hamilton). D'altra parte, egli è legato alla natura "statica" della pittura (ripeto, un artista così esplicitamente tecnofilo, in caso contrario, avrebbe cambiato mezzo), di cui loda la capacità "di proiettare

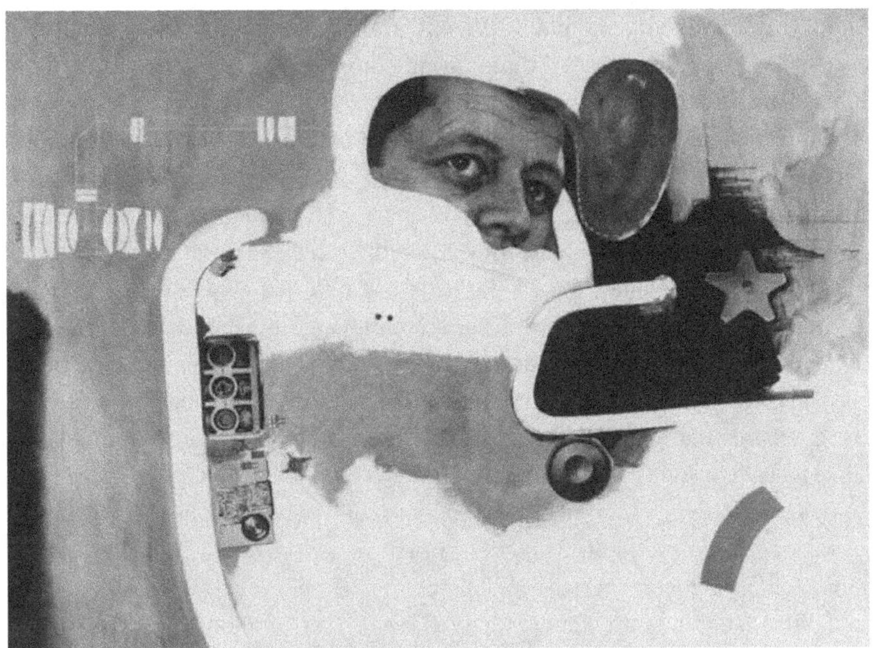

Towards a definitive statement on the coming trends in men's wear and accessories -
(a) Together let us explore the stars, 1962
Olio e collage su tavola, cm 61 x 81,5

con forza un istante significante", una formulazione non troppo distante dal mitico ideale del "momento pregnante", variamente adottato da Gotthold Lessing, Denis Diderot e altri, per quanto Hamilton propenda per il termine "epifania", tratto dall'amatissimo James Joyce[83].

Dall'altro lato, nel percorso dalle prime forme di astrazione ai *tabular picture*, e oltre, Hamilton mostra una certa attenzione per i disturbi procurati dal movimento, e questo interesse di natura percettologica mette sotto pressione l'ideale epifanico, già peraltro in tensione con il gusto per il "ritardo" duchampiano, per non parlare della già menzionata "analisi valutativa". In generale, in Hamilton come in Joyce, l'epifania è talvolta squarciata dall'interno, spaccata dal desiderio come dal disincanto: è un momento di trascendenza che non può che passare, addirittura fallire. Di fatto l'epifania, una volta delusa, può smascherare la stessa perfezione che normalmente propone, nel cui caso il basso è elevato così come l'alto è abbassato. Questo banalissimo "alto" è espresso ad esempio nello slogan

"Slip It To Me", letto da Hamilton a Venice, California, durante il suo soggiorno del 1963, e riportato in grandi dimensioni, colorato in stridenti tinte arancioni e blu, con il titolo *Epiphany* (1964)[84]. Pertanto, l'ideale epifanico e messo sotto pressione dalla logica di transizione che governa molto del lavoro di Hamilton: molte immagini, infatti, si articolano non solo in sequenza (come in *Towards a definitive statements*), ma anche passando da un medium all'altro, "una lavorazione", come la chiama l'artista, "attraverso la fotografia e la stampa, e di nuovo indietro alla pittura". Tanto la serialità quanto l'intercambiabilità dell'immagine massificata contribuiscono quindi a complicare la sua "pittura".

In questo modo, Hamilton articola la spettatorialità della pittura secondo una convergenza tra presenza epifanica e distrazione quotidiana; convergenza che è innanzitutto un processo storico, riguardante una nuova formazione del soggetto consumista entro la cultura del dopoguerra. In *Other Criteria*, ad esempio, Steinberg sostiene che, a dispetto delle rivendicazioni di autonomia, l'astrazione tardo-modernista (come i quadri a strisce di Kenneth Noland e Frank Stella) sia governata dalle logiche del design, più precisamente da quella della linea-Detroit tanto ammirata da Banham e Hamilton: impatto visuale immediato, linee rapide, angoli taglienti, e così via. Detto in altri termini, sotto la pressione storica della società dei consumi si andrebbe a costruire un'identità ironica a metà strada tra la pittura modernista e il suo termine opposto, identificabile come "kitsch" (Greenberg), "teatralità" (Fried) o "design" (Banham e Hamilton)[85]. Effettivamente, Hamilton riconosce questa condizione, e riflette su di essa al posto del pubblico. Da un simile punto di vista, ciò che Greenberg e Fried teorizzano come lo spazio "esclusivamente ottico" della pittura pura è rappresentato invece da Hamilton come lo spazio, perlopiù scopofilo, del design applicato. Allo stesso tempo, ciò che Greenberg e Fried teorizzano come soggetto

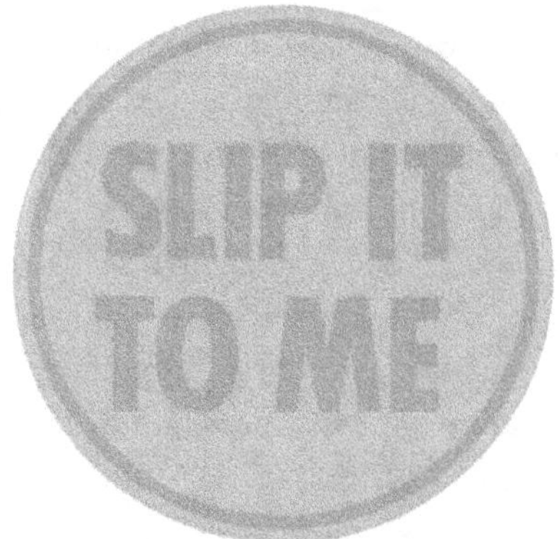

Epiphany, 1964
Cellulosa su tavola, diametro di cm 122

modernista, completamente autonomo e "moralmente cosciente", è proiettato da Hamilton nel suo opposto apparente, un soggetto feticista apertamente libidinoso e percettivamente distratto[86]. Si apre pertanto un'ulteriore riflessione in profondità da parte della pop art, condivisa soprattutto con Lichtenstein (come si vedrà nel capitolo 2): giunti a questo momento della storia, capita che non vi sia gran differenza, né dal punto di vista compositivo che da quello dell'effetto soggettivo, tra un buon fumetto, o annuncio pubblicitario, e un grande dipinto. È però fondamentale notare come sia all'interno della pittura stessa che avviene, e si articola pienamente, questa dimostrazione del declino della sua totalità paradigmatica. Paradossalmente, pertanto, la dimostrazione va a sostegno della pittura anche nel mostrarcela decostruita, da dentro e da fuori, da forze storicamente caratterizzate[87]. Nel 1865, Baudelaire aveva rivolto a Manet un ambiguo complimento, scrivendogli che lo considerava il capostipite della "decrepitezza" in arte[88]. Cent'anni più tardi, Hamilton porta questa particolarissima tradizione al suo apice.

1. Smithson A. e P., *But Today We Collect Ads*, «Ark», n. 18, November 1956, p. 50.

2. *Ibid.*, p. 52. Sull'architettura moderna e i mass media, si veda Colomina B., *Privacy and Publicity*, MIT Press, Cambridge, 1994. Una fonte ancora cruciale, per quanto riguarda l'Independent Group, è Robbins D., ed., *The Independent Group: Postwar Britain and the Aesthetic of Plenty*, MIT Press, Cambridge 1990.

3. Smithson A. e P., *But Today We Collect Ads*, p. 52.

4. Paolozzi aveva trovato la parola "bunk" in una pubblicità di Charles Atlas, che poi adattò in un collage. Si tratta di slang americano, un'abbreviazione per "bunkum", che nell'*Oxford English Dictionary* è definito come "nonsense", ovvero una sciocchezza priva di senso, o "ostentatious talking", modo ostentato di parlare (la parola viene usata inizialmente in riferimento ai discorsi dei parlamentari). Ma l'etichetta "bunk" a cosa si riferisce qui, alle sue fonti popolari o ai suoi stessi collage? Forse ad entrambi, e siamo invitati a non prendere troppo sul serio né la cultura di massa, né la produzione artistica: di fatto, *debunkizzare* entrambi. Inoltre Paolozzi sembrerebbe avere avuto una certa familiarità con il famoso detto di Henry Ford "history is bunk". In particolar modo, nei suoi caustici collage delle copertine del *Time* tra gli ultimi anni Quaranta e i primi anni Cinquanta, parrebbe essere d'accordo con tale affermazione. Ma qui potrebbe essere suggerito anche il contrario: non solo che "history

is bunk", ma anche che "bunk", il nonsense, ha una storia, oppure, più precisamente, che il nonsense comporta un'altra via nella storia – "bunk" come una forma di nonsense che potrebbe essere usata per *de*bunk*izzare* la storia, intesa come la seconda definizione dell'*Oxford English Dictionary*, "ostentatious talking", discorso pomposo. Hamilton è vicino a quest'accezione.

5. Banham R. (1960), *Architettura della prima età della macchina*, trad. it. Calderini, Bologna 1970, p. 2.

6. Banham R. (1955), *Estetica della macchina*, trad. it. in *Architettura della seconda età della macchina. Scritti 1955-1988*, Electa, Milano 2004, p. 19.

7. Banham R. (1955), *Veicoli del desiderio*, trad. it. in *Architettura della seconda età della macchina*, p. 42. Si vedano anche gli eccellenti studi di Whiteley N., *Reyner Banham: Historian of the Immediate Future*, MIT Press, Cambridge, 2002 e Vidler A., *Histories of the Immediate Present: Inventing Architectural Modernism*, MIT Press, Cambridge, 2008.

8. Si veda la nota 21 all'Introduzione.

9. Banham R., *Veicoli del desiderio*, p. 42. Abbastanza presto, questa estetica portò Banham a celebrare l'architettura "plug-in" di Cedric Price o del gruppo Archigram.

10. Banham R., *Design by Choice*, "Architectural Rewiew", n. 130, July 1961, p. 44. Whiteley

11. Ad esempio, nel 1963, rivisitando una frase di James Joice, Hamilton soprannominò la Westinghouse, la Hoover, la Singer e la General Electric "i nuovi grandi artigiani". Si veda Hamilton R., *Collected Words*, p. 49.

12. Ancora una volta qui Hamilton è vicino a Banham, che scrive l'introduzione di *Machine, Man & Motion*. Nel 1960, ad esempio, Hamilton chiede: "Non abbiamo forse raggiunto ora un livello nell'era industriale tale che la stima, la gratitudine, e perfino l'affetto non sono sentimenti fuori luogo riguardo ai prodotti dell'era della macchina?", Hamilton R., *Collected Words*, p. 153. Ma ci sono anche differenze tra i due. Ad esempio, in una recensione di *Architettura della prima età della macchina*, sempre del 1960, Hamilton afferma che Banham abbia dato troppa importanza al Futurismo. Si veda *Collected Words*, p. 166.

13. Secondo Hamilton, l'atteggiamento principale dell'IG è "non aristotelico" (Hamilton R., *Collected Words*, p. 78), né critico né celebrativo, ma allo stesso tempo analitico e scherzoso – una neutralità che lui associa anche a Duchamp. Come con Duchamp, questa attitudine porta Hamilton, nei suoi scritti e anche nella sua arte, a deliziarsi del paradosso piuttosto che a superare la contraddizione.

Come per la letteratura critica su Hamilton, Richard Morphet prepara la strada con i suoi cataloghi della Tate Gallery del 1970 e del 1992. Mi sono stati particolarmente utili i testi contenuti in questi cataloghi, ma anche altre pubblicazioni, in particolar modo i vasti studi di Sarat Maharaj. Si vedano anche gli articoli di Julian Meyers e William Kaizen sulla rivista "October", n. 94, autunno 2000, un numero speciale dedicato all'IG, e i saggi in Foster H., Bacon A., ed., *Richard Hamilton*, MIT Press, Cambridge 2010.

14. Nel catalogo della mostra *This is Tomorrow*, Hamilton privilegia l'altro termine: "Ciò di cui si necessita non è una definizione di un'arte figurativa dal significato esplicito, ma piuttosto lo sviluppo delle nostre potenzialità percettive per comprendere e utilizzare il continuo arricchimento del materiale visivo" (*Collected Words*, p. 31). Questa preoccupazione nei confronti della percezione percorre tutto il suo lavoro e distingue Hamilton dagli artisti pop, focalizzati soprattutto sulla figurazione.

15. Per un'esaustiva analisi iconografica di *Just what is it...?* si veda John-Paul Stonard, *Pop in the Age of Boom: Richard Hamilton's 'Just what is it that makes today's homes so attractive, so appealing?'*, "Burlington Magazine", September 2007. Come dimostra Stonard, la sagoma del collage deriva da una pubblicità della Armstrong Floors, pubblicata sul numero di giugno 1955 del "Ladies' Home Journal".

16. In questa lettera, Hamilton offre la sua famosa definizione di pop art (ancora nel senso di "popolare"; la pop art, come la conosciamo, a questa altezza non esisteva ancora): "La pop art è: popolare (progettata per un'*audience* di massa), di consumo (facilmente dimenticabile), a basso prezzo, un prodotto di massa, giovane (rivolta ai giovani), acuta, sexy, d'impatto, alla moda, un grande affare" (*Collected Words*, p. 28). Nel 1960, egli ripropone alcune di queste caratteristiche e ne aggiunse altre: "alla moda, aperta sincerità, acume, attrattività esplicita, professionalità, novità, una certa abilità a coesistere con un modello prefissato di stile e, in ultima istanza, di consumo" (*Collected Words*, p. 155). La lettera del 1957 non ricevette mai risposta – sebbene Peter Smithson più tardi dichiarò di non averla mai ricevuta. Cfr. Colomina B., *Friends of the Future: A Conversation With Peter Smithson*, "October", n. 94, Fall 2000.

17. Più avanti menziono alcuni lavori prodotti dopo questa data che qualifico come immagini tabulari, ma per una spiegazione esaustiva di questi e dei successivi lavori, bisogna aspettare un'altra occasione.

18. Qui Hamilton riconosce anche una connessione con il Futurismo: *Hommage à Chrysler Corp.* porta con sé "un vago riecheggiamento dell'alata Nike di Samotracia" (*Collected Words*, p. 32), altra allusione al *Manifesto iniziale del Futurismo* (1909). Nello stesso tempo, la fascinazione per il design dell'automobile è richiamato nella pop art americana – l'ossessione di Claes Oldenburg per la Chrysler Airflow del 1934, ad esempio, o quella di Ed Ruscha per la personalizzazione delle auto a Los Angeles.

19. Il *"corp"* del titolo suggerisce non solo "corpo", ma anche "società per azioni" (in inglese, *"corporation"*), e forse, vagamente, anche "cadavere" (in inglese, *"corpse"*) – il concetto che si possa dedicare un tributo a una società è notevolmente meno assurdo oggi di quanto lo fosse nel 1957. La giustapposizione tra organico e meccanico percorre tutto il lavoro di Hamilton. Ad esempio, la mostra "Man, Machine & Motion" seguì a "Growth and Form", e si ispirò non solo a D'Arcy Wentworth Thompson, ma anche a Sigfried Giedion (l'*Era della meccanizzazione* fu pubblicata nel 1948; i riferimenti al Dada e al surrealismo si accompagnano alle allusioni al Futurismo e al Bauhaus; e così via. In effetti, Hamilton riunisce i filoni modernisti che Alfred H. Barr Jr. aveva sovvertito nel suo famoso schema di stili "geometrici" e "non geometrici", nella sua mostra al MoMA del 1936, dal titolo *Cubism and Abstract Art*.

20. Sebbene il readymade duchampiano abbia a che fare con il feticismo della merce, e gli *objet trouvé* surrealisti con il feticismo sessuale, talvolta i due feticismi convergono, e all'epoca della pop art, sono uniti. Per approfondire questa distinzione, si veda il mio *Compulsive Beauty*, MIT Press, Cambridge 1993; si veda anche Molesworth H., ed., *Part Object Part Sculpture*, Wexner Centre for the Arts, Columbus, Ohio 2005.

Hamilton si ispira a Paolozzi in questo super-feticismo. Si veda, per esempio, il collage *Real Gold* (datato 1950), nel quale Paolozzi combina la copertina di una rivista raffigurante una bomba sexy in bikini con la pubblicità di un succo di limone "Real Gold" – nelle sue caotiche combinazioni è anche più dadaista di Hamilton.

21. Si veda Freud S. (1905), *Tre saggi sulla teoria della sessualità*, trad. it. in Id., *Opere. Tre saggi sulla teoria sessuale e altri scritti 1900-1905*, vol. 4, Bollati Boringhieri, Torino 2002

22. Benjamin W. (1935), *Parigi, capitale del 19 secolo. I "passages" di Parigi*, trad. it. Einaudi, Torino 1986, p. 11. Hamilton suggerisce, inoltre, l'inverso, ovvero l'appeal inorganico della sessualità, che significa anche suggerire la deriva distruttiva della sessualità. Ancora una volta, enunciato dai primi collage di Paolozzi (ad esempio, *Your Till the Boys Come Home*, 1951 circa), per non parlare dei primi romanzi di J.G. Ballard (ad esempio, *Crash*, 1968), in confronto, in Hamilton, è sottaciuto.

23. Si veda Steinberg L., *The Algerian Women' and Picasso at large*, in *Other Criteria: Confrontations with Twentieth-Century Art*, Oxford University Press, Oxford 1972

24. Qui sono feticizzati non solo tutti gli oggetti, ma anche lo spazio; esso, infatti, appare frammentato e reificato, persino dissolto parzialmente, come Marx ed Engels avevano solo potuto immaginare nel *Manifesto del Partito Comunista* ("Tutto ciò che è solido si dissolve nell'aria"). Inoltre, in questa dissoluzione parziale, lo spazio pare attestare un disconoscimento che, per Freud, è fondamentale per il processo di feticizzazione, il quale, a suo avviso, non è solo una fissazione della visione, ma anche una forma di non-vedere, un impedimento alla visione. In breve, Hamilton registra qui un "dubbio" psicosociale sulla visione postbellica.

25. Foucault M., *Fantasia of the Library* (1967), in *Language, Counter-Memory, Practice*, Cornell University Press, Ithaca 1977, p. 92. Benjamin allude al "valore di esponibilità" in Benjamin W. (1936), *L'opera d'arte nell'epoca della sua riproducibilità tecnica. Arte e società di massa*, trad. it. Einaudi, Torino 1966, p. 62, e al "valore di consumo" in altri luoghi.

26. Questa incorporeità è spesso ricorrente in Hamilton; si vedano, per esempio, i dipinti di paesaggi e fiori dei primi anni Settanta.

27. L'immagine tabulare come assemblaggio di parti è appropriata per un artista che lavorò come progettista nella produzione di attrezzi durante la Seconda Guerra Mondiale (Hamilton una volta parlò di Duchamp come un "riparatore", *Collected Words*, p. 219; ed anche lui lo è). Sebbene ciò suggerisca un collegamento con Fernand Léger, Hamilton non "macchina" i suoi lavori con la stessa minuzia di Léger, piuttosto li ritocca per trasformarli in pubblicità. Richard Morphet vede un "principio arcimboldesco" in queste composizioni, frutto del processo di sottrazione e addizione, ma talvolta (come nel *Portrait of Hugh Gaitskell as a Famous Monster of Filmland*, 1964), è più vicino a frankensteiniani innesti di membra prive di vita. Cfr. Morphet R., *Richard Hamilton*, Tate Gallery, London 1970, p. 23.

28. Hamilton, riguardo a questo paraurti, sottolinea: "Si passa, per esempio, da una lucentezza a fuoco ad una brillantezza offuscata, ad una rappresentazione artistica del colore, fino al significato che un agente pubblicitario vuole conferire al 'colore'" (Collected Words, p. 31).

29. Anche Leo Bersani ripensa in questo modo la sublimazione in Bersani L., *The Freudian Body: Psychoanalysis and Art*, Columbia University Press, New York 1986, ed altri testi. Freud si occupa della sublimazione dai *Tre saggi sulla teoria della sessualità* (1905) fino a *Il disagio della civiltà* (1930); manca però una trattazione sistematica nei suoi scritti.

30. Duchamp M., *The Essential Writings of Marcel Duchamp*, a cura di Sanouillet M. e Peterson E., Thames and Hudson, Londra 1975: "Sottoponendosi all'esame della vetrina, uno pronuncia anche la propria condanna. Infatti, la sua scelta è un 'viaggio di andata e ritorno' [...]. Per assurdo, non c'è nessuna ostinazione a nascondere il coito che si consuma, attraverso il vetro, con uno o più oggetti in vetrina. La penalità consiste nel tagliare il vetro, per poi essere sopraffatti dal rimorso non appena il rapporto si sia consumato. CVD", p. 74.

Hamilton replica anche altri elementi del *Grande Vetro*, come l'*Apparato Scorrevole* (1913-1915), e scrisse numerosi testi su Duchamp (ristampati in *Collected Words*). La definizione duchampiana dell'immagine come "apparizione di un aspetto" risulta suggestiva anche applicata all'immagine tabulare (*Collected Words*, p. 230).

31. Questa cruciale intuizione viene presto condivisa da Roy Lichtenstein, il quale (come vedremo nel Capitolo secondo) presenta il modernismo mediato attraverso i fumetti e viceversa. Hamilton offre una lettura acuta di Lichtenstein in "Studio International", January 1968, ristampato in *Collected Words*.

32. Il termine ebbe origine con Duchamp, e fu significativamente sviluppato da Michel Carrouges in *Les machines célibataires*, Arcanes, Parigi 1954 e da Gilles Deleuze e Felix Guattari (1972), *L'anti-Edipo: capitalismo e schizofrenia*, trad. it. Einaudi, Torino 1975. Nel 1934, André Breton descrisse *Il Grande Vetro* come "un'interpretazione meccanicistica e cinica del fenomeno amoroso", ma l'interpretazione di Hamilton non è così meccanicistica e cinica. Si veda Breton A. (1928), *Il surrealismo e la pittura*, trad. it. Marchi, Firenze 1966. Insieme ad altri dell'IG, Hamilton legge anche *La sposa meccanica. Il folclore dell'uomo industriale* (1951), in cui Marshall McLuhan analizza, con un'impostazione semi-freudiana, la pubblicità, i cartoni animati, il romanzo *pulp*, e il gusto del primo dopoguerra.

33. Nel 1959, Hamilton tenne una conferenza dal titolo "Glorious Technicolor, Breathtaking Cinema-Scope and Streophonic Sound" – tratto da un verso di una canzone di un musical hollywoodiano del tempo – con il supporto della musica pop, delle diapositive, ed una prima versione della Polaroid. Secondo le sue stesse parole, fu un "resoconto della tecnologia di intrattenimento negli anni Cinquanta" (*Collected Words*, p. 128) focalizzata sui nuovi sviluppi nel campo della fotografia (ad esempio, la Polaroid), del cinema (ad esempio, il Cinerama), della televisione (ad esempio, il colore), del suono stereofonico e delle tecniche di stampa. Il testo è preciso, appassionato, tecnofilo, come si addice a un artista che ha a che fare con il design, quello di attrezzi e macchine prima, quello di stereo e computer poi.

34. Gli studi suggeriscono che la commistione delle forme venne prima, la raffigurazione del parabrezza riflettente l'edificio delle Nazioni Unite e le labbra di Sophia Loren dopo. È appena implicita qui la concezione (warholiana, prima che di Warhol) che, in questo regime postbellico, le star siano allo stesso livello dei politici, o addirittura ad uno superiore.

35. Hamilton propone una "New York delirante" vent'anni prima che Rem Koolhaas coniasse il termine (e cinque anni prima che Hamilton visitasse per la prima volta la città). Anticipò la dialettica tra i principi di Le Corbusier (il cui spettro è nel palazzo delle Nazioni Unite) e quelli surrealisti (evocati attraverso Bellmer), aspetto centrale del "manhattanismo" formulato da Koolhaas. Anche per Koolhaas, Manhattan è "*lush*", nel doppio senso della parola sfruttato da Hamilton – "seducente" e "perverso". Si veda Koolhaas R. (1978), *Delirious New York. Un manifesto retroattivo per Manhattan*, trad. it. Electa, Milano 2002. Dal 1968 al 1972, Koolhaas studiò all'Architectural Association di Londra, dove ebbe tra i suoi insegnanti Peter Cook, uno dei membri dell'Archigram, la cui visione pop della città venne influenzata da Hamilton e da Banham. Cfr. Il capitolo *Image Building*, nel mio *The Art-Architecture Complex*, Verso, Londra 2011.

36. C'è anche un differente tipo di sviluppo della Sposa in *Lush situation*: "Dal suo posteriore", Hamilton scrive di Sophia, "è lasciata una chiazza di un prolungato, ansimante peto, il tubo di scappamento di 300 cavalli frenati" (*Collected Words*, p. 49). Ancora una volta l'incorporeità è ribadita, anche se sembra diffusa.

37. Barthes R. (1957), *Miti d'oggi*, trad. it. Einaudi, Torino 1994, pp. 169 e 171. Intercorrono altri paralleli tra le immagini tabulari e *Miti d'oggi*. Tuttavia, Barthes è brechtiano nella sua analisi, il suo scopo è mostrare la cultura borghese, presentata come la natura attraverso la demistificazione, mentre Hamilton è "non aristotelico", ed il suo scopo è esacerbare la cultura commerciale attraverso un'"ironia dell'affermazione".

38. Ritornerò su questa riflessione circa la reificazione postbellica operata dal pop nel Capitolo cinque. Sul sogno futurista della vitalità inorganica, si veda il titolo del saggio nel mio *Prosthetic Gods*, MIT Press., Cambridge 2004.

39. Si veda Lacan J. (1957), *L'istanza della lettera nell'inconscio o la ragione dopo Freud*, trad. it. in *Scritti*, vol. 1, a cura di G. Contri, Einaudi, Torino 1974. I dipinti dai primi anni Cinquanta (ad esempio, *Trainsition III* e *Trainsition IV*, 1954), riguardano esplicitamente i cambiamenti percettivi prodotti dal movimento (in questi casi, di un soggetto su un treno), e contengono spesso punti, frecce, segni di "più", per indicare il centro e raffigurare l'irradiazione del movimento. Uno di questi segni di "più" rimane in *Hommage*, e la maggior parte delle immagini tabulari include punti diagrammatici.

40. Si veda Baudelaire C. (1863), *Il Pittore della vita moderna*, trad. it. Abscondita, Milano 2004.

41. "Ero affascinato dalle 'merci bianche', come venivano chiamate, lavatrici, lavastoviglie e frigoriferi, non solo gli oggetti di per sé come oggetti progettati, ma anche nel modo in cui venivano presentati al pubblico" (Hamilton R., *In Conversation with Michael Craig-Martin*, in Searle A., ed., *Talking Art*, ICA Documents #12, Londra 1993, p. 73, ristampato in Foster H., *Richard Hamilton*).

42. Nel 1969, Hamilton dipinse il grembiule rosa, sino a quando iniziarono a comparire i primi pentimenti.

43. Come in *Hommage* e in *Lush situation*, anche qui è evidente uno spostamento feticistico di energia: i prodotti sono presenti come la donna, e forse sono più reali di lei. Ancora una volta, nella sua frammentazione e reificazione, lo spazio capitalista è presentato come saturo e vuoto al tempo stesso.

44. Sebbene lo spettatore ideale sia di sesso maschile, qui c'è, come in alcune altre immagini di Hamilton, la possibilità di un desiderio e di un'identificazione femminile. Per quanto riguarda l'aneddoto della scatoletta di sardine, si veda Lacan J. (1973), *Il Seminario. I quattro concetti fondamentali della psicoanalisi*, trad. it. Einaudi, Torino 1974. Per *Etant donnés*, si veda Lyotard J.F., *Le TRANSformateurs Duchamp*, Galiée, Parigi 1977 e Krauss R. (1993), *L'inconscio ottico*, trad. it. Mondadori, Milano 2008, pp. 95-143. Hamilton afferma che, nonostante la sua vicinanza a Duchamp, non fosse venuto a conoscenza prima dell'opera *Etant donnés*.

45. Questo dispositivo è connesso e disconnesso allo stesso tempo, così come la *Macchina Celibe* è intesa da Deleuze e Guattari nell'*Anti-Edipo*.

46. La mancanza di separazione tra la sfera pubblica e quella privata è uno degli argomenti salienti della pop art, indagato in particolar modo da Warhol. Come Warhol, Hamilton talvolta suggerisce un diverso tipo di storia della pittura (per questo aspetto del suo lavoro, si veda il mio articolo *Citizen Hamilton*, "Artforum", Summer 2008, ripubblicato in Foster H., *Richard Hamilton*). Il dibattito ebbe luogo all'inaugurazione dell'*American National Exhibition* a Mosca, in occasione della quale fu allestita una casa modello, arredata con elettrodomestici di consumo, come il frigorifero. Nel suo entusiastico discorso Nixon si concentrò sui meriti di questi elettrodomestici, mentre Khrushchev fece intendere che si trattasse di un lusso borghese. Per quanto riguarda la "vita domestica in guerra", si veda Colomina B., *Domesticity at War*, Actar, Barcellona 2006.

47. McLuhan M. (1964), *Gli strumenti del comunicare*, trad. it. Il Saggiatore, Milano 1971. Anche per Hamilton il medium è il messaggio, e i media sono concepiti come un'estensione dei sensi umani. Egli si occupò anche, molto precocemente, dell'adattamento dell'uomo alla tecnologia, in occasione della sua mostra del 1955 "Man, Machine & Motion".

48. Svilupperò questo concetto di "eccesso mimetico" o "esacerbazione" nel Capitolo 2.

49. Il titolo del dipinto riporta alla mente la conferenza "Glorious Technicolor, Breathtaking Cinema-Scope and Streophonic Sound" citata nella nota 33. In questo caso il *topos* del paesaggio come film, implicito in *Hers is a lush situation*, è praticamente esplicitato.

50. Hamilton, citato in "Architectural Design", November 1961, p. 497; il numero fu dedicato al Congresso.

51. Ibidem

52. Questi esperimenti con il "phloo" anticipano i suoi interessi, già manifesti a metà degli anni Sessanta, nelle immagini elettroniche e nel suo uso, alla fine degli anni Ottanta, del software Paintbox.

53. Testo di Reyner Banham nel catalogo *Man, Machine & Motion*, Hatton Gallery, Newcastle-upon-Tyne *1955*, p. 14. In un saggio dello stesso periodo sulla Citroën DS 19, Barthes scrive: "Fino a ieri la macchina superlativa dipendeva di più dal bestiario della potenza; ora diventa [...] meglio intonata a quella sublimazione dell'utensilità che oggi si ritrova nella nostra economia domestica [...] Tutto questo significa una sorta di controllo esercitato sul movimento, concepito ormai come *comfort* più che come prestazione. Si passa visibilmente da un'alchimia della velocità a un assaporamento della guida", Barthes R., *Miti d'oggi*, p. 148. Hamilton utilizza una grande foto di una DS nel suo progetto del 1958 per la sala della mostra-soggiorno "Gallery for a Collection of Brutalist and Tachiste Art".

54. Si comparino, per esempio, Sophia Loren in *Hers is a lush situation* a John Glenn in *Towards a definitive statement...* (d). Pochi anni prima, sempre in *Miti d'oggi*, Barthes riflette sulla nuova figura dell'"uomo-getto", in una maniera che calza a pennello per il nostro discorso: "L'uomo-getto è un eroe reificato, come se ancor oggi gli uomini non potessero concepire il cielo se non popolato di semi-oggetti", p. 92.

55. Si veda Baudelaire C. (1863), *Il Pittore della vita moderna*, p. 12

56. *Ibid.*, p. 28, p. 13 e p. 17. Hamilton è piuttosto esplicito in merito alla sua affinità baudelairiana in questo contesto: "Vorrei pensare il mio obiettivo come ricerca di ciò che è epico negli oggetti di tutti i giorni e nei comportamenti quotidiani", scrive nel 1962. "L'ironia non trova posto in ciò in quanto, come ironia, è parte del repertorio dell'agente pubblicitario", *Collected Words*, p. 37. La sua definizione di pop art nella lettera agli Smithson si concentra sui beni di consumo, in un'ottica che solo Warhol assumerà, e solo in pochi progetti.

57. Hamilton, come può, non bandisce tutta l'ironia: "Chiunque nell'intera serie di eroi duri, belli e maturi come Glenn, Titov, Kennedy, Cary Grant può compiere le gesta di Teseo e mantenere un aspetto impeccabile, dal punto di vista dell'abbigliamento", *Collected Words*, p. 50.

58. Nella versione poster di *Swingeing London*, Hamilton crea un collage di diversi ritagli riguardanti l'evento, in un modo che rende esplicito quest'ibrido verbo-visuale.

59. Come lo showroom in Hamilton subentra alla vetrina in Duchamp, così ora il mercato del Web rimpiazza lo showroom. Sull'ibrido info-immagine, si veda Clark T.J., *Modernism, Postmodernism and Steam*, "October", n. 100, inverno 2002. Tecnologicamente parlando, l'"immagine tabulare" fu, nella sua epoca di nuovi media, un termine anacronistico, persino arcaico (come fu, d'altro canto, il piano pittorico concepito come "pianale").

60. "È una mia vecchia ossessione vedere la sovrapposizione di stili", sottolinea Hamilton nel 1969. "Mi piace la differenza tra un diagramma, una fotografia e un testo, si tratta semplicemente di pittura dei sensi, perfino con l'aggiunta di oggetti reali, o che simulano il reale. Queste relazioni moltiplicano i livelli di significazione e i modi di lettura", *Collected Words*, p. 65. La maggior parte delle immagini tabulari contiene diagrammi di movimento, ma il diagrammatico dovrebbe essere compreso per avere controllo anche sugli altri modelli di rappresentazione come prova. Si può trattare di un'altra lezione appresa da Duchamp, dalla *Scatola Verde* e dal *Grande Vetro* in particolare. Hamilton presenta i diagrammi anche nelle sue lezioni (si veda *Collected Words*, p. 169-70). Sul diagramma in Duchamp, di veda Joselit D., *Dada's Diagrams*, in Dickerman L., ed., *The Dada Seminars*, National Gallery of Art, Washington 2005).

61. Si veda il capitolo "La passione del segno", in Foster H. (1996), *Il ritorno del reale. L'avanguardia alla fine del Novecento*, trad. it. Postmedia Books, Milano 2006.

62. Come i suoi dipinti, i suoi testi sono anche frutto di collage, rivisitazioni e riutilizzi. Infatti, come Banham, Hamilton produce un genere di prosa pop peculiare. In un certo senso, questa prosa anticipa il giornalismo gonzo di Hunter S. Thomson, Tom Wolfe ed altri, ma si avvicina di più a un assorbimento turbolento di immagini e idee nell'IG – un linguaggio che riproduce un mondo pop fatto da congiunzioni impertinenti, un *consumerscape* che assume spesso l'apparenza di una clip da pinzare, o di una spina da inserire.

63. Hamilton scrive di "un'ostinata accettazione del *pastiche* come chiave di volta del suo approccio – qualsiasi cosa che muova la mente attraverso i sensi visivi è un chicco nel frantoio, ma il frantoio non deve macinarlo troppo sottilmente, perché gli ingredienti perderebbero il loro sapore nell'insieme", *Hamilton R., Collected Words*, p. 31.

64. Come ricorda William Turnbull nel 1983: "Le riviste erano un'incredibile rappresentazione random del pensiero di un individuo (una cosa che interessò molto all'Independent Group fu sovvertire la successione logica del pensiero): cibo in una pagina, piramidi nel deserto nella successiva, una bella ragazza in quella dopo ancora; erano come collage" (Robbins D., ed., *The Independent Group: Postwar Britain and the Aesthetic of Plenty*).

65. Steinberg L., "Other Criteria", in *Other Criteria* Steinberg qui definisce il paradigma pittorico come "una piatta superficie documentaria che tabula le informazioni" (p. 88); ritornerò su questo paradigma nel Capitolo 2. Hamilton sperimenta in direzioni diverse solo raramente, come in *Towards a definitive statement* con John Glenn, opera che descrive come un "dipinto senza gravità" che "potrebbe essere appeso in ogni direzione" (p. 46).

66. Si tratta di un termine anticipato da Lawrence Alloway in *The Long Front of Culture*, "Cambridge Opinion", n. 17, 1959, e successivamente assunto da Hamilton.

67. L'immagine tabulare è più schermo degli elementi che Steinberg presenta come analoghi alla pittura *flatbed*, ovvero "la spazzatura, la cisterna, il centro di riciclaggio dei rifiuti" (*Other Criteria*, p. 88). Per certi punti di vista, Hamilton è più vicino a Johns, al suo modello di pittura come un'impressione o un'incisione (condividono, inoltre, un sentimento di devozione nei confronti di Duchamp). Tuttavia in termini di significato e di investimento emotivo, Johns è allegorico, contestatario, impassibile, perfino macabro, in modi in cui Hamilton non è.

68. Si veda Benjamin W. (1928), *Strada a senso unico. Scritti 1926-1927*, trad. it. Einaudi, Torino 1983, p. 22. Benjamin scrive, a proposito della scrittura: "Se molti secoli fa aveva incominciato pian piano a coricarsi e da iscrizione eretta era divenuta manoscritto semiadagiato sui leggii per stendersi alla fine nel letto del libro stampato, ora comincia altrettanto lentamente a risollevarsi da terra. Già il giornale si legge tenendolo più ritto che in posizione orizzontale; il cinema e la pubblicità poi spingono del tutto la scrittura alla dittatoriale verticalità". Hamilton non potrebbe descriverlo così negativamente (il suo termine è "immagine persuasiva" – mi soffermerò su questo punto più avanti nel libro. Richiamo qui questa formulazione anche per complicare la sopravvalutazione, in tanta arte contemporanea e critica, del piano orizzontale – come se potessero annientare loro stessi, in qualche modo, la dittatoriale verticalità).

69. O'Doherty B., *American Masters: The Voice and the Myth*, Random House, New York 1974, p. 198. Si veda anche Joseph B., *Random Order: Robert Raushenberg and the Neo-Avant Guarde*, MIT Press, Cambridge 2003.

70. Gli artisti pop emergono negli Stati Uniti solo dopo che le immagini tabulari principali erano già state prodotte (non furono esibite fino al 1964). Hamilton visitò per la prima volta gli Stati Uniti, in compagnia di Duchamp, nell'ottobre del 1963, momento in cui incontrò Warhol, Lichtenstein, Oldenburg e James Rosenquist, tra gli altri. Racconta: "[La mia] immersione nella pop art americana fu improvvisa, e pensai che ci fosse qualcosa di piuttosto diverso nel modo in cui io mi ero approcciato a questi temi. Sembrò come se stessi facendo ogni cosa in un modo molto analitico, meticoloso [...] Non potevo astenermi dal compiere un piccolo passaggio lirico da qualche parte. Pensai che a questi ragazzi non interessasse!" (Hamilton R., *Conversation with Michael Craig-Martin*, p. 76).

71. Si veda Buchloh B.H., *Gerhard Richter's* Atlas: The Anomic Archive, "October", n. 88, primavera 1999, e il Capitolo 4 di questo libro.

72. Si veda L. Moholy-Nagy, *Photography is Creation with Light*, in Passuth K., *Moholy-Nagy*, Thames and Hudson, Londra 1985, pp. 302-305, e Benjamin W. (1931), *Piccola storia della fotografia*, trad. it. in *L'opera d'arte nell'epoca della sua riproducibilità tecnica. Arte e società di massa*, Einaudi, Torino 1966.

73. Per questo passaggio dalla prospettiva dell'IG al canone, si veda McHale J., *The Plastic Parthenon*, "Dot Zero", primavera 1967. Le recenti "guerre del canone" nell'accademia hanno semplicemente oscurato il fatto che il canone operativo oggi consista negli show televisivi, i film da blockbuster, le statistiche sportive, gli scandali dei vip, i video che spopolano su Youtube, e così via.

74. L'ottimismo verso i media di Moholy-Nagy e Benjamin è qui attenuato, anche se Hamilton ha un approccio più positivo degli altri che ebbero a che fare con la pop art. Tuttavia, il suo lavoro passò alla critica politica durante l'era thatcheriana, con i suoi dipinti degli anni Ottanta come *The Citizen*, *The Subject*, e *The State*, sui "Troubles" dell'Irlanda del Nord. In questo momento, la "neutralità non Aristotelica", per non parlare dell'"ironia dell'affermazione", era meno pertinente.

75. Nello stesso tempo, Hamilton espande il senso della "figura umana" (o la dipinge così come è espansa nell'immaginario capitalista), la quale, come abbiamo visto, potrebbe essere trovata nella curva di un paraurti.

76. Il saggio riecheggia un importante testo del sociologo Vance Packard (1957), *I persuasori occulti*. Tuttavia in Hamilton, questi persuasori non sono così nascosti: egli, da queste assunzioni, adottò sia un po' dello scetticismo, ma anche un po' di paranoia.

77. Sui modi di chiamare in causa il consumatore negli ultimi anni, si veda Foster H. (2002), *Design and Crime*, trad. it. Postmedia Books, Milano 2003.

78. Faceva parte del suo contratto con i fotografi che Marilyn Monroe potesse vagliare i loro scatti. Dopo la sua morte, alcuni fotografi, come George Barris e Bert Stern, pubblicarono parte dei loro servizi.

79. Ritornerò sulle difficoltà di tale iconicità nel Capitolo 3. Bisogna menzionare qui altre rappresentazioni della Monroe, come lo straordinario film di Bruce Conner *Marilyn Times Five* (1968-1973).

80. Sul feticismo semiotico, si veda Baudrillard J. (1973), *Per una critica dell'economia politica del segno*, trad. it. Mazzotta, Milano 1974, pp. 81-94. Baudrillard parla di "feticismo del significante", ovvero il "coinvolgimento del soggetto in ciò che, dell'oggetto, è «fittizio», differenziale, codificato, sistematizzato. Nel feticismo non parla la passione delle sostanze (sia di quelle degli oggetti, sia di quelle del soggetto), bensì la *passione del codice*, che, regolando contemporaneamente oggetti e soggetti, e subordinandoseli, li destina con ciò alla manipolazione astratta" (p. 85).

81. In un certo senso, Hamilton gioca sulla disgiunzione tra "il *morceau* realistico e il *tableau* artistico", che era così problematico per la generazione di Manet, secondo Michael Fried in *Manet's Modernism*, University of Chicago Press, Chicago 1996.

"Oggi l'immagine acquisita sta rimpiazzando quella proiettata in molti campi", rimarca Hamilton nel 1963, facendo perciò distinzione tra le immagini elettroniche e quelle stampate (*Collected Words*, p. 50). Da un lato, "la proiezione, il vecchio modo di rendere la sfaccettata informazione visiva in componenti utilizzabili per scopi di riproduzione, utilizza un mezzo che produce un reticolo di piccoli punti neri di diverse dimensioni, a seconda del valore della luce e dell'ombra nel soggetto". Dall'altro lato, "l'immagine acquisita fa collassare l'informazione visiva in semplici variazioni di intensità di un punto di luce che passa attraverso e sotto l'immagine, in una serie di linee parallele" (p. 52). Tuttavia, Hamilton riconosce, molte immagini sono un misto delle due: "Tanto di ciò che vediamo è vagliato, studiato ed esaminato nel processo di conversione in un'altra dimensionalità", pp. 251-252. E questo mix ha implicazioni nella nostra percezione di queste immagini, che differiscono dalla nostra contemplazione del *tableau*: "L'immagine [stampata] viene vista nella totalità all'istante, ma è collassata in parzialità" (p. 52), mentre l'immagine elettronica è riprodotta nello stesso modo in cui viene vista.

82. Cfr. Deleuze G. e Guattari F. (1975), *Kafka: per una letteratura minore*, trad. it. Feltrinelli, Milano 1975.

83. Hamilton commenta nel 1968: "La cosa che mi interessa per quanto riguarda la pittura è il suo essere statica. Mi piace il fatto che rappresenti un esatto momento. [...] Essa deve formulare nella maniera più efficace possibile un istante significativo che l'artista pensa [...] Rendere l'esistenza un'esperienza visiva [...] può essere un'epifania" (Hamilton, in una conversazione con Christopher Finch e James Scott riguardo il loro film del 1968 sul lavoro dell'artista, come riportato da Morphet in *Richard Hamilton*, 1970, p. 14). Ed ecco Hamilton, ancora, trentacinque anni più tardi: "Il dizionario definisce la parola 'epifania' come 'una manifestazione o apparizione di qualche essere divino o soprannaturale'. Joyce adotta una più ampia e molto più bella descrizione dell'esperienza da lui chiamata epifania: essa fu la rivelazione dell'essenza di una cosa; il momento in cui 'l'anima del più comune [...] oggetto ci pare

brillare'. Alcune cose, o alcune esperienze, possono portare a questo istante di consapevolezza" (Si veda Hamilton R., *Products*, Gagosian Gallery, London 2003, s.p.). Un esempio molto diverso, per Hamilton, è il *Ritratto dei coniugi Arnolfini* di Jan van Eyck. "È un'epifania", commenta Hamilton nel 1978, "una cristallizzazione del pensiero che ci conferisce un'istantanea consapevolezza del significato della vita. Nessuna altra arte ha il potere di essere interamente rappresentativa, totalmente esistente come un fenomeno della natura" (p. 264).

Il modello dell'effetto ideale sul soggetto della pittura modernista deriva dalla contemplazione disinteressata articolata da Kant nella sua *Critica del Giudizio* (1790). Greenberg ne tratta nel suo saggio del 1959 *La ragione dell'arte astratta*, trad. it. in *L'avventura del modernismo*: "Idealmente il dipinto dovrebbe essere colto nel suo insieme con un solo sguardo, la sua unità dovrebbe essere immediatamente evidente e nella sua unità dovrebbe risiedere la qualità suprema di un quadro, ovvero quando questo ha al massimo grado la forza di stimolare e controllare l'immaginazione visiva. Questa è una cosa che si può cogliere solo in un istante indivisibile [...]. È subito interamente presente, come un'improvvisa rivelazione. Questa 'interezza immediata' ci viene consegnata con maggiore singolarità e chiarezza da un dipinto astratto che da un dipinto figurativo. Percepire questa 'interezza immediata' richiede una libertà mentale e una scioltezza visiva che costituiscono di per sé un''interezza immediata'. Chi ha imparato a farlo sa cosa voglia dire. Si è chiamati a una raccolta in un unico punto nel continuo della durata [...]. Si diventa tutta attenzione, vale a dire che in un primo momento si diventa completamente disinteressati e in un certo senso interamente identificati con l'oggetto della propria attenzione". (pp. 113-114)

Questo modello viene sviluppato da Fried in saggi quali *Three American Painters: Kenneth Noland, Jules Olitski, Frank Stella* (1965) e *Art and Objecthood* (1967), il quale si conclude con la sua famosa formulazione: "la presenza è grazia". Cfr. Fried M., *Art and Objecthood*, University of Chicago Press, Chicago 1998. L'opposizione tra l'istante contingente e la durata è un vecchio assunto della filosofia estetica, riagganciandosi anche alla distinzione tra spaziale e temporale, o visuale e verbale, l'arte da Lessing a Fried. Come è suggerito nella nota 81, questa opposizione è ulteriormente accentuata dal mix diffuso in Hamilton e nella cultura visuale in generale di immagini scannerizzate e proiettate.

84. Per continuare la citazione della nota precedente di *Products*: "Alcune cose, o alcune esperienze, possono portare a questo istante di consapevolezza. Talvolta mi chiedo se un'improvvisa epifania avesse colpito Marcel Duchamp quando, nel 1913, montò una ruota di bicicletta su uno sgabello da cucina tramite un buco sulla parte superiore di quest'ultimo. Io stesso feci esperienza di tale momento di consapevolezza quando, in uno squallido negozio di articoli da regalo al Pacific Ocean Park di Venice, in California, incappai in una grande spilla con la vistosa scritta "SLIP IT TO ME". Una versione molto più grande della spilla divenne il soggetto di una mia opera d'arte intitolata *Epiphany*".

85. In un'ulteriore critica lungo queste linee, Rosalind Krauss suggerisce che l'opposizione tra l'astrazione tardo-modernista e la pittura pop collassa qui: "Gli obiettivi fenomenologici delle due mappe uno sopra all'altro [...] quell'obiettivo [è] per produrre l'illusione nello spettatore di non trovarsi lì – un'illusione che è fondata nella reciprocità con lo status dell'opera come miraggio" (*Theories of Art after Minimalism and Pop*, in Foster H., ed., *Discussions in Contemporary Culture*, Bay Press, Seattle 1987, p. 61).

86. Si veda Fried, *Three American Painters*: "Mentre la pittura modernista si è sempre più separata dagli interessi della società nella quale essa, precariamente, fiorisce, l'effettiva dialettica alla quale essa fa riferimento sfida sempre di più la densità, la struttura e la complessità dell'esperienza morale – ovvero, della vita stessa, ma la vita vissuta come pochi capaci di viverla: in uno stato di continua allerta morale e intellettuale" (p. 219). Ancora, per una critica di questa posizione, si veda Krauss (nota 85).

87. Come Commenta Richard Morphet: "I lavori che oggi vengono considerati classici della storia dell'arte, tuttavia a molti, allora, non sembravano affatto *arte*" (*Richard Hamilton* (1970), p. 7).

88. Baudelaire C., *Correspondance*, Gallimard, Paris 1973, 2:497.

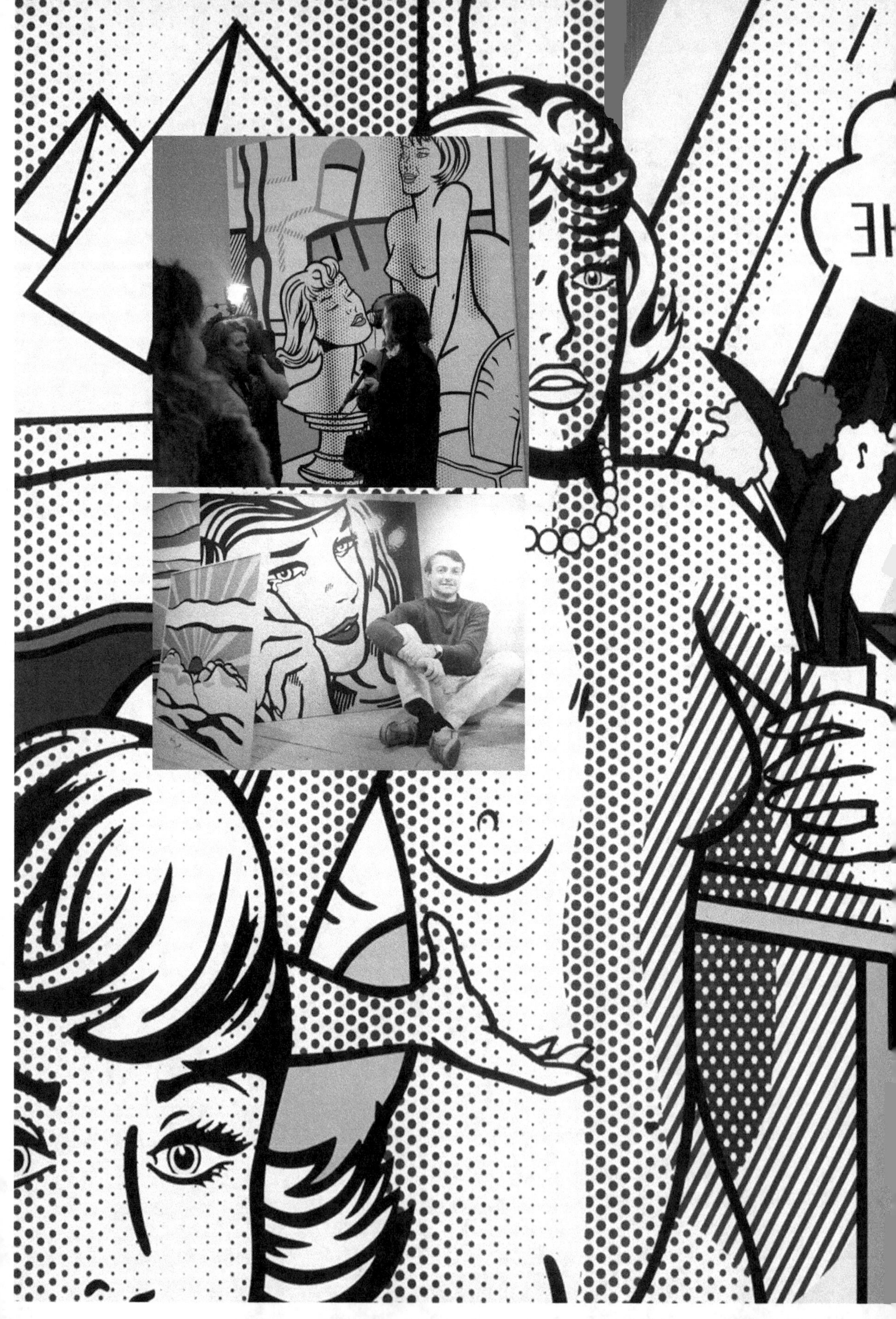

Roy Lichtenstein

L'immagine-cliché

Scrive Richard Hamilton nel 1968:

> Con Lichtenstein è evidente che tutti i suoi soggetti sono resi
> assolutamente identici prima che lui ci intervenga sopra. Il Partenone,
> un Picasso o una fanciulla polinesiana sono ridotti al medesimo *cliché*
> mediante la sintassi della stampa: riprodurre un Lichtenstein è come
> ributtare un pesce nell'acqua[1].

I due artisti, tanto cruciali per gli sviluppi della pop art, condividono la risorsa della cultura popolare, questo è fuor di dubbio. Tuttavia, nella breve riflessione sul lavoro del collega, Hamilton mette in luce altri due punti di contatto: innanzitutto anche Lichtenstein è interessato, più che all'oggetto collocato nel mondo, "allo stile del trattamento a cui è sottoposto durante la mediazione"; in secondo luogo, a proposito di questo processo, "l'immagine è sempre trattata come una totalità"[2]. Ancora una volta, ci troviamo di fronte al paradosso apparente di una doppia predilezione: per la natura mediata dell'immagine di massa da una parte, per l'immediata unità del quadro tradizionale dall'altra. Anche per Lichtenstein l'uso dell'immagine dei media per mettere alla prova il *tableau* è il modo migliore per aggiornare la propria arte, in linea, sotto questo aspetto, con la "pittura di vita moderna", mentre il *cliché*, come suggerisce Hamilton, è lo strumento principale di questa verifica.

La storia è ben nota. Alla fine degli anni Cinquanta, Lichtenstein sperimenta diversi linguaggi di marca espressionista e astrattista, con pochi accenni all'immaginario popolare, ad esempio la testa scarabocchiata di Topolino, Paperino o Bugs Bunny, a partire da alcuni disegni di fine decennio. Nell'autunno 1960 inizia a lavorare come insegnante presso il Douglass College della Rutgers University, nel New Jersey, non lontano da New York: in questo nuovo contesto lavora a contatto con artisti come Allan Kaprow e Robert Watts, entrambi coinvolti (o sul punto di esserlo) dall'utilizzo di oggetti quotidiani negli *happening* e nelle attività di Fluxus, e il suo modo di lavorare cambia radicalmente[3]. Nella primavera del 1961, Lichtenstein inizia a dipingere quadri basati su vignette e annunci pubblicitari presi da rotocalchi e fonti analoghe: personaggi amati come Topolino e Braccio di Ferro, prodotti generici come scarpe da tennis e palle da golf e, poco dopo, elettrodomestici quali lavatrici e frigoriferi: tutto con lo stile pulito e distaccato che sarà presto identificato (soprattutto grazie al suo esempio) con quello della pop art in generale[4].

Nel febbraio 1962, quando espone per la prima volta questi quadri alla Leo Castelli Gallery di New York, Lichtenstein è accusato di "banalità" (in assoluto il termine più ricorrente nei giudizi iniziali sul suo lavoro e su tutta la pop art) e quando successivamente passa a fumetti di tono melodrammatico, riguardanti la guerra o l'amore, l'accusa si fa addirittura più aspra[5]. Non solo, infatti, le sue superfici impersonali paiono rifiutare le profondità soggettive dell'espressionismo astratto, ma anche i suoi contenuti, altrettanto superficiali, sembrano farsi beffe della profondità intrinseca al concetto di "arte", della sua portata etica e della sua rilevanza culturale, al punto che i critici più noti, che avevano conformato la propria opinione su Jackson Pollock e compagnia, si trovano piuttosto a disagio con questa particolare evoluzione[6]. Nel 1949, "Life" aveva messo in copertina Pollock intitolando "È lui il più grande pittore vivente in America"?; mentre nel 1964, la stessa rivista propone un ritratto di Lichtenstein chiedendo "È lui il peggior artista d'America?". Domanda che, tra l'altro, non va considerata come del tutto ironica: molti sostenitori dell'arte contemporanea sono infatti disturbati vedendo personaggi dei fumetti e prodotti di consumo negli stessi spazi metafisici che erano abituati a riservare agli arcani rettangoli di Mark Rothko e alle epifaniche "zip" di Barnett Newman.

L'accusa di banalità, va detto, è inizialmente rivolta soprattutto ai contenuti: il riferimento alla cultura popolare da parte degli artisti moderni era cosa accettata da tempo (almeno da Courbet, ma anche molto prima), ma si trattava soprattutto,

o almeno questa era l'idea, di rinfrescare le
forme stantie della pittura "alta" con i vivaci
contenuti delle immagini "basse", quasi a
redimere queste ultime in un atteggiamento
che trovava dunque piena giustificazione,
se non addirittura motivi di ammirazione.
Con Lichtenstein, invece, il contenuto
basso sembra annientare la forma alta, a
dispetto dell'insistenza da parte dell'artista
a porsi come un autore "classico", votato
a scopi "tradizionali" e intenzionato ad
adattare le fonti iconografiche popolari

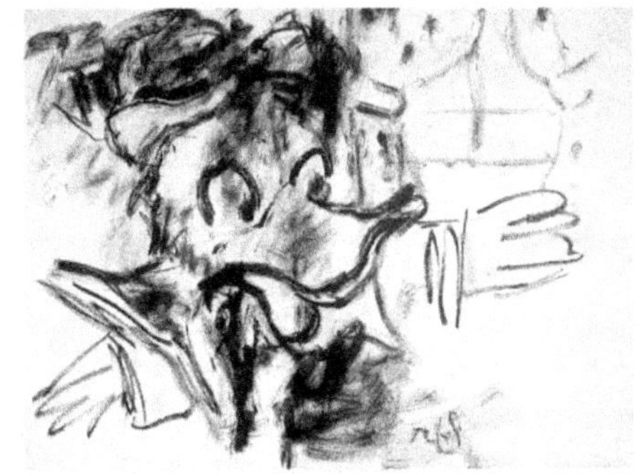

Donald Duck, 1958
Inchiostro di china su carta, cm 50 x 62

ai parametri delle "belle arti", intento che condivide peraltro con Hamilton[7].
Come vedremo Lichtenstein non attribuisce ai propri materiali profani alcun
proposito particolarmente anticonformista, almeno non in termini formali.

I critici si scagliano presto anche contro il suo procedimento creativo, che
appare addirittura peggio che banale. Dal momento che sembra riprodurre
direttamente le sue vignette e le sue pubblicità – che invece sono sempre
modificate, a volte radicalmente – si crede che Lichtenstein sia del tutto
privo di originalità, e in una circostanza frequentemente citata lo si accusa
nientedimeno che di violazione del Copyright. Nel 1962, l'artista modella
alcuni quadri sulla base di schematizzazioni di ritratti di Cézanne realizzate
nel 1943 dallo storico dell'arte Erle Loran, il quale non esita ad opporre la
propria vivace protesta in numerosi articoli
sulla stampa di settore[8]. Lichtenstein copia,
non si può negare, ma in modo tutt'altro che
banale. Nel caso dei fumetti, ad esempio,
il suo *modus operandi* più tipico consiste
nel selezionare una o due vignette da una
striscia, trarne uno schizzo di uno o più
motivi, per poi proiettare il disegno (mai
la vignetta stessa) su tela servendosi di un
episcopio, tracciare i contorni dell'immagine
a matita apportando già alcune modifiche
(spesso ulteriori semplificazioni dei dettagli
e un appiattimento delle figure), e quindi
riempire le forme con i suoi puntini a stencil,

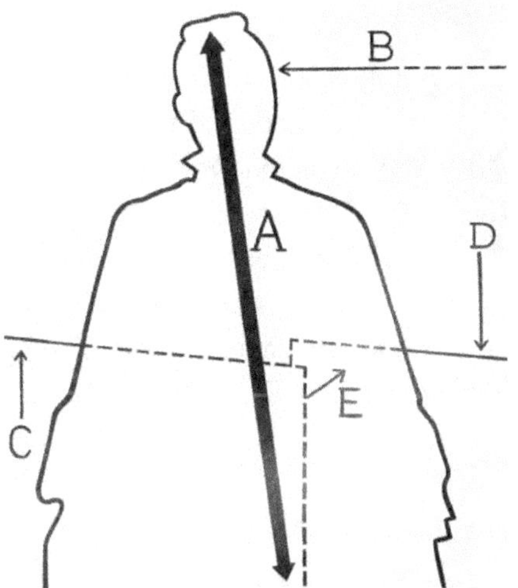

Portrait of Madame Cézanne, 1962
Acrilico su tela, cm 172,5 x 142

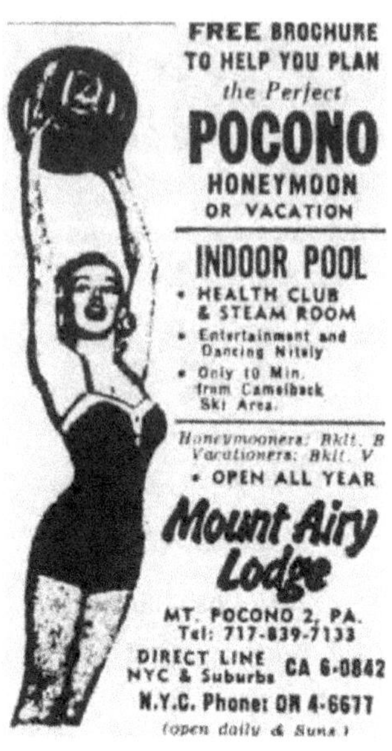

Fonte iconografica per Girl with Ball, tratta da un'edizione del "New York Times" del 1961

colori primari, inserti verbali (spesso basati sul contenuto dei fumetti, e in particolare sulle interiezioni onomatopeiche) e linee di contorno spesse, rifinendo prima il "fondo" più chiaro dei puntini, quindi il nero più pesante delle linee. Un simile procedimento è riservato anche ai quadri ispirati ad annunci pubblicitari[9]. Pertanto, anche se un quadro di Lichtenstein può sembrare fabbricato industrialmente, esso è in realtà una stratificazione di riproduzione meccanica (il fumetto), lavoro manuale (il disegno), di nuovo riproduzione meccanica (la proiezione) e di nuovo lavoro manuale (la tracciatura delle linee, l'applicazione dello stencil, la pittura), al punto che risulta difficile distinguere manuale e meccanico. Questa contaminazione di manufatto e readymade, di pittorico e fotografico, che è alla base del lavoro di molti artisti pop, trova in Lichtenstein la sua applicazione più sistematica[10]. Per fare un esempio, in che punto di questo continuum manuale-meccanico dovremmo collocare i suoi puntini a stencil? Come è noto, essi evocano i cosiddetti puntini Ben-Day, introdotti nel 1879 da Benjamin Day come tecnica per riprodurre un'immagine traducendo le gradazioni di tono in un sistema di segni. Tuttavia, pur realizzando questo processo meccanico di stampa a mezzatinta, i puntini di Lichtenstein sono sempre e innanzitutto dipinti, ed esemplificano pertanto perfettamente il paradosso pop del "readymade fatto a mano"[11]. All'inizio degli anni Sessanta, la tecnica Ben-Day è già obsoleta, e pertanto essa ha in Lichtenstein il ruolo di *cliché* dichiarato, che a questo punto del suo percorso è ormai diventato ben più di un semplice "marchio di fabbrica": esso costituisce appieno l'operazione più caratteristica del suo lavoro. Con questo intendo dire che l'immagine pop non è mai facile e scontata come appare a prima vista, e che Lichtenstein, in particolare, piuttosto che riaffermare l'aspetto stereotipo delle sue immagini trovate, cerca di sfruttarlo e al contempo di renderlo complesso.

• • *Quello che io faccio è forma*

Nel 1963, a proposito dell'accusa di non fare altro che copie, Lichtenstein fa un'importante dichiarazione sulle proprie fonti:

> Quello che io faccio è forma, mentre il fumetto non lo è, almeno non nel senso che intendo io: le vignette hanno *forme*, ma non c'è un tentativo di unificarle intensamente. Il proposito, dunque, è diverso: altri vogliono raffigurare, io voglio unificare. In realtà il mio lavoro è diverso dai fumetti, nel senso che non c'è segno che sia nello stesso posto, per quanto la differenza possa sembrare minima. Anche se non è grande, è una differenza cruciale[12].

Ovviamente, formare e unificare sono, i principi fondamentali della composizione pittorica così come è storicamente concepita. Tra i critici della prima ora solo Donald Judd, che nel suo lavoro, allora emergente, è tutt'altro che incline alla composizione tradizionale, sottolinea questo aspetto classico dell'arte di Lichtenstein. "Paradossalmente", scrive Judd a proposito della mostra da Castelli del 1962, "la composizione è sapiente, e parti di essa sono assolutamente tradizionali"[13]. Quattro anni più tardi, lo stesso Lichtenstein riprende questo punto: "Non credo che il mio spazio sia diverso da quello tradizionale", e a distanza di altri dieci anni, in una riflessione più estesa, "La forma di unità che tiene insieme un dipinto è sempre la stessa, che si tratti di un Rembrandt, di un David, di un Picasso o di un Oldenburg. Non c'è una gran differenza, non c'è mai stata"[14]. Con quest'ultima affermazione Lichtenstein inserisce esplicitamente la propria pittura nella tradizione del *tableau*,

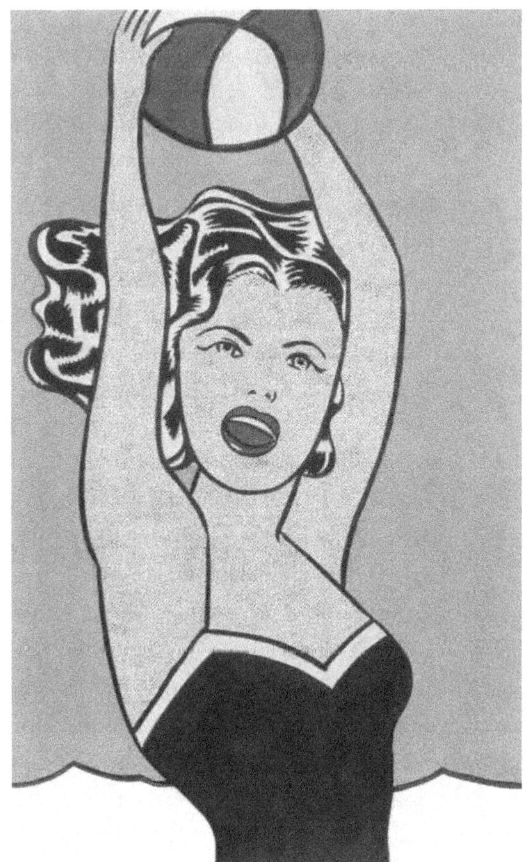

Girl with Ball, 1961. Olio su tela, cm 150 x 92

rivelando quale sia il suo principale interesse: dimostrare che le sue fonti "basse" possono servire gli stessi scopi nobili perseguiti dalla pittura "alta" nel corso della modernità, scopi come l'unità pittorica e la pregnanza drammatica (quelli associati, cioè, a pensatori illuministi come Diderot e Lessing), ma anche la "forma significante" e l'"integrità del piano pittorico" associati con i formalisti anglo-americani Clive Bell e Clement Greenberg[15]. Una simile fedeltà alla tradizione del *tableau* richiama alla mente Hamilton: tuttavia, mentre nei *tabular picture* di quest'ultimo l'eterogeneità di materiali e tecniche rimane evidente in quanto tale, mettendo alla prova il paradigma stesso del quadro, Lichtenstein riconduce le sue appropriazioni a un ordine unitario sia per fattura che per composizione. Chiaramente, questa uniformità distingue il suo lavoro anche da quelli, a loro volta eterogenei, di predecessori immediati quali Robert Rauschenberg e Jasper Johns, per non parlare di artisti ancora più vicini come i colleghi docenti a Rutgers: nella loro unità formale, questi quadri richiamano uno sguardo concentrato, non l'"occhiata vernacolare" dei *flatbed pictures* di Rauschenberg, né tantomeno la spettatorialità distratta chiamata in causa dagli *happening*[16]. In effetti, Lichtenstein propone un proprio modello di quadro: non più un'apertura verticale, come nei vecchi paradigmi della finestra o dello specchio (che Hamilton, con qualche revisione, mantiene), ma neppure una "superficie piatta, documentaria, che schematizza informazioni" (quella elaborata da Rauschenberg, Johns e altri), piuttosto un'inattesa combinazione delle due possibilità, ossia il quadro come immagine che schematizza uno spazio semi-illusionistico, ma allo sesso tempo insiste sulla sua superficie materiale[17].

Perché dunque questa attenzione per la forma e l'unità, ben superiore a quella dimostrata dagli altri artisti pop, Hamilton incluso? Perché attenersi alle classiche norme della composizione pittorica, le quali, come suggerisce lo stesso Lichtenstein, regolano anche tanta pittura modernista? "Il mio lavoro concerne l'organizzazione", ribadisce nel 1966, aggiungendo: "Non voglio che questa attenzione sia troppo appariscente"[18]. Egli dunque, è chiaro, non ricerca l'unità formale in sé e per sé; la adopera piuttosto per mettere in evidenza i suoi vistosi elementi pop: i soggetti di "serie B", ma anche i puntini marcati, le linee spesse, i colori artificiali, tutti rielaborati come in un processo di trasformazione messo in atto dalla rivoluzione copernicana della riproduzione meccanica. Lichtenstein estende poi questa unione di forma alta e contenuto basso anche alla scultura: oltre a giocare con i generi tradizionali in pittura (laddove ritroviamo figure, nature morte, paesaggi, marine, interni e atelier), egli ripropone il busto come manichino dipinto, la natura morta come tazzina di caffè e relativo piattino, e

così via. Dal punto di vista critico, tuttavia, il suo accostamento di alto e basso
è delimitato e controllato dalla duplice attenzione alle norme compositive e
ai generi tradizionali: la bassezza dei contenuti non sarà forse redenta del
tutto, ma non c'è nemmeno quella demistificazione delle forme "alte" della
pittura e della scultura che caratterizzano invece Warhol e Claes Oldenburg
(e in questo, ancora una volta, Lichtenstein è più vicino a Hamilton). Se c'è
una punta critica, essa è da individuarsi proprio nella sovrapposizione formale
di alto e basso, più che nell'appropriazione tematica di fumetti, cartoni e
pubblicità. Per quanto Lichtenstein ricordi come i due livelli della cultura,
negli anni Sessanta, fossero già entrati in intima relazione (e certamente egli si
occupa della loro vicinanza, oltre che della loro distanza), nel suo lavoro non
si verifica mai una piena riconciliazione: di nuovo, per usare le sue parole, "la
differenza è spesso piccola, ma cruciale".

L'accostamento, del resto, non è certo una trovata sua; sia sotto il profilo
storico che sotto quello estetico, Lichtenstein è fiancheggiato da Johns da
una parte, dall'altra da Warhol. Con Johns, tuttavia, l'idea che un'immagine
vernacolare come un bersaglio per freccette potesse stare sullo stesso piano,
pittoricamente, rispetto al *pathos* elevato di un *dripping* di Pollock, era del tutto
ironica, con tutta la sottile carica provocatoria implicita in questo tipo di ironia.
Come nota Leo Steinberg nel 1963, i bersagli, le bandiere e i numeri di Johns
soddisfacevano i criteri greenberghiani della pittura modernista – piattezza,
chiusura, oggettività, immediatezza – servendosi di mezzi che Greenberg
trovava del tutto alieni, come le immagini quotidiane e gli oggetti della cultura
di massa[19]. Con Warhol, al contrario, l'apparire reiterato, entro lo spazio
elevato della pittura, di una confusa foto giornalistica di un raccapricciante
incidente automobilistico o di una donna avvelenata in casa è decisamente
scabroso, tanto che la sua eco sovversiva si sente
ancora oggi. Lichtenstein riprende l'ironia di Johns e
la intensifica, senza però portarla al punto tale da far
diventare irrilevante la questione della pittura, come
in Warhol. In analogia a quanto avviene nel lavoro
di quest'ultimo, la giustapposizione dei registri alto e
basso può risultare scioccante, ma solo in un primo
momento: come in Johns, infatti, è l'inattesa armonia
fra il *tableau* e ciò che vi si oppone culturalmente
(fumetto o pubblicità) a rubare la scena. Un'armonia
che, paradossalmente, disturba entrambi i termini del

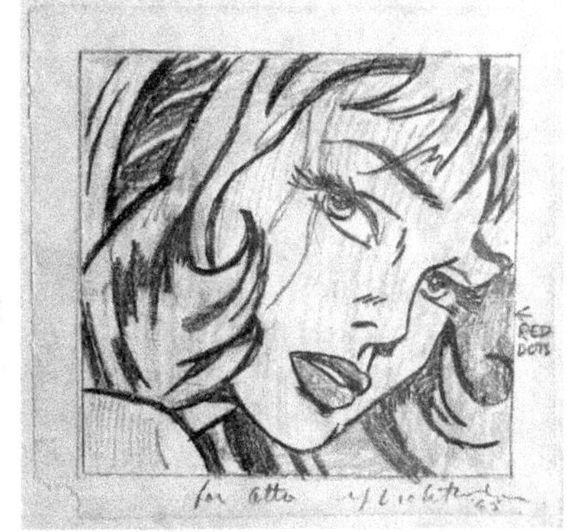

Drawing for Girl with Hair Ribbon, 1965
Courtesy: Collection André Bromberg

confronto. Così facendo Lichtenstein, forse più sistematicamente di chiunque altro, intorbidisce le opposizioni sulle quali è strutturata gran parte della pittura modernista: non solo quella tra alto e basso, ma anche quella tra astratto e figurativo. Come afferma Judd in un commento sulla mostra del 1962, "i fumetti e gli annunci pubblicitari di Lichtenstein distruggono quell'idea di necessità alla quale ambiscono le solite definizioni"[20].

Si consideri sotto questa luce un'opera come *Golf Ball* (1962), un semplicissimo cerchio bianco contornato di nero, riempito con diversi segni (alcuni bianchi, molti neri), a significare le fossette sulla pallina viste in luce e ombra, il tutto su fondo grigio. Simbolo per eccellenza della filosofia suburbana del tempo libero, la palla da golf è un oggetto iconico, facilmente riconoscibile (la fonte da cui è tratta è un piccolo annuncio su un giornale), ma a dispetto di ciò, come si è notato, la versione di Lichtenstein richiama piuttosto i dipinti astratti a "più e meno" (1914-18) di Mondrian, anch'essi realizzati in bianco e nero[21]. Da un lato, la qualità astratta di *Golf Ball* mette alla prova la nostra idea di rappresentazione che l'artista, qui come altrove, rivela essere nient'altro che un codice convenzionale, una questione di segni spesso assai lontani dal somigliare alla realtà. Non è da escludere, tra l'altro, che in questi anni Lichtenstein abbia letto *Arte e illusione* (1960) di Ernst Gombrich, nel quale l'autore sostiene che nella tradizione pittorica occidentale il "fare" preceda l'"imitare", ossia che l'artista segua innanzitutto i codici di rappresentazione, lo "schema" del fare pratico imparato dal passato, e solo in un secondo momento accosti gli esiti all'apparenza del reale[22]. Dall'altro lato, se un Mondrian inizia ad assomigliare a una pallina da golf, allora la categoria stessa dell'astrazione, e quindi dell'autonomia estetica, è messa a sua volta in dubbio. Mentre pittori modernisti come Mondrian puntano a sciogliere la figura del quadro nello sfondo del supporto, facendo corrispondere la profondità spaziale con la piattezza materiale, Lichtenstein pone l'accento, allo stesso modo, su entrambe le componenti (figura e sfondo, illusione spaziale e materialità superficiale, iconicità e non-oggettività), in un accostamento che, di nuovo, non diventa mai conciliazione[23].

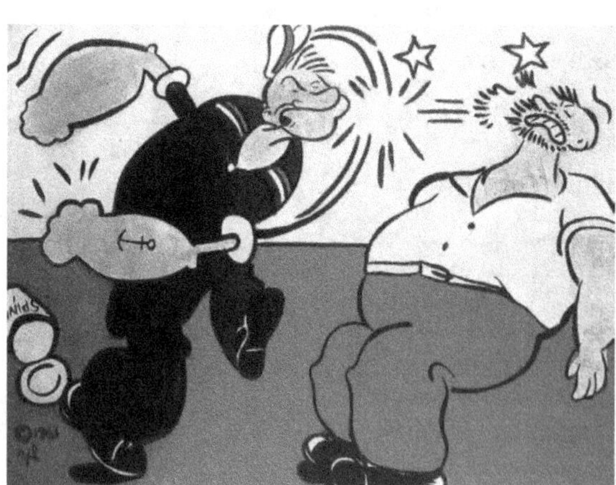

Popeye, 1961. Olio su tela, cm 107 x 142

Lichtenstein aggira queste opposizioni apparenti rileggendole come procedimenti meccanici o manuali, categorie alte o basse, forme figurative o astratte, il tutto trasformato in una serie di dualismi ambigui o scambi instabili. E abbiamo già accennato a una quarta coppia oppositiva entro questo sistema: spesso il suo lavoro offre l'aspetto mediato dell'immagine a stampa e l'effetto immediato del quadro modernista. Sotto questo punto di vista si prenda in considerazione *Popeye* (1961), dove Braccio di Ferro mentre mette al tappeto il rivale Bluto con un gancio sinistro. Il quadro è stato letto come un'allegoria della pop art che spazza via

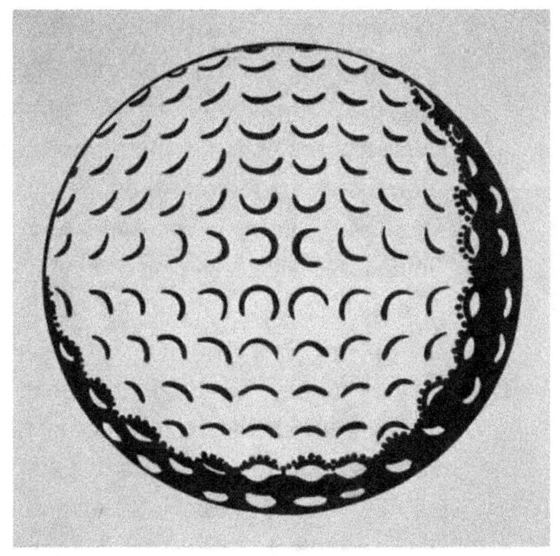

Golf Ball, 1962. Olio su tela, cm 81,5 x 81,5

l'espressionismo astratto con un sol colpo, ma direi che l'elemento fondamentale, qui, non sia tanto il contenuto narrativo, quanto la novità pittorica (Lichtenstein, del resto, mette spesso in secondo piano la storia originaria, in nome del quadro "come totalità"): di impatto istantaneo, quasi come un Pollock, *Popeye* mette k.o. anche chi lo guarda[24]. Pertanto, anche a livello di effetto sul soggetto, l'artista suggerisce che un'opera pop possa non essere poi così diversa da un corrispettivo modernista, ad esempio un Pollock (o anche, viste in questo caso la fascia gialla e quella rossa, un esemplare di "Color Field Painting"), e che per quanto vi sia di mediato, tanto nella fonte quanto nel procedimento a cui è sottoposta, questa pittura preveda un fruitore simile, che assorbe il quadro in un unico sguardo, un "pop" istantaneo. Visto sotto questa luce, Popeye è sicuramente un manifesto iniziale del modo di vedere pop.

Come ricordato nel primo capitolo, l'istantaneità del quadro modernista è stata letta come l'origine di un'esperienza trascendentale di "presenza", o addirittura di "grazia"[25]. Lichtenstein punta anche all'"impatto" (termine che nel suo vocabolario ricopre un'importanza pari a quella di "unità"), un concetto che non è certo paragonabile a quello di "grazia": in un'intervista del 1967, l'artista descrive questo tipo di reazione come "immediata, non contemplativa", e le immagini di partenza sono troppo radicate nel mondo di tutti i giorni per offrire ai fruitori qualsiasi forma di trascendenza da esso[26]. In effetti, Lichtenstein ripensa l'immediatezza della pittura modernista da *dentro* la condizione della cultura di massa, dalla quale sostiene, con Hamilton, che essa non possa venir separata[27]. Al valore modernista dell'istantaneità visuale, quindi, l'artista riserva lo stesso trattamento visto per quello classico dell'unità pittorica: pur essendo affermato, esso è anche messo alla prova, ricollocato, per non essere mai più lo stesso.

Come è noto, Lichtenstein non raggiunge questi valori di unità pittorica e immediatezza visuale solo attraverso l'esempio della pittura del passato; essi avevano costituito infatti la struttura portante della sua formazione presso la Ohio State University negli anni Quaranta. Fatta eccezione per gli anni passati nell'esercito (1943-46), Lichtenstein era stato alla Ohio State dal 1940 al 1949, prima come studente, poi come istruttore, e vi aveva conosciuto quello che lui stesso definisce "la prima persona ad aver avuto una grande influenza su di me"[28], un professore di Art and Design chiamato Hoyt L. Sherman. Ispirato dalla psicologia della Gestalt, Sherman aveva escogitato un'interessante tecnica di *training* della percezione chiamato "flash lab": in una stanza oscurata, egli mostrava a file di studenti una serie di immagini piatte proiettate su uno schermo, immagini perlopiù astratte, ciascuna tenuta per una frazione di secondo, e li invitava a disegnare rapidamente a pastello o carboncino su carta ciò che avevano visto (o meglio, l'immagine residua di ciò che avevano visto). Ciascuna serie era composta da venti immagini, che diventavano più complesse con il procedere della sequenza procedeva con lo svilupparsi del corso; alla fine Sherman presentava agli studenti oggetti veri e propri. L'obiettivo del "flash lab" era di affilare l'attitudine degli studenti al riconoscimento visuale e alla sintesi pittorica, in nome di una "percezione organizzata"[29]. Il "flash" serviva a bloccare il movimento saccadico compiuto dagli occhi per valutare la profondità, e rendeva pertanto quasi monoculare la visione, un effetto che a parere di Hoyt L. Sherman poteva solo giovare all'attività artistica "perché facilitava la percezione di oggetti e immagini come 'totalità', intensificava la comprensione dello spazio negativo come elemento essenziale nella formazione delle immagini, e contribuiva al processo di trasposizione di oggetti da uno spazio tridimensionale percepito a una superficie pittorica determinata da vettori bidimensionali"[30]. Chiaramente questa forma di addestramento ha una ricaduta diretta sul modo in cui Lichtenstein scardina coppie oppositive elementari come figurativo/astratto o mediato/immediato, e su questo punto ritorneremo più avanti; per ora basti notare come la "percezione organizzata" non sia solo un questione estetica, e come valori quali l'unità e l'immediatezza fossero sotto attento scrutinio nella cultura americana in generale[31].

Negli anni Cinquanta, dopo aver lasciato la Ohio State University, Lichtenstein vive dapprima a Cleveland, e quindi a Oswego, nella parte centrale dello stato di New York, dove tiene alcuni corsi prima di passare a Rutgers. Durante questo periodo sperimenta gli stili più diversi della pittura del XX sec., dapprima lungo la linea espressionista, poi in una sorta di naïf ironico (linguaggio con cui adatta temi della tradizione e della storia americana, come in *Washington Crossing the Delaware I*), e quindi nelle modalità astratte che precedono l'approdo al pop. La stessa sperimentazione riguarda le prime prove scultoree, tra le quali spiccano figure arcaizzanti e primitiviste in pietra o in legno. Così facendo, Lichtenstein acquisisce dimestichezza con gran parte dei linguaggi e degli espedienti del modernismo, alcuni dei quali, come la pennellata gestuale, torneranno nella produzione pop, ma come motivi di seconda mano, ossia già prodotti da una mediazione, come quelli tratti dai fumetti e dalle pubblicità.

Tuttavia, si rivela tutt'altro che dannoso per Lichtenstein sottolineare che il proprio materiale è mediato già in partenza; più controversa l'implicazione, che egli stesso lascia emergere, che tutti i soggetti di rappresentazione

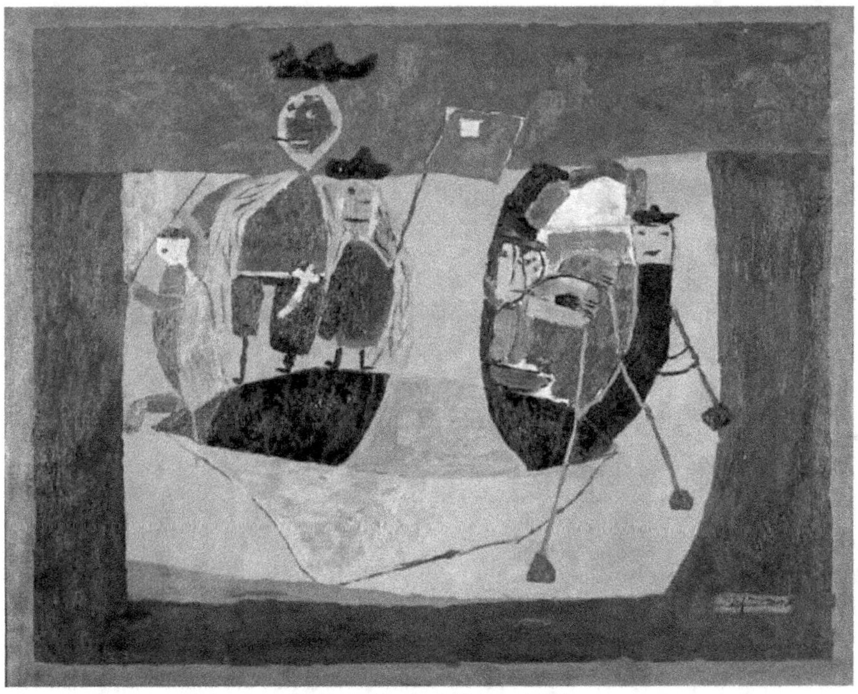

Washington Crossing the Delaware I, 1951
Olio su tela di lino, cm 66 x 81,5

artistica – "il Partenone, un Picasso, una fanciulla polinesiana" – siano in realtà già riprodotti o comunque filtrati, "resi assolutamente identici prima che lui intervenga su di essi", come sostiene Hamilton[32]. In parte, le forme di espressione e di astrazione moderniste erano state sviluppate proprio per resistere agli effetti della riproduzione meccanica: e quasi a rimarcare che le stesse forme non possono ormai più essere protette da una simile pressione, Lichtenstein focalizza le proprie riletture pop dell'arte precedente proprio su questo punto, in riduzioni cartoonistiche di riproduzioni a stampa di svariati maestri dell'espressionismo e dell'astrazione, da lui chiamate versioni "idiote"[33]. Già nel 1963, Lichtenstein inizia a produrre parodie del Picasso del momento cubo-surrealista (come in *Woman with Flowered Hat*), e nel 1964 fa lo stesso con il Mondrian neoplastico (come in *Non-Objective I* e *II*). Tuttavia, le parodie più acuminate sono forse quelle appartenenti alla serie datata 1968-69 e dedicata alle versioni della *Cattedrale di Rouen* (1982-94) e dei *Covoni* (1890-91) di Monet, nella quale la pennellata distinta dell'Impressionismo è rimpiazzata dall'uniformità dei puntini Ben-Day. Se le rivisitazioni di Picasso e Mondrian ci dicono implicitamente che la riproduzione meccanica ha trasformato la ricezione di ciò che un tempo sembrava il più privato e non-

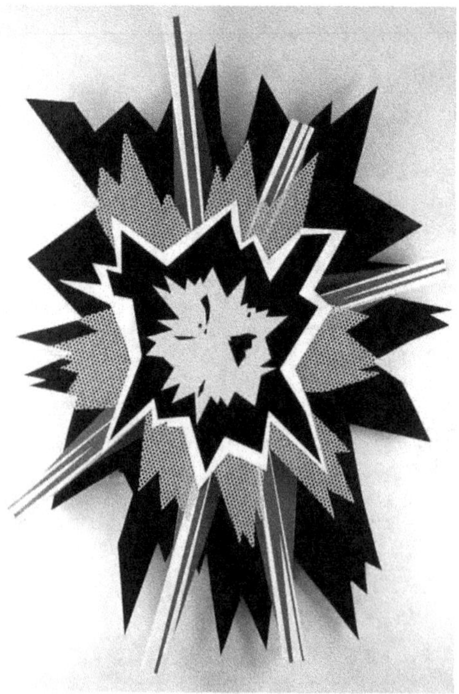

oggettivo dei linguaggi modernisti, quelle di Monet lasciano intendere che lo stesso processo aveva caratterizzato fin dalla fase di produzione quello che consideriamo il versante più immediato del modernismo, quello cioè votato alla registrazione diretta della sensazione ottica. La componente meccanica, dice Lichtenstein, aveva permeato di sé il lavoro di Monet, sia dal punto di vista tecnico, nella ripetizione delle pennellate, che da quello strutturale, nella serialità delle tele, e ciò che l'artista americano fa, pertanto, non è altro che schematizzare ciò che già era presente nel modello[34].

Lichtenstein applica la sua serie di stilemi semi-mediati, puntini, linee e colori, anche a motivi di invenzione propria, come i primi paesaggi e sculture risalenti alla metà degli anni Sessanta. Nel fare ciò, sottolinea come il

Explosion II, 1965
Smalto di porcellana su acciaio, cm 223 x 150

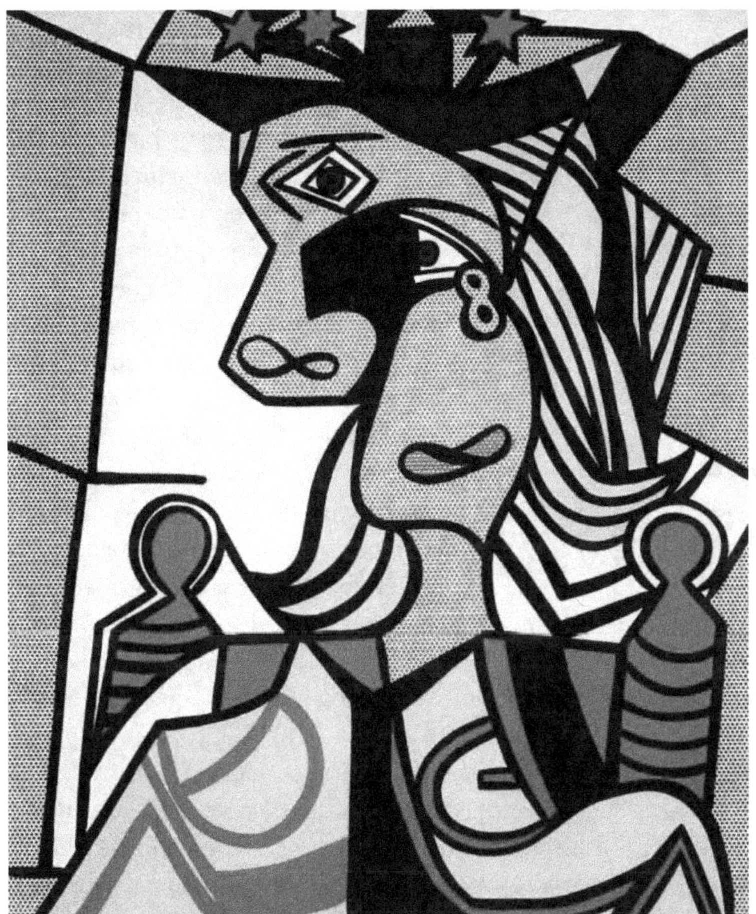

Woman with Flowered Hat, 1962. Acrilico su tela, cm 125 x 100

mondo nel suo complesso, naturale o artificiale che sia, è a sua volta soggetto, proprio come l'arte, al processo di riproduzione meccanica. I suoi primi oggetti, teste di donna e tazzine di caffè in ceramica, sembrano letteralmente usciti dai quadri di soggetto analogo da lui realizzati nei primi anni Sessanta: anche molti degli oggetti più tardi, del resto, vivono in una dimensione intermedia tra pittura e scultura, come presi in mezzo tra la condizione di immagine e quella di *cosa*, o, per essere più precisi, come se, pur essendo *cose,* essi non riuscissero a sfuggire completamente dallo status virtuale di *immagini.* Le prime *Explosions*, frammenti irregolari di smalto e acciaio realizzati a partire dalla metà degli anni Sessanta, portano questa condizione

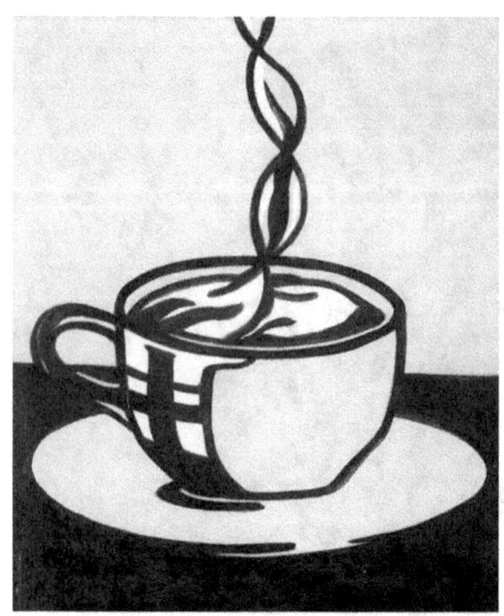

Cup of Coffee, 1961. Olio su tela, cm 50 x 40

ibrida all'iperbole: segni in stile fumetto di diversi tipi di scoppio, nel percorrere lo spazio tridimensionale portano con sé parti di immaginario bidimensionale[35]. Così facendo, Lichtenstein suggerisce che la riproduzione meccanica abbia non solo confuso le distinzioni tra i medium come la pittura e la scultura, ma anche trasformato il modo di apparire di cose comuni, bicchieri, scodelle, brocche e lampadine (questi i soggetti successivi alla serie delle teste e delle tazzine). Cosicché, proprio mentre Marshall McLuhan emerge nel ruolo di profeta apocalittico di una rivoluzione nelle tecnologie della comunicazione, anche Lichtenstein suggerisce che i "media" hanno ormai fagocitato il "medium", e che quasi tutto può essere riformattato come immagine.

È proprio il nostro artista, del resto, a parlare della questione in termini generali. "In America", scrive nel 1965, "c'è semplicemente un maggior tasso di industrializzazione, che permea di sé la vita quotidiana; ne risulta", aggiunge nel 1967, che ci sia "un nuovo paesaggio, fatto di cartelloni, insegne al neon e cose simili [...] volte a vendere prodotti"[36]. Anche Lichtenstein, quindi, delinea gli effetti di questo cambiamento, che non si limita a celebrare (il suo atteggiamento non va confuso con quello di Warhol)[37]. Piuttosto, almeno nelle interviste giovanili, emerge come egli sia esplicitamente critico verso gli aspetti "difficili" e "noiosi" di questa cultura. Allo stesso tempo insiste nell'affermare che questi "caratteri sfrontati e minacciosi [...] ci colpiscono con estrema forza", o addirittura "denotano una brutalità, per non dire ostilità, che può tornarmi utile in senso estetico"[38]. Quest'ultimo punto ha un ruolo chiave nel far comprendere la sua attività artistica, poiché tra le righe si può leggere una strategia che va ben oltre la provocatoria decostruzione delle

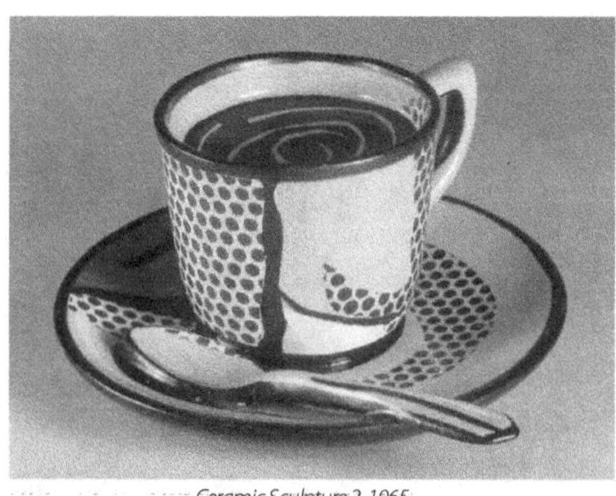

Ceramic Sculpture 2, 1965

coppie oppositive tradizionali (come quella tra "manuale" e "meccanico"), verso un rispecchiamento critico delle condizioni materiali del capitalismo dei consumi[39]. Lichtenstein, cioè, sollecita una trasposizione mimetica in tropi dei "caratteri sfrontati e minacciosi della nostra cultura": una mimesi della componente industriale (da cui l'insistenza sulla "qualità siderurgica" del proprio lavoro), di quella informatica ("Voglio che i miei quadri sembrino programmati") e, ovviamente, di quella commerciale ("Ho preso alcuni di questi colori dalle confezioni al supermercato", dice nel 1971, "Guardavo le etichette delle confezioni per vedere quali colori risaltavano meglio l'uno accanto all'altro")[40]. Con "trasposizione mimetica in tropi" intendo dire che la sua mimesi di "duro", informatico e otticamente violento è solo una parte del suo modo di operare: altrettanto importante è infatti il trattamento di queste componenti come figure retoriche, la sua personalissima e orientata declinazione dell'"estrema forza" con la quale "ci colpiscono".

Nel mondo consumista analizzato da Lichtenstein persino gli espedienti e gli stili dell'arte modernista si cristallizzano in *cliché*, e il primo simbolo di questo processo è costituito dalla pennellata gestuale che, da segno dell'espressione soggettiva, è trasformata in emblema congelato, tanto nei quadri degli anni Sessanta e Settanta, quanto, a maggior ragione, in quella sorta di "nudi astratti" che sono le sculture dei due decenni successivi. La prima istanza in questa cristallizzazione degli stili è la rilettura del Cubismo: un Cubismo reso "stanco" e "svuotato", stilizzato talvolta come Purismo, talvolta come "Art Moderne" o Déco, come in *Modern Sculpture with Horse Motif* del 1967[41]. È insomma il Cubismo ridotto allo status mercificato dell'"oggetto d'arte" o del puro ornamento (le *Modern Scultpure*, del resto, presentano i materiali tipici del Déco, come gli specchi in ottone, rame e alluminio, i vetri colorati e i marmi con venature), ed è forse questa la ragione per cui Lichtenstein lo utilizza soprattutto in scultura, per quanto la sua scultura, spesso in bassorilievo e talvolta in *trompe-l'oeil*, è per molti versi più pittorica che scultorea[42].

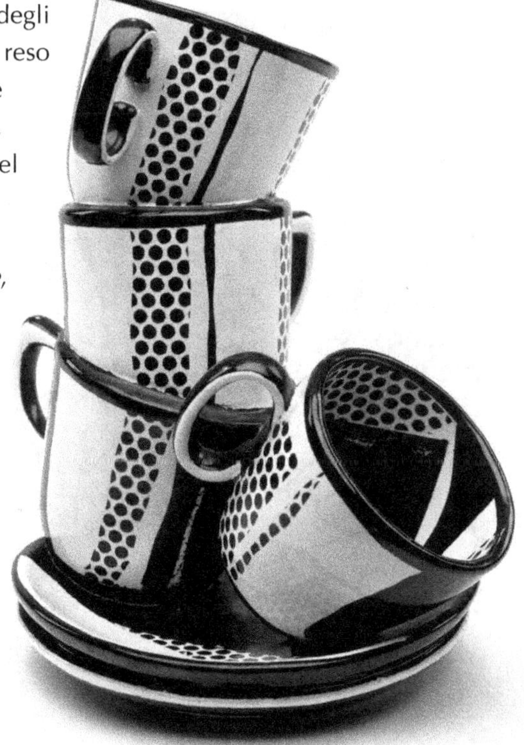

Ceramic Sculpture 7, 1965
Ceramica, cm 22,9 x 17,8

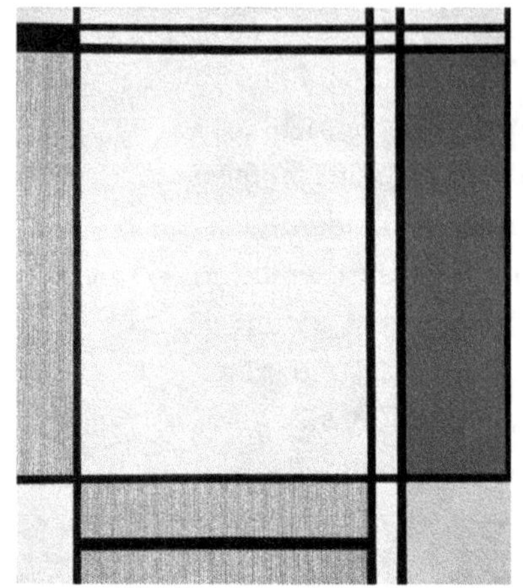

Non-Objective I, 1964
Acrilico su tela, cm 143 x 122

In questo senso, *Modern Head* (1970) costituisce un esempio di particolare acutezza: una testa di profilo in alluminio cromato nero, fatta di volumi positivi e negativi in bassorilievo, che sembra evocare un personaggio a metà tra un'Atena o un Mercurio classici e un supereroe dei fumetti, ma che al tempo stesso riassume la ripresa storicista delle figure africane e dei ritratti cubisti in una versione chic del Déco ormai semplificato.

Ma Lichtenstein esplora anche altri casi stilistici in cui l'arte si trova a convergere con il design commerciale[43]: nei primi anni Ottanta, ad esempio, realizza una serie di sculture *d'aprés* Constantin Brancusi, artista che, a dispetto della propria retorica della purezza estetica, si avvicinava spesso alla soglia del design (secondo il famigerato aneddoto secondo il quale la dogana degli Stati Uniti trattenne *Uccello nello spazio* del 1927 in quanto oggetto manufatto, nello specifico un utensile da cucina). Con la propria versione di *Sleeping Muse* (1983), una forma in bronzo patinato di profondità minima, più contorno che volume, con l'unica suggestione tridimensionale data dalle striature che indicano "ombra", Lichtenstein non esita a spingere Brancusi al di là di questa soglia. Altrove, l'artista americano sembra alludere all'Art Nouveau, stile nel quale la commissione di arte e design è addirittura programmatica. Un esempio particolarmente significativo è *Surrealist Head* (1986), nella quale le sensuali curve dell'Art Nouveau sono citate a formare il profilo della figura, la linea di contorno dei suoi capelli biondi e del suo cappello (o parasole?), oltre che il basamento stesso. Walter Benjamin ha letto questo "lineare linguaggio medianico" del Liberty come il tentativo disperato, in piena età industriale, "di riconquistare queste forme all'arte"; qui, tuttavia, l'appropriazione si verifica in senso inverso, a favore del design industriale[44]. La voluttuosa linea-linguaggio del surrealismo, l'altro stile chiamato

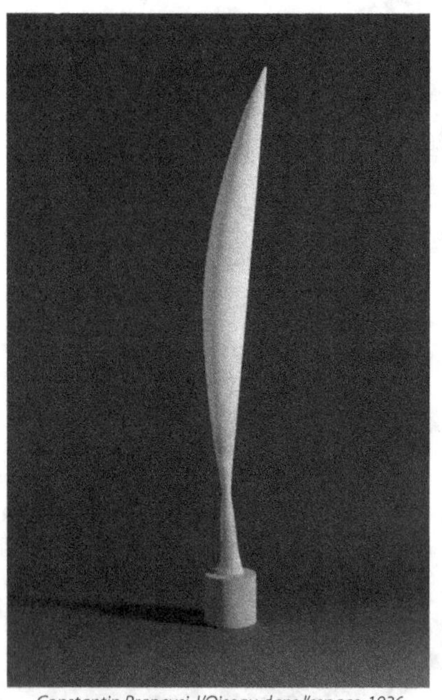

Constantin Brancusi, L'Oiseau dans l'espace, 1936

in causa (ancora una volta nella sua versione picassiana), può essere vista come un tentativo, altrettanto disperato, di rivendicare per l'arte le forme dell'erotismo. Anche questa battaglia, però, da quanto risulta nell'opera, è persa: *Surrealist Head* è medianica tanto quanto è voluttuosa, e sicuramente le manca l'elemento inquietante del surrealismo. Se *Modern Head* suggerisce che il gioco cubista con la percezione e la significazione è ormai datato, quest'ultimo lavoro afferma che l'esplorazione surrealista dell'inconscio è diventata ornamentale.

In fin dei conti, Lichtenstein ci dice che nessun linguaggio, artistico o meno, è immune da un simile processo di reificazione. Per fare un esempio, i ricercati eccessi espressivi dei primi quadri a soggetto amoroso, così come le onomatopee in quelli di soggetto bellico, non sono che *cliché*, riproposti affinché se ne colga la componente stereotipa, parodistica[45]. Allo stesso modo, nelle sculture più tarde (oltre a *Modern Head* si vedano *Ritual Mask, Chinese Rock* e *Amerind Figure*), l'artista presenta intere categorie della storia dell'arte come generiche, quasi mere voci elencate in un catalogo. Il termine "Amerind", ad esempio, contrazione di due parole, suggerisce il nome di un marchio commerciale, impressione confermata dalle forme astratte dell'opera così intitolata (1981), in parte totem dell'India Nord-Occidentale, in parte logo della CBS. Queste semplificazioni includono una pletora di oggetti, stili e pratiche, come è evidente soprattutto nelle *Archaic Heads* (1988), che evocano stili arcaici,

dall'egizio al minoico fino all'etrusco, ma anche le declinazioni moderniste di questi stili proposte da artisti come Gauguin e Picasso, il tutto con l'obiettivo di condensare tutte queste allusioni in un unico grande stereotipo: si pensi, di nuovo, a Hamilton ("Il Partenone, un Picasso o una fanciulla polinesiana sono ridotti al medesimo *cliché*"). Al di là del "museo senza pareti" nato, secondo André Malraux, grazie alla riproduzione fotografica, ciò che viene qui suggerito è una mediazione senza limiti, nella quale gli stili più disparati possono essere rielaborati fino a diventare un unico linguaggio indistinto[46].

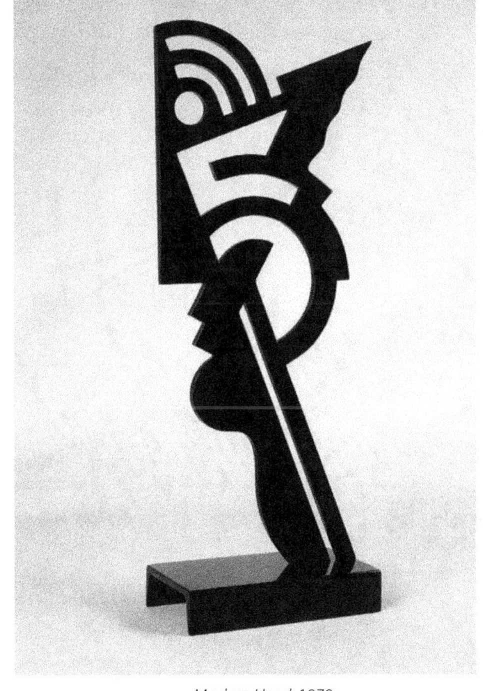

Modern Head, 1970

Si possono trarre diverse conclusioni sommarie su questo miscuglio di arte e design commerciale messo alla prova da Lichtenstein: ad esempio che, ai tempi della pop art, molte strategie d'avanguardia e molti linguaggi modernisti erano già entrati nel repertorio stilistico della cultura industriale, o che prodotto e immagine, merce e segno erano già confluiti, con la pop che si limitava a reiterare questa ormai scontata equivalenza. O ancora, che la scultura, in quanto medium un tempo adatto all'esclusivo scopo di esplorare le relazioni tra oggetti, era stata a sua volta fagocitata dalla mercificazione, la cui efficacia poteva essere solo scimmiottata dall'oggetto pop; e così via[47]. In alternativa, si può optare per una visione più benevola, quella secondo cui tanto l'arte quanto il design trarrebbero beneficio da questo scambio di forme, processo che porterebbe peraltro ad aggiornare i valori tradizionali della pittura, come l'unità dell'immagine e l'immediatezza dell'affetto. Nel più provocatorio di questi accostamenti Lichtenstein fa addirittura convergere queste due prospettive opposte: la sua mimesi dei "caratteri sfrontati e minacciosi" chiama in causa la reificazione in atto nella cultura del suo tempo, anche a livello di processi e linguaggi artistici, mentre la loro riconfigurazione come tropi tende all'"invenzione" di nuove soluzioni entro tale condizione, con il risultato di renderla, per quanto possibile, più mite.

Sotto questo punto di vista, il termine chiave è dunque "*cliché*", definito nell'Oxford Dictionary, innanzitutto, come "calco in metallo di uno stereotipo" (un elemento per la stampa composto in sede tipografica), in accezione alternativa come "opinione trita": definizione in cui compaiono entrambi i registri, quello tecnico e quello retorico, utilizzati da Lichtenstein. "Mi diceva di essere interessato soprattutto ai *cliché* europei", scrive Allan Kaprow, suo collega a Rutgers, "ossia quelle cose che finiscono col diventare l'immaginario standard"[48]. Ma anche questa condizione di *standard* è duplice: da un lato, infatti, il *cliché* è riprodotto in serie fino a diventare del tutto familiare e quindi, aggiunge Lichtenstein, "completamente antitetico all'arte". Dall'altro lato la "scorciatoia visuale" che esso mette in atto va a suggerire "una sorta di linguaggio universale", dotato di una "stupefacente

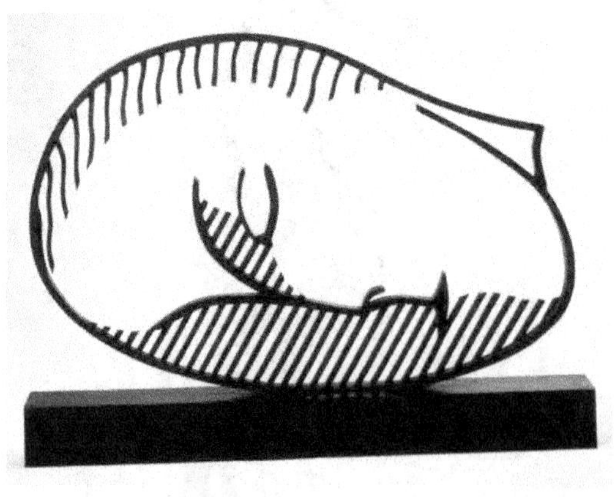

Sleeping Muse, 1983. Bronzo patinato, cm 65 x 86,5 x 10,5.

qualità", e in tal caso comprende "una componente estetica" che può essere sviluppata[49]. È proprio questa duplicità insita nel *cliché* che Lichtenstein vuole sfruttare.

Il *cliché*, peraltro, concilia i termini opposti anche in altre categorie presenti nel lavoro dell'artista, come alto e basso, astratto e iconico, e così via. Pertanto, dal suo punto di vista, esso costituisce un elemento fondamentale tanto per l'arte "classica" che per i fumetti. Si prenda in considerazione l'importante affermazione rilasciata a David Sylvester nel 1966, in piena fase *Brushstroke*:

> È la forma classica [...] che mi interessa; una testa idealizzata, ad esempio [...]. Ebbene, la stessa cosa si è verificata nei fumetti, ma lì non si chiama "classico", si chiama cliché [...]. Voglio che il mio lavoro rielabori queste modalità classiche [...]. Credo si tratti di stabilire l'archetipo più duro possibile. Quando questo accade, il lavoro assume un'apparenza formidabile [...]. Sono convinto che Picasso faccia lo stesso: per quanto sembri che possa realizzare qualsiasi possibile variazione in qualsiasi tipo di occhio, orecchio o testa, ve ne sono alcuni resi potentissimi dal tipo di simbolismo utilizzato[50].

Si noti il continuo scambio, consentito proprio da questa accezione del *cliché*, tra arte classica, forme popolari come il fumetto, una pittura modernista come quella di Picasso e la produzione dello stesso Lichtenstein: "La mia arte è legata al Cubismo allo stesso modo in cui vi è legata l'arte del fumetto", risponde Lichtenstein al commento sul proprio lavoro da parte del critico John Coplans nel 1967. "C'è una relazione tra il fumetto e gente come Miró e Picasso, che forse il fumettista non è in grado di comprendere, ma che è evidente già nei primi cartoon Disney"[51]. Di nuovo, Lichtenstein collega al proprio personale linguaggio tanto l'estetica di massa quanto quella modernista, passando implicitamente attraverso il *cliché*, e lo fa senza la rituale recriminazione di corruzione, cooptazione o anche solo compromesso.

Sotto certi aspetti, questa idea di *cliché* ricorda lo schema che, per il Gombrich di *Arte e illusione*, ha guidato la traiettoria principale dell'arte occidentale verso una rappresentazione sempre più perfetta. "In questo senso", dice Lichtenstein nel 1962 parlando del *cliché* a un altro collega di Rutgers, Geoffrey Hendricks, "è come l'arte classica, poiché c'è un occhio classico, o una naso classico, che viene ridisegnato più volte", e questo schema risulta operativo tanto nell'arte commerciale che nella sua stessa attività:

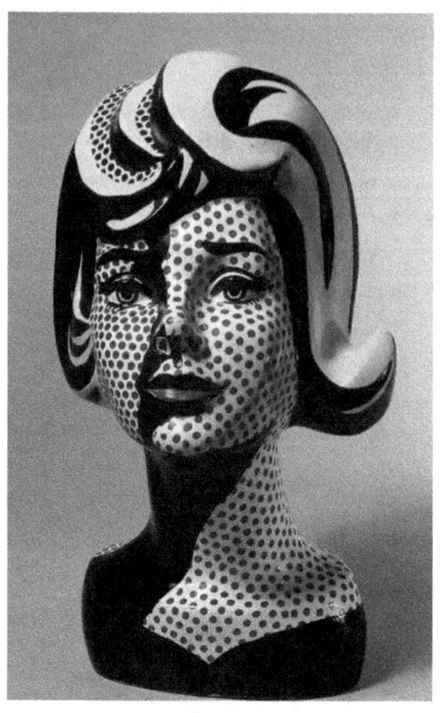

Head with Blue Shadow, 1965.
Ceramica verniciata, cm 33 x 21 x 20.

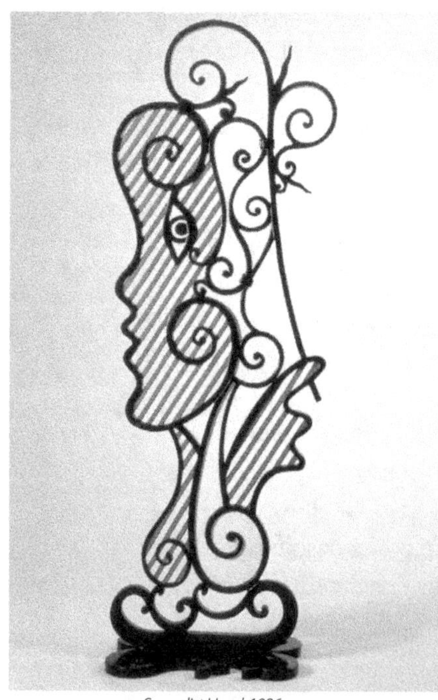

Surrealist Head, 1986
Bronzo dipinto e patinato, cm 201 x 71 x 44,5

Credo che molte persone fraintendano la tendenza fondamentale del mio lavoro […]. Non mi interessa che aspetto abbia, per fare un esempio, una tazza da caffè. Mi interessa solo come è riprodotta, e quello che è diventata in seguito al contributo lasciato nel corso degli anni da vari artisti commerciali, quali simboli si sono formati grazie all'opportunismo del lavoro di questi artisti e alla scarsa qualità delle loro forme, e i macchinari di riproduzione che, negli anni, hanno determinato il modo di apparire di una tazza da caffè o altro. Quello che è giunto fino a noi non è che l'immagine rappresentata, il simbolo cristallizzato […]. Non abbiamo che un'immagine mentale di un tipo commerciale di tazza da caffè. Quello che mi interessa dipingere, quindi, è proprio quella particolare immagine, mai l'oggetto in sé. Dipingo una rappresentazione dell'oggetto, una sorta di simbolo cristallizzato di esso[52].

Ma perché tutto questo interesse verso il "simbolo cristallizzato"? Di sicuro, almeno a giudicare dalle dichiarazioni, Lichtenstein apprezza l'"impatto" del *cliché*, quell'aspetto "stupefacente" che lo lascia, a sua volta, stupefatto[53]. Un elemento che gli interessa altrettanto chiaramente è la leggibilità trasversale in tutte le classificazioni culturali ("classica", commerciale, modernista e così via): è proprio questa versatilità, anzi, a rendere "archetipico" il *cliché*, il quale, infine, è un mezzo utile ad attingere da questi diversi linguaggi, per "complessi" e "formidabili" che siano, e sfruttarli per inventare forme[54]. Infine, vi è la natura artificiale del *cliché*, la sua intrinseca convenzionalità, che l'artista non manca mai di adoperare e dimostrare, con il risultato inatteso di metterlo in prospettiva, a giusta distanza dal fruitore (un altro carattere in comune con Hamilton)[55].

Con questo vorrei suggerire che in Lichtenstein il *cliché* non è mai esclusivamente un "simbolo cristallizzato", ma anche un segno ambiguo, uno dei tanti fattori di duplicità nel suo lavoro. Si consideri l'esempio scelto dall'artista in *Cup of Coffee* (1961): un solo colore, una sorta di giallo sporco, è utilizzato per la tazza e il piattino, ma anche per il muro che vi fa da sfondo. Per quanto possano apparire semplici, gli altri elementi, come il nero e il bianco, sono in realtà a loro volta polivalenti: il nero significa, al tempo stesso, il piano del tavolo, l'ombra sulla tazza, il caffè, mentre il bianco sta a rappresentare la luce, sia quella che colpisce la tazza, sia quella riflessa dal caffè, laddove tuttavia può indicare anche la presenza di latte o panna. Insieme, i due colori sono usati per rendere il vapore che si alza dalla tazza con curve ondulate bianche e nere: ossia, un *cliché* come descritto dallo stesso Lichtenstein, pochissimo somigliante al fenomeno reale[56]. *Cup of Coffee*, insomma, possiede tutto l'"impatto" del simbolo cristallizzato, ma l'artista prende questo fenomeno, lo scompone nelle sue parti costituenti e lo rimette insieme, rendendoci consapevoli del suo funzionamento e dell'artificio su cui esso si basa.

In *Arte e illusione*, Gombrich descrive una prima convenzione nella tradizione occidentale del fare pittura: "Ormai ubbidiamo così docilmente ai suggerimenti dell'artista da reagire con perfetta naturalezza a un sistema di figurazione ove linee nere indicano sia la distinzione tra fondo e figura sia le graduazioni dell'ombra, secondo una pratica divenuta ormai tradizionale in tutte le tecniche grafiche"[57]. Lichtenstein si serve di questo tipo di segno in entrambi i modi, e anche in altri. Una serie di linee parallele può significare "movimento" se articolata orizzontalmente, "finestrino" o "parabrezza" se articolata diagonalmente, il tutto all'interno di un unico quadro, *In the Car* (1963). Altrove, le stesse linee possono voler dire "schermo" o, se leggermente curvate, "specchio". Come ha dimostrato Rosalind Krauss, questo gioco semiotico era già praticato dal Cubismo, soprattutto nei primi collage e *papier collé* di Picasso, e come ha notato Michael Lobel il paragone con

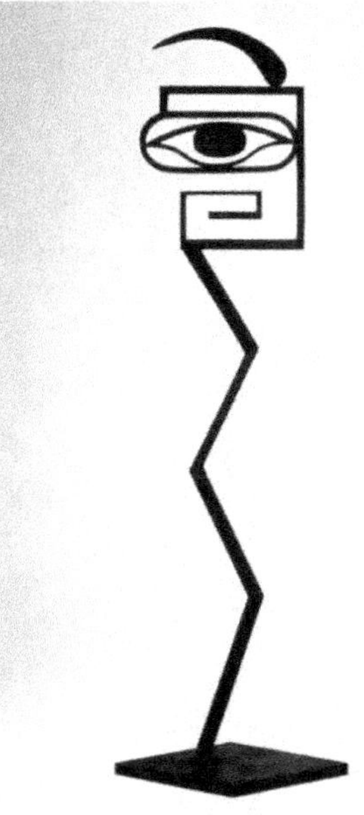

Amerind Figure, 1981
Bronzo patinato, cm 166,5 x 52 x 34,5

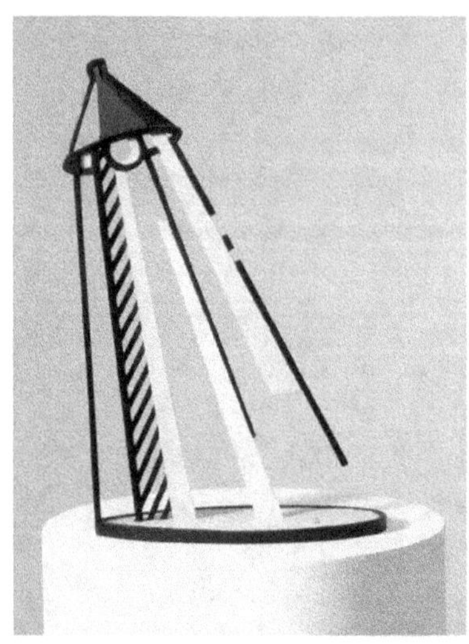

Lamp 1, 1977
Bronzo dipinto e patinato, cm 72,5 x 43,5 x 20,5

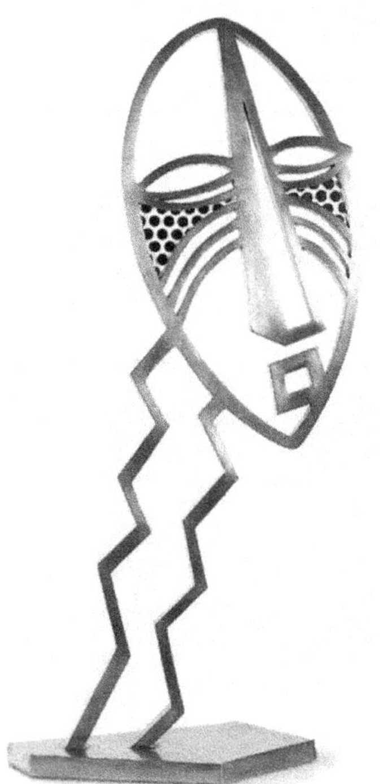

Ritual Mask, 1992
Acciaio dipinto e galvanizzato,
cm 130 x 56 x 28

Lichtenstein è suggestivo. Picasso si serve di ritagli dello stesso giornale per significare, solitamente grazie alla posizione, la piattezza materiale di un oggetto o la profondità atmosferica dello spazio che lo circonda: un duplice uso molto simile a quello che Lichtenstein fa dei suoi puntini[58]. "I puntini possono indicare una superficie stampata, e quindi piana", dice l'artista alla critica Diane Waldman nel 1971, "ma in altri casi, soprattutto in aree più grandi, possono diventare atmosferici e intangibili, come il cielo"[59]. Come Picasso, anche Lichtenstein trae un ricchissimo potenziale semiotico da mezzi materiali piuttosto poveri.

L'artista americano trasforma stereotipi inerti in segni attivi. Si consideri l'insistenza giovanile sui colori primari (con l'occasionale aggiunta del verde): come in Mondrian, i primari evocano un mondo sovrannaturale, ma non trascendente. Si tratta della "natura readymade", la natura seconda dei media. Inoltre, benché i suoi colori non siano sempre arbitrari (i capelli biondi sono resi con il giallo, il cielo limpido con l'azzurro), essi tendono a una significazione differenziale, relativa (una chiazza gialla può essere tale anche solo per distinguersi da altre chiazze, rosse o blu)[60]. In *In the Car*, ad esempio, il giallo è tutto sommato credibile per indicare i capelli della donna, meno per la pelliccia, così come il blu può funzionare per la giacca della figura maschile, meno per i capelli. Nei fumetti, questi *cliché* erano imposti dai limiti tecnici del procedimento di stampa, mentre Lichtenstein sembra volgerli a proprio vantaggio, negando questa condizione mercificata per produrre piuttosto una carica semiotica indipendente dall'espressività individuale:

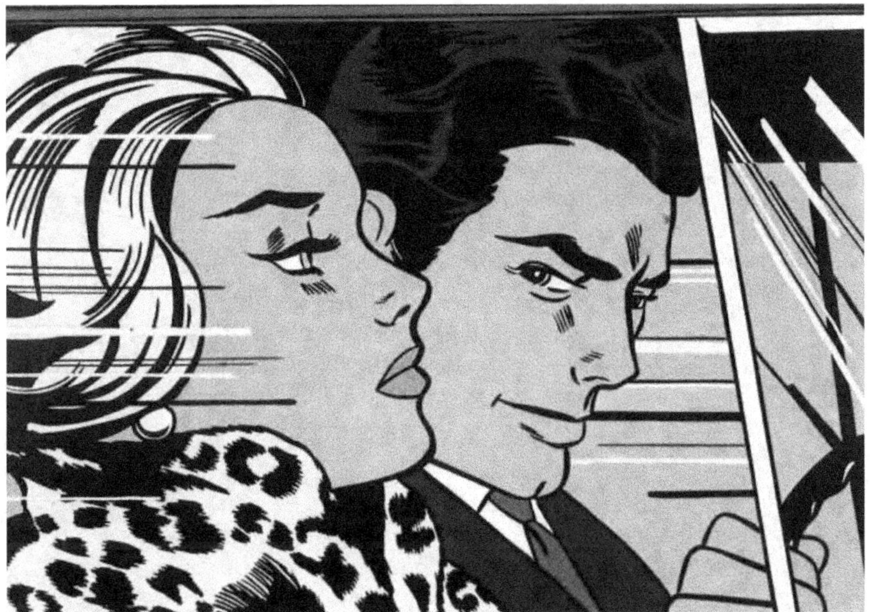

In the Car, 1963. Acrilico su tela, cm 173 x 203

Ho preso alcuni di questi colori dalle confezioni al supermercato;
guardavo le etichette delle confezioni per vedere quali colori
risaltavano meglio l'uno accanto all'altro. In questo caso sembrava
che l'idea pubblicitaria puntasse proprio sul contrasto. E la pubblicità
è così impersonale! Mi piaceva pensare che tutto ciò che gravita
attorno al rosso, come le mele, le labbra o i capelli, diventasse dello
stesso rosso[61].

Nelle sue annotazioni sul *cliché* Lichtenstein non parla della scultura
africana. Tuttavia, come ha dimostrato Yve-Alain Bois, Picasso e Braque hanno
sviluppato il Cubismo lungo la strada dell'ambiguità semiotica proprio grazie
allo studio delle maschere africane. Daniel-Henry Kahnweiler, che all'epoca
trattava i lavori di entrambi, spiega così le loro riflessioni:

Questi pittori hanno abbandonato l'imitazione del reale perché hanno capito
che la vera natura della pittura e della scultura è quella del testo scritto. E i

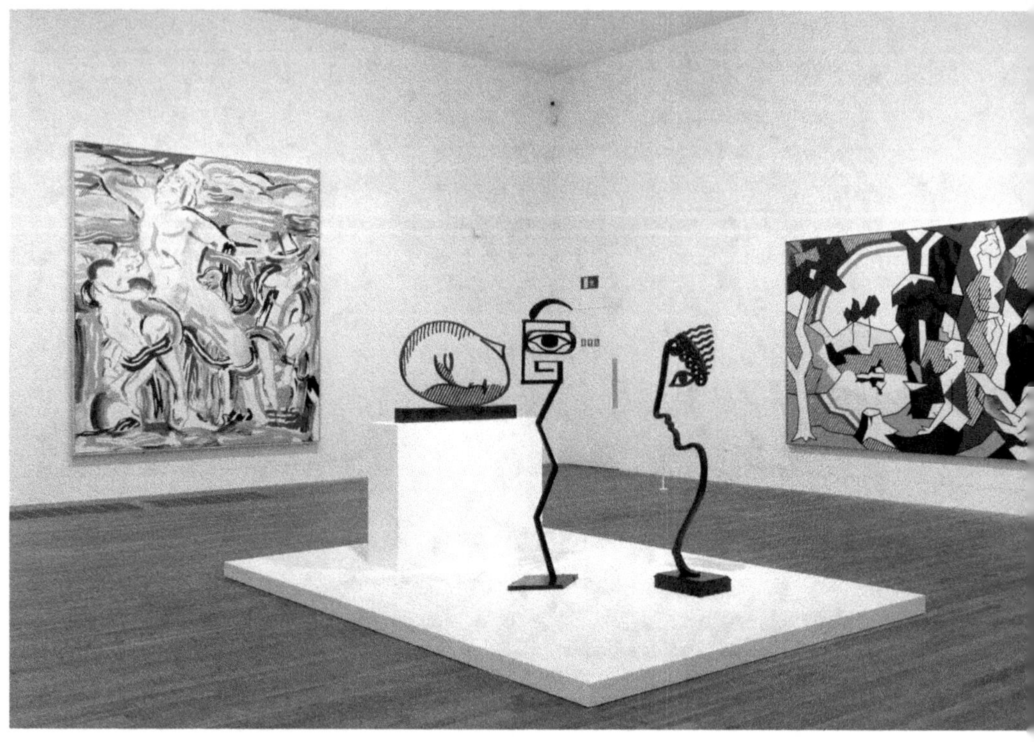

Veduta della personale alla Tate Modern, Lichtenstein: A Retrospective, Londra, 21 febbraio– 27 maggio 2013

prodotti di queste arti sono segni, emblemi per il mondo esterno, non specchi che lo riflettono in maniera più o meno distorta. Una volta riconosciuto questo, le arti plastiche sono state liberate dalla schiavitù implicita negli stili illusionistici. Le maschere testimoniavano a favore alla convinzione, pura e semplice, che l'arte non punti ad altro che alla creazione di segni. Il volto umano "visto", o piuttosto "letto", non coincide per niente con i dettagli del segno; dettagli che peraltro, se isolati, non avrebbero senso alcuno[62].

Anche Lichtenstein punta alla creazione di segni, come in un copione che deve essere letto, oltre che visto. Si prenda di nuovo *Modern Head* che, lo ripeto, rimanda sia alla scultura africana quanto all'arte cubista, peraltro suggerendo le reificazione di entrambe da parte dell'Art Déco. Al contempo, non manca di sottolineare quell'ambiguità semiotica che qualifica questo stesso processo di reificazione[63]. L'intero profilo può essere letto come una semplice testa se leggiamo il foro circolare vicino alla sommità come "occhio", oppure come

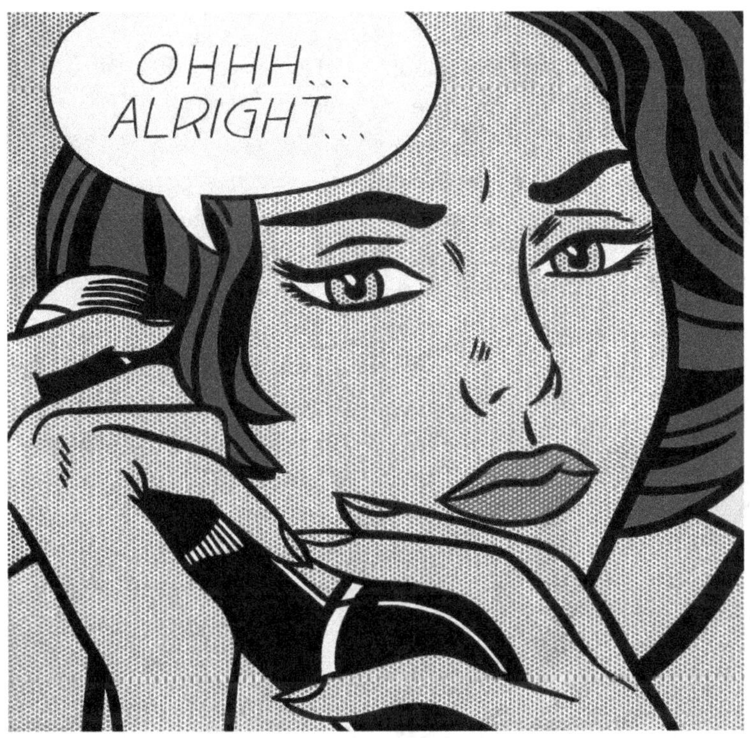

Ohhh...Alright..., 1964. Cm 91.4 cm × 96.5 cm

una testa con copricapo o un casco del quale l'"occhio" diventa un elemento decorativo: come succede spesso in Picasso, questa "testa moderna" è costituita da almeno due teste in una. Si consideri anche un esempio più tardo, *Ritual Mask* (1992), nel quale i punti e le strisce tipici di Lichtenstein diventano buchi e curve di metallo. Nel contesto della "maschera", questi dettagli hanno come referente le cicatrici spesso rappresentate sulle maschere africane, così come i tratti del modellato che questi segni evocavano nei lavori cubisti. Se tuttavia prendiamo questi dettagli "per se stessi", essi "non significano nulla", e lo stesso si può dire degli ovali appuntiti che vogliono dire "occhi", la forma pressoché triangolare che vuol dire "naso", e quella più o meno rettangolare che vuol dire "bocca". Come *Modern Head,* anche *Ritual Mask* estrae una dimensione semiotica da un *cliché* reificato, la trita caratterizzazione del Déco come cubista. In entrambi i casi, infatti, il *cliché* inteso come stereotipo slitta nel cliché inteso come segno, e "la forma più complessa di stereotipo" viene de-reificata davanti ai nostri occhi.

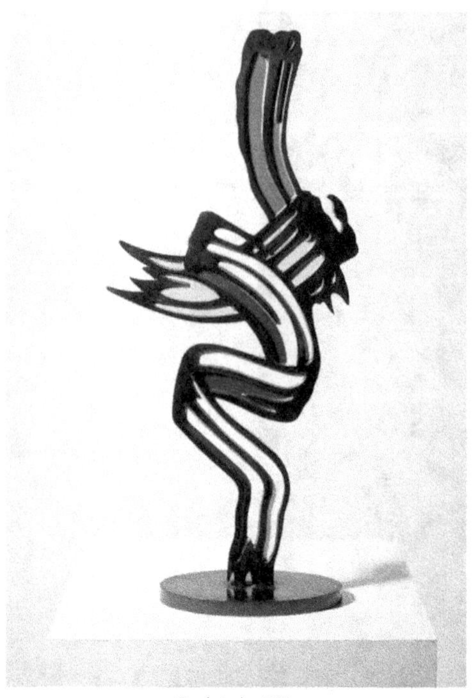

Brushstroke, 1981
Bronzo dipinto e patinato, cm 78,5 x 35,5 x 16,5

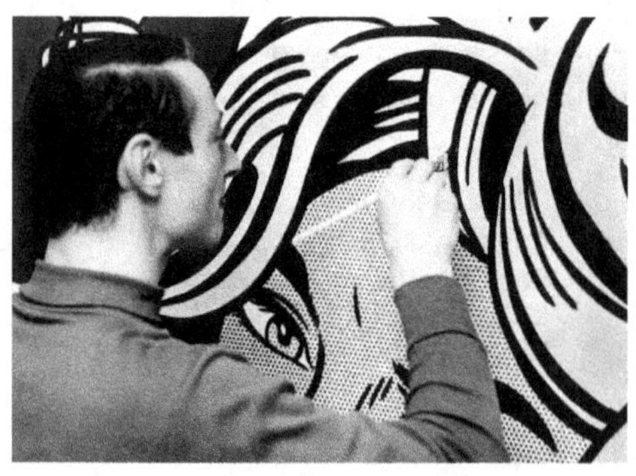

Roy Lichtenstein 1965

Quindi, Lichtenstein neutralizza l'apparenza reificata esasperandola: "Si tratta ancora di degradare la cosa per poi ricostituirla", gli suggerisce Sylvester nel 1966. "Si può anche prendersi gioco di essa, ma nondimeno la si rende di nuovo drammatica"[64].

Ai tempi di questa conversazione, Lichtenstein sta lavorando ai suoi primi quadri con le pennellate (*Brushstroke*), gesto che viene assunto come simbolo cristallizzato, ma che al tempo stesso viene rianimato. Nelle sculture degli anni Ottanta e Novanta, ad esempio, egli innalza la pennellata, ne trae una figura e, in pezzi come *Brushstroke* del 1981, le attribuisce una vivace disposizione a chiasmo, decisamente pop[65]. A dire il vero, Lichtenstein tratta in questo modo stili interi, come abbiamo visto nel caso delle *Modern Sculpture*. Negli anni Sessanta, sostiene l'artista, l'Art Déco è ormai diventata "una categoria screditata come i fumetti": tuttavia, proprio in quanto tale, essa acquisisce l'effetto destabilizzante del démodé: "mi interessano gli esiti capricciosi di tutti quei derivati del Cubismo, e mi piace spingere questa capricciosità fino all'assurdo"[66]. Questo aspetto è evidente soprattutto nelle versioni "idiote" di Picasso, l'artista di cui Lichtenstein si appropria più spesso, soprattutto il Picasso degli anni Trenta che combina l'inventiva semiotica delle forme cubiste con la "peculiare manovrabilità" delle figure surrealiste[67]. In *Galatea* (1990), uno dei lavori in cui più si percepisce la forza de-contestualizzante di tutta questa produzione, l'artista mette all'opera entrambe.

Galatea è una figura sinuosa realizzata con una linea continua di bronzo dipinto, memore, anche se in questo caso il processo è tutt'altro che immediato, di come Picasso cercasse talvolta di rendere il corpo femminile con un unico tratto, per motivi erotici oltre che estetici. A seconda delle proporzioni e della collocazione, almeno secondo il principio semiotico introdotto da Picasso, tre aree ovali diverse riempite da strisce rosse assolutamente identiche significano "ventre" e "seni", mentre altrettanti cilindri del tutto simili posti uno all'interno di ciascuna area significano rispettivamente "ombelico" e "capezzoli". In cima alla figura, una pennellata gialla contornata in nero identifica il soggetto come una vivace bionda, forse un'agile ballerina sul palco o una ragazza in bikini sulla spiaggia. Il primo antenato picassiano che viene in mente è la *Bagnante con pallone da spiaggia* (1932), che già dai tempi di *Girl with Ball* (1961), costituisce per Lichtenstein una sorta di talismano. Se da un lato, proprio come queste due bagnanti, la *Galatea* può essere considerata un'incarnazione tarda delle ninfe classiche che tanto intrigavano Aby Warburg, il quale ne aveva ricostruito la ricorrente presenza nella "sopravvivenza dell'antichità" fino alla cultura visiva moderna, dall'altro la scultura è assemblata a partire da frammenti reificati di linguaggi artistici e segni fumettistici ripresi dal passato[68]. Se da un lato *Galatea* è riportata in vita dal suo Pigmalione, ossia Lichtenstein ispirato da Picasso, dall'altro non c'è artista più estraneo di Lichtenstein al mito classico dell'immediatezza espressiva, dei poteri del tocco, dell'identità tra oggetto d'arte e oggetto d'amore. Di Picasso, Lichtenstein recupera alcuni aspetti semiotici ed altri erotici, anche nell'atto stesso di insistere su una reificazione già resa evidente dal suo predecessore. Del resto, agli albori del modernismo, il giovane Marx aveva scritto che "questi rapporti [sociali] pietrificati vanno fatti ballare cantando la loro propria melodia"[69]. Qui, come allora, Lichtenstein canta una versione tutta sua di questa melodia.

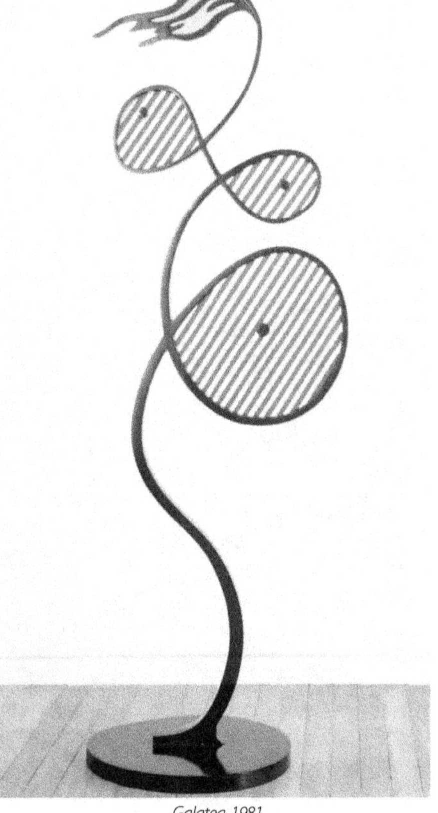

Galatea, 1981
Bronzo dipinto e patinato, cm 226 x 81,5 x 48

● ● *Voglio che mi resti qualcosa da fare*

Se il *tableau* tradizionale suscita idealmente un responso di tipo contemplativo, mentre il quadro modernista ne suscita uno trascendentale, che tipo di soggettività viene prodotta da un'opera di Lichtenstein? Se, come detto, Lichtenstein mette pressione sulle categorie distintive di entrambi i tipi di quadro, quale soggetto (sia esso ritratto, riguardante o produttore di forma) emerge da questo processo?

L'onda di superficialità che accolse inizialmente Lichtenstein era rivolta anche alle sue figure, che sembrano piatte psicologicamente tanto quanto lo sono fisicamente. Come se non bastasse, quelle tratte dai libri di fumetti guardano spesso lo spettatore frontalmente, il che, nel medium di partenza, spinge il lettore a relazionarsi con il personaggio, condensando la maggior quantità possibile di elementi narrativi in un'unica vignetta. Come ha notato Lobel, Lichtenstein tende in particolare a sospingere le figure femminili verso il piano pittorico, laddove appaiono perlopiù pura immagine o pura superficie, come spesso capita nel cinema hollywoodiano[70]. Per Lichtenstein, tuttavia, questa convenzione si estende anche al modo di proporsi tipico dell'eleganza femminile: "le donne si disegnano così", scrive nel 1967 a sua parziale giustificazione, "il trucco consiste in questo, in realtà"[71]. Il riferimento non è tanto all'artificialità del *maquillage*, quanto alla piattezza del tipico volto pop (quello ad esempio di Edie Sedgwick o Twiggy, diventate popolari non molto prima di questo commento); in casi come questo, è la vita a copiare l'arte, con una strategia che Lichtenstein duplica nella propria pittura (fig. pag. 105).

Negli anni Sessanta, queste superfici piatte erano considerate il segno di una sensibilità fredda, una sorta di apatia associata alla cultura della pop art e a Warhol in particolare. In Lichtenstein, tuttavia, il sentimento non è assente, tutt'altro: esso, piuttosto, è ricollocato lontano dalla profondità emozionale, verso la superficialità del melodramma, ovvero dall'Action Painting alle scene di amori romantici e furore bellico dei fumetti. Per certi versi, si tratta di un passo verso il kitsch, che tuttavia porta con sé un'importante affermazione sulla società del dopoguerra,

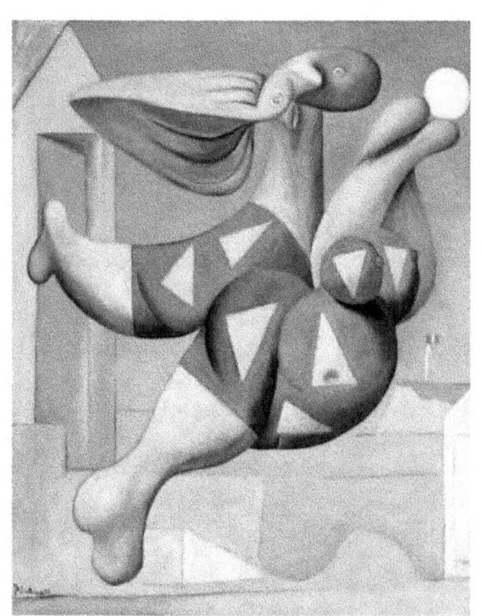

Pablo Picasso, Bagnante con pallone da spiaggia, 1932
Olio su tela, cm 147 x 114

peraltro condivisa anche da Hamilton: i codici di femminilità e mascolinità sono acquisiti soprattutto attraverso i mass media, e i processi di socializzazione tra i soggetti, anziché essere messi a confronto con qualsiasi tradizione "alta" di arte e letteratura, sono modellati su forme popolari come i libri di fumetti, gli annunci pubblicitari, gli articoli dei rotocalchi e i programmi televisivi. Al contempo, la vena satirica dei quadri di Lichtenstein dona a questi codici una componente comica: lo stereotipo della donna passiva travolta dalla passione amorosa, come quello del *macho* combattente assetato di sangue, è portato all'assurdo, al

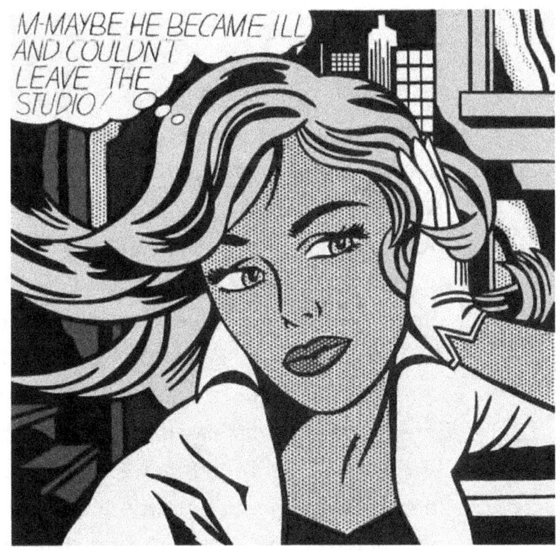

M-Maybe, 1965. Olio e acrilico su tela, cm 153 x 153

punto di esplosione. "Gli eroi dei fumetti corrispondono a tipologie fasciste", commenta Lichtenstein nel 1963, "ma nei miei quadri non li prendo sul serio. Forse c'è un'affermazione in questa scelta di non prenderli sul serio, un'affermazione politica"[72]. In poche parole, la manipolazione artistica delle fonti popolari introduce un elemento di *dis*-identificazione nel meccanismo stesso dell'identificazione massmediatica. Contemporaneamente, Lichtenstein mette in luce un importante cambiamento sul piano della formazione della soggettività: non più il vecchio modello di un ego auto-costituente (sia esso di derivazione romantica o esistenzialista), ma piuttosto una nuova visione dell'individuo, strutturata in base a un ordine simbolico che lo precede. Di converso, questa visione suggerisce, per l'artista, un tipo di progetto differente, anch'esso condiviso da Hamilton: trattare l'immagine artistica come una sonda mimetica che esplori in incognito questa matrice preconfezionata di linguaggi culturali, prendere uno a uno i suoi *cliché* per poi rimetterli insieme con differenze mirate che, per quanto "non enormi", possono essere "cruciali".

Si passa qui dal soggetto-ritratto al soggetto-spettatore: e, di nuovo, si percepisce l'influenza del laboratorio di Hoyt L. Sherman all'Ohio State University. Come è già stato osservato, alla velocizzazione del processo visivo insegnata nel "flash lab" corrispondeva una strumentalizzazione della visione. Si può vedere questo processo come uno dei tanti episodi di disciplinamento del soggetto distratto nel mondo moderno: tuttavia, questo tipo di insegnamento ebbe grande importanza negli Stati Uniti degli anni Quaranta e Cinquanta, poiché una capacità di vedere più allenata era essenziale per i soldati, soprattutto piloti e cecchini, durante la Seconda Guerra Mondiale e la Guerra in Corea[73]. Lichtenstein, d'altra parte, lo sa bene per averlo sperimentato sulla propria pelle: nel 1943 era stato infatti assegnato alla base di addestramento antiaereo di Camp Hulen, in Texas, per passare, l'anno dopo, alla Keesler Air Force Base in Mississippi, specializzata nell'addestramento dei piloti. Quasi vent'anni più tardi, mentre l'impegno americano in Vietnam sta iniziando ad intensificarsi, l'artista assume i combattimenti aerei come soggetto ricorrente nei suoi lavori. La chiave, tuttavia, non è tanto il legame autobiografico con questo tema, quanto quello pittorico tra l'acume visivo auspicato dall'arte modernista e l'efficienza percettiva richiesta dalla moderna arte della guerra[74]. Soprattutto nei quadri rappresentanti piloti in combattimento, capitani di sottomarini e così via, Lichtenstein sembra porre sulla stessa linea la rapidità dell'occhio "pop" e l'immediatezza futurista dell'occhio "killer": in entrambi i modi di vedere si individua la medesima aggressività[75].

L'ideale di Sherman della "visione organizzata" ha conseguenze anche sulla visione consumistica: se cioè l'addestramento del flash-lab era "diretto sull'oggetto", come osservato dallo stesso Lichtenstein, esso era anche declinato secondo la logica del prodotto, poiché la comprensione dell'immagine come un "tutto" era essenziale all'identificazione con la merce, soprattutto durante il boom del marketing che seguì la fine della Seconda Guerra Mondiale[76]. Alcuni dei primi quadri raffiguranti prodotti commerciali, come *Tire* (1962), giocano proprio con questa forma eidetica di agnizione consumistica; solitamente presentati attraverso il netto contrasto tra bianco e nero, queste immagini possiedono già di per sé la forza grafica di marchi e logo. Proprio questo è un ulteriore aspetto di quella convergenza tra pittura tardo-modernista e design commerciale notata poc'anzi; proprio in questi termini,

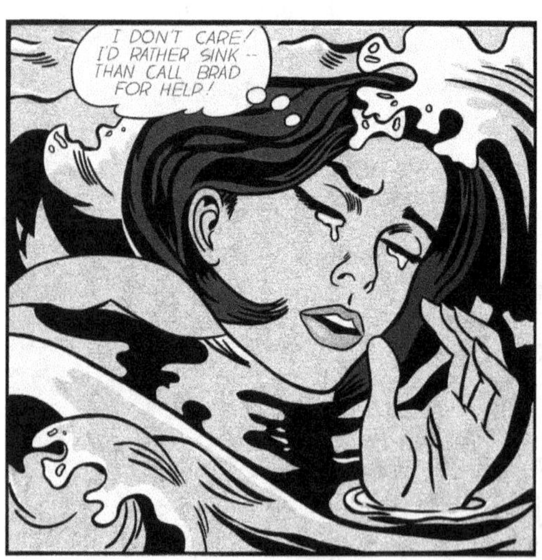

Drowning Girl, 1963. Olio e acrilico su tela, cm 172x170

Lichtenstein vede uno stretto legame tra la propria produzione e l'astrazione coeva: "Si tratta forse dello stesso tipo di cose che si possono ritrovare in Stella o in un Noland", dice a Sylvester nel 1965, "nei quali l'immagine è molto contenuta"[77]. L'impatto della pittura tardo-modernista, insomma, sarebbe analogo a quello delle immagini propinate dai media, entrambi invocando un responso percettivo altrove definito "immediato, non contemplativo"[78]. Ciò che l'artista suggerisce, in sintesi, è che nel complesso militarista-consumista dell'America post-bellica si sia sviluppata una soggettività immediatamente focalizzata sull'obiettivo, la quale ha sostituito tanto quella contemplativa a cui si rivolgeva il *tableau* tradizionale, quanto quella trascendentale a cui era destinato il quadro modernista[79].

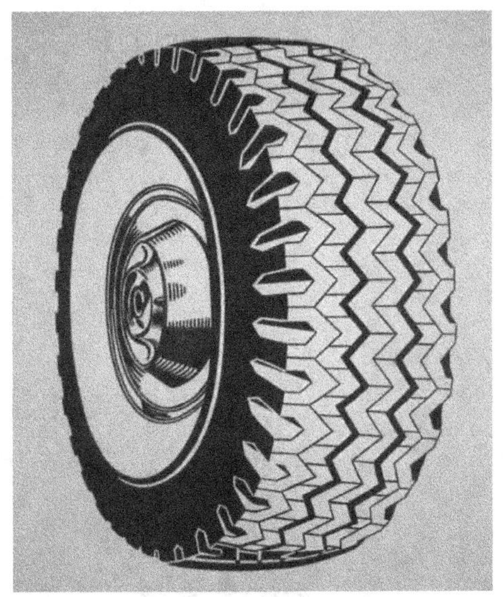

Tire, 1962. Olio su tela, cm 174 x 143

Questo punto di vista, tuttavia, va in qualche modo avvalorato. Innanzitutto, il bisogno stesso di un addestramento come quello proposto nel flash-lab presuppone la riluttanza, persino la strenua resistenza del soggetto distratto, e in nessun caso Lichtenstein si limita a riprodurre il processo di apprendimento. L'osservatore, in un suo quadro, è ben lontano dall'essere tutt'uno con il pilota o con il consumista all'ultima moda, o anche con il lettore di fumetti devoto a queste figure: al contrario, Lichtenstein tende a renderle comiche se non addirittura ridicole, tali che "non le prenderemmo mai sul serio". Parimenti, nei quadri dove compaiono prodotti commerciali, egli rimuove i nomi dei marchi, ma soprattutto rende evidenti i cliché dell'immagine[80]: così, per quanto possano sembrare iconici, *Golf Ball* e *Tire* sono anche decisamente astratti, mentre *Turkey* (1961) e *Standing Rib* (1962) sembrano masse informi piuttosto che "simboli cristallizzati". Gli schemi pittorici sono liberati dal radicamento referenziale come dal riconoscimento del

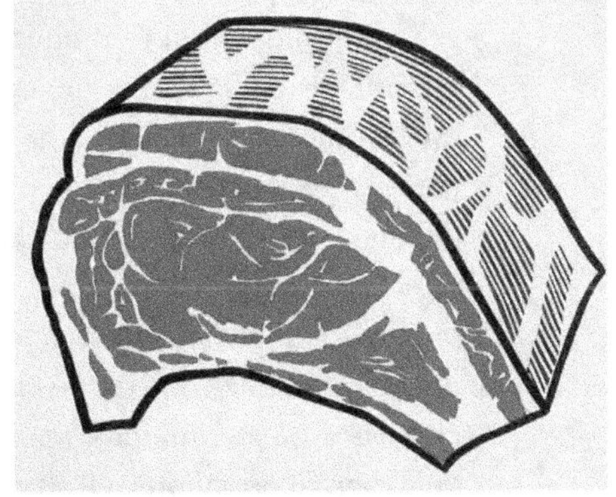

Standing Rib, 1962. Olio su tela, cm 54 x 64

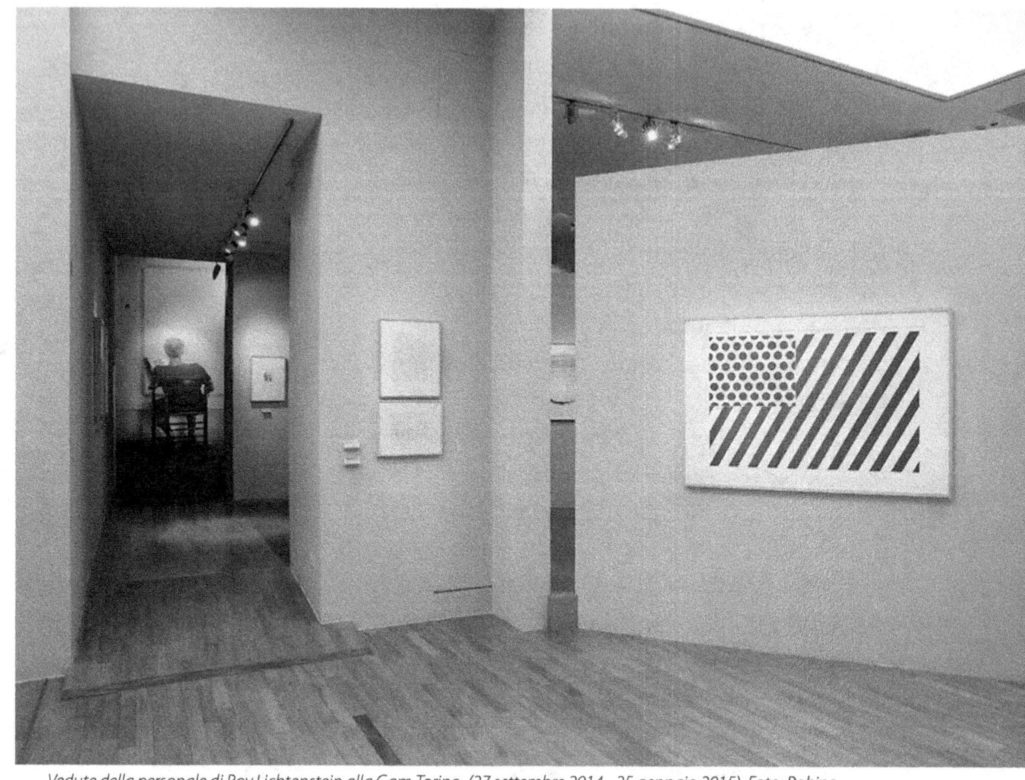

Vedute della personale di Roy Lichtenstein alla Gam Torino (27 settembre 2014 - 25 gennaio 2015). Foto: Robino

marchio, ed è messa in luce l'adattabilità della pittura ad entrambi gli scopi.

In secondo luogo, molti lavori dei primi anni Sessanta presentano figure umane di fronte a parabrezza, cruscotti, mirini, schermi televisivi, con un atteggiamento che sembra invitarci a confrontare o "correlare" queste superfici a quella della tela[81]. Possiamo così paragonare il nostro stesso guardare allo scrutare, monitorare e prendere di mira a cui queste forme prostetiche di schermo richiamano il soggetto. Lichtenstein tuttavia, per quanto metta a confronto queste diverse superfici, evita perlopiù di farle convergere, evidenziandone gli elementi comuni ma anche le inconciliabili differenze. Lo stesso si può dire dei diversi tipi di immagine utilizzati nei suoi lavori, che siano immagini "proiettate" o "acquisite", per prendere a prestito una distinzione formulata da Hamilton. Certamente, Lichtenstein opera soprattutto sulle prime (a stampa), che negli anni Sessanta erano già per certi versi datate, ma non manca di guardare alle seconde (elettroniche), le quali hanno ormai preso il sopravvento nella nostra età dei computer: questa

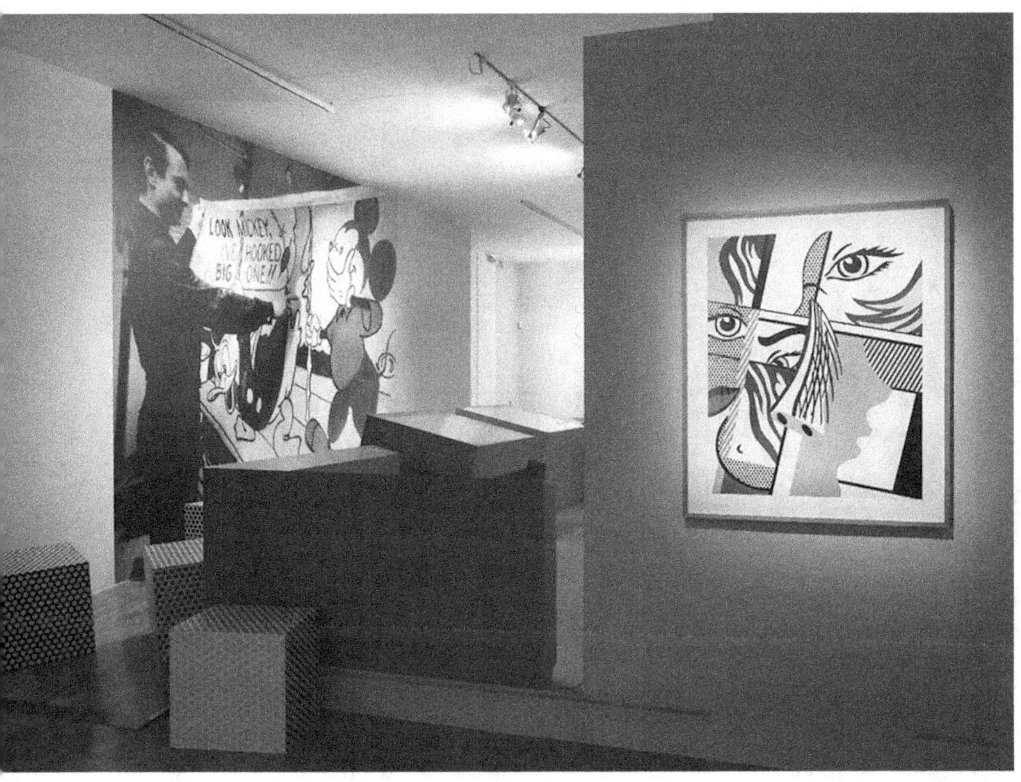

modalità, infatti, unisce il visuale e il verbale in dati che siamo abituati a vedere e leggere al tempo stesso, ad "acquisire" appunto. Questo il modo in cui siamo invitati a scorrere le informazioni di carattere verbo-visuale: mentre le acquisiamo, esse ci registrano, contano le nostre battute alla tastiera, rintracciano le URL a cui accediamo, e così via. Lichtenstein mette in evidenza questo slittamento nell'apparire e nel vedere, ma nel farlo non tralascia di mostrare la differenza tra le due cose: riflettere sulle contraddizioni spetta ancora a noi.

Che dire, infine, del soggetto-autore? Inizialmente, Lichtenstein sembra invocare su di sé l'accusa di non essere né originale né espressivo. Al tempo stesso, egli, "lichtensteinizza" le proprie fonti iconografiche, come sostiene Lobel, e fa in modo che siano "i fumetti ad assomigliare alle *sue* immagini"[82]. Paradosso che trova uno sbocco simbolico nell'uso di firmare i primi quadri pop con il simbolo del *copyright*, leggibile sia come uno svuotamento dell'invenzione, sia come una rivendicazione di paternità

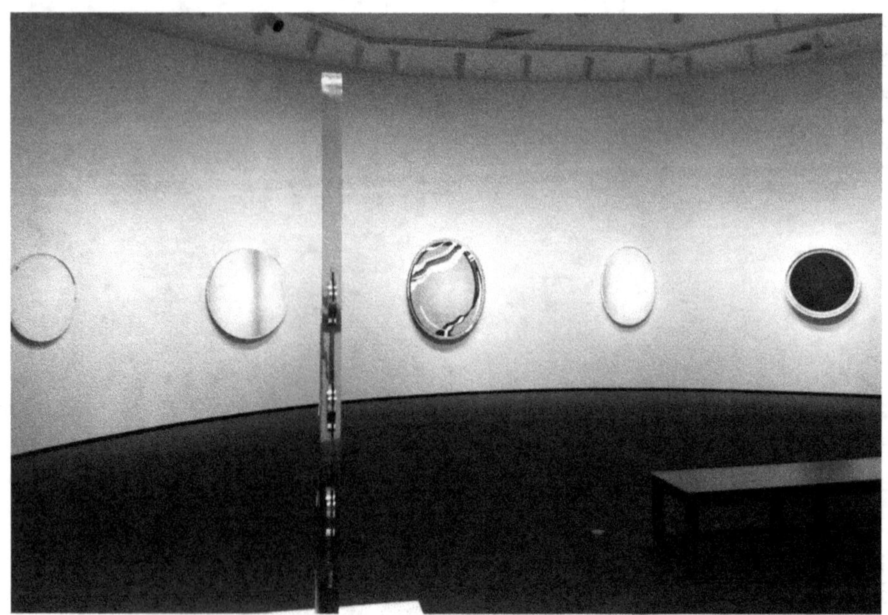

*Veduta di mirror painting nella retrospettiva alla National Gallery of Art,
Washington, DC (14 ottobre 2012 - 13 gennaio 2013)*

sull'immagine nel suo complesso. Anche in seguito, sempre secondo Lobel, Lichtenstein "oscilla tra obliterazione di sé e tentativo – per quanto combattuto e precario – di ricostituire una parvenza di autorialità"[83]. Solo fino a un certo punto, tuttavia, le due tendenze sono in contraddizione, dal momento che lo stile personale elaborato dall'artista a partire da forme preconfezionate sembra appunto precludere l'identificazione autoriale. Si può dire che, anche qualora la situazione sia percepita come conflittuale, la cosa non costituisca un particolare problema: "non sono contrario all'industrializzazione", afferma Lichtenstein con una certa modestia nel 1967, "ma voglio che mi resti qualcosa da fare [...]. Non ridisegno un'immagine per riprodurla, ma per ricomporla. E non cerco di apportarvi più cambiamenti possibili; al contrario, faccio in modo che il cambiamento sia minimo"[84]. Più che oscillare tra segni di obliterazione o di presenza, quindi, Lichtenstein si muove lungo una sottilissima linea: adatta le immagini dei media a stampa ai requisiti della pittura "alta", nell'interesse non solo dell'unità pittorica, ma anche di uno stile personale che può affermare questi stessi requisiti e al contempo constatare come essi siano minacciati o trasformati dalle forze della riproduzione meccanica, del design commerciale e della cultura di massa che egli chiama comunque in causa. Più

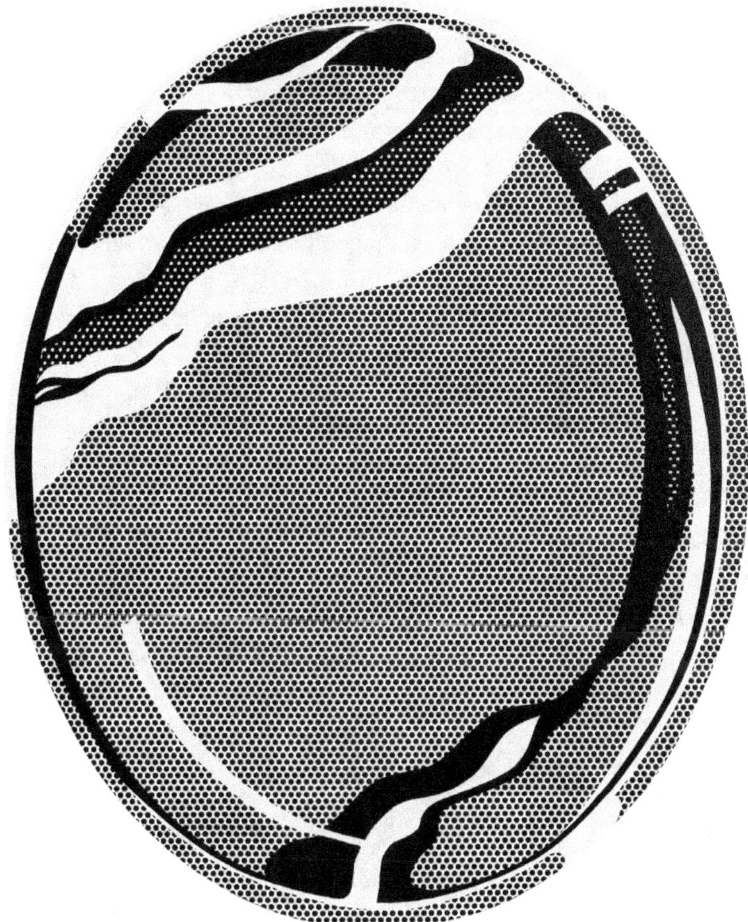

Mirror #1, 1969. cm 152.4 x 121.92

che un dilemma esistenziale, questa minaccia/trasformazione costituisce una problematica storica che tutti gli artisti pop hanno dovuto affrontare. Proprio l'apparente insormontabilità di questa problematica, del resto, è ciò che l'aspetto relativamente impersonale delle tele pop ci comunica oggi con maggiore forza.

Appare quindi particolarmente singolare il modo in cui Lichtenstein evidenzia questo processo in relazione al soggetto-autore. Lo si intravede, ad esempio, nei *mirror painting* degli anni Settanta, superfici pressoché vuote, fatta eccezione per gli ormai tipici segnali di luce ed ombra, riflessione e rifrazione: ossia, questi quadri rendono il più sfuggente dei fenomeni ottici attraverso le forme di rappresentazione più fisse possibili, ossia i soliti stereotipi del punto, della linea e del colore. In *Self-Portrait* (1978), il "self" del titolo è rappresentato da una T-shirt senza corpo né capo, quest'ultimo sostituito da uno specchio: ne consegue l'interpretazione dell'opera come un ritratto della "morte dell'artista"[85]. Se questo è il caso, tuttavia, si tratta allora di una rappresentazione comica di questa "obliterazione di sé": l'autoritratto del classico artista da bassifondi in maglietta da due soldi, il quale attinge vampirescamente dalle immagini altrui senza essere in grado di anteporvi la propria. Con la leggerezza tipica di Lichtenstein, la minaccia nei confronti del soggetto è al tempo stesso mostrata e parodiata.

Proprio la parodia è in effetti la modalità con cui Lichtenstein mette in scena e schiva tali minacce. "Nella parodia è implicita la perversione", afferma in un'intervista del 1964 (insieme a Oldenburg e Warhol), mentre non necessariamente vi è implicito il cinismo: "Le cose che ho visibilmente parodiato sono cose che ammiro"[86]. E questa ammirazione "perversa" è piuttosto evidente nelle prime parodie di Cézanne, Picasso, Mondrian e altri maestri del modernismo. Allo stesso tempo, tuttavia, questi illustri modelli sono rielaborati attraverso uno stile personale, con il risultato che effetti assai diversi tra loro sono ottenuti contemporaneamente: da un lato, Lichtenstein ci mostra come i

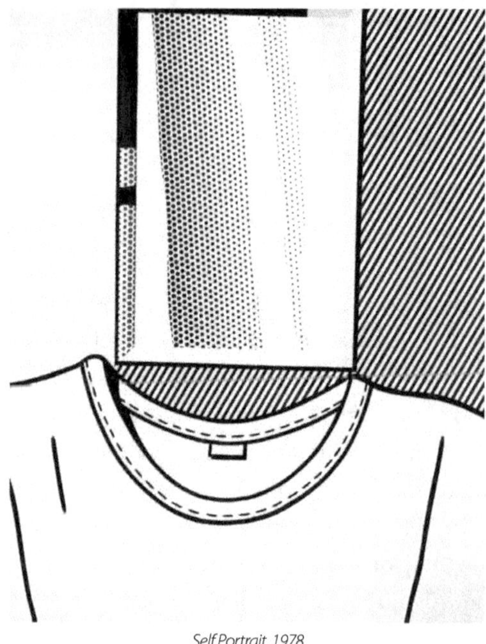

Self Portrait, 1978
Olio e acrilico su tela, cm 180 x 128

linguaggi di questi mostri sacri si siano cristallizzati in *cliché*, mentre dall'altro, come bene osserva Oldenburg nella stessa intervista, "parodia non è sinonimo di satira", essendo piuttosto "una forma di imitazione" che "ricontestualizza l'opera imitata". Questa ricollocazione può dunque essere una strategia per rivitalizzare questi linguaggi, al contempo sancendo l'individualità di Lichtenstein come artista[87]. Come detto in precedenza a proposito della reificazione dei segni, egli non si abbandona passivamente agli stili che chiama in causa, ma anzi li usa come gamma entro cui individuare molteplici opzioni, sia per l'artista che per il fruitore. Nel peggiore dei casi, il suo lavoro ci aiuta a liberarci di due abitudini inconsulte: la reverenza nei confronti dell'arte "alta" da una parte, l'obbedienza alla cultura di massa dall'altra.

---

1. Hamilton, *Collected Words*, pp. 252 e 254.

2. *Ibid.*, pp. 250 e 251. "Non disegno mai l'oggetto in sé", rimarca Lichtenstein in un'intervista del 1962. "Disegno solo un ritratto dell'oggetto, una specie di simbolo cristallizzato di esso" (citato in Cowart J., Roy Lichtenstein: Beginning to End, Fundaciòn Juan March, Madrid 2007, p. 119).

3. Ovviamente Robert Rauschenberg e Jasper Johns furono altrettanto influenti a questo riguardo. Nello stesso ambito, in qualità di insegnanti, studenti o vicini, vi furono Jeoffrey Hendricks, George Segal, George Brecht, Dick Higgins, Allison Knowles, Robert Whitman e Lucas Samaras, tra gli altri. Cfr. Marter J., ed., *Off Limits: Rutgers University and the Avant-Garde, 1957-1963*, Newark Art Museum, Newark 1999.

4. Pochi mesi prima, anche Warhol aveva iniziato a produrre disegni a partire da vignette ed annunci pubblicitari, tuttavia cambiò rotta, almeno rispetto alle vignette, a seguito dell'incontro con Lichtenstein nell'ottobre del 1961. È questa l'occasione per riconoscere due importanti studi su Lichtenstein che hanno influenzato il mio pensiero: Lobel M., *Image Duplicator: Roy Lichtenstein and the Emergence of the Pop Art*, Yale University Press, New Haven 2002, e Bader G., *Hole of Mirrors: Roy Lichtenstein and the Face of Painting in the 1960s*, MIT Press, Cambridge 2010.

5. La mostra del 1962 include *Turkey, Washing Machine, The refrigerator, The Engagement Ring, The Kiss, The Grip,* and *Blam*. I primi segnali dell'epiteto "banale" sono da ricondurre a Gees Sackler D., *Folklore of the Banal*, "Art in America", Winter 1962 e O'Doherty B., *Doubtful but Definite Triumph of the Banal*, "New York Times", 27 October 1963. "Banalità" è un termine molto in voga in quel periodo: a testimonianza la grande controversia scatenata da Hannah Arendt con la sua tesi della "banalità del male" in *La banalità del male. Eichmann a Gerusalemme*, Feltrinelli, Milano 1964. Tuttavia per alcuni artisti pop non ebbe un'accezione negativa; Lichtenstein usò il termine "banalità" come fece Gerhard Richter (si veda il Capitolo 4).

6. Il rifiuto della pop art verso gli Espressionisti Astratti è spesso esasperato; infatti molti artisti pop, incluso Lichtenstein, rimandavano ad essi perfino quando cercavano di superarli.

7. La sua attenzione verso i predecessori e la sua pratica in studio potrebbe anche essere considerata "classica"; si veda Hatch K., *Roy Lichtenstein: Wit, Invention, and the After-life of Pop*, in Foster H., ed., *Pop at Princeton*, Princeton University Art Museum, Princeton 2007.

8. Loran E., *Cézanne and Lichtenstein: Problems of 'Transformation'*, "Artforum", September 1963,

e *Pop Artists or Copy Cats?*, "Art News", September 1963. Quarantacinque anni prima, quando Duchamp presentò il suo orinatoio, fu accusato di reati simili – non fu accusato di copiare o di essere banale, ma di plagio e oscenità.

9. Lichtenstein descrive il suo procedimento in Coplans J., *Talking with Roy Lichtenstein*, "Artforum", May 1967, ristampato in Madoff. S.H., ed., *Pop Art: A Critical History*, University of California Press, Berkeley e Los Angeles 1997, pp. 198-202. Per altri studi su questa tecnica, si veda Waldman D., Roy Lichtenstein, Guggenheim Museum, New York 1993, pp. 53-57 e Cowart J., *Roy Lichtenstein: Beginning to End*, pp. 34-37. Lichtenstein usava alcuni colori ad olio (ad esempio per i suoi punti), ma preferiva colori acrilici Magna per conferire un aspetto pulito. Il suo metodo cambiò poco a poco nel tempo (inizialmente i suoi punti erano eseguiti con una spazzola da cani intrisa di colore, non attraverso stencil; iniziò a usare un proiettore di diapositive nell'autunno 1963, ecc.).

10. D'altra parte, i maestri dell'espressionismo astratto gestuale, come Willem de Kooning e Franz Kline usarono talvolta anche proiettori opachi. L'utilizzo del dispositivo fu segnalato a Lichtenstein da Kline da una sua nota.

11. Diversamente da Hamilton, Lichtenstein non usò mai una fotografia reale o stampa come supporto. Brian O'Doherty introdusse il termine "handmade readymade" in *Doubtful but Definite Triumph of the Banal* e David Deitcher sviluppò la nozione in *Unsentimental Education*; anche Lobel si dimostra molto esperto in materia in *Image Duplicator*. I puntini Ben-Day furono rapidamente adattati da altri artisti per essere associati alla pop art – ad esempio Gerald Laing, Alain Jacquet e Sigmar Polke.

12. Lichtenstein in Swenson, *What is Pop Art?*, in Madoff, *Pop Art*, p. 108. In modo simile, Lichtenstein rimarcò a John Coplans nel 1967: "Non produco un dipinto con lo scopo di riprodurlo, ma lo faccio allo scopo di ricomporlo. Non sto nemmeno cercando di cambiarlo, per quanto possibile. Cerco di apportare meno cambiamenti possibili", *Talking with Roy Lichtenstein*, p. 198. Ritorno a questa affermazione più avanti, essendo un punto fondamentale negli studi su Lichtenstein.

13. Judd D., *In the Galleries*, "Arts Magazine", April 1962, ristampato in Judd D., *Complete Writings, 1959-1975*, Press of Nova Scotia College of Art and Design, Halifax 1975, p. 48. Questa frase rimane valida per entrambe le tipologie dei suoi primi dipinti pop, se concentrato, come Lichtenstein sottolineò, su "una cosa isolata", come in *Golf Ball* (1962), o su "l'intera composizione", come in *Popeye* (1961); si veda Jones J., *Tape-Recorded Interview with Roy Lichtenstein, October 5, 1965, 10:00 A.M.*", in Bader G., ed., *Roy Lichtenstein*, MIT Press, Cambridge 2009, p. 26. "È divertente, tra l'altro" aggiunse Judd in una recensione su Arts della mostra successiva, del 1963, "che la composizione migliore negli anni, nel senso ordinario del termine, sia vista solamente come una copia" (*Complete Writings*, p. 101).

14. Lichtenstein citato in Glaser B., *Oldenburg, Lichtenstein, Warhol: A Discussion*, "Artforum", febbraio 1966, ristampato in Madoff, *Pop Art*, p. 143; Lichtenstein citato in *Eight Statements*, "Art in America", July-August 1975, ristampato in Bader, *Roy Lichtenstein*, p. 54. Perché Lichtenstein include Oldenburg nella sua tradizione? Forse egli vide il suo lavoro come essenzialmente pittorico.

15. In più occasioni, Lichtenstein sceglie immagini dalle vignette, sulla base del criterio di Lessing del "momento pregante": "Sono quelle che riassumono l'idea che mi piace il meglio", confida l'artista a John Jones, in *Tape-Recorded Interview with Roy Lichtenstein*, p. 25. Lichtenstein tende anche a ridurre la temporalità della sua materia narrativa, a favore dell'istantaneità del suo impatto visivo.

16. Brian O'Doherty coniò la prima frase in *American Masters: The Voice and the Myth*, Random House, New York 1974, p. 198; Leo Steinberg conia la seconda in *Other Criteria*, p. 84. Lo sguardo in Lichtenstein differisce anche dallo sguardo saccadico introdotto da Hamilton, come discusso nel Capitolo 1.

17. Steinberg, *Other Criteria*, p. 88. Ciò è vero perfino (o specialmente) quando Lichtenstein adotta come motivi la finestra e lo specchio. "Il mio utilizzo di punti ripetuti uniformemente e di linee diagonali e aree di colore uniformi suggerisce che il mio lavoro si trova lì, direttamente sulla tela, e decisamente non si tratta di una *finestra sul mondo*. Inoltre, i punti e le diagonali e i colori non modulati suggeriscono che le mie fonti sono bidimensionali" (Lichtenstein R., *About Art*, articolo non pubblicato, 1995, citato in citato in Cowart J., *Roy Lichtenstein: Beginning to End*, p. 128). Tendiamo a leggere le immagini pittoriche in due modi, afferma Walter Benjamin in un piccolo intervento del 1917, sia come immagini figurative, se appaiono in formato verticale (come in molti dipinti con un campo visivo orientato in modo che lo spettatore vi entri utilizzando l'immaginazione), sia come segni simbolici, se appaiono in formato orizzontale (come in molti mosaici). Lichtenstein lavorò in entrambi i modi, rappresentativo-figurativo e semiotico-simbolico, spesso combinandoli. Si veda Benjamin W. (1917), *Pittura e Grafica*, trad. it. in *Aura e choc:*

saggi sulla teoria dei media, Einaudi, Torino 2012.

18. Solomon A., *Conversation with Lichtenstein,* "Fantazaria", July-August 1966, ristampato in Coplans J., ed., *Roy Lichtenstein,* Praeger, New York 1972, p. 68.

19. Cfr. Steinberg, *Jasper Johns: The First Seven Years of His Art,* in *Other Criteria.* Nondimeno, la pittoricità di Johns, anche se mutata, rende il suo lavoro più facilmente associabile alla pittura modernista.

20. Judd, *Complete Writings,* p. 48

21. Nel 1988, Lichtenstein realizza dipinti direttamente ispirati alla tecnica "a più e meno" di Mondrian in questione.

22. Cfr. Gombrich E. (1960), *Arte e illusione. Studio sulla psicologia della rappresentazione pittorica,* trad. it. Einaudi, Torino 1962. Lobel discute la sua possibile influenza su Lichtenstein in *Image Duplicator,* pp. 113-117. Certamente, Gombrich avrebbe supportato il suo interesse per i cartoni, le pubblicità e i fumetti in particolare, e i dispositivi dell'illusione e le questioni convenzionali in generale. Entrambi vedono la rappresentazione come un codice, a dire il vero, ma per Gombrich i suoi schemi sono corretti dall'osservazione della natura – così come nel filone principale della "storia dell'arte", a partire dalla "rivoluzione greca", come afferma – mentre per Lichtenstein non esiste un simile percorso verso la verosimiglianza: l'unica natura, nel suo lavoro, è la "seconda natura" del mondo dell'immagine legata al consumismo. D'altra parte, Lichtenstein mostra ben poco interesse verso la critica della natura prima *vis-à-vis* la seconda, che si può trovare invece in Roland Barthes, che inizia ad investigare la rappresentazione come codice tra la fine degli anni Cinquanta e l'inizio degli anni Sessanta.

23. Lichtenstein: "Questa tensione tra apparenza dell'oggetto e realtà della natura costituisce un punto di forza importante della pop art" (citato in Swenson, *What is Pop Art,* in Madoff, *Pop Art,* p. 108).

24. In altri dipinti, Lichtenstein ama evidenziare la forza di questo colpo con termini onomatopeici tratti dai fumetti: i suoi pugni fanno "pow", le sue pistole "blam".

25. Si veda la nota 83 nel Capitolo 1.

26. Solomon A., *Conversation with Lichtenstein,* p. 67. Lichtenstein attribuisce questa risposta alla "mancanza di sensibilità, di raffinatezza", nella cultura del consumo in generale, di cui parlerò più avanti.

27. Si veda il Capitolo 1 riguardo a questo dibattito, su cui ritorno più avanti. Questo ripensamento della pittura modernista dall'interno potrebbe essere stato più efficace rispetto ad attacchi dall'esterno, ad esempio attraverso una completa accettazione degli eventi reali o delle esperienze teatrali.

28. Swenson, *What is Pop Art?,* in Madoff, *Pop Art,* p. 108. Negli studi recenti, il legame con Sherman è discusso da Deitcher, Lobel e Bader così come da Bonnie Clearwater nel suo *Roy Lichtenstein Inside/Outside,* Museum of Contemporary Art, North Miami 2001.

29. Si veda Sherman H.L., *Drawing by Seeing: A New Development in the Teaching of the Visual Arts through the Training of Perception,* Hayden and Elredge, New York 1947. Lichtenstein usò questo e simili termini. Cercò anche di creare il suo proprio "flash lab" come trainer a Oswego e Rutgers.

30. Deitcher D., *The Unsentimental Education: The Professionalization of the American Artist,* in Ferguson R., ed., *Hand-Painted Pop: American Art in Transition 1955-1962,* LAMOCA/Rizzoli, Los Angeles 1993. Qui ancora vediamo la differenza dallo sguardo sollecitato in Hamilton.

31. Bader è specialmente esperto a questo riguardo.

32. Hamilton R., *Collected Words, 1953-1982,* Thames and Hudson, Londra 1982, p. 252, p. 254. Questo era infatti il caso; ad esempio, Lichtenstein incontrò per la prima volta l'espressionismo astratto nelle riproduzioni delle opere.

33. Jones, *Interview with Lichtenstein,* p. 22. Nella stessa conversazione, Lichtenstein descrive la sua parodia come "una pittura che fraintende la pittura", p. 22. "Un Picasso è diventato un tipo di oggetto popolare", rimarcò Lichtenstein nel 1967; "si ha la sensazione che ci debba essere una riproduzione di un Picasso in ogni casa" (Coplans J., T*alking with Roy Richtenstein,* 201). Le sue parodie di altri maestri modernisti, come Mondrian, Matisse, Mirò e Léger, suggeriscono lo stesso status di *cliché,* di cui tratterò più avanti.

34. Si potrebbe sostenere che il divisionismo neoimpressionista, con il quale Lichtenstein allinea il suo lavoro, abbia già trattato quest'aspetto. Ci fu un inspessimento delle linee e dei colori anche in Picasso, già nel 1915, e certamente nel suo Cubismo Sintetico, che Lichtenstein una volta descrisse come "un dipinto di collage" (Sylvester D., *Interviews with American Artists,* Yale University Press, New Haven 2001, p. 233). In *The Picasso Paper* (Krauss R., *The Picasso Paper,* Farrar, Straus and Giroux, New York 1998), Rosalind

Krauss sostiene che questo inspessimento sia una reazione sintomatica alla penetrazione della fotografia nell'ambiente artistico che gravitava intorno a Picasso in quel periodo. Sull'aspetto quasi-meccanico in Monet, si veda Herbert R., *Method and Meaning in Monet*, "Art in America", September 1979.

35. Le *Explosions* emergono in un momento in cui la forma, come campo comune tra pittura e scultura, viene molto discussa, allorché alcune opere divennero difficili da distinguere dai meri oggetti (sto adottando i termini usati da Michael Fried nel suo celebre saggio *Art and Objecthood*). Lichtenstein realizza una commistione degli antipodi pittura e scultura: le *Explosions* offrono forme che non sono né pittura né scultura, e sebbene esse sconfiggano l'oggettualità, tuttavia non è scontato che lo facciano in nome dell'arte, tanto è insistente la loro connessione con il linguaggio del mondo dei fumetti. In questo contesto è anche rilevante il fatto che le sue nature morte (realizzate dagli anni Settanta), cioè pittura resa in forme di oggetti, si trasformino (la maggior parte dai primi anni Ottanta), attraverso le sue pennellate – ovvero i più pittorici degli elementi –, in figure verticali – ovvero i più scultorei degli elementi. Perfino le sue case schematiche (realizzate dalla metà degli anni novanta) si trovano in una terra di nessuno tra il virtuale e il reale: le loro placche smaltate, i piani sovrapposti e gli schermi perforati sono anch'esse forme ibride. Alcune case hanno un solo profilo ed alcune sono piuttosto piatte, spesse soltanto come la loro struttura d'acciaio, e per di più permettono un solo punto di vista (alcune sono leggibili solo frontalmente o in prospettiva). Entrambi gli attributi sono essenziali per conferire l'effetto di sculture *semi-trompe l'oeil*: per approfondire si veda il mio *Pop Pygmalion*, in Bader, *Roy Lichtenstein*.

36. Jones J., *Tape-Recorded Interview with Roy Lichtenstein*, p. 18; Solomon A., Conversation with Lichtenstein, p. 67. In un certo senso, Lichtenstein anticipò, in questo contesto, l'importante tesi dell'economista Ernest Mandel: "Lontano da rappresentare una 'società postindustriale', il tardo capitalismo tuttavia costituisce la *generalizzata industrializzazione universale* per la prima volta nella storia. La meccanizzazione, la standardizzazione, l'ultra-specializzazione, e la parcellizzazione del lavoro, che in passato determinò solo il campo della produzione di merci nell'industria reale, oggi penetra in tutti i settori della vita sociale" (Mandel E., *Late Capital*, Verso, Londra 1978, p. 387).

37. Nel Capitolo 3, tuttavia, sostengo che nemmeno Warhol celebrò del tutto questi effetti.

38. Solomon, *Conversation with Lichtenstein*, p. 66 e p. 67; Swenson, *What is Pop Art?*, in Madoff, *Pop Art*, p. 107.

39. Questa strategia affonda le sue radici nella storia dell'Avanguardia: "La modernità è arte per mimesi dell'irrigidito e dell'estraniato [...] Baudelaire non combatte contro la reificazione né la ritrae; egli protesta contro di essa nell'esperienza dei suoi archetipi", come afferma Theodore Adorno (1970) in *Teoria estetica*, trad. it. Einaudi, Torino 1975, p. 31 In questo passo Adorno ricorre a Benjamin: "L'unica importanza di Baudelaire risiede nel fatto di aver misurato l'auto-estraniamento dell'umanità, nel duplice senso di legittimarla e di corazzarla contro il mondo reificato", Benjamin W. (1935), *Parigi, capitale del 19 secolo. I "passages" di Parigi*, trad. it. Einaudi, Torino 1986, p. 300. Su questa strategia, si veda Foster H., *Dada Mime*, "October", n. 105, Summer 2003.

40. Solomon, *Conversation with Lichtenstein*, p. 85; Coplans, *Talking with Lichtenstein*, p. 199; Waldman, *Roy Lichtenstein*, p. 26. Nel 1966, Lichtenstein realizza numerosi paesaggi terrestri e marini, utilizzando Plexiglas, metallo, motori, lampade e una plastica scintillante dal nome Rowlux.

41. Coplans J., *Interview: Roy Lichtenstein*, in Id., *Roy Lichtenstein* e ristampato in Bader, *Roy Lichtenstein*, p. 33. Su queste serie, si veda anche Alloway L., *Roy Lichtenstein's Period Style. From the Thirties to the Sixties and Back*, "Arts Magazine", September-October 1967, ristampato in Coplans, *Roy Lichtenstein*. Alloway notò che l'Art Déco divenne la moda del momento negli anni Sessanta, ma Lichtenstein fu interessato al suo status come *cliché* piuttosto che come kitsch o camp. Si dice che Lichtenstein usi il termine "hackneyed" (banale). Derivato da "hackney", ovvero "un cavallo di taglia e qualità media" (e più tardi usato per indicare una carrozza dello stesso livello) disponibile al noleggio, venne successivamente associato ai lavoratori prezzolati e alle prostitute, per poi significare, alla fine, "usato così frequentemente" da essere "trito e luogo comune" (*Oxford English Dictionary*).

42. Ancora una volta, si veda il mio *Pop Pygmalion* in Bader, *Roy Lichtenstein*. Come la sua pittura successiva, la sua scultura tende ad essere sottovalutata poiché viene interpretata come una ripetizione, o comunque una derivazione, delle sue opere fondamentali; ovviamente, non condivido questo punto di vista.

43. Per esempio, i suoi dipinti modulari del 1967 sottintendono un immaginario di design à la Léger, e nel 1975 Lichtenstein realizza molti dipinti che richeggiano Le Corbusier e Ozenfant. Le sue opere Neo-Déco si ispirano, in parte, ai motivi della Radio City Music Hall. In questo ambito è importante il suo background nel campo del design: negli anni Cinquanta, a Cleveland, Lichtenstein lavorò saltuariamente come designer industriale per la Republic Steel e per la Hickok Electrical Instrument Company; decorò anche le vetrine del Department Store di Halle e realizzò dei modellini per una compagnia di architetti. Si veda l'eccellente cronologia compilata da Claire Bell in Cowart, *Lichtenstein: Beginning to End*, ed in altri cataloghi sull'artista.

44. Benjamin W. (1935), *Parigi, capitale del 19 secolo. I "passages" di Parigi*, p. 13

45. Ad un certo punto, Lichtenstein stilò una lista di tali espressioni: "Twack, Thung, Ratat, Varoom, Pling, Beeow" (si veda Holm M.J., Caiger-Smith M., Tøjner P.E., ed., *Roy Lichtenstein: All About Art*, Louisiana Museum of Modern Art, Copenhagen 2003, p. 29). I termini onomatopeici sono spesso fraintesi per le parole più naturali; come Ed Ruscha (come vedremo nel Capitolo 5), Lichtenstein suggerisce che, a loro modo, tali termini sono convenzionali ed anche, almeno nel contesto dei fumetti, mercificati.

46. Si veda Malraux A. (1951), *Il museo dei musei. Le voci del silenzio*, trad. it. A. Mondadori, Verona 1957. Lichtenstein realizzò negli anni Novanta molti atelier ed interni ispirati a Matisse, ma essi sono meno rappresentativi dei suoi lavori à la Matisse rispetto ai riadattamenti della sua arte (e non solo) in un elemento d'arredo all'ultima moda.

47. Queste due proposizioni possono essere tratte, rispettivamente, da Bürger P. (1974), *Teoria dell'avanguardia*, trad. it. Bollati Boringhieri, Torino 1990 e Baudrillard J. (1973), *Per una critica dell'economia politica del segno*, trad. it. Mazzotta, Milano 1974. Baudrillard, riferendosi all'oggetto e all'immagine nella pop art, scrive: "L'uno non è più la verità dell'altra: essi coesistono in ampiezza e nello stesso spazio logico in cui essi 'giocano' ugualmente come segni (nella loro relazione differenziale, reversibile, combinatoria)", Baudrillard J. (1970), *La società dei consumi. I suoi miti e le sue strutture*, trad. it. Il Mulino, Bologna 1976, p. 128.

48. Allan Kaprow citato in Avis Berman, *The Transformations of Roy Lichtenstein: An Oral History*, In Holm M.J., Caiger-Smith M., Tøjner P.E., ed., *Roy Lichtenstein: All About Art*, p. 126

49. Sylvester D., *Interviews with American Artists*, pp. 222-223. Come vedremo, Ruscha è anche interessato alla doppiezza dello standard.

50. Ibid., pp. 226-227. Lichtenstein non classicizzò nemmeno le sue immagini pubblicitarie (come Le Corbusier e Léger erano soliti fare); tuttavia, egli suggerì quanto la terminologia classica – dalle colonne al criterio dell'unità compositiva – fosse divenuta *cliché* a sua volta, sul quale aspetto mi soffermerò più avanti. Questo classicismo di *cliché* può essere letto come una risposta allo stile postmoderno, prima dell'avvento di quest'ultimo.

51. Coplans, *Talking with Lichtenstein*, p. 201. Nella sua conversazione del 1966 con Sylvester, Lichtenstein sottintese che i fumettisti erano aggiornati in questo modo. Sulla sofisticazione modernista dei fumetti, si veda McCloud S. (1994), *Capire il fumetto. L'arte invisibile*, trad. it. V. Pavesio, Torino 1996.

52. Cowart, *Lichtenstein: Beginning to End*, pp. 118-119

53. Coplans, *Talking with Lichtenstein*, p. 119

54. In questo interesse a misurarsi con lo spettacolo si trova un collegamento con Léger più importante di ogni vicinanza stilistica. In questo passaggio "dal *cliché* all'archetipo" si trova anche una relazione con McLuhan, che pubblicò un saggio con questo titolo nel 1970.

55. Lichtenstein è ancora vicino qui a Ruscha, come vedremo. Questo straniamento colloca immediatamente entrambi sulla scia del Formalismo Russo.

56. La croce sul lato potrebbe richiamare le tazze suprematiste che Kazimir Malevic disegnò nei primi anni Venti.

57. Gombrich E. (1960), *Arte e illusione*, p. 51

58. Si veda Krauss, *Picasso Papers*, e Lobel, *Image Duplicator*, pp. 148-150

59. Waldman, *Roy Lichtenstein*, p. 28. I puntini sono talvolta il materiale per le sue figure (o facce), talvolta per i suoi sfondi, e talvolta per entrambi. Lichtenstein attiva questa dimensione semiotica anche nei suoi primi oggetti pop: sebbene ancora tridimensionali, le sue teste e le sue tazze sono coperte anche di puntini e strisce che rappresentano la modellazione di un oggetto nella luce e nell'ombra. La ridondanza di questi segni per il volume e la profondità sottolineano ulteriormente il loro status convenzionale.

I primi anni Sessanta videro un revival dell'analisi semiotica, e nella sua recensione della mostra di Lichtenstein del 1963 presso Castelli, Judd affermò che i suoi dipinti "suggerissero la metalinguistica" (*Complete Writings*, p. 101). Per una teoria semiotica della vignetta contemporanea alla prima pop art, si veda Eco U., *Lettura di Steve Canyon*, in Id., *Apocalittici e integrati*, Bompiani, Milano 1965. Eco offre anche una lettura semiotica della pop art in *Lowbrow Highbrow, Highbrow Lowbrow,*

"Times Literary Supplement", October 1971, pp. 1209-1211.

60. Lichtenstein a volte indica il suo modo di lavorare differenziante, come fa in questo passo: "La mia enfasi era nel sviluppare la relazione tratto-a-tratto" (Lichtenstein R., *A Review of My Work Since 1961*, in Bader, *Roy Lichtenstein,* cit., p. 60). O anche qui: "Ogni tratto delineato, ogni linea tracciata, non possono avere alcuna relazione con la rappresentazione o con lo spazio rappresentativo nel momento in cui vengono tracciati" (citato in Waldman, *Roy Lichtenstein*, p. 26). Tecnicamente, se un linguaggio è compreso in termini saussuriani, come un sistema di differenze senza valori positivi, non c'è letteralmente niente da reificare. Tuttavia Lichtenstein accetta la positività visiva del *cliché* e mette in pratica la negatività semantica – o, per lo meno, la mobilità semantica – del segno, per schiudere il *cliché*. In questo caso è pertinente citare Fredric Jameson sulla prosa di Wyndham Lewis: "Il suo 'metodo', se possiamo definirlo tale, consiste nell'utilizzare il *cliché* contro se stesso – o, ancora meglio, opporre *cliché* visivi e gestuali a *cliché* verbali, attraverso i quali le frasi stesse sono irrimediabilmente corrose. In questo modo, viene reinventata un tipo di freschezza percettiva al di fuori dell'interazione inaspettatamente virulenta di sostanze sbiadite e stantie" (Jameson F., *Fables of Aggression: Wyndham Lewis, the Modernist as Fascist*, University of California Press, Berkeley e Los Angles 1979, p. 73).

61. Waldman, *Roy Lichtenstein*, p. 26. In relazione a ciò, nei suoi termini onomatopeici, emerge una creatività al di fuori della mercificazione.

62. Kahnweiler D.-H., *Preface*, in Brassaï, *The Sculptures of Picasso*, trad. ing. a cura di Sylvester A.D.B., Rodney Phillips, Londra 1949. Si veda anche Kahnweiler D.-H., *Negro Art and Cubism*, "Présence Africaine", n. 3, 1948, pp. 367-377. In *Kahnweiler's Lessons*, Yve-Alain Bois spiega brillantemente la dimensione semiotica nel Cubismo (si veda *Painting as Model*, MIT Press, Cambridge 1990), come fa Rosalind Krauss in *Picasso Papers* e altri testi, ma Lichtenstein aveva già esplorato questa dimensione nella sua arte.

63. Mentre, come argomenta Krauss, Picasso era reattivo verso l'astrazione e la fotografia, Lichtenstein le abbracciò entrambe (*Picasso Papers*, pp. 141-154).

64. Sylvester D., *Interviews with American Artists*, p. 231. Lichtenstein commentò nel 1971: "Sono più interessato nel creare un nuovo significato partendo da uno vecchio" (Waldman, *Roy Lichtenstein*, p. 26). In *Picasso Papers* Krauss descrive questo processo, riferendosi a Stéphane Mallarmé, in questo modo: "Questa moneta [in questo caso nel senso di *cliché*], una volta privata del suo valore di scambio commerciale, fu tuttavia dotata dall'artista modernista di una condizione sostitutiva di segno, nel suo continuo essere in circolazione" (p. 76).

65. Come sottolineato all'inizio, Lichtenstein coniuga processi manuali e meccanici, mitigando, in questo modo, la reificazione. Altri doppi nel suo lavoro potrebbero avere un effetto simile, inclusi alcuni che non sono stati menzionati sopra, ad esempio: contenuti affettivi contro la fredda tecnica, l'impatto visuale contro la durata narrativa, la fissità pittorica contro la molteplicità prospettica della scultura.

66. Lichtenstein, citato in Alloway, *Lichtenstein's Period Style*, p. 145; Lichtenstein, *Rewiew of My Work*, p. 66. D'altro canto, come nota Alloway, il revival dell'Art Déco negli anni Sessanta la rese "di nuovo visibile, perfino lampante". Lichtenstein, nelle sue parodie, si rivolge soprattutto ai mutamenti imposti dal "nuovo contesto", piuttosto che allo stile originale (talvolta in un modo che richiama la vecchia massima marxiana: "la prima volta come tragedia, la seconda come farsa"). In questo procedimento, può essere colto lo sguardo storico, come suggerisce Alloway in questo passo: "Le forme degli anni Trenta sono simboli di un periodo antico con un'idea *naïve* della modernità, discontinua rispetto alla nostra" (p. 145).

67. Steinberg L., *The Algerian Women' and Picasso at large*, in *Other Criteria: Confrontations with Twentieth-Century Art*, Oxford University Press, Oxford 1972, p. 128

68. Gombrich tratta della sua fascinazione verso le ninfe in Gombrich E. (1970), *Aby Warburg. Una biografia intellettuale*, trad. it. Feltrinelli, Milano 1983, pp. 99-116. Si vedano gli importanti saggi raccolti in Warburg A., *The Renewal of Pagan Antiquity*, Getty Research Institute, Losa Angeles 1999.

69. C. Marx (1844), *La questione ebraica: per una critica della filosofia del diritto di Hegel*, introduzione, trad. it. Editori Riuniti, Roma 1996, p. 25

70. Si veda Lobel, *Image Duplicator*, pp. 136-144. In *Visual Pleasure and Narrative Cinema* (1975), Laura Mulvey sostiene che tale cinema hollywoodiano metta sullo stesso piano le donne, la superficie, lo schermo e lo spettacolo; si veda Mulvey L., *Visual and Other Pleasures*, Indiana University Press, Bloomington 1989.

71. Coplans, *Talking with Lichtenstein*, p. 202. Lichtenstein continua: "Le donne truccano le loro labbra perché esse assumano una certa forma e acconciano i loro perché aderiscano ad un certo canone. Questa interazione è davvero intrigante. Ho sempre voluto truccare qualcuno come un cartone". Come sappiamo, il trucco preoccupava già Baudelaire, il quale scrisse l'"Elogio del trucco", in onore dell'idealità artificiale che esso conferisce alle donne (*Il pittore della vita moderna*, pp. 56-60). Il *maquillage* ha una certa importanza anche in Manet; si veda Clay J., *Ointments, Makeup, Pollen*, in "October", n. 27, inverno 1983. Fried contesta Clay, e a questo proposito è interessante la sua posizione e quella dei colleghi, in *Manet's Modernism*

72. Swenson, *What is Pop Art?*, in Madoff, *Pop Art*, p. 109. "Ciò che libera la metafora, il simbolo e il segno dalla mania poetica, ciò che manifesta il suo potere di sovversione", scrive Barthes, "è l'assurdo" (Barthes R., *Roland Barthes by Roland Barthes*, Hill and Wang, New York 1977, p. 81).

73. Anche Deitcher e Lobel parlano di questi collegamenti. Nel Capitolo 3, ritornerò sul disciplinamento e allenamento del soggetto.

74. Questo legame è implicito ovunque nell'altra arte modernista, come sottolinea Deitcher; si pensi, per esempio, a come Moholy-Nagy sviluppò la sua idea della "nuova visione", frutto della diffusione della fotografia e del cinema negli anni Venti, all'interno di una pedagogia del design nella sua Nuova Bauhaus di Chicago, negli anni Quaranta. Queste idee vennero a loro volta elaborate dal collega di Moholy-Nagy Gyorgy Kepes in *Language of Vision* (1944) ed altri testi, che Sherman lesse a fondo. Questo continuum tra la "visione artistica" e la "visione macchinale" è particolarmente pertinente al lavoro di Paul Virilio.

75. Tale aggressività è stata legittimata dal presente, dove la realtà si confonde con il videogioco.

76. Swenson, *What is Pop Art?*, in Madoff, *Pop Art*, p. 108.

77. Sylvester, *Interviews with American Artists*, p. 224. Si veda anche Lobel, *Image Duplicator*, pp. 49-50 e Clearwater, *Roy Lichtenstein Inside/ Outside*, pp. 32-33

78. Solomon, *Conversation with Lichtenstein*, pp. 67

79. Riguardo alla focalizzazione sugli obiettivi, si veda Weber S., T*argets of Opportunity: On the Militarization of Thinking*, Fordham University Press, New York 2005.

80. Come nota Lobel, Warhol non cancella i nomi delle marche, ma trova un suo modo per logorare l'immagine, come suggerisco nel Capitolo 3.

81. Lobel, *Image Duplicator*, p. 120

82. *Ibid.*, pp. 42-55, qui in particolare p. 47. D'altro canto, Kirk Varnedoe e Adam Gopnik sostengono che i suoi primi dipinti rendessero "le immagini dei fumetti più simili ai fumetti di quanto non facessero i fumetti stessi" (*High and Low: Modern Art and Popular Culture*, Museum of Modern Art, New York 1991, p. 199). Sylvester suggerì praticamente la stessa cosa nel 1965.

83. Lobel, *Image Duplicator*, p. 120.

84. Coplans, *Talking with Lichtenstein*, p. 198.

85. Si veda Buchloh B.H.D., *Residual Resemblance: Three Notes on the Ends of Portraiture*, in Feldman M., ed., *Face-Off: The Portrait in Recent Art*, Institute of Contemporary Art, Philadelphia 1994. In *Halls of Mirrors*, Bader legge questi quadri-specchio come forme di autoaffermazione realizzate attraverso l'autonegazione.

86. Glaser B., *Oldenburg, Lichtenstein, Warhol: A Discussion*, "Artforum", febbraio 1966, ristampato in Madoff, *Pop Art*, p. 145 (la conversazione fu per la prima volta presentata alla radio nel 1964). Su questo punto mi trovo parzialmente in disaccordo con Buchloh, il quale, in *Parody and Appropriation in Francis Picabia, Pop and Sigmar Polke* (1982), vede tale parodia "come un'espressione di somma complicità e segreta riconciliazione". Certamente, Lichtenstein non attua una "trasgressione del codice", ma è anche vero che se ne distanzia. Si veda Buchloh B.H.D., *Neo-Avantgarde and Culture Industry: Essays on European and American Art from 1955 to 1975*, MIT Press, Cambridge 2000, p. 353 e p. 363.

87. Ciò non è tuttavia vero quando gli stessi maestri cominciano a inondare il suo lavoro negli ultimi anni Settanta; infatti, nelle nature morte e nei suoi soggetti in studio di questo periodo, Lichtenstein spesso scivola nell'eclettismo del *pastiche* che, nella sua mistione di stili e di firme, finisce per essere senza stile e persino senza soggetto. Sulla differenza tra la parodia e il *pastiche* in questo contesto, si veda Jameson F. (1993), *Postmodernismo, ovvero la logica culturale del tardo capitalismo*, trad. it. Fazi, Roma 2007.

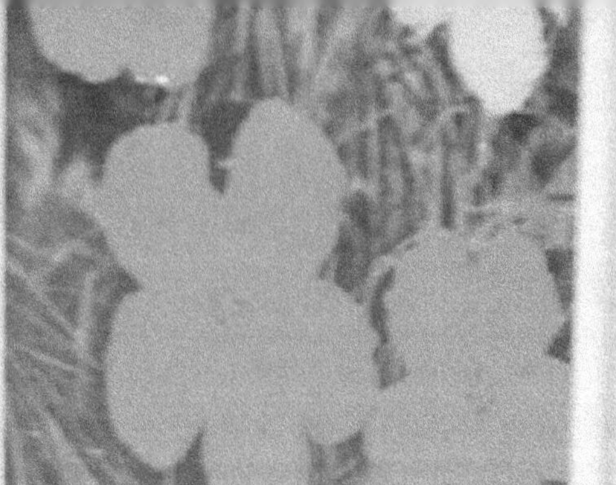
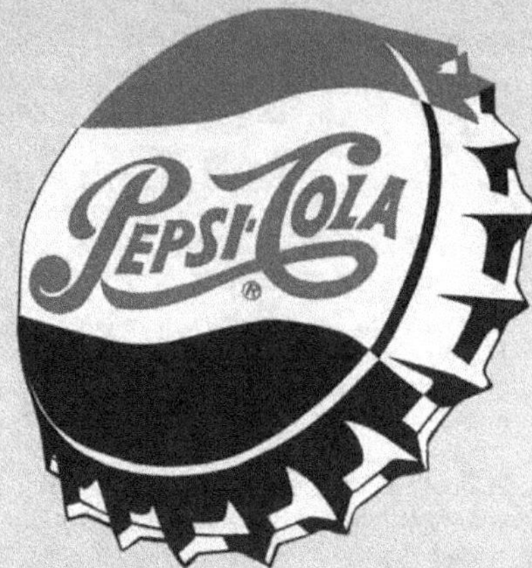

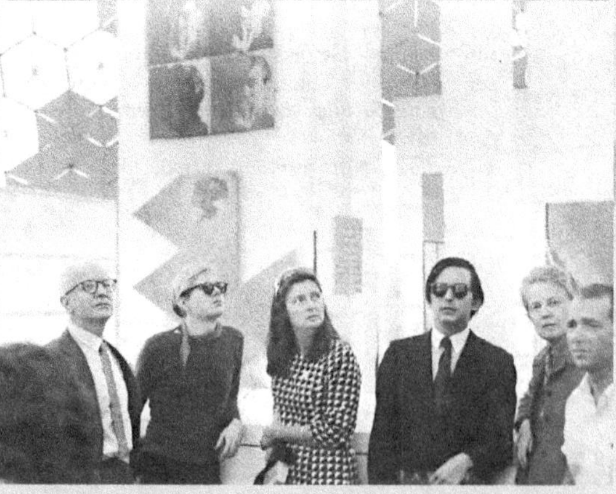

Close Cover Before Striking (Pepsi-Cola), 1962. Acrilico, matita, caratteri trasferibili Letraset e carta vetrata su tela di lino, cm 183 x 138.

Andy Warhol

L'immagine logora

"Al suo confronto io ero un artista vecchio stampo", diceva Roy Lichtenstein a proposito di Andy Warhol; ed effettivamente, a differenza di Lichtenstein e Hamilton, Warhol non è interessato ad assimilare immagini "basse" ai parametri della pittura "alta", né a mantenere saldi, così facendo, i valori dell'unità pittorica e della totalità estetica di fronte alle pressioni della cultura di massa[1]. Se infatti i due colleghi mettono alla prova il tableau tradizionale evidenziandone le nuove condizioni d'esistenza entro la società dei consumi, essi ne mantengono perlopiù intatti i peculiari caratteri formali e percettivi. Warhol è assai meno riconducibile a questa strategia: nel suo tentativo di svuotare immagini e fruitori, egli liquida la maggior parte delle buone convenzioni compositive e spettatoriali.

• • *Non sono mai tutto intero*

Lo svuotamento warholiano dell'immagine tocca il culmine nelle serigrafie della serie *Death and Disaster* dei primi anni Sessanta[2]. È proprio sull'onda della realizzazione di questi lavori, nel 1963, che Warhol dichiara, in una conversazione con Gene Swenson, che "chiunque di noi dovrebbe essere una macchina", una famosa massima spesso utilizzata dalla critica a dimostrazione di una presunta mancanza di contenuti[3]. L'affermazione, in realtà, potrebbe indicare la presenza non tanto di un soggetto vuoto o svuotato, quanto di un soggetto sotto shock, il quale assume la causa dello stato in cui si trova, come antidoto mimetico contro di esso, quasi a dire "anch'io sono una macchina, anch'io produco (o consumo) immagini prodotte serialmente, do quello (di buono e cattivo) che ricevo". Nel corso della stessa intervista, Warhol afferma di aver consumato lo stesso pranzo tutti i giorni per vent'anni (la zuppa di pomodori Campbell, naturalmente). "Qualcuno ha detto che la mia vita mi ha dominato. Mi piaceva l'idea"[4]. Messe l'una accanto all'altra, queste due affermazioni ("chiunque di noi dovrebbe essere una macchina" e "qualcuno ha detto che la mia vita mi ha dominato") indicano l'accettazione, casuale e al tempo stesso calcolata, di un impulso alla ripetizione promosso da una società capitalista dedita alla produzione e al consumo in serie[5]. Per Warhol se non puoi sconfiggere il sistema devi farne parte. Anzi, se ti immedesimi completamente, potrai smascherarlo; potrai cioè svelare l'automatismo di questo impulso alla ripetizione esemplificandolo per eccesso. Sviluppata dai dadaisti, questa strategia è messa in pratica da Warhol in modo ambiguo, poiché nella sua arte i gradienti relativi di complicità e critica sono notoriamente difficili da misurare[6].

Questi segni di shock e automatismo riconsiderano il ruolo della ripetizione in Warhol. Due dichiarazioni altrettanto note recitano: "Mi piacciono le cose noiose", e "mi piace che le cose siano esattamente le stesse più e più volte"[7]. In *POPism* (1980), Warhol semplifica questo amore per la ripetizione stanca: "non voglio che sia essenzialmente la stessa cosa, voglio che sia esattamente la stessa. Perché più guardi la stessa identica cosa, più perde di significato, e più ti svuoti e ti senti bene"[8]. La ripetizione è quindi intesa, al contempo, come prosciugamento di significati non voluti e come difesa contro l'eccesso sentimentale. Un approccio che guida Warhol già dai tempi dell'intervista con Swenson nel 1963: "Quando guardi molte volte un'immagine raccapricciante, praticamente perde qualunque effetto"[9]. Si tratta chiaramente di una delle funzioni della ripetizione: riprodurre un evento traumatico allo scopo di

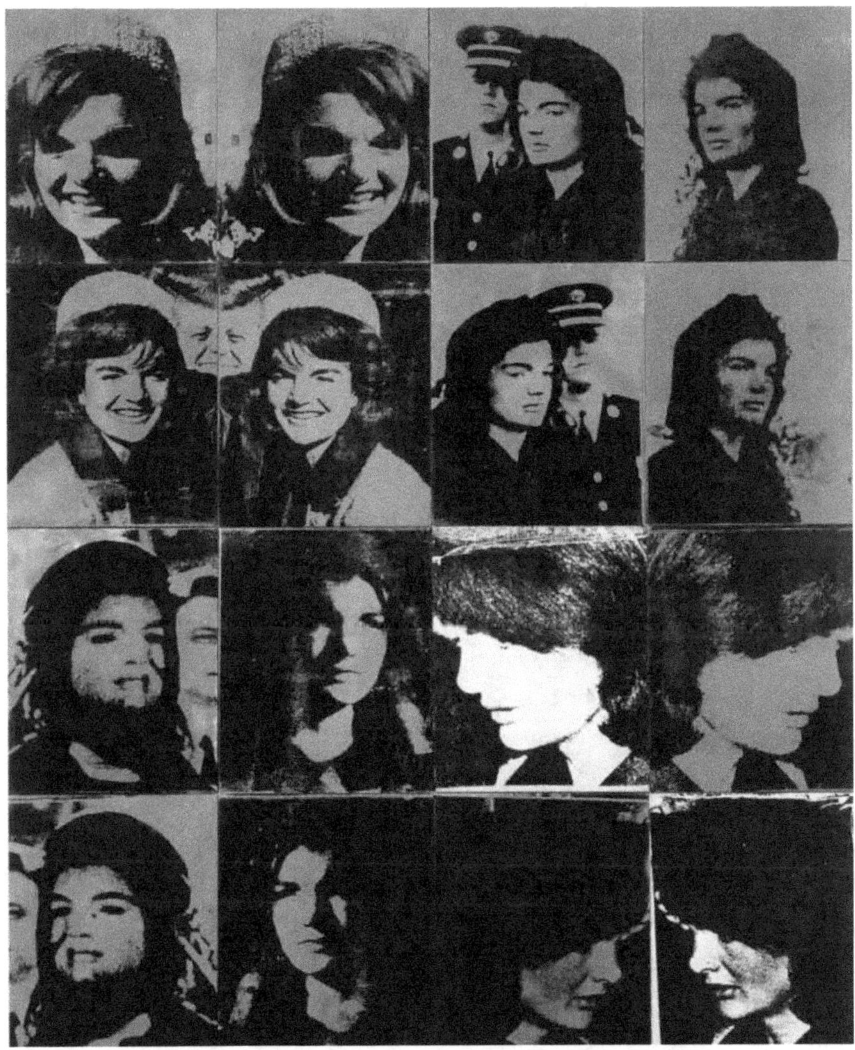

Jackie (The Week That Was), 1963. Acrilico, pittura spray e inchiostro serigrafico su tela di lino, cm 205 x 165. Courtesy: The Andy Warhol Foundation for the Visual Arts, Inc. / SIAE.

reintegrarlo in qualche modo all'economia della psiche, a un ordine simbolico. In Warhol, tuttavia, le cose funzionano raramente in questo modo, e anche nel caso delle immagini più note una completa padronanza del trauma non è quasi mai suggerita. Si considerino le serigrafie dedicate a *Marilyn*, la prima delle quali (quella più iconica, in oro) realizzata immediatamente dopo il suicidio della diva il 5 agosto 1962, o quelle dedicate a *Jackie* e realizzate all'indomani dell'assassinio di JFK. Si notino gli interventi di ritaglio, copiatura, composizione e colorazione attuati su queste immagini, operazioni che denotano una fissazione ossessiva, melancolica, su un oggetto perduto, o anche la reiterazione compulsiva di un evento traumatico, più che una paziente elaborazione del lutto volta a separarci da questo oggetto o da questo evento[10]. Anche questa lettura, a dire il vero, manca per certi versi il bersaglio, dal momento che la ripetizione in Warhol non si limita a riprodurre momenti traumatici, ma spesso è essa stessa a *produrli,* come dimostrerò più avanti con alcuni esempi. In queste ripetizioni, pertanto, numerosi effetti contraddittori si possono verificare contemporaneamente: una protezione contro la portata del trauma e un'apertura verso nei suoi confronti, una difesa dai sentimenti traumatici e una produzione di sentimenti identici[11].

All'inizio degli anni Sessanta, Jacques Lacan si adopera per ripensare il reale in termini di trauma; il suo fondamentale seminario *L'inconscio e la ripetizione* è pressappoco contemporaneo alle immagini del ciclo *Death and Disaster* (si tiene all'inizio del 1964), ma le teorie che vi vengono elaborate non subiscono l'influenza della cultura pop[12]. C'è tuttavia una certa influenza da parte del surrealismo, che sta esercitando il proprio effetto differito su Lacan (giovane membro del movimento una trentina d'anni prima) e con il quale la pop warholiana condivide la categoria del "realismo traumatico", la base di concetti chiave della poetica surrealista come il "meraviglioso" e la "bellezza convulsiva"[13]. In questo seminario, Lacan definisce il trauma come "incontro mancato" con il reale, ossia un incontro non registrato a livello di inconscio; il che contribuisce all'impossibilità di rappresentare il reale traumatico così com'è. Esso può dunque essere solo ripetuto: anzi, *deve* essere ripetuto proprio perché è stato "mancato", come una pistola a salve all'interno della coscienza, che spara continuamente a vuoto. "*Wiederholen*" scrive Lacan in riferimento a Freud, "non è *Reproduzieren*": la ripetizione non è riproduzione[14]. La stessa formula può essere riproposta in relazione a Warhol, se è vero che anche nel suo lavoro la ripetizione non è "riproduzione" nel senso di rappresentazione diretta di un referente collocato nel mondo, o simulazione superficiale di un'immagine separata, fuori dal mondo. Piuttosto, la ripetizione di Warhol funge spesso da *schermo,* da filtro per un reale considerato traumatico: una funzione svolta, in altri casi, da diversi espedienti, come l'immagine sfocata, il viraggio con colori elettrici, o il raddoppiamento dell'immagine con una tela vuota[15]. Questo stesso bisogno di filtrare, o comunque attenuare il reale può tuttavia rivelarsi un modo di *indicare* il reale stesso, che a questo punto sembra fare breccia nello schermo della ripetizione e tornare a fare capolino attraverso l'immagine.

Parlando di Aristotele, e in particolare della casualità accidentale, Lacan chiama questo istante traumatico *tyche*, mentre in *La camera chiara* (1980), il celebre saggio sulla fotografia che segue la strada tracciata da Lacan, Roland Barthes lo definisce *punctum*: «è lui che, partendo dalla scena, come una freccia, mi trafigge», scrive Barthes. «È quello che io aggiungo alla foto *e che tuttavia è già nella foto*»[16]. In qualche modo, la breccia è fatta sia nell'immagine che nel soggetto o, per essere più precisi, si verifica a metà strada tra la percezione e la coscienza di un soggetto toccato da un'immagine. Pertanto, la confusione riguardo alla precisa collocazione della breccia, *tyche* o *punctum* che sia, è anche – e soprattutto – una confusione tra soggetto e mondo, dentro e fuori, una confusione essenziale alla natura del trauma (il termine, etimologicamente, significa "ferita"): anzi, è proprio la confusione, questa lacerazione, ad essere traumatica[17]. In un quadro del 1960, raffigurante un torso femminile stilizzato tratto da un annuncio pubblicitario per una marca di busti ortopedici, Warhol porge l'indiscreta domanda "Where's yo__ Rupture?", ennesima dimostrazione di un'attenzione speciale verso gli squarci rivelatori, tanto nelle immagini quanto in quel particolare tipo di immagine che sono le persone[18]. "Significa semplicemente prendere l'esterno e metterlo all'interno", afferma ellitticamente Warhol, parlando della pop art "oppure prendere l'interno e metterlo all'esterno"[19]. Il traumatico, inteso come confusione tra interiore ed esteriore, è visto come il nucleo vero e proprio della produzione dell'artista.

Where Is Your Rupture?, 1960
Pittura ad acqua su fibra di cotone, cm 178 x 138

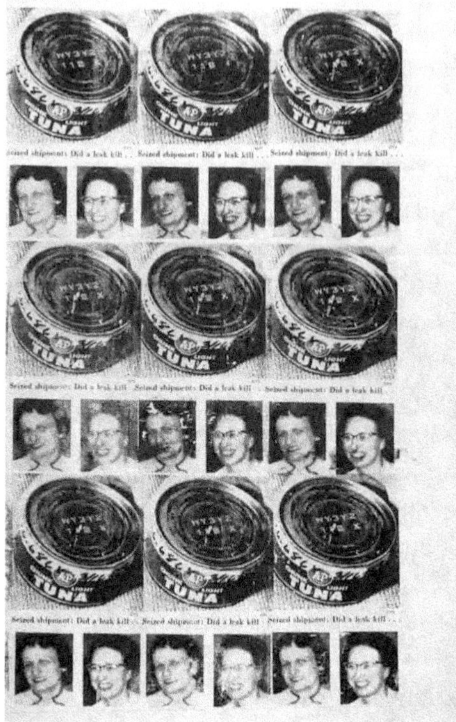

Tunafish Disaster, 1963. Inchiostro serigrafico e pittura d'argento su tela di lino, cm 315 x 212

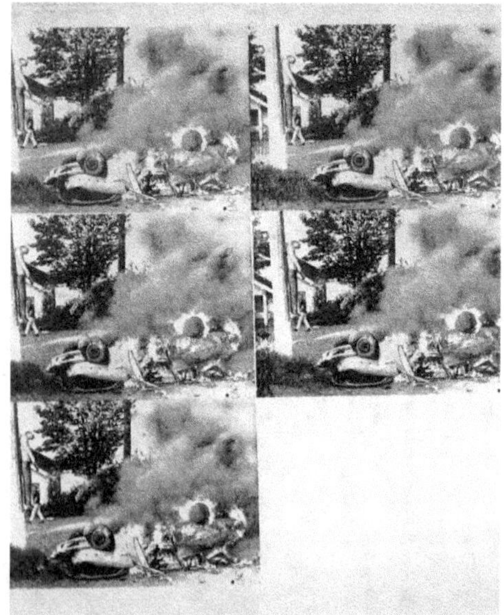

White Burning Car III, 1963
Serigrafia su tela di lino, cm 254 x 201
A dx: Ambulance Disaster, 1963-64.
Inchiostro serigrafico su tela di lino, cm 278 x 205.
Courtesy: The Andy Warhol Foundation for the Visual Arts, Inc. / SIAE

Concentrato com'è sulla fotografia in quanto tale, Roland Barthes individua il *punctum* in un particolare dettaglio di contenuto. Raramente si può dire lo stesso con gli squarci di Warhol. L'immagine dell'incidente in *White Burning Car* (1963) è senz'altro sconvolgente, con il conducente che, sobbalzato fuori dall'auto, finisce infilzato da un palo telegrafico (la foto è tratta dall'edizione di "Newsweek" del 3 giugno 1963). Per quanto lo squarcio, in questo caso, sia addirittura letterale, non è nella terribile immagine della vittima che risiede il *punctum*, almeno per quanto mi riguarda (Barthes concede che si tratti di una questione soggettiva); esso è costituito piuttosto dall'indifferenza del passante sullo sfondo. Se già la prima volta tale indifferenza è disturbante, la sua reiterazione è irritante (in tre versioni dell'opera, l'immagine si ripete cinque volte). Altrettanto irritante è la raffigurazione delle due casalinghe (la signora McCarthy e la signora Brown) nelle undici versioni di *Tunafish Disaster* (1963): le storie delle due donne, vittime del botulismo, sono a loro volta tratte dalle pagine di "Newsweek" (numero del 1° aprile 1963). Messi, in una versione, quasi a macchiare la superficie, i due volti sorridenti ripetuti ossessivamente diventano un'esperienza straziante.

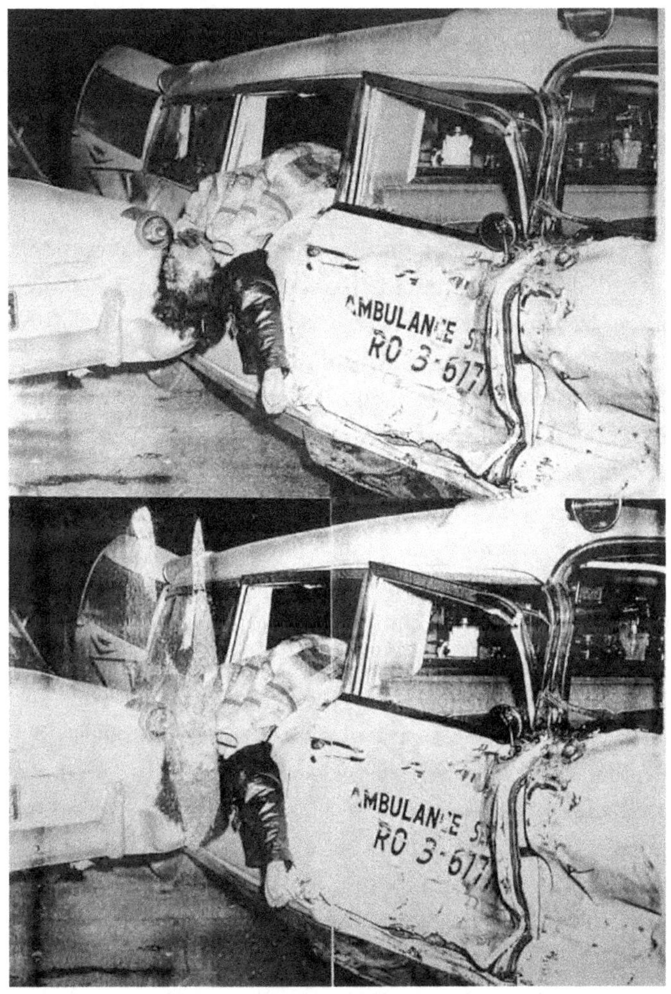

Questi esempi aiutano a descrivere la natura del *punctum* in Warhol. Il contenuto è tutt'altro che irrilevante: vedere un uomo bianco impalato, o un uomo di colore attaccato da un cane della polizia (come nelle serigrafie di *Race Riot*), è un'esperienza scioccante. Tuttavia, è proprio questo shock primario che Warhol, con la sua rielaborazione dell'Immagine (ripetizione, colorazione, sbavature, sbiancamento), tende a mascherare, anche se la manipolazione stessa produce talvolta un trauma secondario a livello tecnico, laddove il *punctum* lacera lo schermo e consente al reale di fare irruzione attraverso l'immagine[20]. Il *punctum*, pertanto, emerge non tanto dal contenuto, quanto dalla tecnica, soprattutto attraverso i "bagliori fluttuanti" del procedimento serigrafico, gli errori pilotati (slittamento della matrice, sbavatura dell'immagine, e così via), per i quali sembra quasi che l'inchiostro sia stato spremuto direttamente sulla tela, e il tessuto di stampa riposizionato successivamente[21]. Vi è un ulteriore esempio di questo effetto: a mio avviso troviamo un *punctum* in *Ambulance Disaster* (1963-64), o almeno in una delle tre versioni. L'immagine di partenza è una foto, particolarmente raccapricciante, della United Press International, raffigurante lo scontro fatale tra due ambulanze. Il *punctum*, tuttavia, non nasce tanto dalla visione della donna morta riversa sopra la portiera nella metà superiore della tela, quanto dall'impietosa macchia che ne cancella la testa nella metà inferiore, in cui l'immagine è duplicata; una macchia causata da un incidente tecnico durante il processo di stampa serigrafica[22].

Insomma, in Warhol il *punctum* risiede soprattutto nella frequente tendenza delle sue immagini a scatenare d'un tratto lampi e fratture. "Era tutto molto semplice", afferma l'artista a proposito della tecnica serigrafica, "veloce e casuale. Ero entusiasta"[23]. Questi lampi sono, in effetti, veloci e casuali, e il più delle volte fungono da correlativo visivo dei nostri incontri mancati con il reale. "Ciò che si ripete", scrive Lacan, "è sempre qualcosa che si produce *come per caso*"[24]. Lo stesso si può dire dei lampi improvvisi di Warhol: accidentali, sì, ma anche ripetitivi, meccanici, addirittura automatici. A volte, attraverso di essi, ci sembra quasi di toccare il reale, che la ripetizione allontana da noi e al contempo spinge in nostra direzione. Come detto, la sfocatura e la colorazione dell'immagine contribuiscono a loro volta a generare questo bizzarro duplice effetto. Con questi accorgimenti tecnici, quindi, Warhol mette in gioco diversi tipi di reiterazione: vi sono le reiterazioni che si concentrano sul reale traumatico, quelle che lo mascherano, quelle che lo producono. Una molteplicità da cui trae origine il paradosso tutto warholiano di immagini al tempo stesso perturbanti e indifferenti, ma anche di fruitori la cui soggettività non è né integrata, come vorrebbe molta estetica moderna (il soggetto che si fa unitario e coerente nella contemplazione), né dissolta, come capita invece in molta cultura popolare (il soggetto dato in pasto alle schizofreniche punte di intensità dello spettacolo). Scrive l'artista in *La filosofia di Andy Warhol* (1975), "Io non vado mai in pezzi perché non sono mai tutto intero"[25]. Lo stesso tipo di soggetto è prodotto da gran parte del suo lavoro, e lo spettatore è a sua volta lasciato nel limbo.

Il logorio, del resto, non è limitato allo spazio traumatico tra l'immagine e il soggetto. Esso è presente separatamente in entrambi, e nelle due sezioni che seguono ciascuna delle due istanze sarà presa in considerazione individualmente. L'usura dell'immagine si trova nel Warhol degli inizi, degli anni di mezzo, della maturità. La leggenda vuole che l'artista piombi nella pop art all'improvviso, all'inizio del 1962, realizzando due quadri di una bottiglia di Coca-Cola, uno ancora caratterizzato da segni espressivi come colature e macchie di colore, l'altro ripulito da qualsiasi traccia di espressione. Seguendo il consiglio di amici selezionati ai quali aveva mostrato le due opere, come Emile de Antonio, avrebbe optato per la seconda versione, più pulita e distaccata[26]. L'aneddoto però è fuorviante: l'immagine, in Warhol, non è quasi mai netta o stabile, e il suo apparente distacco è messo continuamente in discussione. Si considerino i primi quadri dedicati alla manualità artistica, come le cinque tele della serie *Do It Yourself* (1962), basate sulle immagini di banali paesaggi e nature morte della Venus Paradise Company (un nome troppo bello per essere vero), da colorare facendo corrispondere un colore a ciascun numero. Come un qualsiasi goffo pittore della domenica, Warhol stende i colori come indicato, nelle rispettive aree: ma solo uno dei motivi, il paesaggio di mare, risulta completato. L'artista, cioè, mette in scena il fallimento persino in questa forma di pittura amatoriale, quasi automatica.

L'immagine, peraltro, appariva già in pessima forma nei quadri del 1960-61 ispirati ad annunci pubblicitari tratti da giornali. La scelta cadeva lì su soggetti pateticamente modesti, come cinte di supporto per l'ernia (usate in tre varianti di *Where Is Your Rupture?*), chirurgia plastica al naso (presenti in tre versioni di *Before and After*), protesi dentarie, parrucche, cure contro i calli. L'elemento comune, va notato, è l'attenzione per le vicissitudini del corpo e della sua immagine: dal rapporto dolore-sollievo ("Stop Pain", esorta una pubblicità sui calli) a quello tra desiderio e desiderabilità (un annuncio recante una coppia in abito da sera invita: "Make Him Want You"). Un contesto nel quale la cosmesi stilizzata di *Before and After*

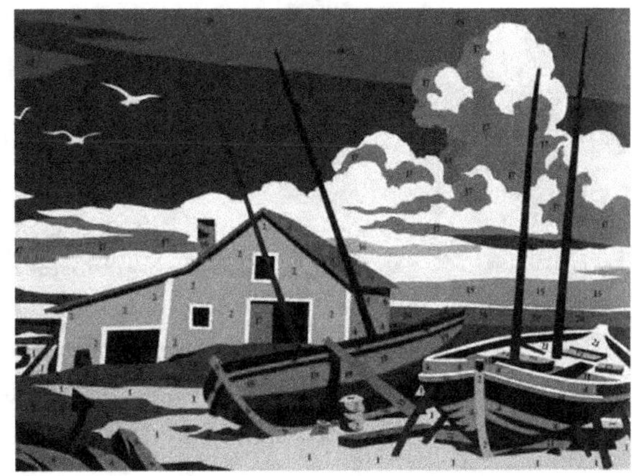

Do It Yourself (Seascape), 1963. Acrilico, matita e trasferibili Letraset su tela di lino, cm 137 x 184.

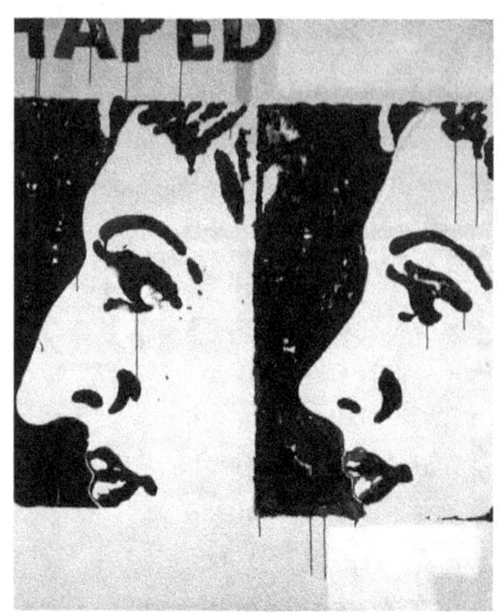

Before and After [1], 1960. Caseina su tela di cotone preparata, cm 173,5 x 138.

sembra quasi una stupidaggine[27]. Spesso, in questi lavori, il testo è corroso al pari dell'immagine, come del resto nei primi quadri basati su fumetti come *Dick Tracy* (1960): una decomposizione del linguaggio, oltre che dell'immagine, sulla quale Warhol tornerà nell'ultimo decennio[28]. Le successive immagini di prodotti di consumo dipinti in un brillante bianco e nero non appaiono così logore; e tuttavia, i prodotti scelti sono un gabinetto di inizio secolo, una vasca da bagno della stessa epoca, un telefono del 1928, una macchina da scrivere del 1936 (1961).

Nulla sfugge all'obsolescenza: né la merce in sé, né il suo *doppio* estetico, il *readymade* (sia il gabinetto che la macchina da scrivere sono allusioni ad altrettanti *readymade* di Duchamp). L'usura del prodotto, infine, è resa esplicita nelle *Campbell's Soup Cans* (1962) con le etichette strappate e le lattine scolorite: data l'identificazione di Warhol stesso con questo particolare prodotto, possiamo leggere queste opere come ritratti figurati dell'artista da uomo ormai non più giovanissimo.

Fin dall'inizio, poi, Warhol introduce la particolare pratica di danneggiare il proprio lavoro. Da un punto di vista tematico, essa è suggerita già nei quindici quadri con etichetta postale del 1962, tra cui *Handle with Care – Glass – Thank You*, che si riferiscono proprio a ciò da cui mettono in guardia: l'incuria nel maneggiare le merci e il conseguente danneggiamento. Allo stesso modo, i cinque quadri *Close Before Striking* (1962), nei quali le strisce di carta vetrata ricordano le superfici ruvide sulle confezioni di fiammiferi, invitavano chiaramente il pubblico a graffiarli, tanto che alcuni recano i segni di questo tipo di intervento. I sette quadri della serie *Dance Diagram* (1962), suggeriscono a loro volta usura e fragilità, la loro installazione in orizzontale sul pavimento li rende soggetti a venire letteralmente distrutti[29]. Negli stessi anni, d'altra parte, Warhol propone anche altre modalità d'intervento aggressive sull'opera, come la disposizione di tele sul marciapiede, in modo che

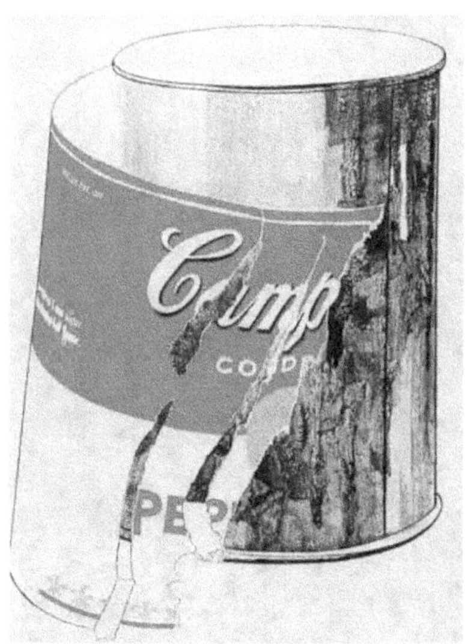

Big Torn Campbell's Soup Can (Pepper Pot), 1962. Oil, synthetic polymer paint, and Prestype on canvas, 71 3/4 × 51 3/4 in.

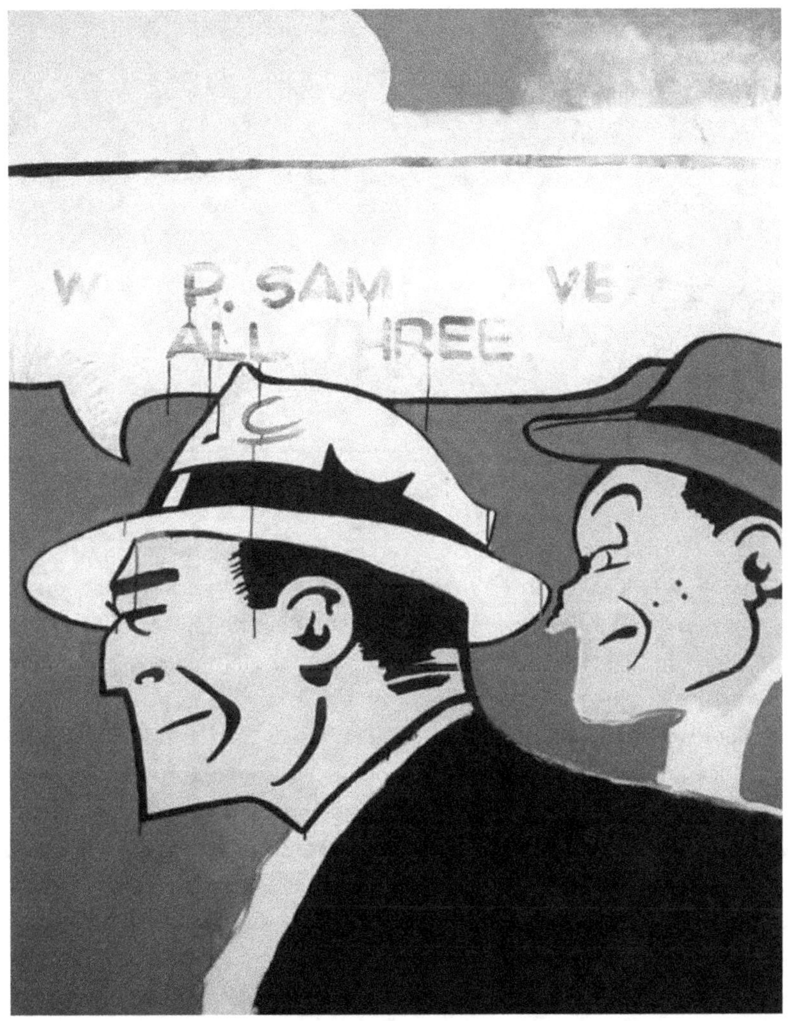

Dick Tracy, 1960. Pittura sintetica su tela, cm 201 x 115.
Courtesy: The Andy Warhol Foundation for the Visual Arts, Inc. / SIAE

vengano calpestate dai passanti (i cosiddetti *Footprint paintings*), o sul pavimento dello studio dell'artista, per dar modo agli assistenti di urinarvi sopra (i *Piss painting*), tecnica poi ripresa in forma più sistematica nella serie *Oxidation* del 1978. "Alla fine mi ritrovavo con un gran numero di tele sporche", commenta Warhol retrospettivamente. "Ho concluso che erano tutte malate, le ho arrotolate e messe tutte insieme da qualche parte"[30]. Per un artista spesso identificato con la nuda superficie dell'immagine, quest'associazione non solo alla fisiologia, ma anche ai processi di corruzione dei corpi mortali può risultare sorprendente[31].

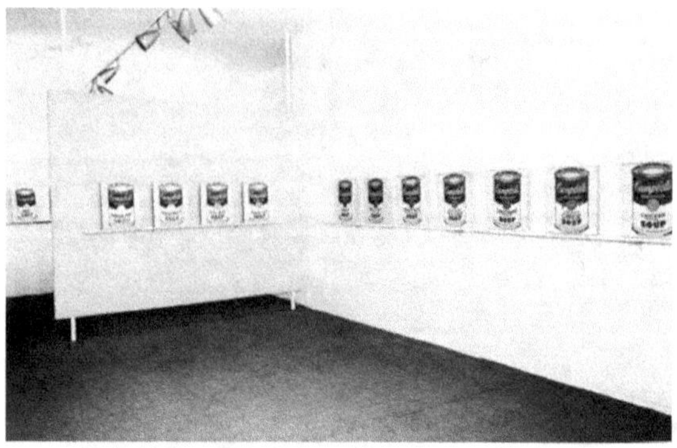

Andy Warhol, personale alla Ferus Gallery,
Los Angeles, 9 luglio - 4 agosto, 1962

Anche nelle serigrafie iniziali Warhol aggiunge macchie, sbavature, sbiancamenti e scoloriture: insomma, i lampi e la fratture a cui si e accennato. In questo caso, tuttavia, il mezzo fondamentale con cui ottenere un effetto di usura è proprio la semplice ripetizione. La reiterazione seriale, infatti, sembra a prima vista rinforzare l'immagine, anziché sovvertirla, e talvolta l'effetto immediato è proprio questo, come nella fila di trentadue lattine di *Campbell's Soup*, ciascuna con una ricetta diversa, esposte per la prima volta alla Ferus Gallery di Los Angeles nel 1962: inscatolate e sigillate, le immagini appaiono perfette sia come prodotto che come allestimento, con ciascun pezzo esattamente uguale agli altri. Persino qui, tuttavia, il raddoppiamento complica l'immagine, e i singoli tipi di zuppa sono neutralizzati dal marchio che li accomuna; a maggior ragione, quando la successione seriale è riportata all'interno di un unico quadro, come in T*wo Hundred Campbell's Soup Cans* (1962, l'immagine si

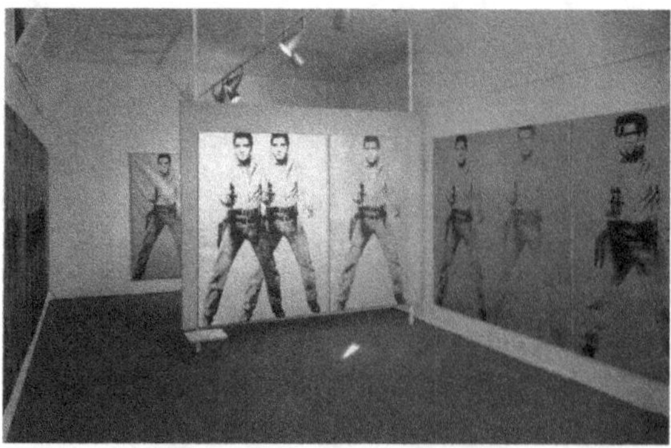

Andy Warhol, personale alla Ferus Gallery,
Los Angeles, 30 settembre - 26 ottobre, 1963

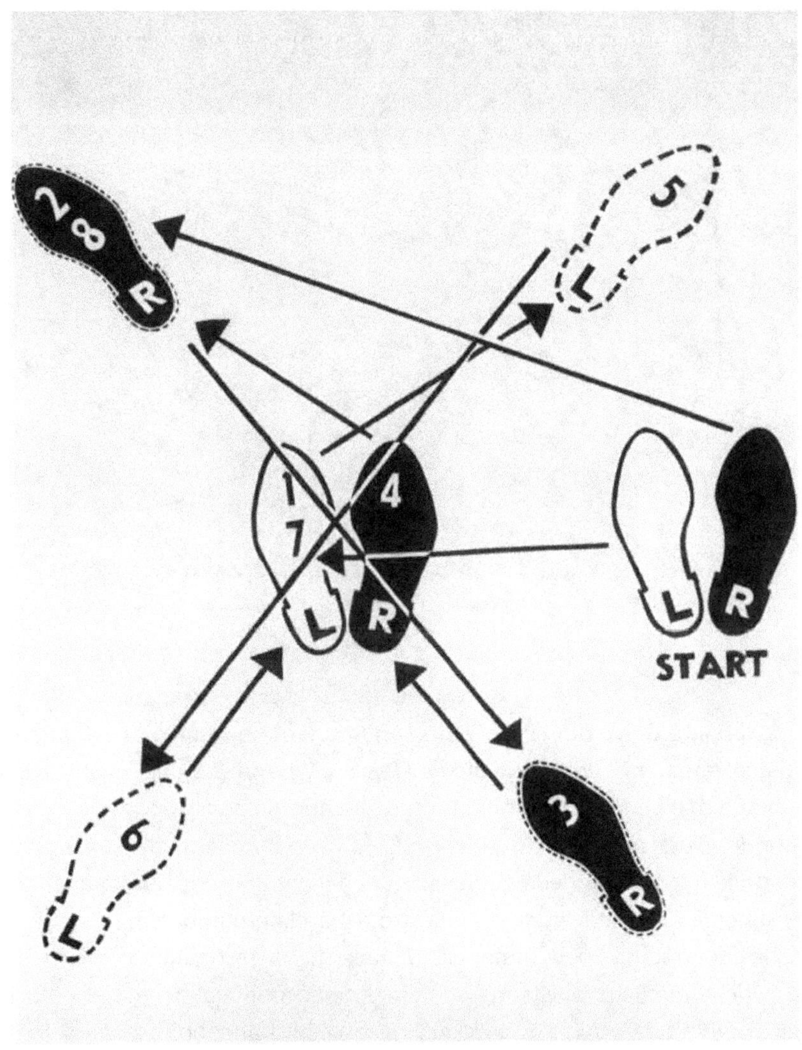

Dance Diagram [6] – ["The Charleston Double Side Kick – Man and Woman"], 1962. Caseina e matita su tela di lino, cm 183 x 135. Courtesy: The Andy Warhol Foundation for the Visual Arts, Inc. / SIAE

avvicina a tal punto all'astrazione da poter affermare che, in questo caso, "more is less"[32]. La reiterazione In Warhol, insomma, o produce un effetto di indifferenziazione, o al contrario rende palese una differenza: in entrambi i casi, l'identità dell'immagine ne risulta corrosa. Talvolta l'effetto che scaturisce da questo processo è invece il letterale oscuramento, quando l'inchiostro serigrafico si assottiglia o diminuisce a causa del riuso ripetuto della

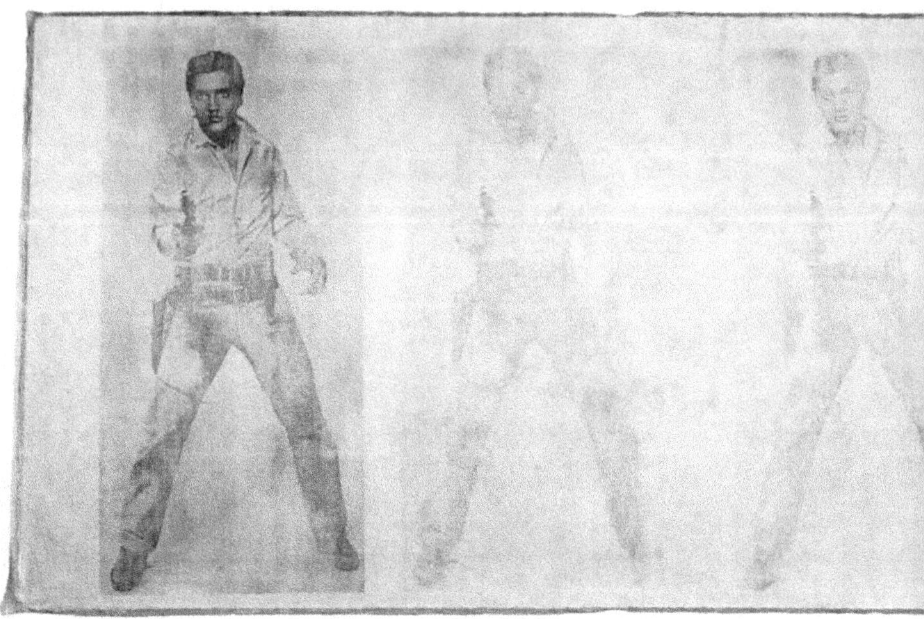

*Elvis 6 Times, 1963. Inchiostro serigrafico e pittura d'argento su tela di lino, cm 214 x 615
Courtesy: The Andy Warhol Foundation for the Visual Arts, Inc. / SIAE.*

matrice, oppure sbava per una pressione non uniforme sulla tela[33]. Il primo di questi due fenomeni è esemplificato da *Elvis Six Times* (1963), nel quale la figura si fa man mano sempre più spettrale procedendo da sinistra a destra, mentre il secondo è osservabile in *Baseball* (1962), la prima serigrafia ad utilizzare una matrice fotografica, nella quale la figura del battitore, ripetuta quarantadue volte, si perde nella sbavatura d'inchiostro della fila più in basso.

Il deterioramento dell'immagine attraverso la serialità, comunque, è tutt'altro che limitato alle serigrafie, ritrovandosi inizialmente in pitture a stencil come *Handle with Care*, e nei quadri con francobolli, come *Air Mail Stamps* o *S&H Green Stamps* (1962), prodotti con veri francobolli inseriti in gomme da cancellatura, ricoperti di colore e stampati su tela. Se le bandiere e i bersagli di Jasper Johns sono del tutto piatti, queste immagini di francobolli sono seriali; e tuttavia, essendo già imprecisa la matrice, la ripetizione porta continue variazioni. In questi lavori è presente un'altra forma di usura, ossia la svalutazione data dalla contraffazione, che torna poi, in modo assai diretto, nelle primissime serigrafie, nelle quali Warhol dispone in modi diversi sulla tela i propri disegni di banconote da un dollaro. Anche qui il fruitore è invitato a riflettere sull'instabilità del valore delle immagini, a chiedersi chi o che cosa,

entro la rappresentazione, svolga le funzioni dichiarate nelle scritte presenti sulla banconota: unità di scambio ("tender") e depositario della "fiducia" (il "trust" del noto "In God We Trust"). Infine, la svalutazione dell'immagine avviene attraverso la pura proliferazione: tra il 1962 e il 1964, Warhol produce circa duemila quadri, più di uno al giorno. Le fotografie più recenti mostrano una statistica ancora più stupefacente: tra il 1976 e il 1986, Warhol sviluppa una media di un rullino al giorno, per un totale di circa centomila scatti[34].

A parte il ballare, camminare, urinare di cui si è detto, tutti processi che a loro volta testimoniano la desublimazione del corpo, Warhol si serve di altri metodi, altrettanto indicali, per conferire alle proprie immagini un aspetto usurato: stampa a tampone, stampa meccanica, pittura a stencil, punzonatura, serigrafia. Questa predilezione per l'indice è trasversale alle grandi categorizzazioni in cui è suddivisa la sua produzione, commerciale e artistica, giovanile e tarda. Nelle illustrazioni di fine anni Quaranta, ad esempio, Warhol predilige la tecnica detta "blotted-line", nella quale l'inchiostro è trasferito per contatto da supporto a supporto, mentre dal 1953 usa la stampa offset, dal 1955 la timbratura, e dal 1956 la foglia d'oro[35]. Similarmente, nei primi lavori pop, egli sviluppa in un breve intervallo di tempo – tra il

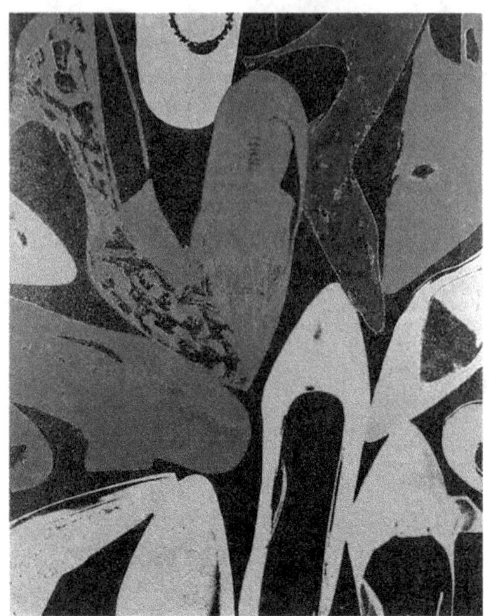

Diamond Dust Shoes, 1980. Inchiostro serigrafico e polvere di diamanti sopra pittura sintetica su tela, cm 220 x 180

Camouflage, 1986. Acrilico e inchiostro serigrafico su tela, cm 205 x 205

febbraio e l'agosto del 1962 – le tecniche dello stencil, dei timbri e della serigrafia, facendo poi di quest'ultima il proprio mezzo prediletto. Tutti questi procedimenti sono in grado di produrre immagini enfatiche, di carattere addirittura iconico, ma al tempo stesso la loro fondamentale natura indicale contraddice tale iconicità, al punto di disperdere talvolta qualsiasi rapporto di somiglianza con il referente.

Questo processo di destabilizzazione dell'immagine attraverso l'indice è approfondito ulteriormente nella produzione matura. Realizzati con spruzzi e pozzanghere di urina su tele rivestite di pittura metallica, i quadri della serie *Oxydation* (1977-82) sono chiaramente indicali, in varia misura automatici (o "autochimici") dal punto di vista processuale, e di aspetto quasi amorfo. E nelle riproduzioni serigrafiche di fotografie di ombre, i quadri della serie *Shadow* (1978-79) sono due, addirittura tre volte indicali: durante il procedimento realizzativo, gli oggetti usati per proiettare l'ombra scompaiono del tutto, e raramente troviamo un rimando grazie alle oscure tracce lasciate sulla tela. Queste serie, più ancora di altre, mette alla prova le nostre definizioni di rappresentazione e astrazione, ma anche la nostra stessa comprensione di "immagine"[36].

Warhol affronta questa prova nei suoi quadri successivi, molti dei quali mettono in crisi la distinzione tra figura e sfondo, essenziale tanto alla produzione quanto alla fruizione delle immagini. Anzi, proprio questo tema, può essere visto come l'unico punto in comune tra serie altrimenti così

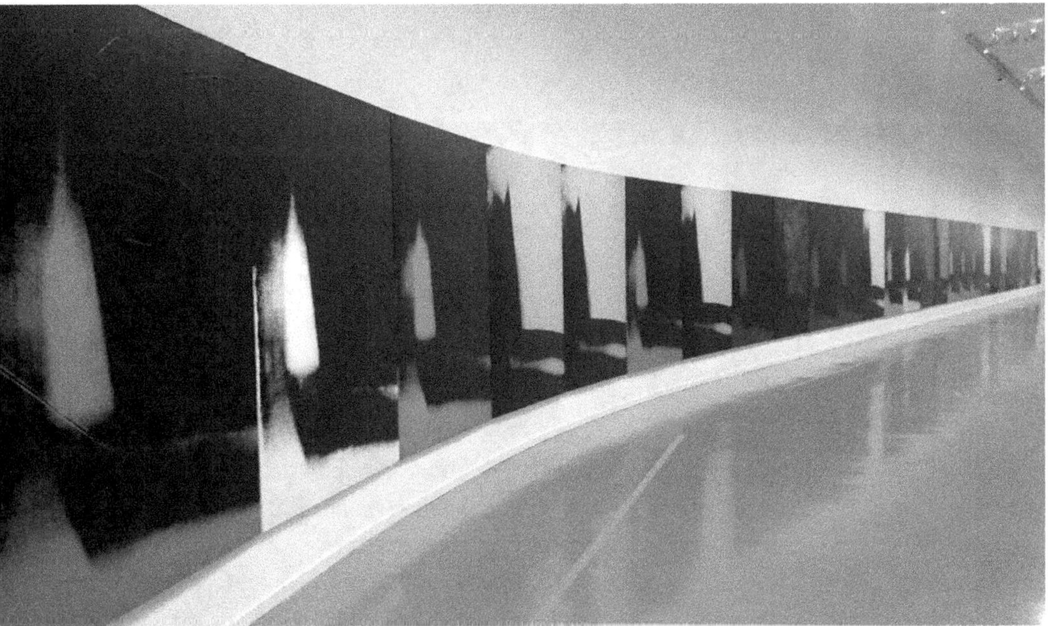

Shadow, 1978–79. 102 tele serigrafate con 17 colori diversi per un totale di 130 metri in lunghezza esposti per la prima volta in Europa (Warhol Unlimited, Musée d'Art Moderne de la Ville de Paris, Parigi, 2 ottobre 2015 - 07 febbraio 2016)

diverse[37]: già evidente in alcune delle *Shadow* e delle *Oxydation*, infatti, l'appianamento della distinzione è esplicitato in tutti i *Camouflage* (1986), nei quali il mescolamento di figura e sfondo si mostra chiaramente sulla tela. Un'oscillazione decostruttiva tra i due elementi, d'altra parte, può verificarsi nella nostra stessa facoltà visiva, attraverso una pulsazione ottica messa in atto da contrasti cromatici. Già attiva in alcuni quadri delle serie *Optical Car Crash* (1962) e *Flower* (1964), questo effetto è ulteriormente rafforzato in molti esemplari della serie *Diamond Dust Shoes* (1980), dove è prodotto dal forte contrasto tra le scarpe colorate e il pastoso fondo nero, e da quello tra il bagliore della polvere di diamante e la superficie dipinta. Ma lo si può scorgere anche in alcuni lavori del ciclo *Reflected (Zeitgeist Series)* del 1982, nei quali l'immagine di un colonnato di luce nella notte (la famigerata "cattedrale di ghiaccio" progettata da Albert Speer per il raduno del partito nazista a Norimberga nel 1937), è serigrafata in colori elettrici su fondi neri (ad esempio, in tre lunghe fasce di colore rosso, giallo e blu brillante su fondo nero opaco). Queste ultime due serie accennano peraltro anche alla spinosa

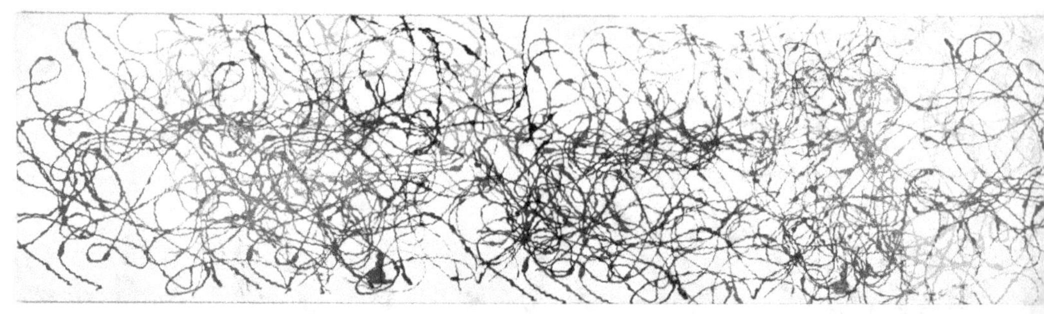

Yarn, 1983. Acrylic and silkscreen ink on canvas, 137 x 523 cm.

questione di come l'arte di regime si sia servita dello stupore indotto dalla pittura, che si tratti del culto americano per il *glamour,* come nelle *Diamond Dust Shoes,* o di quello nazista per il sublime tecnologico, come nei *Reflected*[38].

I due tipi di abolizione della differenza messi a tema nei rispettivi cicli, quello fisico e quello ottico, sono unificati in un'altra serie tarda, intitolata *Yarn* (1983) e oggi poco nota. Commissionati da una ditta tessile di Firenze, questi quadri sono costituiti ciascuno da un'unica serigrafia raffigurante una matassa di filo, ristampata più volte sulla stessa tela: un reticolo pulsante che ricorda i *dripping* di Pollock, pur non essendo mai altrettanto denso, e pur optando per una tavolozza ben diversa (rossi, gialli, arancioni, blu, verdi e rosa). Molti lavori di questa serie non superano la misura e il formato di 100x100, ma alcune eccezioni raggiungono l'estensione orizzontale e la coinvolgente dimensione delle grandi tele di Pollock. Al pari di molti *dripping,* alcuni di essi emanano un'intensità ottica che tramuta l'impressione di pienezza dell'immagine in un senso di scotoma nello spettatore (*scotoma* nel senso freudiano di condizione nella quale "l'Io ha perduto il suo dominio sull'organo" della vista)[39]. Secondo Michael Fried, alcuni *dripping* come *Out of the Web: Number 7* (1949), nei quali piccole parti della tela sono letteralmente tagliate via, propongono "una sorta di punto cieco", come se una parte del nostro campo visivo fosse stata a sua volta amputata[40]. Alcuni *Yarn* suggeriscono un effetto simile, anche se attraverso la frammentazione della visione, più che attraverso l'accecamento.

"Pulsatile, eclatante e ostentato": così Lacan definisce lo sguardo, che egli colloca innanzitutto non nel soggetto umano, ma nel mondo, nella sua luce, prima che essa venga contaminata da cornici o schermi[41]. I quadri della serie *Yarn,* in alcuni casi, provocano una vertigine ottica dello stesso tipo.

"Il punto di sguardo", nota Lacan, "partecipa sempre dell'ambiguità del gioiello"; e proprio i gioielli sono protagonisti di un'altra serie dell'ultimo Warhol, intitolata *Gem* (1978-79), altrettanto poco conosciuta[42]. Spesso molto grandi (alcuni raggiungono i due metri di larghezza), questi

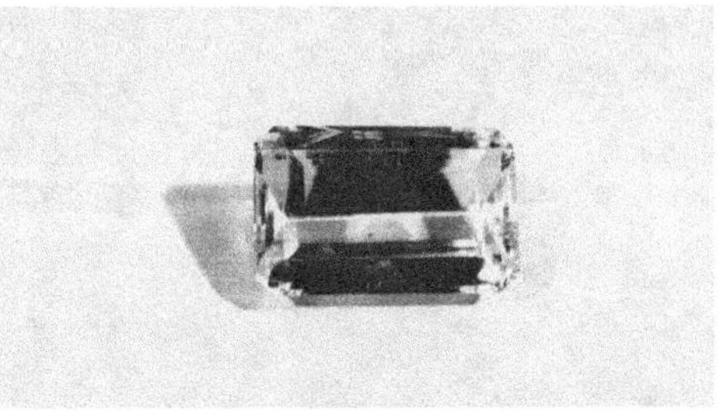

Gem, 1978

quadri sono perlopiù monocromi sul giallo o verde pallido. Una gemma tagliata in due riempie quasi del tutto la tela, ma lo fa in modo decisamente ambiguo: è difficile infatti comprendere dove inizi e dove finisca, o stabilire se avanzi o retroceda rispetto al nostro punto di vista. L'ambiguità scaturisce dalla combinazione di una luce fortissima *dentro* l'immagine e dal sottilissimo strato di polvere di diamanti che ricopre la superficie. Paradossalmente, queste *gemme* sono troppo luminose e al tempo stesso troppo oscure per essere percepite adeguatamente, anche perché il particolarissimo impasto di colore è completamente visibile solo sotto luce ultravioletta. Pertanto, in questa serie come in quella precedente, non è solo l'immagine ad essere sottoposta a stress, è lo sguardo stesso ad essere messo a dura prova.

Quest'ultima considerazione suggerisce un rimando a Marcel Duchamp, ricorrente del resto in gran parte della letteratura critica su Warhol, il quale aveva conosciuto il maestro francese nel 1963 a Los Angeles, dove i due artisti si trovavano negli stessi giorni, l'uno per esporre le serigrafie di *Elvis* alla Ferus

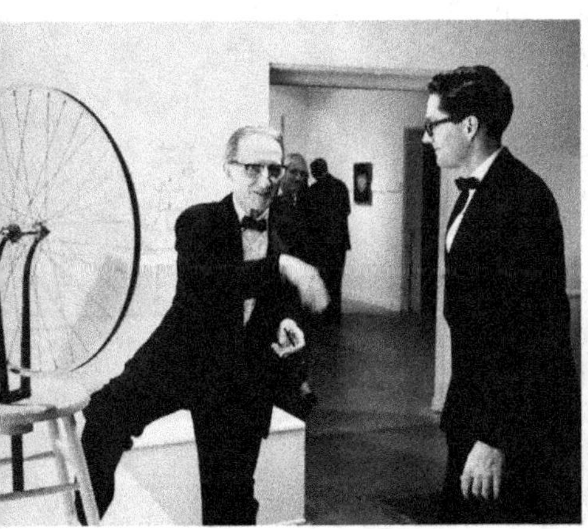

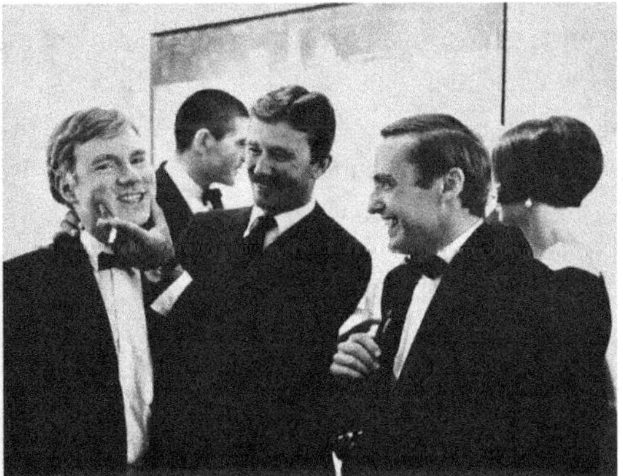

Duchamp e Walter Hopps all'apertura della retrospettiva al Pasadena Art Museum (8 ottobre - 3 novembre 1963).
A sx: Andy Warhol, Irving Blum, Billy Al Bengston e Dennis Hopper al vernissage di Duchamp. Foto: Julian Wasser

Marcel Duchamp, Tzank Cheque, 1919

Gallery, l'altro per l'apertura della grande retrospettiva al Pasadena Art Museum. Come altri esponenti della pop art, Warhol aveva adattato all'immagine il principio duchampiano del readymade, dando luogo a sua volta a domande e dubbi sull'originalità e autenticità dei suoi lavori. Emerge tuttavia un ulteriore riferimento, ben più specifico, in quanto anche Duchamp era interessato al tema dell'opera d'arte esaurita, usurata, addirittura malata. Si considerino le sue indicazioni sui readymade, raccolte nella *Boîte Verte* del 1934, nelle quali, in rapida sequenza, egli sottolinea i caratteri seriali dell'operazione e quindi ipotizza altre due possibilità fondamentali. La prima, quella che lui chiama "readymade reciproco", può essere un esempio estremo delle azioni distruttive messe in scena da Warhol: "usare un Rembrandt come tavolo da stiro". La seconda è ben più enigmatica: "fare un quadro malato o un readymade malato". Proprio questo impulso anti-estetico, che va a disturbare l'antica relazione tra la buona composizione di un oggetto e l'atteggiamento adeguato di un soggetto, è una motivazione chiave per entrambi gli artisti[43]. Duchamp, poi, al pari di Warhol, danneggiava i suoi lavori, come in *Tu m'* (1918), nel quale una lacrima dipinta dai profili seghettati è tenuta insieme da vere spille da balia. In altri casi, il danno stesso diventa il lavoro, come in *Scultura da viaggio* (1917), nella quale lunghi brandelli di cuffie da bagno furono trasformati in un'installazione a ragnatela, presto distrutta, e in *Readymade infelice* (*Readymade malheureux* 1919), regalo di nozze per la sorella Suzanne e il cognato Jean Crotti, ai quali

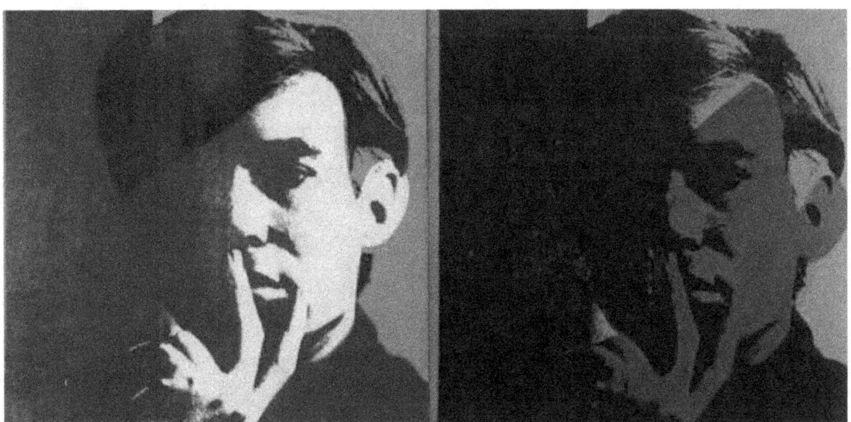

Double Self-Portrait, 1967. Inchiostro serigrafico sopra pittura sintetica su tela, due parti di cm 183 x 183 ciascuna. Courtesy: The Andy Warhol Foundation for the Visual Arts, Inc. / SIAE.

l'artista chiese di creare l'opera per lui: "un manuale di geometria", racconta Duchamp, "che doveva essere appeso al balcone del loro appartamento di rue La Condamine. Il vento avrebbe consultato il libro, scelto i problemi, sfogliando le pagine, strappandole"[44]. Il volume, così esposto, fu ridotto in pezzi molto presto: una fotografia ce lo mostra con le pagine sbiancate e spiegazzate, e la stessa Suzanne lo dipinse in queste condizioni. Ma l'esempio più importante di opera danneggiata è il capolavoro *La Marie mise a nu par ses celibataires même*, (1915-23), che l'artista dichiarò "definitivamente non-finito" solo in seguito al formarsi di una vistosa crepa; lo stesso lavoro, del resto, svolse la funzione di incubatrice per l'"allevamento di polvere" che diede il titolo a un famoso scatto di Man Ray, nel quale il *Grande vetro* è rivestito di sporcizia.

Due i punti salienti: innanzitutto, in Duchamp come in Warhol, il processo di corrosione a cui è sottoposto l'oggetto si configura come un collaudo. Con francobolli e scontrini Warhol dibatte la questione del deterioramento e svalutazione dell'immagine posto anche da Duchamp nell'*Assegno Tzanck* (1919), la ricevuta di pagamento del suo dentista, e in *Obbligazione per la roulette di Montecarlo* (1924), l'offerta ai finanziatori di un suo sistema per vincere alla *roulette*. In secondo luogo, ad essere messo alla prova non è solo l'oggetto, ma anche il soggetto: Duchamp, ad esempio, mette alla prova il nostro apparato visivo con il palpitare ottico dei suoi *Rotorelief*, molto prima che Warhol facesse lo stesso con i quadri del ciclo *Yarn*. Inoltre, lo "strappo" di Duchamp, come il "punto di rottura" di Warhol, fa riferimento non solo al danneggiamento subito da parte delle immagini del corpo, ma anche alla complicazione delle differenze sessuali: si pensi alla vagina del manichino a gambe aperte in *Étant donnés* (1946-66) e all'inquadratura inguinale di *Where Is Your Rupture?*. È proprio questa messa alla prova del soggetto che tratterò ora.

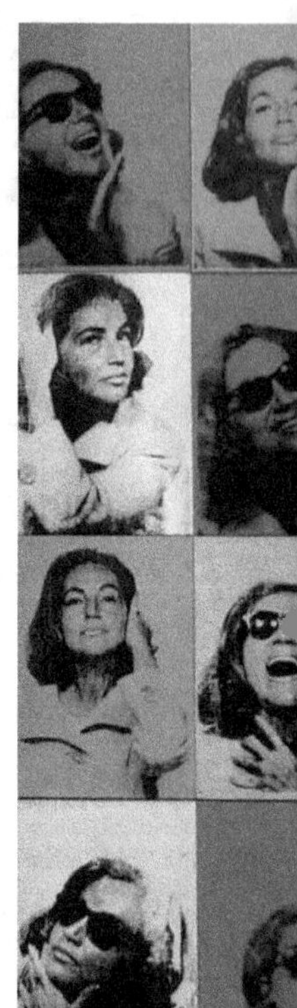

• • *Essere il copione di se stessi*

"Prendere l'esterno e metterlo all'interno, oppure prendere l'interno e metterlo all'esterno". Questa definizione della pop art, dicevamo, mette in luce una sostanziale confusione tra pubblico e privato, radicata peraltro nella spettacolarizzazione generalizzata degli anni Sessanta, al tempo stesso rivelata e sfruttata da Warhol. Certo, in lui emerge un'inedita, bizzarra forma di permeabilità: permeabilità, innanzitutto, del lavoro artistico, pieno com'è di immagini tratte dalla cultura di massa, ma anche nella biografia, con quella Factory impostata come grande parco-giochi aperto a chiunque, residenti del centro, dive dell'Upper Side e – nel mezzo – un'infinita tipologia di "superstar". Allo stesso tempo, l'uomo-Warhol è tutt'altro che permeabile: anche prima che sfiorasse la morte nell'attentato della squilibrata Valerie Solanas il 3 giugno 1968, egli cerca di compensare la propria vulnerabilità con supporti fisici e forme psicologiche di difesa: dall'aspetto "opaco" ottenuto grazie a parrucche e occhiali, ad amuleti onnipresenti come il registratore e la Polaroid, fino alla frequentazione di compagnie protettive come quelle del Max's Kansas City. Dopo l'attentato, poi, è costretto a portare un busto, tali sono i danni che ha subito alla parte mediana del tronco. Fin dall'inizio, inoltre, possiede la sorprendente capacità di attirare a sé quelli che sono praticamente suoi "doppi", come Edie Sedgwick (la più famosa della compagnia a morire in giovane età) e Nico (la cantante "monotòno" che collabora anche con i Velvet Underground), e quindi, più avanti, di apparire come un simulacro di se stesso: anche quando è manifesto in carne ed ossa, sembra assente o alieno, qualità decisamente paradossali per un VIP presenzialista. Questi espedienti diventano presto i tratti salienti del suo personaggio, tanto da fare di quest'ultimo, per certi versi, il suo vero capolavoro artistico: Warhol stesso è un *Gesamtkunstwerk* appiattito e fatto persona, il centro spettrale di un panorama frivolo e chiassoso. L'artista, del resto, ha proposto opportunamente la parola "figment" ("proiezione") per il proprio epitaffio, mentre altrove suggerisce che "la più

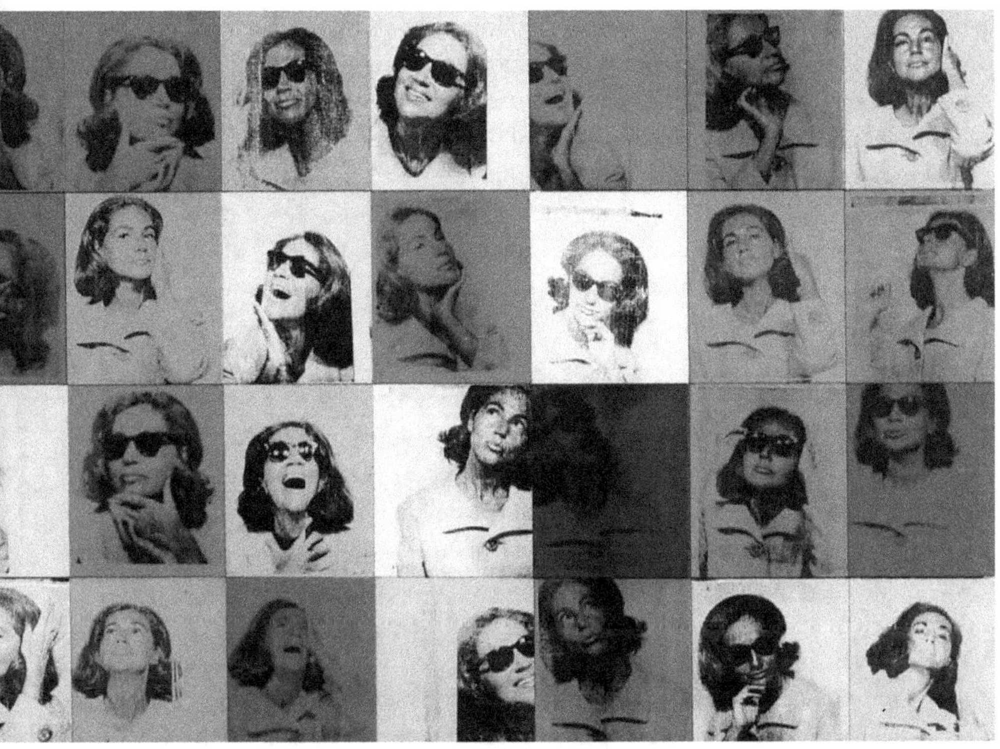

*Ethel Scull Thirty-Six Times, 1963. Inchiostro serigrafico sopra pittura sintetica su tela, 36 parti di cm 50 x 40 ciascuna
Courtesy: The Andy Warhol Foundation for the Visual Arts, Inc. / SIAE*

grande invenzione americana" sia stata "essere in grado di scomparire"[45]. La sua stessa immagine, quindi, oscilla tra l'iconico e il fantasmatico.

Mentre il suo contemporaneo Marshall McLuhan definisce "protesi" le tecnologie dei media, Warhol le utilizza piuttosto come scudi protettivi da impiegarsi talvolta in modo violento. Fin dai primi anni della Factory, ha l'abitudine di registrare le voci di conoscenti particolarmente loquaci, come Ondine, mentre i visitatori vengono spesso fatti posare di fronte a una cinepresa statica per tre minuti di "screen test", quasi un rito di iniziazione all'ambiente. Negli ultimi anni, poi, Warhol diventa un collezionista compulsivo, tanto da riempire l'appartamento nell'East Side con cumuli di oggetti kitsch, ad esempio scatole di biscotti: addirittura 10.000 articoli sono stati venduti all'asta dopo la sua morte improvvisa nel 1987. Questo interminabile processo di registrazione, acquisto e confezionamento fa emergere quasi un piano inconscio di controllo grazie all'accumulazione, un "conquistare copiando"[46]. Quanto di tutto ciò si possa considerare aggiunto o tolto, inclusivo o esclusivo, aperto o chiuso, è difficile stabilirlo, poiché, come gli stati psicologici che ne stanno alla base, queste operazioni sono strettamente legate tra loro. Da questo punto di vista, forse, il copiare e collezionare di Warhol altro non sono che nuovi modi di essere permeabile nei confronti del mondo, e questa permeabilità costituisce un'arma difensiva contro le immagini, gli oggetti e le persone: un modo cioè di trattarle come indifferenti, di asciugarne l'essenza. Quando lavorava come illustratore negli anni Cinquanta, Warhol aveva l'abitudine di portare il proprio portfolio in una busta di carta, tanto da essere soprannominato "Andy Paperbag", a rimarcare la leziosa ritualità di questo gesto, ma anche a cogliere una fondamentale pulsione a "custodire", nonché la fragilità della custodia stessa. In questo senso, "Where Is Your Rupture?" è forse la domanda warholiana per antonomasia[47].

Dentro o fuori, a pezzi o intero: Warhol appare infastidito dalla propria immagine. Da giovane non era riuscito a crearsi un look coerente con cui farsi fotografare, e anche negli anni d'oro a New York appare spesso incerto, quasi imbarazzato davanti all'obiettivo[48]. In diversi servizi degli anni Cinquanta, di Otto Fenn, Leila Davies Singeles, Edward Wallowitch e Duane Michaels, l'artista non riesce ad assumere una posa riconoscibile, paragonabile a quelle di Greta Garbo, Marlene Dietrich o Truman Capote, e persino nei suoi stessi autoritratti pop del decennio successivo sembra sforzarsi a far sua tutta una serie di espressioni preconfezionate, come negli autoritratti "comparativi" del 1964, a testa alta e occhi sbarrati, o in quelli "riflessivi" del 1967 (pg. 147), con le dita appoggiate sul mento. Alla fine Warhol riesce, certamente, a costruirsi un'immagine pubblica: ma lo fa perlopiù attraverso "deflettori" costituiti dalle parrucche e dagli occhiali, o per mezzo di *alter ego* come Edie e Nico, al punto da mettere la propria stessa iconicità in tensione con il suo termine contrario[49]. Forse, questo disagio con la propria immagine lo rende sensibile nel riconoscere negli altri la stessa difficoltà, e lo porta ad ammirare chi riesce a modellare se stesso. Ecco spiegata la sua ammirazione per le stelle del cinema, ma anche per travestiti di successo come Candy Darling.

Anche con gli altri, Warhol esplora un'ampia gamma di pose-tipo associate a diversi generi di ritratto fotografico: le istrioniche smorfie dell'amico nella fototessera, lo sguardo vuoto del criminale nella foto segnaletica, o quello seducente dell'attore nell'immagine pubblicitaria. Generi certamente diversi, che però hanno in comune una rappresentazione meccanica del *sé* a scopo

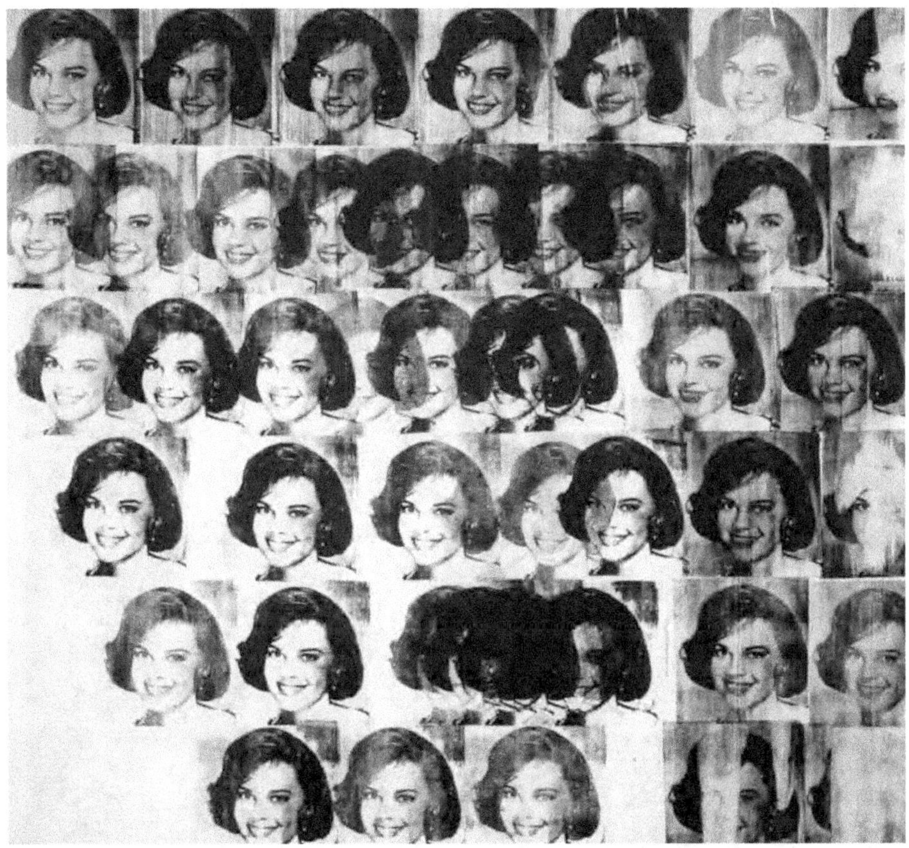

Natalie, 1962. Inchiostro serigrafico su tela di lino, cm 212 x 228.
Courtesy: The Andy Warhol Foundation for the Visual Arts, Inc. / SIAE.

identificativo: volente o nolente, questo *sé* è sottoposto a una forma di alienazione dentro l'immagine, ma anche all'automatizzazione legata al processo[50]. E tuttavia, a dispetto della massima "chiunque di noi dovrebbe essere una macchina", Warhol non si limita a celebrare la meccanizzazione e l'automatizzazione. Spesso, anzi, mette a tema i loro effetti per via indiretta, per mezzo dei loro prodotti: bustine di fiammiferi, cibi in scatola, schemi di danza, cifre, e così via. Si può dire che i primi lavori pop riassumano i gesti automatici che Walter Benjamin aveva individuato come prototipici della società industriale. "Il *comfort* isola", scrive Benjamin nel suo saggio su Baudelaire del 1940; "mentre assimila, d'altra parte, i suoi utenti al meccanismo":

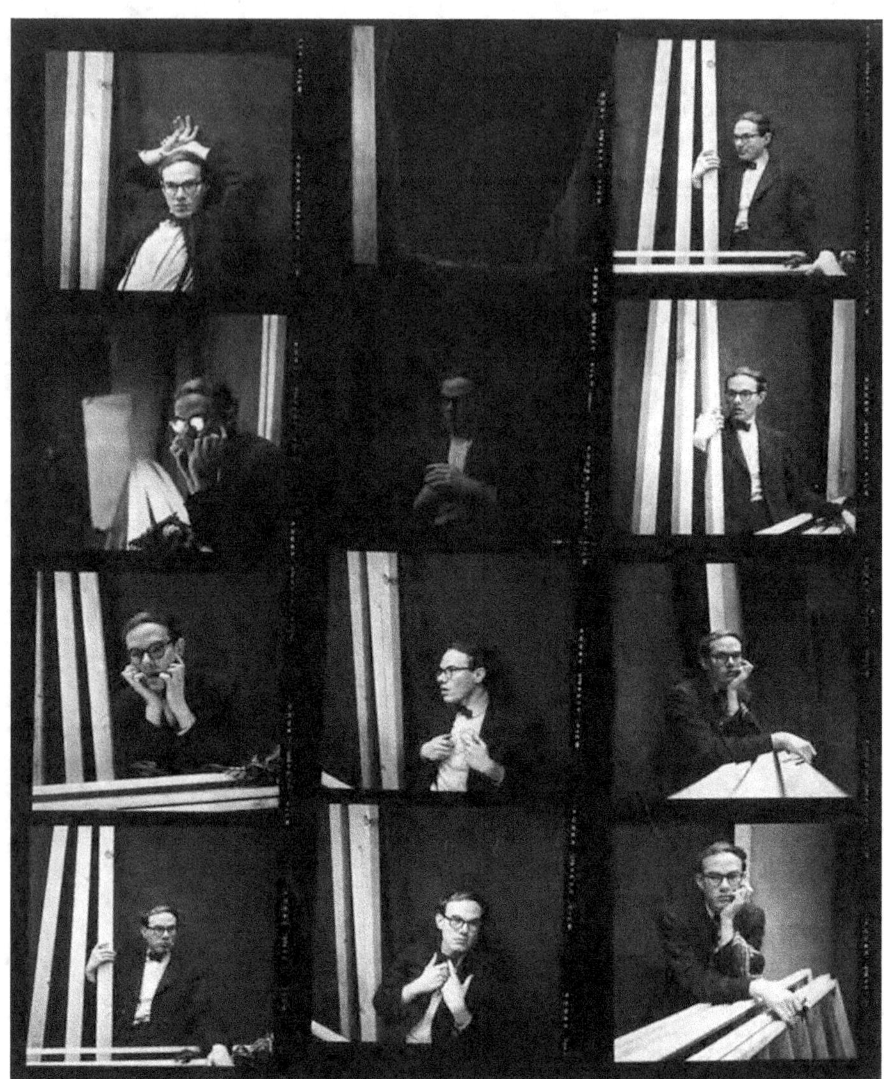

Otto Fenn, Andy Warhol, 1952-54.
Stampa a contatto, cm 21 x 25,5

Con l'invenzione dei fiammiferi verso la fine del secolo, comincia una serie di innovazioni tecniche che hanno in comune il fatto di sostituire una serie complessa di operazioni con un gesto brusco. Questa evoluzione ha luogo in molti campi; ed è evidente, per esempio, nel telefono, dove al posto del moto continuo con cui bisognava girare la manovella dei primi apparecchi, subentra lo stacco del ricevitore. Fra i gesti innumerevoli di azionare, gettare, premere eccetera, è stato particolarmente grave di conseguenze lo "scatto" del fotografo. Bastava premere un dito per fissare un evento per un periodo illimitato di tempo. L'apparecchio comunicava all'istante, per così dire, uno *choc* postumo. A esperienze tattili di questo genere si affiancavano esperienze ottiche, come quelle che stimola la sezione degli annunci in un giornale, ma anche il traffico delle grandi città[51].

Condensati in questi gesti, secondo Benjamin, vi sono "*choc* e collisioni" che il soggetto moderno, per la sua stessa sopravvivenza, ha imparato a respingere o assimilare. "Così", conclude, "la tecnica sottoponeva il sensorio dell'uomo a un *training* di ordine complesso"[52]. L'arte di Warhol assume come sottotesto questo stesso *training*, di cui, attraverso l'abitudine a re-incorniciare immagini selezionate e prodotte meccanicamente, ripercorre, procedendo per piccoli tagli in profondità, la lunga storia.

Prendiamo ancora come esempio l'uso delle fototessere, delle foto segnaletiche e delle immagini pubblicitarie: in esse Warhol rivisita le principali strategie adottate da particolari soggetti per ripararsi dallo "'scatto' del fotografo". Tutte datate tra il 1963 e il 1966, le fototessere riuniscono amici che si prestano per gioco e modelli in posa da ritratto, una pratica, questa, che Warhol aveva iniziato nello stesso 1963 con *Ethel Scull Thirty-Six Times*. Se è vero ciò che Benjamin sostiene in *Piccola storia della fotografia* (1931), cioè, che la lunga esposizione necessaria nella fotografia degli albori garantiva ai soggetti il tempo necessario per diventare immagini, sviluppando il profondo senso di un *io* interiore, il *clic* inaspettato dell'istantanea produce invece l'effetto opposto. A causa della pressione esercitata dai *flash* improvvisi, la cabina per fototessere sorprende spesso il soggetto, talvolta lo mortifica addirittura, costringendolo, quasi per anticipare lo scatto, a forzare una smorfia di fronte all'obiettivo. Il che, una volta stampata la foto, non fa che accrescere il senso di umiliazione. Spesso, la mortificazione provocata da una mediazione così improvvisa è evidente anche quando il soggetto è abile di suo nel mostrarsi, come nel caso di

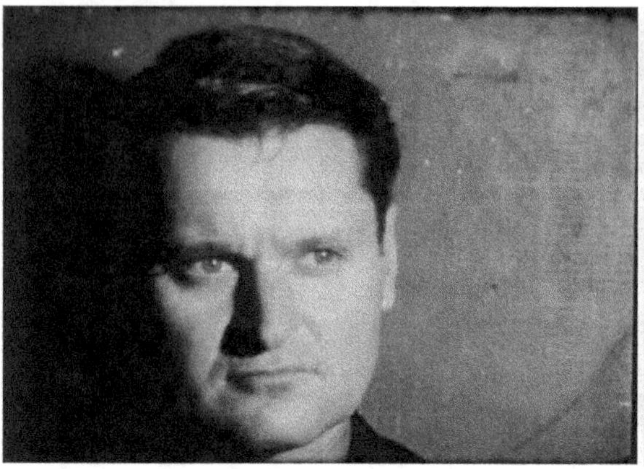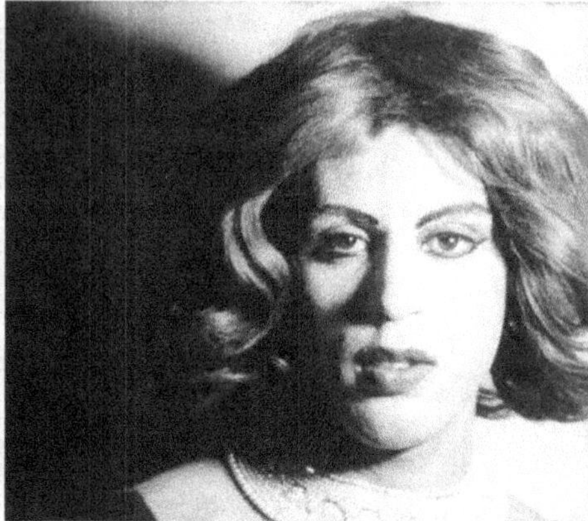

Fotogrammi dagli Screen Test di John Ashbery (1966) e Mario Montez (1965).
Pellicola 16mm in bianco e nero

Edie Sedgwick (pag. 163). In breve, Warhol fa capire come la cabina sia sede non solo della messa in scena di sé, ma anche di una messa alla prova del soggetto: un "training", che, nel senso benjaminiano del termine, non porta mai a un'"esperienza" poi conservata nella memoria, ma piuttosto a una vera e propria corrosione di un irrinunciabile caposaldo del "sé" tradizionale[53]. Quando l'esposizione all'obiettivo è prolungata, come negli *Screen Test*, anche questo *training* ne risulta esteso, andando a logorare ulteriormente esperienza, memoria e identità.

Se nella fototessera la presentazione di sé è spesso voluta, lo stesso non si può dire a proposito della foto segnaletica: le rigorose inquadrature frontali e laterali sono infatti obbligate, l'identificazione procede subito di pari passo con la mortificazione. A volte, tuttavia, questa forzatura incontra la resistenza del soggetto: in *The Thirteen Most Wanted Men* (1964), Warhol opta per foto nelle quali i criminali cercano quasi di intimidire l'obiettivo, o perlomeno

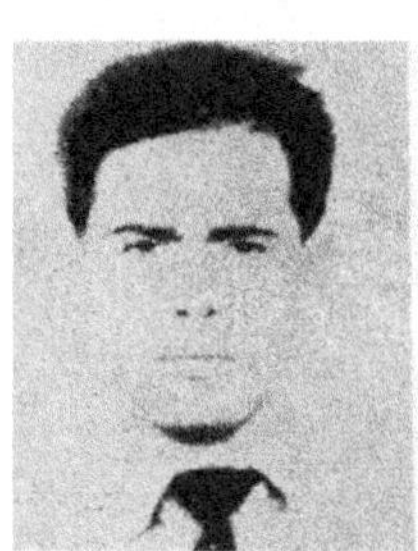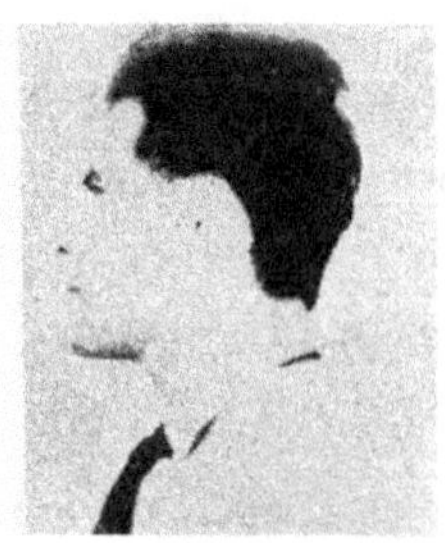

The Thirteen Most Wanted Men (#13. Joseph F), 1964.
Inchiostro serigrafico su tela, due parti di cm 123 x 102
ciascuna.

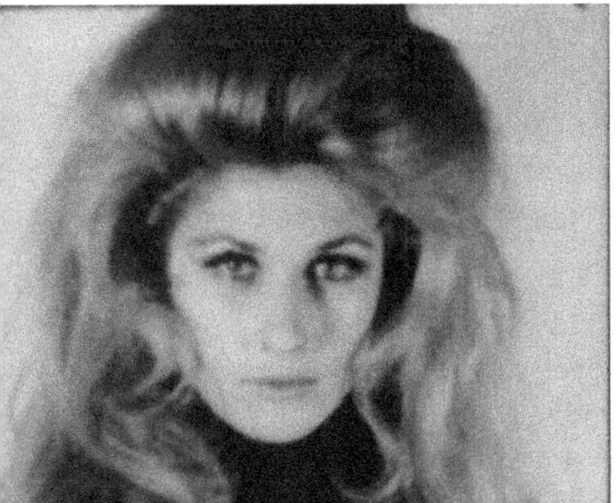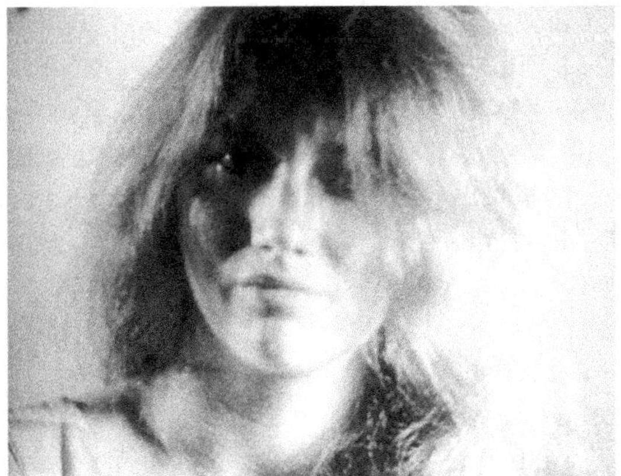

Fotogrammi dagli Screen Test di Jane Holzer e Sally Kirkland (1964).
Pellicola 16mm in bianco e nero

di risultare tanto imperscrutabili da sfidarne la capacità di identificarli. L'artista sembra poi contribuire di suo a questa tacita resistenza, non solo scegliendo immagini datate (perlopiù casi risalenti agli anni 1955-61), ma spesso omettendo informazioni necessarie all'identificazione dei soggetti: non vengono comunicati i cognomi e alcune immagini sono talmente sgranate da risultare illeggibili[54]. Infine, come ha notato lo storico dell'arte Richard Meyer, Warhol diluisce lo sguardo esplicito dello Stato con quello implicito del desiderio omosessuale, per cui l'espressione "most wanted men" assume una connotazione ben diversa, e quasi ironica, rispetto alla posa disinteressata richiesta dalle forze dell'ordine[55].

Di norma, i criminali cercano di evitare il riconoscimento, per loro è una minaccia la possibilità di diventare "iconici"; le *star*, al contrario, lo cercano, per loro il problema è non essere abbastanza iconici. Da questo punto di vista, i primi ritratti serigrafici di celebrità possono essere visti come complementari a *The Thirteen Most Wanted Men*. A volte, tuttavia, anche per i VIP troppa visibilità può costituire un problema, ed è proprio in questi momenti di stress di fronte al pubblico che Warhol si sente attratto da loro, come nel caso di Jackie Kennedy, la cui immagine sfocata sembra quasi testimoniarne una vita piena di sofferenza. Anche sotto l'apparente prosperità di figure come Marilyn Monroe ed Elizabeth Taylor, tuttavia, le serigrafie lasciano intravvedere il potere corrosivo di questa visibilità, le asperità insite nel produrre, occupare e mantenere un'icona ad uso e consumo di un pubblico di massa. Per gli ormai classici ritratti di Marilyn, ad esempio, Warhol sceglie, dal proprio archivio di oltre mille fotografie dell'attrice, una specifica immagine pubblicitaria per il film *Niagara*, replicando così l'inquieta selettività di lei in relazione alla propria immagine[56]. Similarmente, attraverso le numerose rappresentazioni di Liz, ne segue il difficile percorso dalla ragazzina acqua e sapone di *National Velvet* alla divoratrice di contratti con la MGM, fino alla consacrazione come stella dei *tabloid* negli anni di *Cleopatra*, documentandone la problematica gestione dell'iconicità. Ma Warhol va oltre, svelando la natura costruita di queste immagini anche a livello di processo: i suoi colori sguaiati, le linee nerissime, spesso stampate fuori registro, conferiscono ai ritratti l'aspetto di un maquillage estremo, quasi un rifacimento, una costruzione cosmetica di parti eterogenee: labbra, occhi, sopracciglia, capelli[57]. Soprattutto nelle serigrafie con immagini multiple, come *Natalie* (1962), la costruzione del soggetto si scontra con la sua decostruzione, e spesso risulta perdente.

La conclusione da trarre dal punto di vista storico è specifica della società dello spettacolo, ma ha anche una validità psicologica che va ben oltre. Se da un lato l'ego è visto come una sorta di immagine (e del resto, nella teoria psicanalitica, la nostra consapevolezza delle immagini dei nostri corpi è un primo passo nella formazione dell'ego), allora l'immagine può essere vista come una sorta di ego, o una sua protesi, una superficie-schermo sulla quale proiettiamo le nostre identificazioni e idee[58]. Generalmente parlando, entro le dinamiche della società dello spettacolo, due modelli di immagine dominano sugli altri: l'immagine come merce e l'immagine come aura di celebrità. E come il sociologo francese Edgar Morin osserva proprio agli albori della pop art, i due modelli sono spesso condensati in uno solo, la "star-merce"[59]. Certo, queste immagini sono espressamente date in pasto alle nostre proiezioni, e questo processo caratterizza più di qualsiasi altra cosa la società dello spettacolo. Ora, se è vero, come scrive il critico Michael Warner, che "il soggetto di massa non può avere un corpo se non quello di cui è testimone", questo ci può aiutare a capire perché Warhol rievochi questo soggetto soprattutto attraverso merci e celebrità, da prodotti come la Campbell's e la Coca-Cola a stelle del cinema e politici come Marilyn Monroe e Mao, fino a tutti i volti sulle copertine della rivista "Interview"[60]. Come Warhol sapeva, del resto, il soggetto di massa poteva essere richiamato anche mediante una particolare categoria di sostituti: gli oggetti del gusto

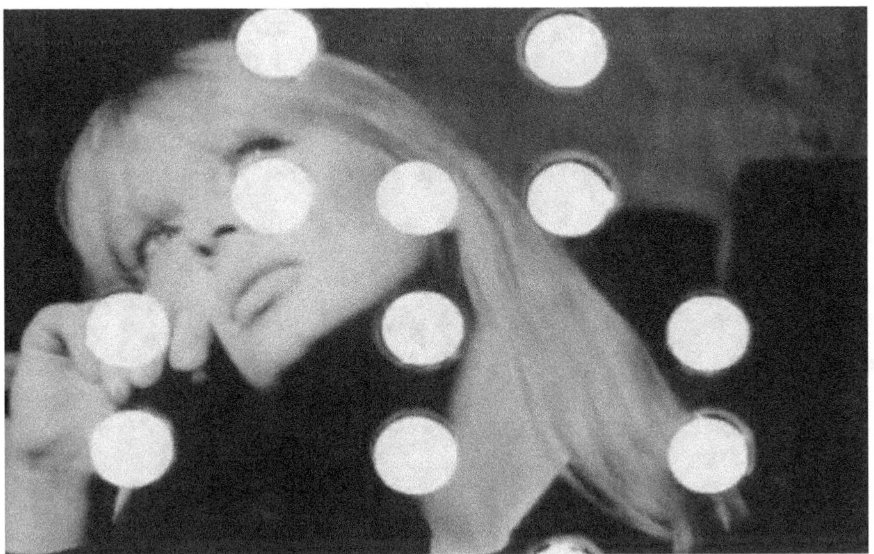

Screen Test di Nico, 1964. Pellicola 16mm in bianco e nero

kitsch, come nei fiori psichedelici di alcuni quadri del 1964, o nelle carte da parati con le mucche (1966). Tuttavia, non tutto è perfetto in questo sistema. Ad esempio, alle vicissitudini della *star* nella realizzazione di un'immagine per il pubblico di massa vanno a sommarsi quelle subite a sua volta dall'immagine per colpa delle volubili proiezioni del pubblico stesso: i nostri risentimenti, le nostre delusioni, e così via. Se la star vive di queste proiezioni, infatti, è inevitabile che muoia con esse, come capita a qualsiasi altro prodotto. "Nelle figure di Elvis, Liz, Michael, Oprah, Geraldo, Brando e simili", scrive Warner, "assistiamo all'imbolsimento, alla consunzione, al ferimento e alla generale umiliazione del corpo pubblico. I corpi di queste figure pubbliche sono le protesi del nostro stesso mutevole desiderio"[61]. Warhol ha avuto la perspicacia di cogliere questa sadica componente di consunzione ("divoriamo" la star, disse in un intervista del 1966), fortemente presente nelle sue immagini usurate tanto di celebrità che di merci[62].

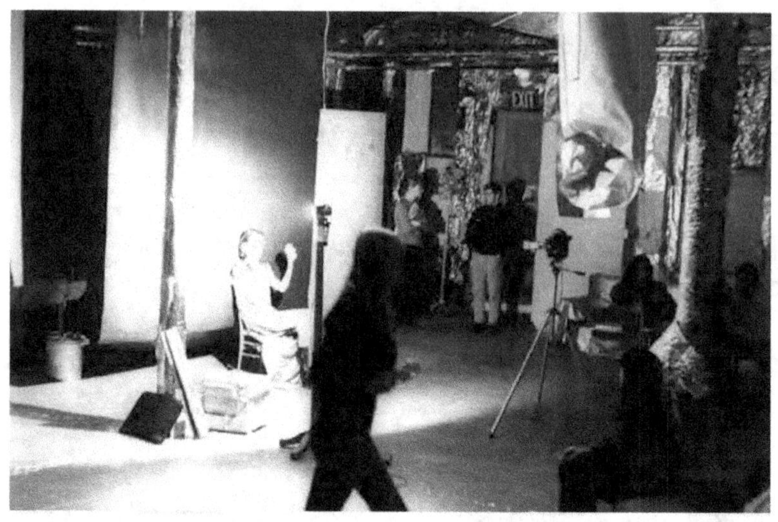

Ivy Nicholson si prepara per uno Screen Test presso la Factory, 1966. Foto di Billy Name

Questo logorio non è distante dal *training* e dalle prove cui è sottoposto il soggetto sopra descritto. "La natura che parla alla macchina fotografica è infatti una natura diversa da quella che parla all'occhio", scrive Benjamin in *Piccola storia della fotografia*, e nel procedimento applicato alle fototessere, alle foto segnaletiche e alle immagini pubblicitarie Warhol suggerisce che diverse nature parlino a diversi generi fotografici, nonché a diversi usi della macchina[63]. Un particolare interesse ricopre per lui la natura che parla alla cinepresa, tema centrale dei film: tanto le vicissitudini psicologiche del costruire un'immagine di sé quanto il *training* tecnologico del soggetto moderno raggiungono qui la massima evidenza, soprattutto nei 472 (per limitarci a quelli noti) *Screen Test*, prodotti tra il 1964 e il 1967.

Realizzati con una 16 mm Bolex posta su un cavalletto, ciascuno di questi lavori utilizza 35 metri di pellicola che corrispondono a tre minuti circa di durata, e segue alcune linee guida (a dire il vero, spesso disattese): cinepresa statica, niente zoom, il soggetto posto al centro, rivolto frontalmente verso l'obiettivo e ripreso a figura intera, il più possibile fermo. Pensati come veri e propri ritratti cinematografici (il titolo di lavoro era "Stillies"), gli *Screen Test* sono, a tutti gli effetti, una sintesi tra fototessere, foto segnaletiche e immagini pubblicitarie. Tecnicamente, non si tratta neppure di veri "screen test": in nessun caso il filmato funge da audizione per una pellicola vera e propria. Tuttavia, la parola *test*, nel senso di messa alla prova, è quanto mai appropriata: senza motivazioni ulteriori, infatti, questi cortometraggi mettono alla prova la capacità del soggetto ritratto di reggere il confronto con la macchina, tenere una posa, presentare un'immagine e sostenere il peso della performance dall'inizio alla fine della ripresa. Ciascun soggetto, per di più, si sottopone al test senza la corazza di un personaggio prestabilito o l'aiuto di un copione e di una regia, ma soprattutto sotto lo sforzo di un'immobilità coatta di fronte alle più svariate distrazioni ambientali: i protagonisti, infatti, sono spesso stuzzicati, imbeccati o provocati da altri frequentatori della Factory, e talvolta, al contrario, vengono abbandonati a se stessi da Warhol o dall'addetto di turno alle riprese[64]. Insomma, il soggetto non ha nessuno con cui interagire, nemmeno sotto forma di macchina da presa, essendo quest'ultima talmente statica da non suggerire la minima reciprocità. Se si può individuare uno scenario, quindi, possiamo definirlo come l'incontro spontaneo con un dispositivo tecnologico, sul cui volto indistinto il soggetto, rimasto solo, si trova costretto a proiettare, il meglio possibile, un'immagine di sé.

"In qualche modo, noi attiriamo la gente che davanti all'obiettivo si *accende*", scrive Warhol a proposito dei suoi film. "In questo senso, sono *davvero superstar*. È molto più difficile, sa, essere il copione di se stessi"[65]. Eppure, molti *Screen Test* stanno proprio a certificare le difficoltà di questa "accensione" e di questa auto-sceneggiatura, mettendo a tema il senso di brutale coercizione insito nell'iconicità e nella coerente forma di presenza richieste dal cinema[66]. Certo, il logorio agisce a livello di immagine, con l'illuminazione spesso incostante e l'esposizione disomogenea, che portano talvolta l'immagine a impallidire del tutto; non solo, ma, come nelle serigrafie, avvengono spesso fratture improvvise, con la macchina che compie movimenti bruschi o effettua zoomate inattese. Ciononostante, il vero logorio è quello che riguarda il soggetto e il suo incontro con la macchina da presa[67]. Tanto forte è l'illuminazione, soprattutto sui soggetti femminili, che il protagonista è spesso costretto a proteggersi indossando occhiali scuri. Alcuni cercano di volgere altrove lo sguardo, come se l'occhio della macchina potesse essere a sua volta deviato, mentre altri, come nelle foto segnaletiche, provano a mettere in soggezione l'obiettivo, quasi che possa essere quest'ultimo a battere per primo le palpebre, o forse con la consapevolezza che non vi sia altro modo per proteggere e sostenere un'immagine di sé, per conservarla intatta. Di fatto, tuttavia, questo stesso sguardo diventa il più delle volte talmente fisso da sottoporsi a sua volta al logorio[68]. Come nelle fototessere, alcuni soggetti ricorrono poi alle pose artificiose o alle smorfie, strategia che appare auto-difensiva quando accompagnata da istrionismo, semplicemente disperata quando venata di aggressività. Insomma, poco conta quanto sia pieno di sé il protagonista (spesso si tratta di attori professionisti): il più delle volte, esce dal test "provato ed esausto"[69]. Per alcuni, il peso è soprattutto psicologico: come commenta il poeta Ron Padgett, "è quasi come fare un test di Rorschach su se stessi"[70]. Per altri, è altrettanto forte lo stress fisico, come se il corpo-immagine in quanto tale fosse sotto assedio. "Stai seduto a fissare la macchina", osserva l'attrice Sally Kirkland, "e dopo un po' la tua faccia comincia a disintegrarsi"[71]. Una prova durissima, e lo stress sembra logorare tutti, uomini e donne, etero e gay.

"Il regista sta esattamente nello stesso punto in cui, durante la prova di attitudine sta il responsabile della prova", scrive Benjamin a metà anni Trenta; e questa "prova" è più difficile, non certo più facile, quando il direttore è assente o indifferente, come in molti *Screen Test*[72]. E tuttavia, prosegue Benjamin, l'attore cinematografico, la cui *performance* è "presentata attraverso un'apparecchiatura", e non direttamente di fronte al pubblico, è in una posizione favorevole per passare la prova, essendo addestrato a rivolgersi alla macchina, a conquistarla, a tutto vantaggio della riuscita della scena. Sempre secondo Benjamin, il principale motivo di interesse dei film della sua epoca era costituito proprio da questo trionfo tecnico. "È un'apparecchiatura quella davanti alla quale la maggior parte degli abitanti delle città sono costretti a spogliarsi della loro umanità negli uffici e nelle fabbriche per la durata della giornata lavorativa", sostiene; e tuttavia "alla sera, poi, le stesse masse riempiono i cinema per vedere come l'attore cinematografico li vendica, non solo affermando la *sua umanità* (o ciò che a loro sembra tale) nei confronti dell'apparecchiatura, bensì, addirittura, mettendo questa al proprio servizio"[73]. Negli *Screen Test* la situazione è del tutto diversa: questa rivincita può essere a volte tentata, ma non riesce praticamente mai. Il più delle volte è l'apparato a trionfare sul soggetto, di fronte all'obiettivo della cinepresa non c'è nessuna redenzione di tipo umanista[74]. Nella maggior parte dei casi, poi, il fruitore non ha altra scelta oltre a quella sadica di sposare la visione meccanica e a quella masochista di identificarsi con il soggetto sottomesso al suo potere; a volte, la seconda alternativa appare quasi come l'unica via per un'"umanità" comune. E in effetti, in tutto il cinema warholiano, riprendere una persona significa spesso provocarla o esporla, mentre lasciarsi filmare significa respingere questa invadenza o farsi mettere a nudo da essa[75]. Di conseguenza, lo spettatore non può idealizzare il soggetto filmato, come accade solitamente nel cinema hollywoodiano. Al limite, si può essere solidali, qua e là, verso la persona sofferente davanti all'implacabile macchina, ossia verso il soggetto che si fa immagine, volendolo troppo, resistendovi troppo, o forse non abbastanza.

Warhol realizza gli *Screen Test* alla velocità tipica del film sonoro, ventiquattro fotogrammi al secondo, ma la velocità di proiezione prevista è quella del film muto, sedici fotogrammi al secondo (dopo il 1970, lo standard passa a diciotto fotogrammi). Nella proiezione, pertanto, la messa alla prova del soggetto appare ancora più crudele, "qualsiasi tremolio o battito di ciglia involontario [è rivelato] in una *slow motion* quasi clinica"[76]. La cosa è ancora più crudele per lo spettatore, poiché la velocità di proiezione prolunga la durata di ciascun test a quattro minuti, ma anche perché, se il protagonista cerca di lottare con la macchina da presa, lo spettatore tenta di accogliere il protagonista, ma anche stavolta manca qualsiasi tipo di reciprocità. Infatti, anche se i soggetti sembrano essere posizionati in modo da risultare parte della nostra realtà, non essendoci alcuna diegesi che li collochi in un *altrove* fittizio, noi stessi esistiamo in uno spazio-tempo che non può comunicare con il loro. Ogni "screen test" è pertanto, letteralmente, un incontro mancato[77].

Tecnicamente, come è ovvio, una simile incomunicabilità sta alla base di qualsiasi esperienza filmica; e tuttavia qui essa è resa esplicita, e l'intensità di questi cortometraggi trae origine, almeno in parte, dalla sensazione, comune forse a entrambi i soggetti coinvolti, che la condizione non riguardi solo il cinema, ma l'esistenza in generale. Proprio questa melancolica intuizione, peraltro, blocca gli intermittenti aneliti di solidarietà. Soggetti allo sguardo di un *altro* assente, sia il protagonista che lo spettatore cercano inutilmente di ricambiarlo, e più si fa strada la consapevolezza di questa non-reciprocità, ecco che nella proiezione altrimenti imperturbabile del film si apre una sorta di crepa, una rottura traumatica che nessuno dei due soggetti può vivere, e tanto meno capire. Questo incontro mancato, così com'è, sembra legato in qualche modo a quello registrato talvolta nelle serigrafie: per certi versi, anzi, si può dire che gli *Screen Test* diano un volto (o tanti volti) ai disturbanti automatismi che vi vengono mostrati, per quanto è ben difficile stabilire se tale volto faccia apparire più umani i meccanismi, o più meccanici gli umani[78].

• • *Un Rorschach di se stessi*

Tutti questi elementi rendono gli *Screen Test* un esempio assai significativo del logorio dell'immagine e del soggetto messo in atto da Warhol, sul quale sarà bene soffermarsi. Questi cortometraggi, innanzitutto, possono essere paragonati ai protocolli di test applicati in tutta America nel dopoguerra. Con l'espansione del consumismo, emerse infatti un movimento di sensibilizzazione guidato da Ralph Nader, che avrebbe raccolto un certo successo appena dopo la realizzazione delle prime serigrafie e contemporaneamente agli *Screen Test*. Nel 1965, Nader pubblicò il libro *L'auto che uccide*, nel quale metteva in dubbio la sicurezza di un gran numero di automobili americane, seguito da altri volumi riguardanti i pericoli associati al cibo, alle droghe e agli agenti inquinanti di aria ed acqua. Alcune immagini del ciclo *Death and Disaster* si concentrano appunto su catastrofi generate da prodotti non del tutto a regola, su veri e propri esperimenti falliti, come gli adolescenti uccisi in incidenti stradali prima che entrasse in vigore l'obbligo delle cinture di sicurezza, o le casalinghe avvelenate dal tonno mal conservato prima che venissero istituiti controlli più rigidi. Come detto, questo interesse verso i test e l'addestramento attraversa il percorso di Warhol dagli inizi (come nelle serie *Do It Yourself*, *Dance Diagrams* e *Screen Test*) fino alla maturità: le serie *Shadow*, *Diamond Dust Shoes*, *Zeitgeist*, *Camouflage*, *Yarn* e *Gem* sono tutte in qualche modo test della nostra visione. Di fatto, i quadri del ciclo *Rorschach* (1984) giocano dichiaratamente su uno dei test psicologico-percettivi più noti, i dieci schizzi di inchiostro pubblicati nel 1921 dallo psicologo svizzero Hermann Rorschach[79].

Da un lato, con l'attenzione posta sugli effetti dell'automazione, sul conflitto tra attore e apparato, e così via, Warhol rilegge retrospettivamente quel momento della cultura industriale che Benjamin cercava di comprendere. Dall'altro lato, Warhol guarda al futuro, verso un tempo della società capitalista (il nostro) nel quale i test e gli addestramenti assumeranno una dimensione pervasiva. Stando alle sue parole, egli è affascinato dai frequentatori della Factory in grado di "accendersi" ed essere "il copione di se stessi". Oggi, il capitalismo avanzato richiede alla maggior parte di noi una tale abilità nello "sceneggiarsi", nel senso di proiettare un'immagine-di-sé modellata *ad hoc* per ogni singolo colloquio, di adattare l'insieme delle nostre attitudini ad ogni nuovo lavoro, di essere insomma messi alla prova in ogni momento su queste abilità improvvisate[80]. Soprattutto negli *Screen Test*, ma in generale all'interno della Factory, le persone erano considerate alla stregua di capitali a cui dare continuamente forma, all'insegna di quella flessibilità che oggi è requisito fondamentale dell'economia neoliberista[81]. "La produzione non produce quindi soltanto un oggetto per il soggetto", scrive Marx in un famoso passo dei *Lineamenti* (1857-61), "ma anche un soggetto per l'oggetto"; così rimangono le cose nella produzione attuale[82]. Da questo punto di vista, Warhol non dimostra tanto la dissoluzione finale del soggetto, come sostengono alcuni critici, quanto piuttosto la sua continua costruzione e decostruzione[83].

Detto questo, alla fine dei conti, Warhol è ben lontano dal conformarsi semplicemente a questo "nuovo spirito del capitalismo"; al contrario, si può dire che vi resista, anche se per vie traverse, almeno in un paio di modi. Innanzitutto il fallimento, per quanto sia uno dei possibili esiti di qualunque test, in Warhol sembra esserne lo scopo. Esiste qualcuno, attore o spettatore, che possa dire di aver passato lo "screen test"? Ciascun test, come si è visto, sembra piuttosto mettere in luce l'innegabile difficoltà di una presenza coerente da parte dell'attore, ma ci dice anche che lo spettatore è a sua volta destinato a fallire, incapace com'è di prestare soccorso all'attore. Warhol, allo stesso modo, si dimostra fedele a una propria versione del fallimento, della quale è maestro (altro punto in comune con Duchamp): nel corso degli anni Sessanta, infatti, egli abbandona in rapida successione l'illustrazione, la pittura, il cinema e quindi l'arte In generale. O meglio, ciascuna di queste attività viene abbandonata a favore della successiva, fino all'approdo alla "business art".

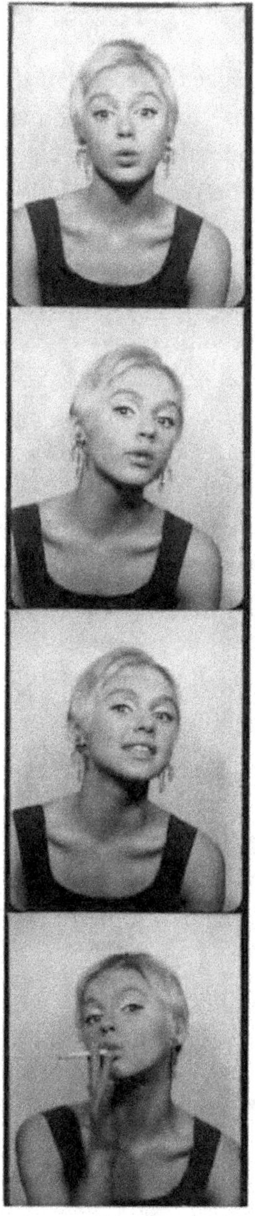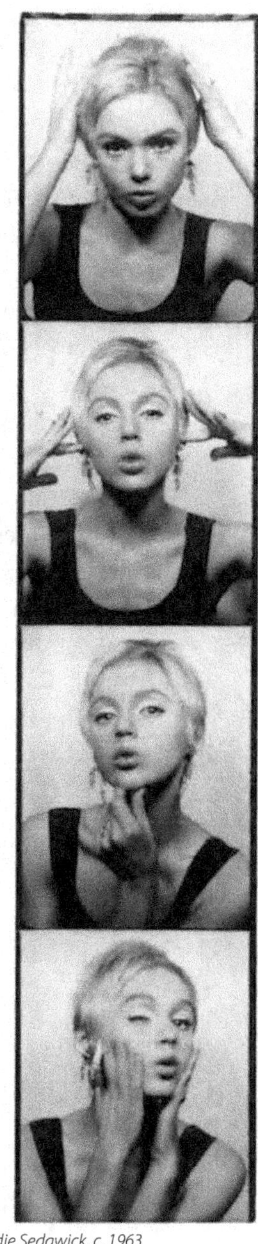

Scatti fotografici di Edie Sedgwick, c. 1963
Due strisce di cm 20 x 4 ciascuna

In secondo luogo, Warhol non si limita a logorare la singola immagine: a volte sembra addirittura logorare l'immaginario nella sua totalità, in quanto spazio psichico nel quale, secondo Lacan, disconosciamo noi stessi. È proprio in questo spazio che l'ideologia riesce ad agire in modo efficace su di noi, tanto che Louis Althusser, in un suo fondamentale saggio, legge l'ideologia sulla falsariga di questa stessa definizione lacaniana dell'immaginario, con la differenza che l'oggetto del nostro disconoscere diventa il mondo sociale in generale: secondo una formula ormai celebre, l'ideologia propone soluzioni immaginarie a contraddizioni reali[84]. Per certi versi, sede privilegiata di questo fenomeno è proprio il cinema classico, descritto da alcuni come ipnotico e da altri come feticistico. Secondo i primi, il film ci inserirebbe in una condizione di suggestionabile semi-coscienza, mentre per i secondi esso ci consentirebbe di negare la realtà del dispositivo filmico in modo da dare credito all'illusione creata dalla trama[85]. Negli *Screen Test*, Warhol decostruisce tanto gli effetti ipnotici quanto quelli legati al feticcio. Ma anche i lavori statici, più radicalmente di quelli di qualsiasi altro artista pop, mettono in crisi immaginario e ideologia[86]. In quest'ottica, ha ragione Lichtenstein quando si definisce, rispetto a Warhol, un artista fuori-moda, e lo stesso vale per Hamilton: anch'egli pittore della modernità, mentre in Warhol la pittura è sopraffatta dalla modernità stessa, al punto che la tradizione del *tableau*, impostata sul soggetto autonomo, non può che giacere in un letto di macerie.

1. Stein J. (1982), *Edie: una biografia americana,* trad. it Frassinelli, Milano 1983, pp. 237-238.

2. Si veda Foster H., *Death in America,* "October", 75, Winter 1996, ripubblicato in Michelson A., ed., *Andy Warhol,* MIT Press, Cambridge 2001. Nell'articolo, dal quale sono adattati i sette paragrafi che seguono, mi soffermo sulla nozione di "realismo traumatico".

3. Swenson G. (2004), *Che cos'è la Pop Art? Risposte di otto pittori, parte prima,* trad. it. In Cueff A., a cura di, *Sarò il tuo specchio. Interviste ad Andy Warhol,* Hopefulmonster, Torino 2007, p. 38.

4. Ibid., p. 39.

5. Se tendo ad esitare nella scelta tra "produzione" e "consumo", è in parte perché la formazione di Warhol avvenne proprio durante il passaggio tra il predominio della prima e quello del secondo. Nato nel 1928 e cresciuto in una città industriale come Pittsburgh, con il padre che faceva il minatore e l'operaio, Warhol divenne attivo nei due mondi dell'arte e della pubblicità dopo l'approdo a New York nel 1949.

6. Se, come abbiamo visto nel cap. 2, Lichtenstein opera una mimesi rispetto agli aspetti "ostici" e "noiosi" della cultura, questa tendenza è portata al limite da Warhol. Da allora numerosi artisti (come Jeff Koons, Damien Hirst e Takashi Murakami) hanno adottato la stessa strategia, forse trascinandola fino all'esaurimento. Per ulteriori riflessioni sull'esacerbazione mimetica, si veda il mio testo "Dada Mime".

7. Frase di Warhol riportata, senza data, in McShine K. (1989), *Andy Warhol. Una retrospettiva,* trad. it Bompiani, Milano 1990, p. 457.

8. Warhol A., Hackett P. (1980), *Pop: Andy Warhol racconta gli anni '60,* trad. it Meridiano Zero, Padova 2004, p. 56. Lichtenstein offre qui un'interessante risposta a Warhol sul tema della trasformazione.

9. Swenson, *Che cos'è la Pop Art?,* p. 40.

10. La distinzione è tratta, naturalmente, da Freud, e in particolare dal saggio *Lutto e melanconia* del 1917.

11. Di fatto, Warhol rielabora il concetto benjaminiano di "inconscio ottico" in modo tale da evocare un nuovo ordine del visuale, al di là dell'occhio nudo, reso possibile dagli strumenti moderni di visione ed immaginazione. Benjamin aveva introdotto la definizione nei primi anni Trenta, in relazione ai progressi tecnologici della fotografia e del cinema; Warhol lo aggiorna a trent'anni di distanza sull'onda dello sviluppo della società dello spettacolo dopo la guerra, della sua fabbrica di immagini alimentata dai mass media e fatta di disastri tecnologici, pervasività dei tabloid e così via. In Benjamin, tuttavia, l'inconscio ottico riguarda essenzialmente il "non visto", e l'attività di indagine su di esso è auspicata in nome della fiducia modernista nei nuovi media; in Warhol, invece, la nozione di "inconscio" è accolta nella sua accezione traumatica. Nella serie *Death and Disasters* in particolare, abbiamo un *flash* di come si sognasse all'epoca del *boom* della TV in bianco e nero, di "Life" e di "Newsweek", e in alcuni casi i sogni erano cattivi, come quelli delle vittime di shock che faticano a prepararsi mentalmente per disastri che sono già avvenuti. Bisogna però riconoscere che queste ripetizioni possono, all'occorrenza, procurare piacere, anche laddove le immagini sono particolarmente cruente: la ripetizione traumatica, ci dice Warhol, non è sempre "oltre il principio del piacere", almeno non in una società dello spettacolo che è riuscita a volgere a suo profitto anche "la morte e i disastri". A tale proposito si vedano, di Benjamin, la *Piccola storia della fotografia* e *L'opera d'arte nell'epoca della sua riproducibilità tecnica,* entrambi più volte citati.

12. Lacan J. (1964), *Il seminario,* vol. XI, *I quattro concetti fondamentali della psicanalisi,* Einaudi, Torino 1979, pp. 19-66.

13. Si veda Foster, *Compulsive Beauty.*

14. Lacan, *I quattro concetti…,* p. 49.

15. Warhol introduce l'espediente dello spazio vuoto sul supporto ("blank") nella serie delle *Silver Electric Chairs* del 1963, dando come ragione pretestuosa il fatto che vendere più quadri significa fare più soldi. Secondo Benjamin Buchloh, questi "blank" svuotano le tanto esaltate ambizioni del monocromo modernista (si veda a tale proposito *L'arte unidimensionale di Warhol,* pp. 16-18). Sicuramente, la presenza auto-evidente di queste tele moderniste è messa in dubbio, ma più che essere svuotata è deviata verso il proprio contrario, l'assenza, la morte, il "silenzio" (parola che incombe al di sopra delle sedie elettriche). Lo spazio vuoto serve dunque a Warhol, in certi casi, come correlativo del *blackout* che può colpire il soggetto sotto shock.

16. Barthes R. (1980), *La camera chiara*, trad. it Einaudi, Torino 1980, pp. 28 e 56. Per un'analisi dei legami tra Barthes e Lacan cfr. Iversen M., *What Is a Photograph?*, "Art History", XVII, 3, September 1994, pp. 450-464.

17. "Cerco qui di cogliere in che modo la *tyche* sia rappresentata nella presa visiva", afferma Lacan. "Mostrerò che è al livello che io chiamo la macchia che, nella funzione scopica, si trova il punto *tychico*" (*Quattro concetti fondamentali*, p. 77). Questo "punto", quindi, non è nel mondo, ma nel soggetto, e nel soggetto inteso come "effetto", come ombra o "macchia" proiettata dallo sguardo del mondo. Lacan sostiene che questo sguardo, "in quanto oggetto a, può venire a simbolizzare la mancanza centrale espressa nel fenomeno della castrazione" (ibid., p. 76). Insomma lo sguardo domanda, warholianamente, "Where is Yo__ Rupture?". E qui l'elisione del possessivo sembra in qualche modo appropriata.

18. Domanda peraltro profetica, poiché lo stesso Warhol, dopo l'attentato, fu costretto a portare un busto. Più avanti tornerò sulla relazione tra immagine e soggetto.

19. Berg G., *Andy Warhol: La mia vera storia*, in Cueff, *Sarò il tuo specchio*, p. 91.

20. Secondo Freud, ci vogliono due traumi per farne uno. Ovvero, perché un trauma sia "registrato" in quanto tale, un primo evento deve essere ravvivato da un secondo che il soggetto, più vecchio, possa comprendere. Questo è ciò che Freud intende per "azione differita" (*nachträglich*) del trauma. Una temporalità di questo tipo sembra essere presente in alcune tele di Warhol, come *White Burning Car*.

21. Barthes: "è acuto e soffocato, grida in silenzio. Bizzarra contraddizione: esso è un lampo che fluttua" (*La camera chiara*, pp. 52-55). L'espressione "lampo che fluttua" richiama alla mente il famoso aneddoto lacaniano della scatoletta di sardine, narrato in *Lo sguardo come "Objet petit a"*, seminario, ancora una volta, tenuto più o meno negli stessi mesi dei *Tunafish Disasters*.

22. Il reale, afferma Lacan con un gioco di parole, è "troumatico": buca il soggetto, o mostra un buco (*trou*) che già c'era. Di nuovo, la scoloritura in *Ambulance Disaster* è un correlativo di tale lacerazione; appare quasi anamorfica, coma a richiamare il teschio negli *Ambasciatori* di Hans Holbein (1533), un *memento mori* che Lacan legge parallelamente come fallico, come una figura di castrazione (cfr. *I quattro concetti fondamentali*). Sulla base di questa associazione, quindi, la morte è ancora una volta il soggetto, e non solo per quanto concerne il contenuto manifesto del quadro. In Warhol sono presenti altre "macchie" anamorfiche altrettanto "puntuali" (da *punctum*, appunto), ma per nulla legate al tema della morte.

23. Warhol A., Hackett P., *Pop*, p. 27.

24. Lacan, *I Quattro concetti fondamentali*, p. 53.

25. Warhol. *La filosofia di Andy Warhol*, p. 71. In *L'arte unidimensionale di Warhol*, Buchloh afferma che i consumatori "possono veder celebrata, nell'opera di Warhol, proprio la loro condizione di uomini cancellati come soggetti" (p. 57). è l'esatto contrario della posizione sostenuta da Thomas Crow nel suo saggio del 1986 *Saturday Disasters: Trace and Reference in Early Warhol* (ripubblicato in Michelson, *Andy Warhol*), secondo la quale Warhol denuncerebbe "il consumo auto-compiaciuto". Anziché scegliere tra le due letture, si può ipotizzare una loro coabitazione, come cerco di dimostrare in *Death in America*.

26. De Antonio riferisce l'aneddoto a Patrick S. Smith in Smith P.S., *Andy Warhol's Art and Films*, UMI Press, Ann Arbour 1986, p. 293. Lo stesso Warhol, del resto, lo riferisce in *Pop* (nota 8).

27. Warhol subì un intervento di plastica al naso nel 1956, ma rimase deluso dal risultato.

28. Sulla frattura del linguaggio in Warhol, si veda l'acuta analisi compiuta dall'autore in Koestenbaum W., *Andy Warhol*, Viking, New York 2002. Sia agli inizi che nell'ultimo periodo, Warhol proietta queste immagini da annunci e fumetti, e li dipinge direttamente su tela.

29. Come le *Close Covers* possono essere viste come una parodia dei "Color Field" dell'astrazione tardo-modernista, così i *Dance Diagrams* sono forse la presa in giro dell'estetica della spontaneità e della partecipazione, da Pollock agli Happening. A tale proposito, cfr. Buchloh, *L'arte unidimensionale di Warhol*, pp. 44-46. Warhol mostra un interesse costante verso il danneggiamento materiale: nel 1970, ad esempio, cura una mostra intitolata *Raid the Icebox*, presso la Rhode Island School of Design, dove espone quadri tratti dalla collezione del luogo che erano stati in qualche modo macchiati o rovinati, e lodò alcune serigrafie di *Marilyn* danneggiate dagli spari di un intruso.

30. Oltre alle 40 *Oxydation*, c'è una serie di quadri spruzzati di sperma, intitolata *Come*. La serie *Piss*, antecedente, è perduta, e persino la documentazione scarseggia (sopravvive una sola fotografia, pubblicata nel catalogo ragionato). Rispondendo a una domanda sui suoi lavori non-figurativi in un'intervista del 1976, l'artista afferma: "Gli unici, che io sappia, sono i quadri *Piss*, di cui ne ho un paio. Ma è passato molto tempo. Poi c'erano le tele che abbandonavo sul marciapiede perché le persone ci camminassero sopra; alla fine mi ritrovavo con un gran numero di tele sporche. Ho concluso che erano tutte malate, e le ho arrotolate e messe tutte insieme da qualche parte" ("Unmuzzled Ox", IV, 2, 1976, p. 44, citato in Frei G., Printz N., eds., *Warhol: Painting and Sculpture, 1961-1963*, Phaidon, London 2002, p. 469).

31. Per quanto riguarda la desublimazione nell'arte di Warhol, cfr. Krauss, *L'inconscio ottico*; Buchloh B., *A Primer for the Urochrome Painting*, in Francis M., ed., *Andy Warhol: The Late Work*, Prestel Verlag, München 2004; Moon M., *Screen Memories, or Pop Comes from the Outside: Warhol and Queer Childhood*, in Doyle J., Flatley J., Muñoz J.E., *Pop Out: Queer Warhol*, Duke University Press, Durham 1996.

32. Contrariamente alla consueta interpretazione di Benjamin, la riproduzione meccanica non fiacca necessariamente l'unicità e l'autenticità dell'originale: piuttosto, soprattutto in *L'arte nell'epoca della sua riproducibilità tecnica*, il concetto stesso di "un originale" dipende strettamente dall'esistenza di "una copia". Di nuovo, Warhol conferma il pensiero di Benjamin, in quanto le sue copie hanno spesso la funzione di erodere i rispettivi originali.

33. Questa paradossale affermazione della differenza mediante la ripetizione rende Warhol un ottimo esempio della filosofia di Gilles Deleuze.

34. Come si vedrà nel cap 4., questa svalutazione dell'immagine attraverso la pura proliferazione è messa in atto, in certi casi, anche da Gerhard Richter.

35. Cfr. Crone R., *Forma and Ideology: Warhol's Techniques from Blotted Line to Film*, in Garrels G., ed., The Work of Andy Warhol, Bay Press, Seattle 1989.

36. I procedimenti indessicali determinano il ruolo del destinatario, oltre a quello del mittente. Charles Sanders Peirce, colui che sviluppò il concetto di "indice", afferma che gli indici hanno meno necessità di un "interprete" rispetto ad altri tipi di segno (il suo esempio, assai suggestivo se applicato a Warhol, è quello di un buco di pallottola). Cfr. Peirce C.S. (1955), *Logica come semiotica: la teoria del segno*, trad. it. in *Semiotica*, Einaudi, Torino 1980.

37. A proposito della de-differenziazione, concetto assai importante per l'arte americana di fine anni Sessanta, cfr. Ehrenzweig A., *The Hidden Order of Art*, University of California Press, Berkeley-Los Angeles 1967. Si suole dire che Warhol sia tornato all'"astrazione" nell'ultimo decennio, ma il termine implicherebbe una stabilità di costruzione dell'immagine che il suo lavoro non possiede. Si tratta, piuttosto, di una de-creazione.

38. Stranamente, Warhol sembra qui avvicinarsi a Max Horkheimer e Theodor Adorno nella loro riflessione sulla *Dialettica dell'Illuminismo* (1944): le *Diamond Dust Shoes* suggeriscono in effetti un olocausto del *glamour*. È curiosa peraltro la circostanza per cui Warhol realizza i quadri *Reflected* con l'immagine da Speer per la mostra *Zeitgeist* a Berlino Ovest (1982), curata da Norman Rosenthal con l'idea di promuovere la pittura neo-espressionista. In generale, i primi quadri "optical" propongono una decostruzione dell'"otticità" tipica del Color Field, affermata da Greenberg e Michael Fried; una decostruzione che liquida lo spettatore egocentrico che quella forma di astrazione cercava invece di assecondare.

39. Freud S. (1910), I *disturbi visivi psicogeni nell'interpretazione psicoanalitica*, trad. it. in *Opere*, vol. VI, Boringhieri, Torino 1974, p. 293.

40. Fried, *Three American Painters*, p. 228. Cfr. Inoltre Foster, *Torn Screens*, in *Prosthetic Gods*.

41. Lacan, *Quattro concetti fondamentali*, p. 87.

42. Ibid., p. 95. L'associazione gioielli-genitali non resta inesplorata in Warhol, il quale realizza disegni e serigrafie di organi maschili.

43. Duchamp M., *Scritti*, p. 38.

44. Duchamp M. (1966), *Ingegnere del tempo perduto. Conversazione con Pierre Cabanne*, trad. it. Abscondita, Milano 2009, p. 65. All'epoca, Duchamp si trovava a Buenos Aires.

45. Warhol A., *America*, Harper & Row, New York 1985, p. 129. *La filosofia di Andy Warhol*, p. 95. Sotto vari aspetti, si tratta precisamente di una *performance*: c'è infatti un soggetto "dietro" questa figura neutra, che la presenta *in quanto* figura. Parte del fascino dell'arte di Warhol, tuttavia, risiede proprio nel fatto che su questo soggetto che "sta dietro" non vi è mai certezza: c'è qualcuno in casa, sotto la parrucca d'argento e gli occhiali spessi, dentro l'automa? Nella serie *Myth* (1981), Warhol usa un autoritratto per l'immagine di *The Shadow*, e i *Self-Portraits* del 1986 mostrano l'artista efficacemente decapitato.

46. Koestenbaum, *Andy Warhol*, p. 2. In generale, argomenta Koestenbaum, la mossa tipica di Warhol sarebbe quella di celare un "soggetto sordido" in una "presentazione affabile", in modo da "imbalsamarlo" (p. 152). Forse proprio in nome di questa forma di controllo, a partire dal 1974 Warhol raccoglieva quotidianamente i fatti spiccioli della sua vita in "capsule del tempo", scatoloni pieni di *souvenir* e tracce. Tra i beni trovati alla sua morte vi erano più di 600 capsule.

47. Si tratta di un'indagine in parte collegabile alle molte perplessità che costellano la gioventù dell'artista: traumi infantili (il padre che muore improvvisamente quando Warhol aveva tredici anni), problemi di identità sessuale ("la virilità era un soggetto sul quale aveva fallito fin dall'inizio", afferma Koestenbaum: *Andy Warhol*, p. 20), posizione sociale (la famiglia d'origine era stata poverissima da generazioni). Ma la biografia di Warhol è caratterizzata anche da molte spaccature di più lieve entità, come la còrea, l'acne, la calvizie prematura, e così via. Su questi temi, cfr. Schick K., *The Red Lobster's Beauty: Correction and Pain in the Art of Andy Warhol*, in Francis M., ed., *Andy Warhol. Photography*, Stemmle, Zürich 1999.

48. Forse con intenti compensatori, Warhol pervade le sue illustrazione degli anni Cinquanta di un'elegante *nonchalance*.

49. Henry Geldzahler, amico di Warhol e curatore del Metropolitan, usa il termine "baffle", per definire l'attività dell'artista (cfr. Geldzahler citato in Koch S., *Stargazer: Andy Warhol's World and His Films*, Praeger, New York 1973, p. 25). Da parte sua, Peter Wollen riprende il verbo in *Raiding the Icebox. Reflections on Twentieth-Century Culture*, Indiana University Press, Bloomington 1993, p. 165. L'*Oxford English Dictionary* definisce "baffle" come una superficie piatta che regola il passaggio verso e dall'interno di qualcosa, e il verbo "to baffle" come "ridurre in uno stato di perplessità". Entrambe le accezioni funzionano, se riferite a Warhol. In un omaggio all'artista, Robert Rauschenberg menziona opportunamente il connubio tra iconica e fantasma: "Celebre com'era, fu capace di controllare, al pari della sua ombra, la sua grandezza" (in McShine, *Andy Warhol*, p. 429).

50. Per un ulteriore approfondimento su questo tema, cfr. Buchloh, "Residual Resemblance", e Breitz C., "The Warhol Portrait: From Art to Business and Back Again", in Francis, *Andy Warhol: Photography*.

51. W. Benjamin (1940), *Di alcuni motivi in Baudelaire*, trad. it. in *Angelus Novus. Saggi e frammenti*, Einaudi, Torino 1962, p. 110. I commenti fatti da Benjamin in relazione al cinema sono rilevanti anche a proposito di Warhol, come si vedrà più avanti. Per una riflessione ormai "classica" sulla meccanizzazione, si veda Giedion S. (1948), *L'era della meccanizzazione*, Feltrinelli, Milano 1967. Sicuramente, lo schock di questo "scatto" è attutito nella fotografia digitale.

52. Benjamin, *Di alcuni motivi in Baudelaire*, p. 110. In una finta intervista del 1963 Gerard Malanga chiese a Warhol "Qual è la sua professione?", e la risposta fu "Possiedo una Factory" (in *Sarò il tuo specchio*, p. 62).

53. Benjamin, *Di alcuni motivi in Baudelaire*, pp. 94-96.

54. Philip Johnson, commissario del padiglione dello Stato di New York, si servì di questo aspetto rudimentale per giustificare l'eliminazione del lavoro in occasione della World Fair del 1964, durante la quale fu inizialmente esposto, proprio sulla facciata del Padiglione. Su ordine di Johnson, l'opera fu coperta di vernice color argento. All'epoca furono fornite anche altre spiegazioni ufficiali (tra cui la possibilità che gli italiani si offendessero!), ma la vera ragione sembra piuttosto chiara: la criminalità non è certo la miglior pubblicità per lo spettacolo. Una leggenda urbana vuole che Warhol, in un sublime impeto di ironia, si sia offerto di sostituire l'opera con un ritratto di Robert Moses, il presidente della manifestazione, ma nessun lavoro di questo tipo risulta essere pervenuto.

55. Cfr. Meyer R., *Warhol's Clones*, "Yale Journal of Criticism", VII, 1, 1994.

56. Come abbiamo visto nel cap. 1, anche Hamilton sottolinea questa ansiosa selettività delle immagini in *My Marilyn* (1965).

57. All'inizio degli anni Ottanta, Warhol ha ormai accumulato un archivio di queste parti del corpo, che poi riusa liberamente nelle serigrafie.

58. Ho in mente, in particolare, Freud a proposito del narcisismo e Lacan a proposito dello specchio, insieme a una serie di altri testi (si veda la nota 17 dell'Introduzione). "Di solito accetto la gente in base all'immagine che ha di sé stessa", scrive Warhol nella *Filosofia di Andy*

Warhol, "perché l'immagine che ha di sé stessa ha a che fare con il suo modo di pensare più di quanto non ne abbia l'immagine oggettiva" (p. 62). Molte delle sue serigrafie agiscono sull'interstizio che separa l'immagine-obiettivo e l'immagine-di-sé, corpo reale e corpo ideale, io reale e io ideale; un interstizio nel quale si vanno a collocare anche molti degli *Untitled Film Still* di Cindy Sherman. Su questo aspetto, si veda Foster, *Il ritorno del reale*.

59. Morin E. (1957), *Le star*, trad. it. Olivares, Milano 1995, pp. 122-127. Sul rapporto tra mercificazione e personificazione in Warhol, si veda Flatley J., *Warhol Gives Good Face: Publicity and the Politics of Prosopopeia*, in Doyle-Flatley-Muñoz, *Pop Out*.

60. Warner M., *The Mass Public and the Mass Subject*, in Robbins B., ed., *The Phantom Public Sphere*, University of Minnesota Press, Minneapolis 1993, p. 250. In un commento ai testi di Jürgen Habermas sulla sfera pubblica, sfera nella quale, in linea di massima, siamo trattati equamente in quanto non "marcati" dai nostri corpi, Warner descrive il parziale processo di re-incarnazione messo in atto dalla cultura di massa: "Laddove la riflessione scritta sulla dimensione pubblica si affidava a una retorica astratta della disincarnazione, i *visual media*, inclusa la stampa, si servono dei corpi per una vasta gamma di utilizzi: ammirazione, identificazione, appropriazione, scandalo, e così via. Essere personaggi pubblici nel mondo occidentale significa disporre di una propria iconicità, e questo vale per Muammar Gheddafi come per Karen Carpenter" (p. 242). È proprio questa relazione tra pubblicità e iconicità, e la sua volatilità sia per il soggetto che per l'icona di massa, che Warhol inquadra in modo sempre nuovo dalle *Marilyn* ai *Mao*, e oltre. Certo, Warhol non si limita ad evocare il soggetto di massa, ma lo incarna personalmente, e proprio in quanto testimone, peraltro assai meno neutrale o passivo di quanto si possa credere: è infatti coinvolta una dimensione erotica, voyeuristica ed esibizionista, sadica e masochista a un tempo. È qui che l'affermazione secondo cui "il soggetto di massa non può avere un corpo se non quello di cui è testimone" viene messa alla prova dei fatti. Tutti noi, membri della massa, manteniamo i nostri corpi individuali, fatti di desideri, paure e fantasie, e per questo siamo in grado di declinare gli oggetti di massa in base a volontà personali o di gruppo: nel caso di Warhol e compagnia, si tratta di proiettare le immagini di Elvis, Troy, Warren, Marlon e altri come oggetti del desiderio omosessuale.

61. Ibid., p. 250.

62. Berg, *Andy Warhol*, p. 91. Visto il modo in cui Warhol si identificava questi prodotti, potrebbe esserci un collegamento implicito tra le immagini corrispondenti e la sua stessa immagine del corpo.

63. Benjamin, *Piccola storia della fotografia*, p. 62.

64. In un certo senso, il soggetto è lasciato esposto nella misura in cui Warhol si auto-protegge (o auto-"tramortisce").

65. Kent L., A*ndy Warhol, cineasta: difficile essere il copione di se stessi*, in *Sarò il tuo specchio*, p. 168. L'idea di essere il copione di se stessi può apparire meno difficile oggi, nell'era di MySpace, Facebook e così via, come suggeriscono del resto i video neo-warholiani di Ryan Trecartin. Sicuramente, però, si fa anche più insistente.

66. Come scrive Callie Angell, "alcuni soggetti sembrano sopraffatti dall'imbarazzo, strabuzzano gli occhi alla luce, deglutiscono nervosamente o addirittura tremano, mentre altri si presentano con una personalità e una sicurezza considerevoli, opponendo alla macchina da presa di Warhol una forza pari alla sua. Man mano che la collezione degli *Screen Test* cresceva, queste reazioni indotte a forza diventavano sempre di più l'obiettivo dichiarato, rimpiazzando quello iniziale dell'immagine compiuta, statica" (Angell C., *Andy Warhol Screen Test: The Films of Andy Warhol. Catalogue raisonné*, vol. 1, Abrams, New York 2006, p. 14). L'intero volume è una miniera d'oro per gli studiosi di Warhol.

67. "Alcuni *Screen Test* successivi, scrive Angell, "sembrano deliberatamente messi in scena in modo da metter il più possibile in difficoltà i soggetti" (ibid., p. 14).

68. Jonas Mekas, ad esempio, batte a malapena ciglio, ma col passare del tempo iniziano a lacrimargli gli occhi, deglutisce sgraziatamente, e così via.

69. Angell, *Andy Warhol Screen Tests*, p. 206.

70. Ibid., p. 150. Si tratta di una formulazione suggestiva. Ma cosa significa esattamente? Immaginare la propria stessa immagine, provare a costruirla, a proiettarla, a sostenerla e ad interpretarla in un colpo solo? Warhol, del resto produce una serie intitolata appunto *Rorschach* nel 1984, come si vedrà più avanti. Si possono leggere gli *Screen Test* quasi come interrogatori della polizia nei quali tanto i

poliziotti quanto le domande sono interiori, ossia sono ruoli assunti dal super-io.

71. Ibid., p. 109.

72. Benjamin, *L'opera d'arte...*, p. 285.

73. Ibid., pp. 285-286.

74. Come suggerisce Christopher Phillips, Warhol "cerca un'identificazione simbolica con la posizione dell'apparato tecnologico, con lo sguardo della macchina" (Phillips C., *Desiring Machines*, in Garrels G., *Public Infromation: Desire, Disaster, Document*, San Francisco Museum of Art, San Francisco 1995, p. 45). La mia visione, secondo la quale Warhol vorrebbe esporre "fratture" individuali determinate dalla differenziazione sessuale, contraddice in parte l'altra mia lettura, quella per cui nel logorio esercitato in questi lavori vi sia anche un'"umanità condivisa": la contraddizione, tuttavia è interna all'operazione stessa, e non è mia intenzione provare a risolverla. In una conversazione personale, David Joselit ha suggerito che in questa messa alla prova possa celarsi un forma di piacere, soprattutto nel senso di un "torneo di sguardi" che danno forma al desiderio.

75. Alcuni film sembrano offrire un teatro quasi sadomasochista, che talvolta si estendeva allo spazio della Factory. Certo, c'era una volatilità psicologica nella definizione dei ruoli, con Warhol che fungeva da direttore, gentile e freddo, passivo e aggressivo ad intermittenza (era soprannominato "Drella", un'efficace contrazione tra la "Cinderella" che sogna il grande ballo e il "Dracula" intento a succhiare il sangue), e con una grande tensione tra inibizione ed eccesso, invisibilità ed esibizionismo, staticità mortale e dinamismo sessuale, narcisismo e aggressività. Per una visione della Factory come una sorta di capovolgimento bachtiniano, si veda Michelson A., *Where Is Your Rupture? Mass Culture and the Gesamtkunstwerk*, in Ead., *Andy Warhol*. Per una lettura della Factory come spazio inedito della relazionalità omosessuale, cfr. Crimp D., *Misfitting Together*, "October", 132, Spring 2010. Alla fine, gli *Screen Test* non erano nemmeno i più feroci attacchi all'io che Warhol abbia orchestrato. Il primo posto in questa particolare classifica, infatti, va sicuramente agli eventi della serie "Exploding Plastic Inevitable", nei quali gli aspetti immersivi dello spettacolo erano portati all'eccesso. Cfr. Branden Joseph, *Mind Split Open: Andy Warhol's Exploding Plastic Inevitable*, "Grey Room", 8, Summer 2002.

76. Angell, *Andy Warhol Screen Tests*, p. 14.

Da questo punto di vista, gli "stillies" mettono effettivamente in crisi la distinzione tra film e fotografia mantenuta ancora da Barthes e altri, e parafrasabile con le parole di Raymond Bellour: "Da un lato il movimento, il presente, la presenza. Dall'altro l'immobilità, il passato, una certa assenza. Da un lato l'accondiscendere dell'illusione, dall'altro una ricerca di allucinazione. Da un lato un'immagine che fugge, ma che ci prende nella sua fuga; dall'altro un'immagine che si dà tutta, ma di cui il tutto mi spossessa. Da un lato un tempo che raddoppia la vita, dall'altro un rovesciamento del tempo che finisce per inciampare nella morte": Bellour R. (1984), *Lo spettatore pensoso*, trad. it. in *Fra le immagini*, Bruno Mondadori, Milano 2007, p. 73.

77. In una comunicazione privata, Jeremy Melius ha fatto emergere un'argomentazione importante: "I film consistono nel volere, o almeno consentire, questo scenario rigoroso, e poi necessariamente scoprire di non essere all'altezza. Cosa può significare, e cosa può richiedere porsi davanti a una macchina da presa, mettersi *lì* per tre minuti interi? E, peggio ancora, cosa può significare scoprire di non esserne in grado *neppure* per tre minuti? A mio parere, c'è una strana analogia con l'esperienza dello spettatore, il quale osserva qualcuno che non è veramente lì, che non è sufficientemente presente per essere davvero lì".

78. Per quanto diversi, questi due tipi di rappresentazione fanno emergere il profondo interesse di Warhol verso la ripetizione in quanto tale, un interesse formale e strutturale ma anche psicologico e sociale: dopo tutto, egli mette i suoi referenti umani, amici e conoscenti, al servizio della ripetizione, e non viceversa. Come nelle serigrafie, pertanto, è possibile leggere gli *Screen Test* esclusivamente in chiave contenutistica, quasi come mini-documentari della *bohème* newyorkese di metà anni Sessanta, ma in quel caso si perderebbe la loro componente più provocatoria.

79. Peter Galison legge le carte di Rorschach come una "tecnologia del *sé*": "Nel mondo delle macchie di Rorschach, certamente, i soggetti producono oggetti: 'vedo una donna', 'vedo una testa di lupo'. Ma sono anche gli oggetti a produrre soggetti: 'depresso', 'schizofrenico'. Se ben compreso, il sistema ormai canonico del test di Rorschach misura e al tempo stesso rinforza un *sé* particolare, specificamente moderno, integrato e interiore" (Galison P., *Image of Self*, in Daston L. ed., *Things That Talk*, MIT Press, Cambridge 2004, pp. 258-259). Benché le forme

che appariva sulle sue carte fossero del tutto calcolate, Rorschach voleva che "venissero percepite come forme non progettate, dipinti non dipinti [...]. Perché il soggetto parlasse, la carta e il suo autore dovevano trovare per se stessi un silenzio perfetto" (ibid., pp. 270-271). Anche i *Rorschach* di Warhol condividono la dimensione del non-progetto, dal momento che si trattava più che altro di punti neri raddoppiati piegando in due la tela con il colore ancora fresco. L'effetto-soggetto, tuttavia, è ben diverso. Secondo Galison, il test di Rorschach "segna un cambiamento nella logica del sé: da una serie di forze aggregate che manipolano contenuti specifici a un'attività di delimitazione in cui l'esperienza è necessariamente situata: il sé come forma, non come contenuto [...]. Descrivere la carta (dall'esterno) è esattamente come dire chi sei (all'interno) [...]. Il *sé* appercettivo della tradizione è decostruito dalla sua stessa insistenza sui rapporti di profondità e superficie, vita interiore ed esteriore, e sull'inseparabilità di idea e affetto". Warhol mette in crisi ciascuno di questi rapporti, capovolgendo e appiattendo questa psicologia. Preoccupato di non avere nulla da dire, ad esempio, Warhol chiede ad altri di leggere i *Rorschach* al posto suo, e perfino l'idea di partenza sembra provenga da un assistente.

80. Cfr. Boltanski L., Chiapello E. (1999), *Le nouvel esprit du capitalisme*, Gallimard, Paris 1999; Ronell A., *Test Drive*, University of Illinois Press, Urbana 2005. In una comunicazione privata, Kevin Hatch sottolinea come molti di noi debbano gestire più di un soggetto: ad esempio, controlliamo i nostri avatar nei videogame (e in altre forme di comunicazione), e anche in questo caso si tratta di test, perlopiù test della nostra aggressività.

81. Boltanski, Chiapello, *Le nouvel esprit du capitalisme*, pp. 113-114.

82. Marx K. (1861) *Lineamenti fondamentali di critica dell'economia politica*, trad. it. Einaudi, Torino 1976, vol. I, p. 15.

83. L'indagine può essere allargata lungo due direttrici diverse. Da una parte, la Factory può essere vista come una prima versione, se non addirittura un prodromo dell'"azienda come *network*", elemento che Boltanski e Chiapello considerano fondamentale per definire "il nuovo spirito del capitalismo": "aziende snelle che lavorano come network mettendo in relazione numerosi partecipanti, organizzando il lavoro sotto forma di squadre o progetti, attente alla soddisfazione del cliente e a una generale mobilità dei lavoratori grazie

alla 'visione' dei loro leader" (*Le nouvel esprit du capitalisme*, pp. 115-116). Inoltre, "le qualità che possono garantire il successo, in questo nuovo spirito" sono largamente associabili a un'arte contemporanea alla Warhol: "autonomia, spontaneità, capacità di sviluppo rizomorfo, abilità *multitasking* (in opposizione al rigido specialismo della vecchia divisione dei mestieri), convivialità, apertura mentale verso gli altri e verso le innovazioni, disponibilità, creatività, intuizione visionaria, acutezza nel cogliere le differenze, predisposizione all'ascolto di esperienze vissute, capacità di accogliere il nuovo, attitudine informale e ben disposta verso le relazioni interpersonali". In breve, in questa forma di capitalismo si coglie "una strumentalizzazione [...] degli esseri umani proprio in ciò che ne costituisce la dimensione più specificamente umana" (p. 567). Dall'altra parte, Warhol è un pioniere sia dei "talk show" che dei "reality": tra il 1979 e il 1987, produce 42 trasmissioni per network vis cavo, il più delle volte nel formato dell'intervista. Sia "talk" che "reality", però, rischiano di essere termini riduttivi: entrambi indicano generi televisivi di tipologia "test", entrambi costruiti sulla necessità di adattarsi, addirittura di sopravvivere. Ad essere testata è la capacità del soggetto di costituirsi in immagine, di mantenere una presenza davanti alla telecamera di fronte a situazioni di stress in parte rispondenti a un canovaccio. È questo tipo di tv, o questo tipo di realtà, che Warhol ha anticipato.

84. Cfr. Althusser L. (1969), *Ideologia e apparati di ideologici di stato*, trad. it. in *Freud e Lacan*, Editori Riuniti, Roma 1977.

85. Le definizioni del cinema come ipnotico e feticistico sono da riferirsi rispettivamente a Raymond Bellour e a Christian Metz.

86. Come ho proposto in precedenza, in termini lacaniani è come se Warhol mobilitasse il reale contro il simbolico e l'ideologico. Alcuni critici hanno voluto vedere nel suo lavoro una forma brechtiana di critica: ebbene, se davvero esiste, essa si trova proprio in questo logorio. In una comunicazione privata, Gordon Hughes ha suggerito che Barthes abbia scritto le ultime pagine di *La camera chiara* pensando in parte anche a Warhol. Il filosofo francese, in effetti, parla di "due vie della Fotografia": "aggiogare il suo spettacolo al codice civilizzato delle illusioni perfette [quello che altrove definisce 'fare della Fotografia un'arte'], oppure [...] affrontare in essa il risveglio dell'intrattabile realtà" (p. 119). Come vedremo nel cap. 4, un artista che percorre entrambe le vie è Richter.

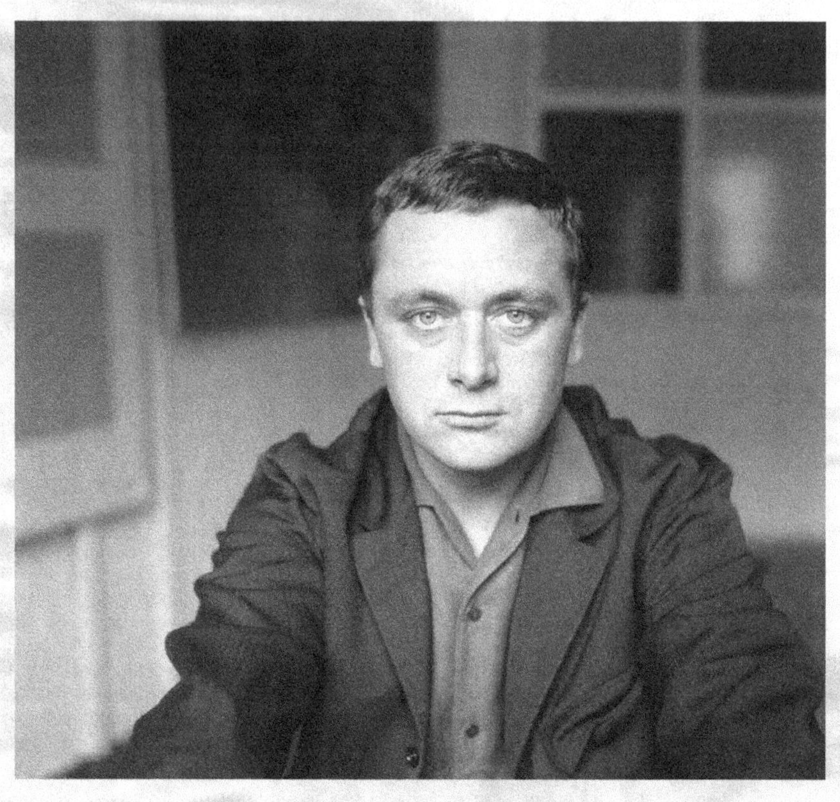

Gerhard Richter

L'immagine fotogenica

"Più che un artista, Andy Warhol è il sintomo di una situazione culturale, prodotto da essa per essere utilizzato come sostituto di un artista", scrive Gerhard Richter in un appunto personale datato 4 novembre 1989, più di due anni dopo la morte di Warhol. "Gli va dato credito di non aver mai fatto 'arte', di non aver toccato nessuno dei metodi o delle tematiche che hanno tradizionalmente guidato gli artisti (risparmiandoci così l'ingente massa di stupidaggini 'artistiche' che vediamo nei lavori di altri)"[1]. Nel 2002 in un'intervista sul proprio lavoro, Richter aggiusta però il tiro: "Sono debitore a Warhol. Ha legittimato la meccanizzazione. Mi ha mostrato come si fa […] a perseguire la strada moderna di lasciar sparire i dettagli. O perlomeno ha aperto la possibilità di farlo" (Richter, *Writings*, 1961-2007, p. 414. NdT: le successive indicazioni di pagina di questo capitolo sono da riferirsi allo stesso volume). L'ambivalenza riscontrabile in questi due commenti è rivelatoria: da un lato Richter riconosce la posizione anti-estetica di Warhol come coerente alle rinnovate condizioni dell'arte nella cultura postbellica, condizioni riprodotte attraverso la sua tecnica "meccanica", che Richter riadatta nel proprio lavoro. Dall'altro lato, l'artista tedesco vede Warhol come "sintomo", non sufficientemente distanziato dalla "situazione culturale". In questa ambiguità Richter riafferma con efficacia, come Hamilton e Lichtenstein, la tradizione delle belle arti e della pittura "alta", ma suggerisce anche che essa debba venire a compromessi con la "strada moderna" indicata da Warhol, un strada che non consente "stupidaggini artistiche".

Ben più che un pittore, Richter ha prodotto migliaia di fotografie, oltre a un gran numero di installazioni e diverse sculture. Se anche ci limitiamo alla pittura, comunque, il suo lavoro è complesso e di ampia portata, e utilizza non solo diverse modalità pittoriche, dal figurativo all'astratto, ma anche diversi tipi di immagini, dalla cultura "bassa" all'arte "alta". Come è noto, molte delle tele giovanili sono versioni sfocate di banalissime foto di soggetti quotidiani: illustrazioni di giornale, inserti pubblicitari, scatti familiari, immagini soft-porno e vedute aeree di svariate città. I quadri più recenti richiamano invece i generi della pittura accademica (nature morte, paesaggi, ritratti, perfino quadri di storia), anch'essi letti come attraverso un obiettivo appannato: Richter spazia quindi dalle categorie più basse a quelle più elevate, e viceversa. "Viceversa" nel senso che i generi "alti", in particolare il paesaggio, sono avvicinati di nuovo alle forme basse come la cartolina pittoresca o la sdolcinata foto-ricordo.

Così facendo Richter, come del resto Warhol, opera una desublimazione della pittura: "Molte fotografie amatoriali, a mio parere, sono meglio dei capolavori di Cézanne", scrive nel 1966 (p. 43). Al tempo stesso, contrariamente a Warhol, l'artista tedesco è impegnato a difenderne la fragile autonomia: "Sotto ogni aspetto, il mio lavoro ha a che fare con l'arte tradizionale più che con qualsiasi altra cosa", scrive nel 1964, all'indomani dall'apparire dei primi quadri sfocati (p. 22). In effetti, il famoso ciclo di immagini dedicate alla banda Baader-Meinhof, *18 Ottobre 1977* (1988), riscopre quasi il genere accademico della pittura di storia, ma lo fa attraverso soggetti del tutto opposti a quelli "ufficiali", ossia un gruppo di rivoluzionari uccisi rimasti "insepolti" nella Germania postbellica[2].

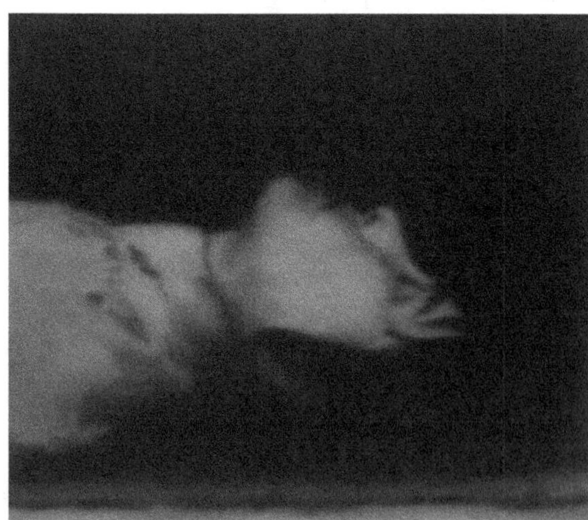

Morti (18 ottobre 1977), 1988. Olio su tela, cm 62 x 62

L'impegno verso questa aporia – lo sradicamento dei contenuti della pittura da un lato, la preservazione delle sue forme dall'altra – rende la sua pittura intensamente ambigua, fedele a quell'autorità tradizionale del medium verso la quale è al contempo profondamente scettica. In modo simile, Richter denota legami contraddittori con genealogie artistiche divergenti, sia storiche che d'avanguardia, con echi dei paesaggi romantici di Caspar David Friedrich, come delle provocazioni concettuali

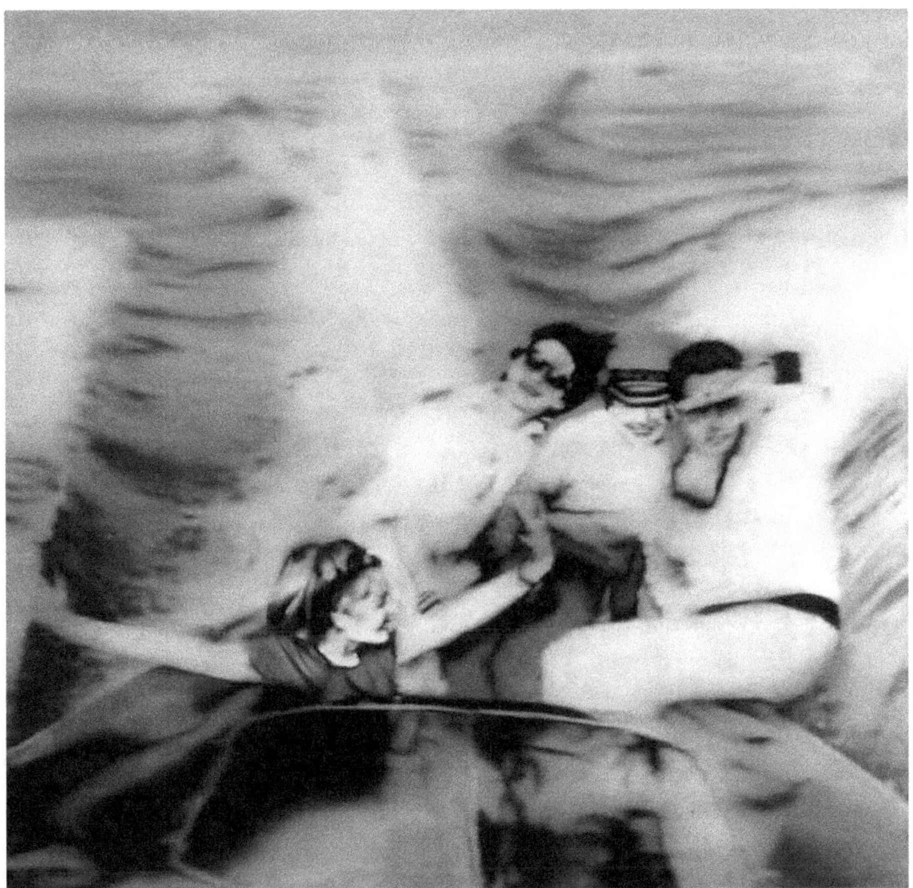

Motoscafo, 1965. Olio su tela, cm 181 x 181

di Marcel Duchamp, delle astrazioni "Color Field" di Barnett Newman e delle astute immagini mediatiche di Warhol. È come se l'artista volesse unire queste diverse tendenze, mettere a contatto i tanto esaltati formati della "tradizione romantica nordica", da Friedrich a Newman, con le istanze anti-estetiche dell'avanguardia e neoavanguardia duchampiana, immagine "trovata" *in primis*, in modo da prendere l'ideale della "bella sembianza" dell'arte, messo in primo piano nella tradizione romantica, e collocarlo sotto la lente d'ingrandimento della mercificazione dell'arte, tema su cui riflette la linea neoavanguardista[3].

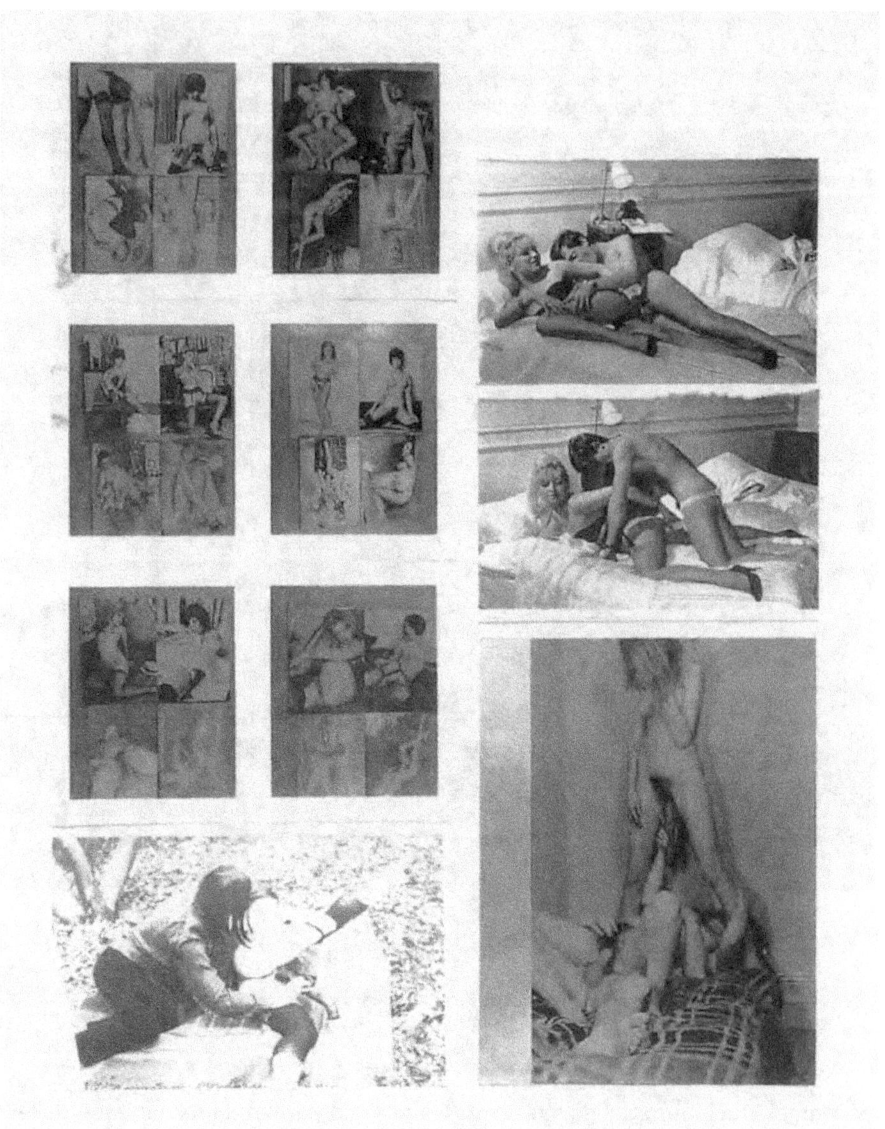

Atlas: Tavola 22, 1967. Ritagli e fotografie in bianco e nero e a colori, cm 66,5 x 52

Di fatto, Richter pone una domanda cruciale: può esistere una pittura lirica dopo Warhol? Dietro la quale si cela un'ulteriore domanda, forse ancora più profonda, relativa alla possibilità di una pittura lirica dopo Auschwitz, altro tema portante del suo lavoro[4].

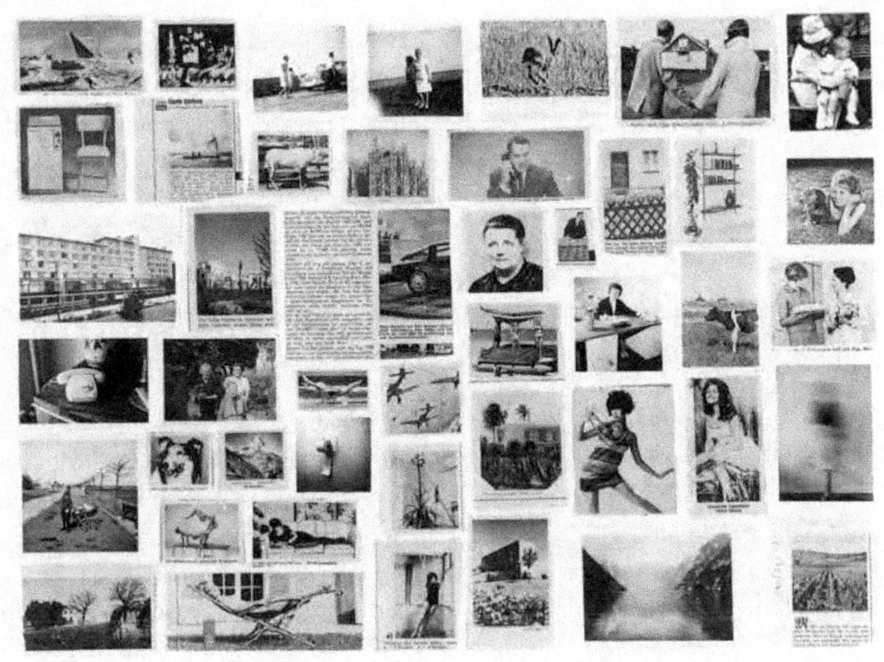

Atlante: Tavola 5, 1962-66. Ritagli e fotografie in bianco e nero e a colori, cm 52 x 66,5

"Quello che cerco di fare in tutti miei quadri", afferma Richter nel suo modo usuale, modesto e grandioso insieme, "è di combinare gli elementi più disparati e tra di loro contraddittori, se attuali e praticabili, nella maggior libertà possibile" (p. 187). Questo miscuglio di opposti apparenti – pittura e fotografia, creazione artigianale e immagine readymade, astrazione e figurazione – è chiaramente visibile. Il problema è con quali conseguenze, e per quali motivi, sia cercato. Gli opposti si presentano forse come antinomie che bloccano il lavoro di Richter in un'oscillazione statica tra diverse modalità? Oppure essi mettono in luce contraddizioni poi elaborate dialetticamente? L'arte di Richter è semplicemente eclettica nel modo familiare del *pastiche* postmoderno, o è piuttosto una complessa sperimentazione di stili pittorici a scopo decostruttivo? O forse l'artista propone un'alternativa a questi due approcci, in mezzo o al di là di essi?[5]

• • *Uova di cuculo*

In una conversazione del 1986 con Benjamin Buchloh, il suo critico più impegnato, Richter tocca più volte tali questioni. Sul problema del *pastiche*, per cominciare, Buchloh commenta: "Il tuo lavoro sembra una sorta di resoconto di tutta la pittura del XX sec., presentato in una vastissima, cinica retrospettiva". La risposta: "Questo è sicuramente un fraintendimento. Io non ci vedo nessun cinismo, o inganno, o astuzia". Sulla questione delle antinomie, poi Buchloh chiede: "Ma [figurazione ed astrazione] non sono forse accostate per mettere in evidenza l'inadeguatezza, il fallimento di entrambe?". E Richter risponde: "Fallimento no, inadeguatezza sempre" (p. 174). Infine, sul ruolo della decostruzione, il critico suggerisce: "tu rendi lo spettacolo della pittura visibile nella sua retorica, senza metterlo in pratica", a cui l'artista replica: "e quale sarebbe lo scopo di tutto questo? È l'ultima cosa che voglio fare". Insiste Buchloh: "Non vedi i quadri astratti [...] come una sorta di riflessione sulla storia della pittura? [...] Non solo hanno una qualità retorica, ma portano anche una riflessione su ciò che era una volta possibile". Richter prova a venirgli incontro. "Questo discorso si applica semmai ai paesaggi o ai quadri con foto, che ho descritto a volte come uova di cuculo, perché le persone li prendono spesso per qualcosa che non sono" (p. 185).

Un inseguimento intellettuale tra gatto e topo, insomma, e sicuramente il Richter del 1986 era ben diverso dal Richter degli inizi degli anni Sessanta, per non parlare del Richter di oggi. Nei primi anni Sessanta, egli sembrava sottoscrivere un estetica dell'indifferenza di stampo warholiano: "Mi piace tutto ciò che non ha stile: dizionari, fotografie, la natura, me stesso e i miei quadri" è un tipo di affermazione che tornava più volte in quel periodo (p. 32). Tuttavia, nel 2002, l'anno della grande retrospettiva organizzata dal MoMA, Richter parla liberamente di "capolavori", e sembra soddisfatto nel sentirsi definire dal "New York Times" "il più grande pittore moderno in Europa"[6]. Negli anni trascorsi in mezzo, l'artista si è diviso tra i due estremi, insistendo ora sulla rottura operata dal readymade duchampiano, tanto da definire il minimalismo "un nuovo alfabeto per l'arte del futuro", ora su "una vasta, grande, ricca cultura pittorica, o dell'arte in generale, che abbiamo perso ma che ci impone degli obblighi" (pp. 129 e 175). Nell'intervista citata, dopo una discussione su Fluxus, minimalismo e pop art, Buchloh afferma: "inserisci la tua pittura in questa linea anti-estetica, e al tempo stesso mantieni una posizione favorevole alla pittura. A me questa sembra una delle contraddizioni tipiche che hanno caratterizzato l'evoluzione del tuo lavoro". "Sì", risponde Richter, "è curioso. Ma non lo definirei contraddittorio.

Piuttosto, è come se facessi le stesse cose con mezzi diversi, meno spettacolari e meno avanzati" (p. 168).

Come dobbiamo leggere, dunque, l'unione degli "elementi più disparati" in quest'arte? La domanda non si riferisce soltanto all'evidente varietà stilistica, ma anche, semplicemente, all'impressionante quantità di immagini utilizzate. Nel 1962, Richter inizia a mettere insieme il suo *Atlante*, che da allora si è evoluto in un enorme compendio di rappresentazioni pubbliche e foto private, una frazione delle quali hanno svolto negli anni la funzione di fonti iconografiche per i suoi quadri. Nel 1989, egli descrive l'*Atlante* come "una caterva di immagini", in cui "alla fine non rimane nessuna immagine singola" (p. 235), ovvero, come un archivio in cui l'estrema abbondanza di immagini fa decrescere il valore di ciascuna di esse.

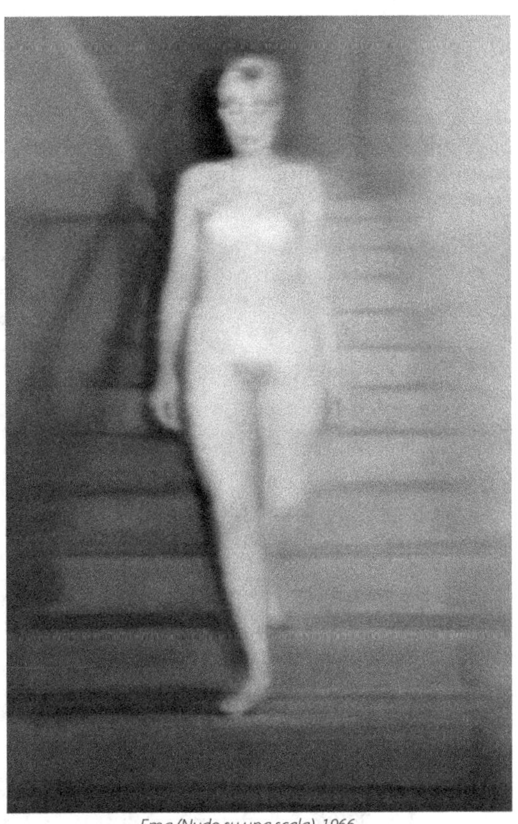

Ema (Nudo su una scala), 1966
Olio su tela, cm 200 x 130

E a parte un accostamento giovanile tra immagini di campi di concentramento e foto pornografiche, *Atlas* contiene ben poco in termini di montaggio. Questa proliferazione di immagini può anche avere l'effetto di relativizzare la posizione del soggetto (sia l'artista che il fruitore), tanto che Buchloh descrive le foto archivistiche di Richter come "anomiche" (letteralmente "senza regola o legge"), presentate con un'arbitrarietà che ridimensiona la fiducia nelle immagini fotografiche come portatrici di verità o significato[7]. "Ce n'est pas une image juste", ha puntualizzato Jean-Luc Godard nel suo film *Vent d'est* (1970); "c'est juste une image": In tutto il periodo giovanile, Richter sembra partecipare a questa relativizzazione critica tanto del valore referenziale quanto della qualità artistica delle sue rappresentazioni. Nel 1973, ad esempio, parla della fotografia come di un'"immagine pura", "libera da tutti i criteri convenzionali che ho da sempre associato all'arte: non aveva stile, né composizione, né giudizio" (p. 59). Sarebbe tuttavia più corretto dire che Richter cerca di *sospendere* l'alternativa posta da Godard, di fare "un quadro giusto" che sia "giusto un quadro", di produrre immagini al tempo stesso giustificate ed arbitrarie, composte e casuali, "classiche" ed "informali"[8]. Come Richter stesso lascia capire, alcuni dei suoi quadri sono "uova di cuculo", prese per quello che non sono, o che solo in parte sono[9].

Particolarmente esemplari, in questo senso, sono i quadri grigi prodotti a partire dal 1967. Realizzati con diversi tipi di pennellata, talora ristretta e precisa, talvolta larga e sinuosa, una via di mezzo nella maggior parte dei casi, questi lavori somigliano a tutta una serie di monocromi tardo-modernisti che esplorano le costituenti materiali e i parametri formali del medium; in questo, possono essere considerati come tentativi di pervenire a una pittura "totale" o "analitica", una pittura che si occupi della pittura e di nient'altro. Al tempo stesso, essi sembrano tenere il passo dell'asprezza minimalista votata allo svuotamento del medium, a investigare il grado zero delle sue capacità rappresentative ed espressive; da questo punto di vista, possono dunque essere considerati esempi di pittura "nulla", o addirittura di "anti-pittura".

Un discorso analogo vale per i "grafici di colore", ricorrenti a partire dal 1966. Fatte quasi interamente di pura materia pittorica, vista come una sorta di readymade, queste griglie di "prove di colore", a volte mescolate in modo elaboratissimo, altrove prese così come sono, ci appaiono a loro volta, alternativamente, piene e vuote, pensate ed arbitrarie, pittura e non-pittura. Con l'aumentare delle dimensioni e della complessità (da soli sei rettangoli fino a raggiungere le migliaia), questi quadri diventano, come suggerisce lo stesso

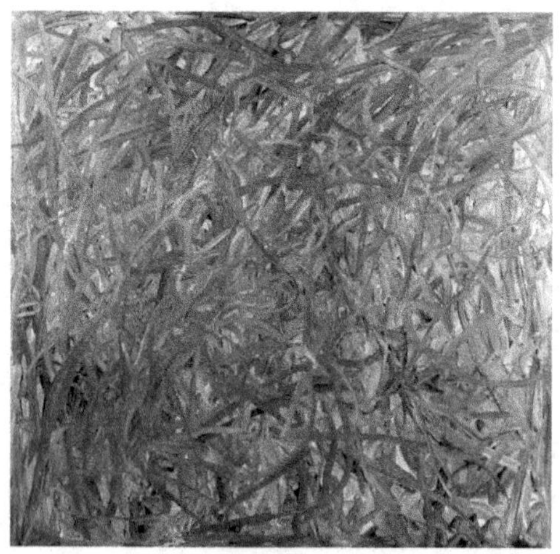

Red-Blue-Yellow 1972
Olio su tela, cm 150 x 150

Richter, sempre più "sconfinati" a livello di potenziale, ma anche nel senso di una mancanza di riferimento al significato (p. 71). C'è poi un'ulteriore ambiguità di origine e scopi: come i quadri grigi, i grafici richiamano forse le tre celeberrime tavole realizzate da Aleksandr Rodchenko nel 1921, *Rosso puro, Blu puro, Giallo puro*. "Questa è la fine della pittura", aveva affermato l'artista russo; "non vi sarà mai più rappresentazione"[10]. Tale, però, è la millenaria ambiguità delle forme moderniste come il monocromo, che Rodchenko potrebbe in realtà aver proposto

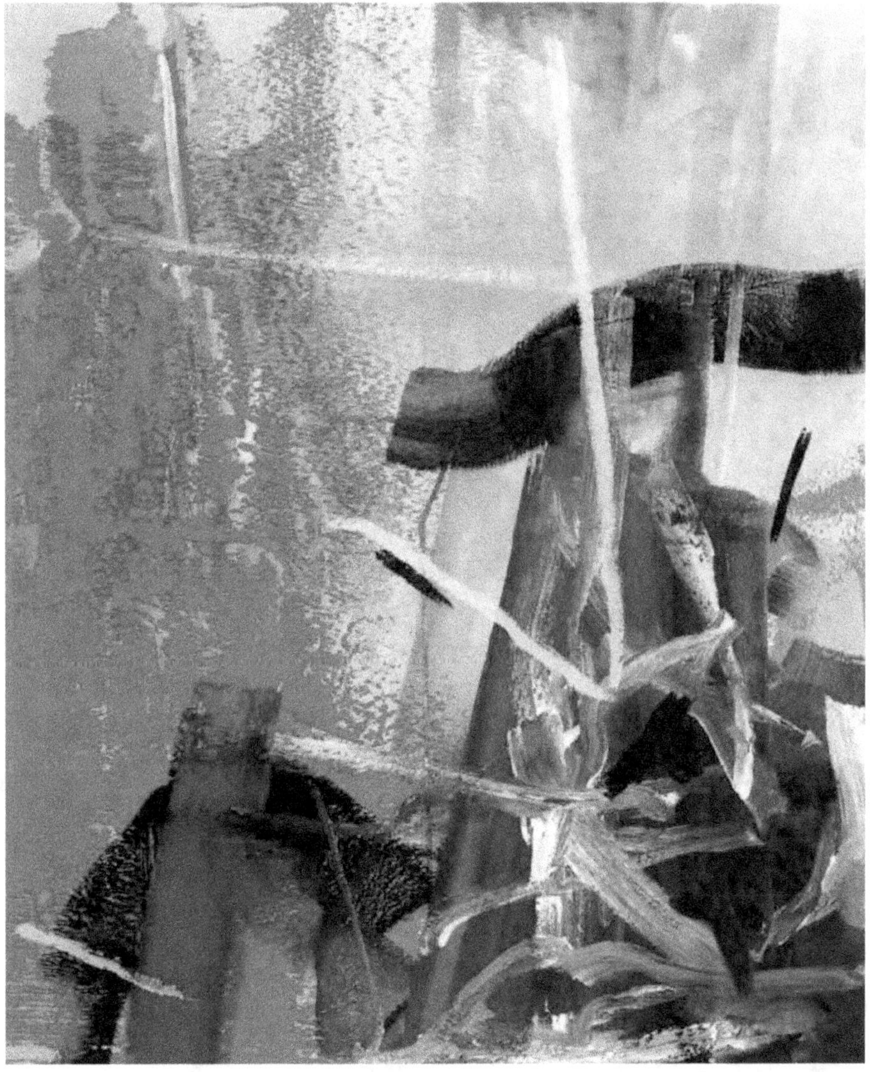

Corn 1982. Olio su tela, cm 251 x 202

le sue tavole come un nuovo inizio della pittura, come aveva fatto Malevic con i suoi lavori suprematisti. A metà anni Sessanta, in ogni caso, la questione della "fine della pittura borghese" era assai meno attuale di quanto lo fosse a metà anni Venti; e dopotutto Richter, cresciuto in Germania Est, aveva lavorato durante il declino del Comunismo, e non durante la sua ascesa, come i costruttivisti russi. Ciò non toglie che i grafici, così come i grigi, possano essere usati per avvalorare l'una e l'altra faccia di questo annoso dibattito.

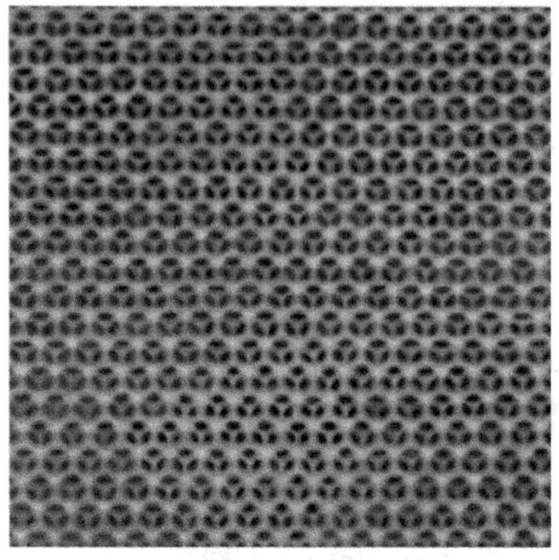

Silicate (885-1), 2003. Olio su tela, cm 280 x 280

Inoltre, si considerino le opere astratte-gestuali realizzate a partire dal 1971, stratificazioni complesse di colori diversi, stese con tecniche e con strumenti diversificati (*Red-Blue-Yellow* e *Ghiaccio*), che dalla fine degli anni Ottanta in poi sono anche state sottoposte a violente operazioni di "grattage". Questi quadri sono elaborati, spesso con una certa raffinatezza, fino al punto della sospensione formale, che non è sinonimo di risoluzione pittorica, dal momento che anche la loro composizione sembra quasi casuale. Pennellata dopo pennellata, i gesti si cancellano stranamente a vicenda: ancora una volta, pieno e nullo, soggettivo e de-soggettivato coincidono, come segni di un espressionismo astratto malato di Alzheimer[11]. Richter stesso ha parlato, del resto, di un'"attività meccanica cieca, casuale" (p. 71), e una strana meccanicità, in effetti, fotografica e pittorica ad un tempo, pervade le sue opere astratte non meno di quelle figurative. Questa (non-)qualità è mantenuta nei lavori più recenti: è evidente ad esempio nella serie dei *Silicati* del 2003, che presenta configurazioni *all-over* di ombre sfocate in bianco e nero, contemporaneamente organiche e meccaniche, come se i mondi della natura e della tecnologia si fossero fusi in un nuovo ordine di design "superfluo e privo di senso". Un effetto che ben si addice, probabilmente, a un'epoca che Richter (p. 432) definisce "tecno-animalista"[12].

Allo stesso modo, ciascun quadro, se non addirittura ciascun ciclo, si differenzia dagli altri in un modo quasi *indifferente*: ciò significa che essi possono apparire per certi versi casuali, perfino intercambiabili, anche quando sono realizzati in modo elaborato e specifico. Con questa strategia, Richter si avvicina talvolta alla condizione del *blasé*, termine con il quale il sociologo

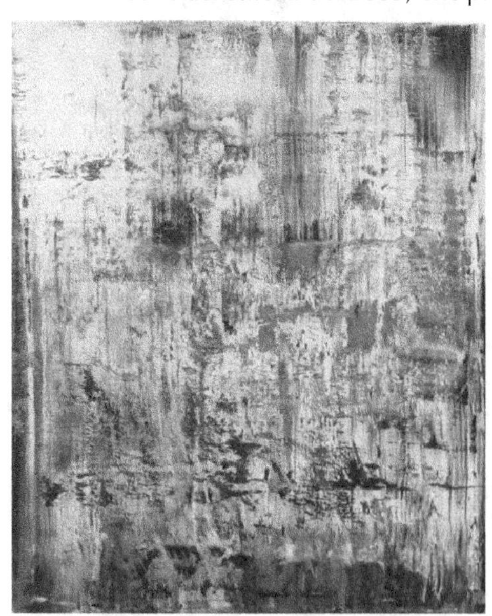

Ghiaccio (2), 1989. Olio su tela, 205 x 163

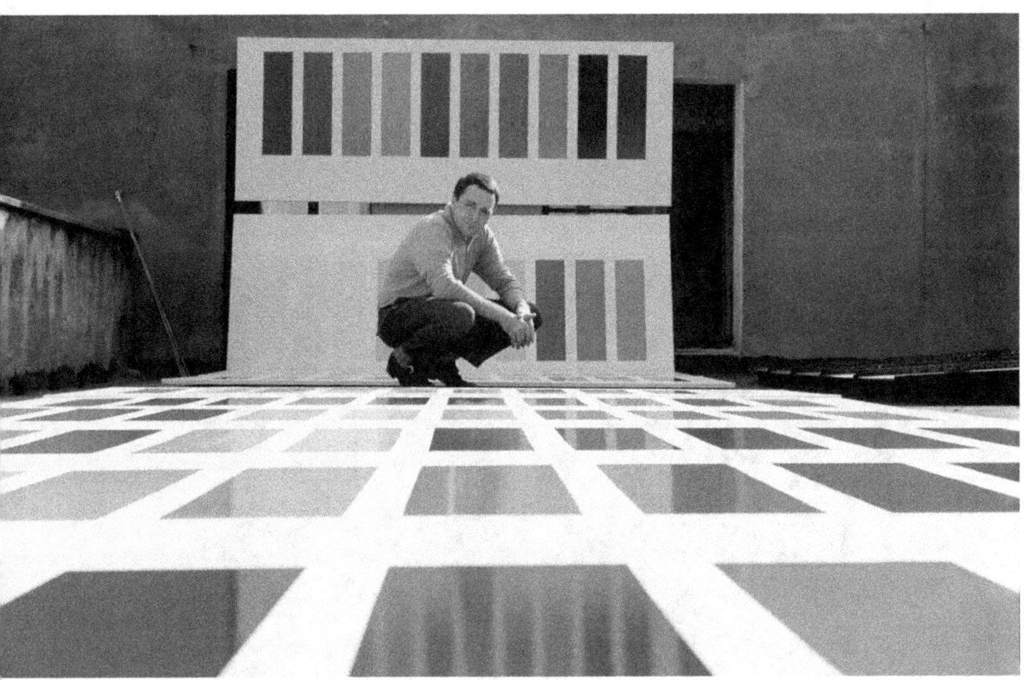

Gerhard Richter sul tetto del suo Atelier Fürstenwall a Düsseldorf con Zehn große Farbtafeln, 1966

tedesco Georg Simmel descriveva, cent'anni fa, la soggettività metropolitana del mercato capitalista. Secondo Simmel, gli scambi "grigio su grigio" che dominano un'economia monetaria portano a una sensibilità smussata (*blasé*), caratterizzata da un lato da una recettività sensoriale stimolata dalla varietà superficiale dell'ambiente del "mercato", dall'altro dall'indifferenza prodotta dall'omogeneità profonda del sistema[13]. In Richter, è come se questo effetto contraddittorio fosse penetrato nella forma artistica, la pittura, che un tempo era più impegnata proprio nell'articolazione della differenza, nell'espressione dell'unicità, dell'originalità e dell'autonomia. "Nei quadri grigi c'è l'indifferenziato, il nulla, *nil*, l'Inizio e la Fine", scrive Richter in una lettera a Buchloh del 1977, "mentre nei grafici di colore c'è la probabilità, tutto è corretto, o meglio, la Forma è il Non-senso. Nei nuovi quadri astratti c'è l'arbitrarietà, nel senso che quasi tutto è possibile. Questa arbitrarietà mi è sempre sembrata il problema centrale della pittura, sia figurativa che astratta" (p. 93). Richter, quindi, mette in partica questa arbitrarietà in vari modi, ma nel fare ciò la espone, la sospende perfino. Quest'ultimo effetto è da lui definito "spontaneità programmata", o "arbitrarietà programmata" (pp. 136 e 162)[14].

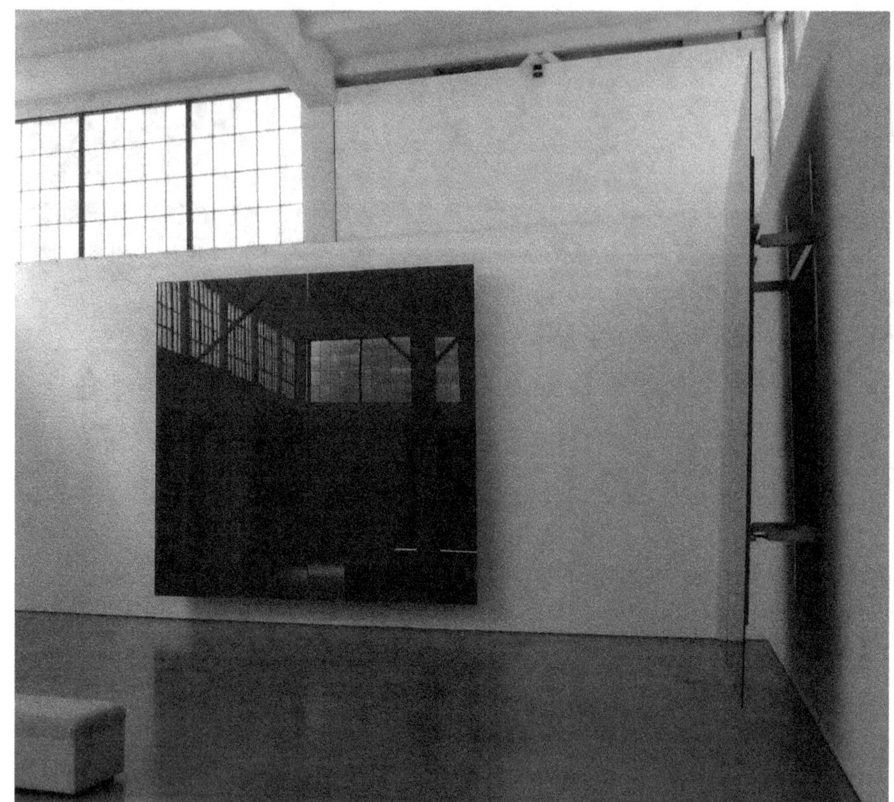

Gerhard Richter, Six Grey Mirrors, 2003

• • *Un trauma persistente*

Il termine duchampiano per questa arbitrarietà programmata è "caso in conserva"[15]. John Cage ha elaborato questo concetto nella musica del dopoguerra, come è noto, influenzando le esperienze di molti, spesso portati a rimuovere l'opera dall'intenzionalità del compositore o artista, per ricollocarla entro le condizioni esistenziali del fruitore, rendendola così più oggettiva, aperta ed attiva[16]. Particolarmente sentita negli anni Sessanta, questa esigenza era evidente in alcune operazioni di annullamento delle competenze tecniche, come l'appropriazione dell'immaginario dei media nella pop art, o l'uso dei processi di produzione industriale negli oggetti minimalisti. Ad essa si può riferire anche l'utilizzo di fotografie banali, come nei libri fotografici di Ed Ruscha, ad esempio *Twentysix Gasoline Stations* (1963). Inizialmente, anche Richter segue questa linea di ricerca. "Detesto la meraviglia suscitata dall'abilità", afferma l'artista nel 1964: dipingere a partire da fotografie è "la cosa più idiota e anti-artistica che chiunque possa fare" (p. 21). Si tratta naturalmente di un'affermazione tendenziosa, se formulata da un virtuoso della pittura; tuttavia, l'estetica dell'indifferenza che se ne evince è ben più di una semplice postura. Anzi, la parziale disconnessione tra lavoro e soggettività, messa in atto sia dal dato fotografico che dalla fattura quasi meccanica, fornisce a Richter una protezione quanto mai ricercata, tanto che sull'importanza di essa è forse il caso di riflettere[17].

A metà anni Sessanta, Richter parlava del suo incontro con la fotografia in termini traumatici: "Per un certo periodo ho lavorato come assistente in un laboratorio fotografico: la pletora di foto che passava ogni giorno nel bagno di sviluppo può aver benissimo causato un trauma persistente"[18]. Per quanto possa sembrare eccessiva, l'ipotesi è tutt'altro che assurda: quale può essere dunque la natura di questo trauma? Non si tratta certo dell'antica minaccia di usurpazione della funzione rappresentativa della pittura, ventilata tra gli altri da Baudelaire e Antoine Wiertz, ormai dato acquisito la cui trionfale teleologia è in parte messa in dubbio, se non addirittura rovesciata, proprio da Richter. Piuttosto, il trauma della fotografia risiede tanto nella sua semplice proliferazione quantitativa ("la pletora di foto") quanto nel modo pervasivo in cui essa trasforma l'apparente (il passaggio "nel bagno di sviluppo"). Come ha suggerito Buchloh, questa reazione avvicina Richter a Siegfried Kracauer, ben più che a Baudelaire e compagnia: "il mondo stesso, infatti, si è adattato come se fosse un 'volto da fotografare'", scrive Kracauer nel suo grande saggio sulla fotografia del 1927; "aspira a risolversi nel puro continuum spaziale, che non offre resistenza alle fotografie istantanee, perciò può essere fotografato"[19]. Come Warhol, Richter esplora questo "volto da fotografare" del mondo moderno, la sua riconfigurazione attorno a immagini di questo tipo e la sua conformità ad esse. "L'obiettivo che divora il mondo è un segno della *paura della morte*", continua Kracauer. "Accumulando fotografie su fotografie, si vorrebbe bandire il ricordo di quella morte che è, invece, compresente in ogni immagine della memoria"[20]. Richter sembrerebbe far sua l'opposizione kracaueriana tra fotografia e "immagine della memoria"; tuttavia, egli cerca talvolta di superarla, di

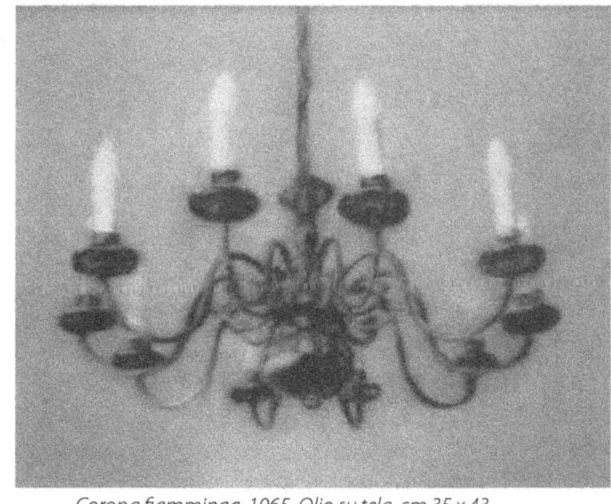

Corona fiamminga, 1965. Olio su tela, cm 35 x 43

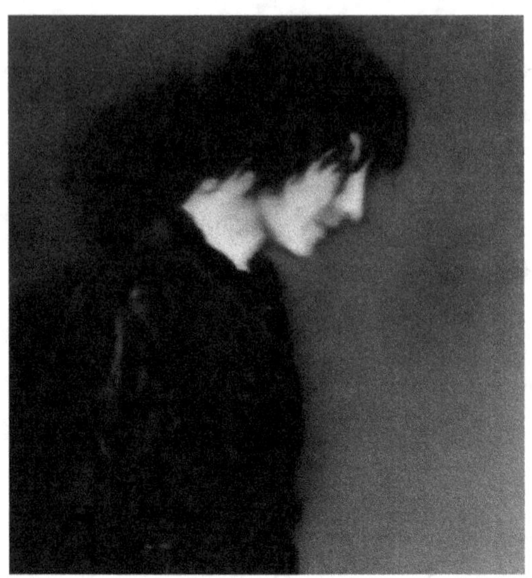

Confrontation 3, 1988. Olio su tela, cm 112 x 102

mostrare l'aspetto funereo di questo volto da fotografare, e di rendere la fotografia mnemonica *dentro* la pittura, *in quanto* pittura, scopo dichiarato nel proposito di "non utilizzare [la fotografia] come mezzo per la pittura, ma la pittura come mezzo per la fotografia" (p. 59). Il ciclo Baader-Meinhof è l'efficace esempio di questa trasformazione di fotografie potenzialmente anti-memoniche in potenti immagini del ricordo.

Richter usa talvolta il termine "banalità", nozione attorno alla quale possono essere raggruppate molte della riflessioni svolte finora, come quelle sulla rimozione dell'abilità tecnica, sulla componente traumatica della fotografia e sul potenziale protettivo della pittura[21]. Sicuramente, Richter si è servito a lungo di soggetti banali. Cosa può essere più banale, ad esempio, dei comuni rotoli di carta igienica dipinti nel 1965? Una banalità, però, tanto ovvia quanto fin troppo facilmente redenta attraverso l'aura che pervade la figurazione, soprattutto nella versione in toni chiari. Più caustica la banalità dell'adorno candeliere nella *Corona fiamminga* del 1965, esempio di oggetto non semplicemente pacchiano, bensì espressione suprema del più vieto gusto piccolo-borghese; o anche la banalità dell'umile *Giradischi* del 1988, appartenente alla serie Baader-Meinhof, un innocuo elettrodomestico visto però dall'alto, quasi come in un'autopsia, e

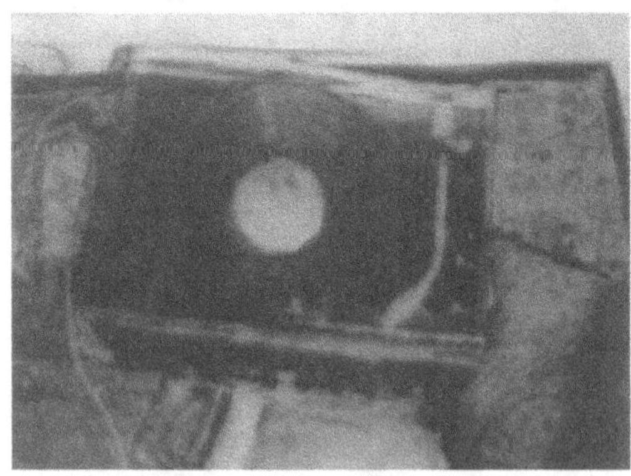

Giradischi, 1988. Olio su tela, cm 62 x 78

caricato di senso dal fatto di aver celato, come alcuni sanno, la pistola che uccise Andreas Baader in carcere[22].

Ma Richter è interessato anche a un altro tipo di banalità, collocabile a livello di discorso: quella che investe un individuo tramutato in fotografia, una vita congelata in immagine. Questa trasformazione si verifica nel bagliore esistenziale dello scatto – l'otturatore della macchina fotografica che può provocare un sussulto nel soggetto –, come sottolineato da Roland Barthes in *Camera chiara* (1980)[23]. Questa piccola morte può avere luogo anche nella postura automatica assunta dal soggetto di fronte al dispositivo, l'assunzione volontaria di un'immagine-di-sé, di uno stereotipo personale, allo scopo di conformarsi al volto da fotografare del mondo, alle sue aspettative fotogeniche. I giovani gaudenti di *Motoscafo* (1965; pag. 175), ad esempio, vogliono veramente "risolversi nel puro continuum spaziale, che non offre resistenza alle fotografie istantanee", come i numerosi soggetti dipinti da Richter a partire da foto di famiglia[24].

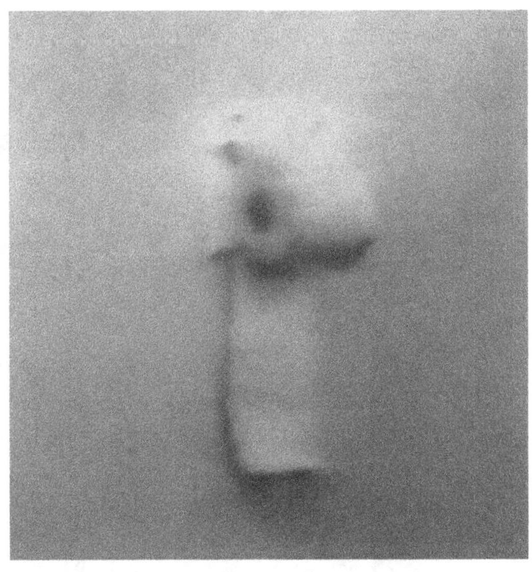

Carta igienica, 1965. Olio su tela, cm 66,5 x 64

Fin dall'inizio della sua produzione matura l'artista ha colto questa auto-modellazione dei soggetti in stereotipi, il che in più di un'occasione l'ha portato alla parodia di figure familiari della storia dell'arte. Le *Ballerine* (1966) e le *Bagnanti* soft-porno (1967) sono infatti discendenti volgari delle ballerine e delle bagnanti di Edgar Degas e Paul Cézanne, mentre la versione *striptease* di *Olympia* (1967) aggiorna la prostituta di Manet al tipico contesto casalingo della classe media. Questa banalità può a volte diventare frivola proprio nel suo essere caricatura, invece è più efficace quando si rivolge a soggetti quotidiani, come nella resa warholesca di *Otto studentesse infermiere* (1966), le vittime di un serial killer già riprodotte in serie nell'annuario usato come fonte[25]. Quest'ultimo tipo di banalità è particolarmente disturbante nelle *Tre sorelle* del 1965 (pag.191), le quali, in posa sul divano, tutte vestite allo stesso modo, appaiono clonate nella presentazione di sé come lo sono nella struttura genetica; quasi come se la conformità alle aspettative piccolo-borghesi, al *cliché* della foto da album di famiglia, fosse l'unico modo per queste sorelline di ottenere un qualsiasi tipo di considerazione sociale[26].

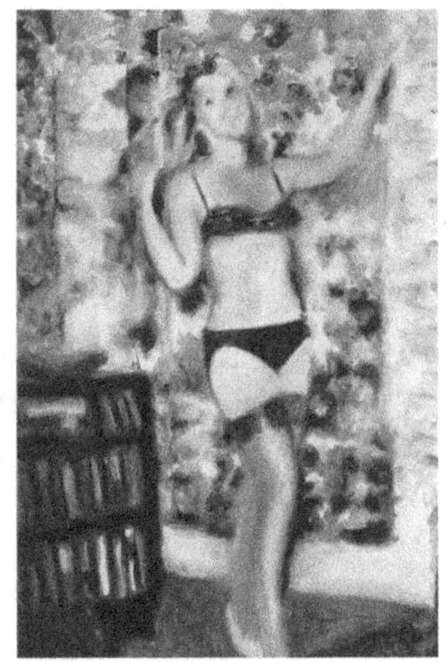

Olympia, 1967. Olio su tela, cm 200 x 130

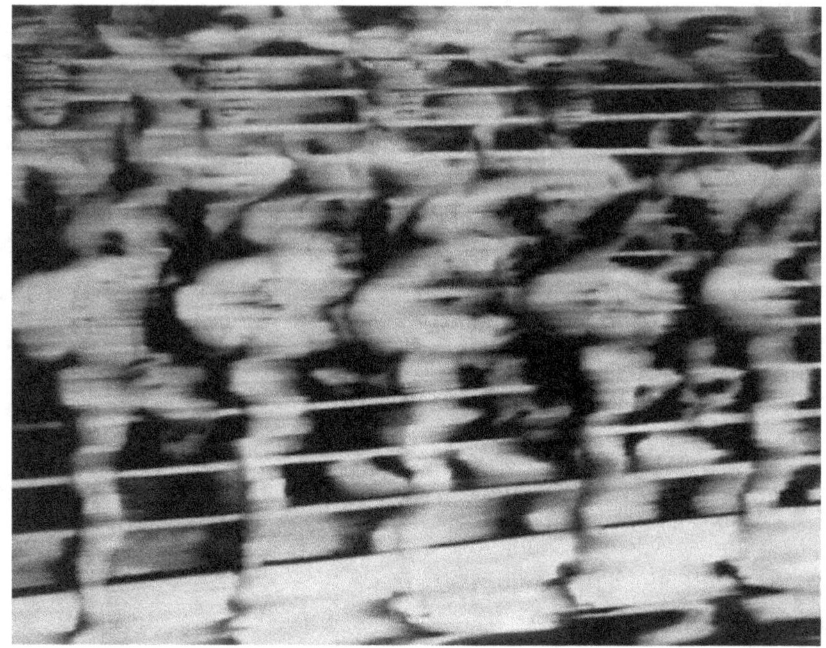

Danzatrici, 1966. Olio su tela, cm 160 x 200

"Si tratta sempre di un'azione evasiva", afferma Richter a proposito della banalità nel suo lavoro (p. 62). A quanto pare, il banale ha per lui una funzione difensiva che va a sommarsi a quella traumatica, e lo stesso può dirsi del fotografico. La pittura presa dalle foto lo liberava dal "pensiero consapevole", aveva scritto. È "sterilizzata, e pertanto indolore", avrebbe aggiunto (p. 30). È come se egli volesse trasformare la fotografia, un medium che per lui incarna una minaccia di trauma, in una difesa apotropaica contro la stessa minaccia. Certo, i grigi e le sfocature, entrambi elementi fotografici, possono però avere un effetto attenuante, se non addirittura addomesticante[27]. Certo, questi stessi elementi hanno anche funzioni diverse, spesso opposte, e proprio questa ambiguità è una chiave per leggere l'enigma su cui basa tutto il lavoro di Richter (come la psicanalisi ha dimostrato, enigma e trauma tendono ad implicarsi a vicenda)[28]. I grigi, ad esempio, possono essere letti alla luce sia della presenza materiale del pigmento, sia della virtualità mediata della stampa. E ancora più complesse sono le possibilità aperte dalle sfocature, che possono evocare la velocità di un oggetto in movimento come la distrazione dello spettatore, un'immagine del ricordo come il suo stesso sgretolamento, una scena lurida, perfino oscena

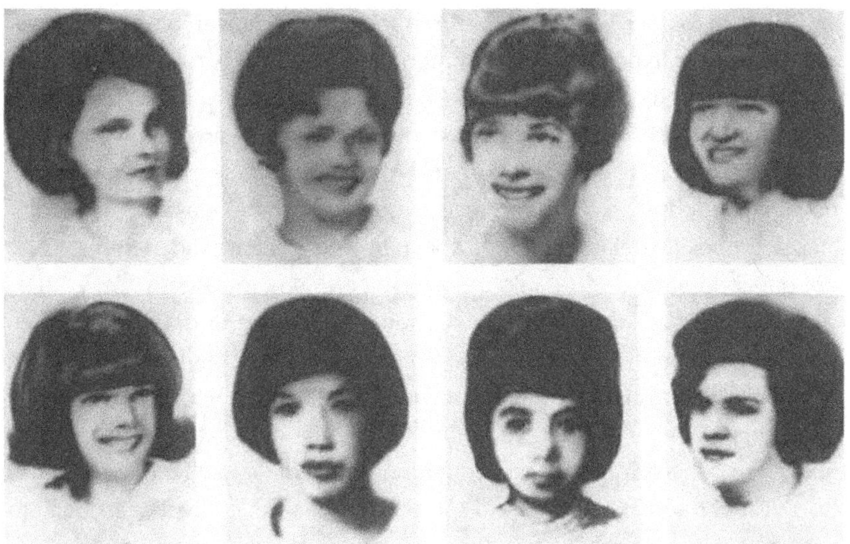

Otto studentesse infermiere, 1966. Olio su tela, otto tele di cm 96 x 74 ciascuna

come una scena schermata, oscurata, e così via. Ciononostante, per quanto diversi, persino contraddittori possano apparire, questi effetti sono elementi comuni del volto da fotografare del mondo moderno. Mettono in luce come i nostri sensi, la nostra memoria, il nostro inconscio siano diventati, almeno in parte, "fotogenici", ossia non solo determinati dalla fotografia e dal cinema, ma anche in qualche modo calibrati su questi due medium; adatti, perfino progettati per essere fotografati o filmati, creati avendo in mente questa stessa luce, come suggerito da Kracauer già nel 1927[29]. Questo cambiamento dell'apparire costituisce uno dei temi principali in Richter, in quanto il dubbio che produce è epistemologico, perfino ontologico, come la sua pittura si impegna a dimostrare: "il mio rapporto con la realtà", scrive l'artista nel 1971, "ha molto a che fare con l'imprecisione, l'incertezza, la precarietà e l'incompletezza" (p. 60)[30].

La tipica sfocatura alla Richter è forse la sua pratica più sfuggente. Come la sua lettura della banalità, può sembrare infatti, al tempo stesso, immediata e mediata, traumatica e protettiva, tagliente e *blasé*[31]. In *Camera chiara*, Barthes colloca il nodo traumatico, il *punctum* di una foto, in un dettaglio particolare;

in un quadro di Richter, al contrario, esso può anche originarsi in una sfocatura, la quale può al contempo fungere da tampone di questo stesso trauma (abbiamo incontrato una simile duplice strategia nelle serigrafie di Warhol). Tra i punti salienti ci sono infatti i dettagli sfocati (per quanto possa sembrare un paradosso), come gli occhi sbavati e i sorrisi oscurati di alcune immagini giovanili (*Frau Marlow*). "Qualcosa va mostrato e nascosto al tempo stesso", ha scritto Richter a proposito delle sfocature, con parole che ricordano Barthes, "allo scopo, possibilmente, di dire un'altra cosa ancora, una terza cosa" (p. 272)[32]. Un'affermazione che suggerisce una struttura paradossale di riconoscimento e disconoscimento, messa in mostra e nascondimento, resa familiare dalle letture psicanalitiche del feticismo sessuale, ma anche di qualsiasi ricordo-schermo, di qualsiasi rimozione auto-difensiva di una visione traumatica. I testi di Freud su questi temi si concentrano su punti salienti o immagini abbaglianti che, seppur legate a visioni traumatiche, servono spesso ad oscurarle, e talvolta la sfocatura di Richter è occlusiva anche in questo senso, in quanto possiede una paradossale luminosità. Similarmente, essa può richiamare una deformazione psichica del campo visivo, la quale oltre ad "addomesticare" l'immagine la rende ancora più selvaggia, intensificando il nostro sguardo anziché sublimarlo[33]. In certi momenti, Richter arriva quasi a specificare questa elaborazione del trauma, associandola allo scambio continuo tra fotografia e pittura. "La fotografia suscita orrore", afferma l'artista nel 1989, pensando al ciclo Baader-Meinhof; "la pittura dello stesso tema, invece, qualcosa più vicino al dolore" (p. 229). "La morte e la sofferenza" sono "il tema" del fotografo, sostiene Richter, e implicitamente, la pittura cura questo tema, come si cura una ferita (p. 227). Se il quadro rimane troppo fotografico, insiste l'artista, è "insopportabile" (p. 229); al contempo, se non registra in qualche modo il trauma, rischia di non essere efficace[34].

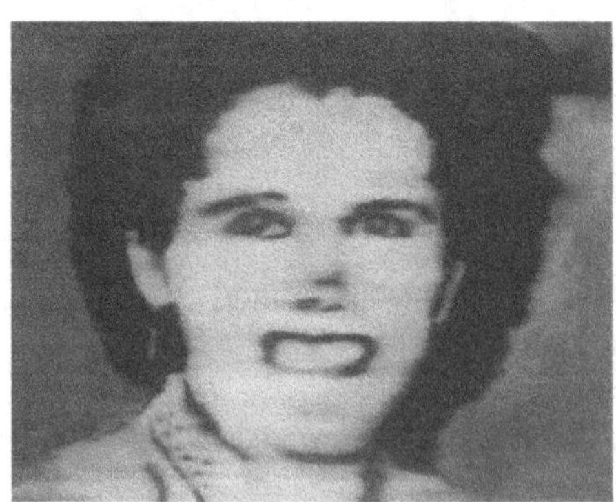

Frau Marlow, 1964. Olio su tela, cm 80 x 95

● ● *La luce riflessa della sembianza*
"L'illusione – o piuttosto l'apparenza, la sembianza – è il tema centrale della mia vita", afferma Richter nel 1989 (p. 215). Un *topos* fondamentale della filosofia idealista e della poetica romantica in Germania, la "bellissima sembianza" (*schön Schein*) è oggetto di discussione fin da Kant, Goethe, Schiller, Schelling e Hegel, passando per Nietzsche, Rilke e Heidegger, fino ad arrivare a Benjamin e

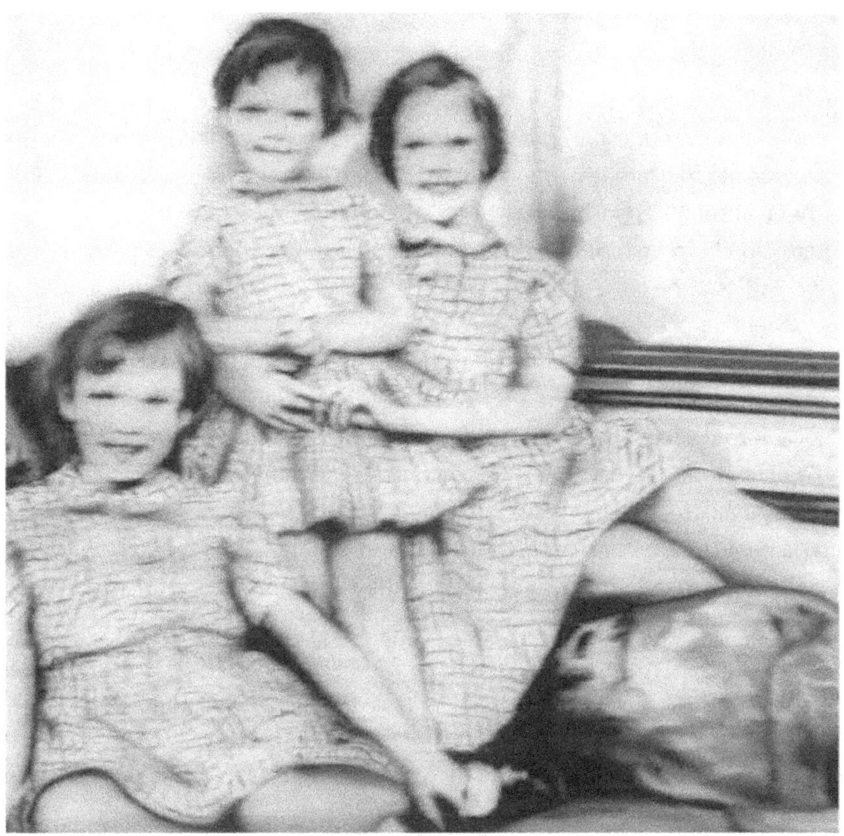

Tre sorelle, 1965. Olio su tela, cm 135 x 130

Adorno. Come scrive ironicamente Richter in un appunto del 1989, potrebbe addirittura essere "l'argomento del discorso di benvenuto per i nuovi iscritti all'Accademia". Ma ciò che si intende per "sembianza" è questione tutt'altro che accademica. In fin dei conti, le opposizioni che sembrano stare alla base del lavoro di Richter – pittura vs. fotografia, astrazione vs. figurazione – non colgono la sua personalissima variazione di questo fortunato tema, poiché, come detto, egli scioglie questi dualismi, o meglio ancora, ci mostra in che modo sono stati sciolti dalla storia, rivelando come il mondo postbellico, pronto ad essere dipinto, si presenti però con un volto fotografico, perfino fotogenico, e come l'astrazione possa essere ritrovata nella figurazione e viceversa. In ogni caso, la questione della sembianza è trasversale a tutte queste categorie, non identificandosi né con la rassomiglianza prodotta dalla figurazione, né dalla sua negazione prodotta dall'arte astratta. La sembianza include entrambe le modalità, in quanto si occupa della stessa consistenza dell'apparire: è ciò che consente al mondo che ci sta di fronte, naturale e mediato, o naturale *in quanto* mediato, di stare insieme; è questo aspetto ad interessare a Richter più di qualunque altro: "'L'apparire', che per me è un fenomeno" (p. 405).

"Tutto ciò che è ci appare ed è visibile ai nostri occhi perché lo percepiamo alla luce riflessa della sembianza", prosegue Richter nella dichiarazione del 1989. "Nient'altro è visibile". In questo senso, la sembianza non corrisponde tanto all'apparenza in sé, quanto alla nostra appercezione di essa: riguarda la percezione, la materializzazione e l'agire, non in quanto categorie immutabili, ma nella loro alterazione da parte dei processi sociali e delle trasformazioni tecnologiche. Questa accezione di sembianza è certamente chiamata in causa nella fotografia, ma Richter attribuisce alla pittura un vantaggio: "la pittura, contrariamente a qualsiasi altra arte (includo naturalmente la fotografia), si occupa esclusivamente della sembianza". Alla sembianza del mondo, tuttavia, non è consentito accedere: secondo Richter, il pittore deve "ripeterla" o, più precisamente, "fabbricarla". Nella sua *Confessione creatrice*, Paul Klee ha notoriamente affermato che "l'arte non ripete le cose visibili, ma rende visibile"[35]. Richter sarebbe d'accordo: la vera difficoltà è rendere visibile il visibile, ossia cogliere quella "luce riflessa" come la sperimentiamo oggi, renderla "valida". Come dichiara l'artista in un appunto giovanile, del resto, "il problema principale della mia pittura è la luce" (p. 35)[36]; "voglio renderla valida, visibile", aveva affermato, in riferimento alla fotografia, laddove "valida" è inteso nel senso dell'autorevolezza più che in quello della dimostrabilità (p. 31)[37].

Per Richter, la fotografia da sola non è in grado di comunicare la sembianza, poiché "la camera non appercepisce gli oggetti, si limita a vederli" (p. 32)[38]. Ciò non toglie che essa, profondamente radicata com'è nella definizione dell'"apparire" contemporaneo, sia una delle principali fonti di questa "luce riflessa" del mondo moderno; ed è proprio questa luce mediata a costituire il soggetto di molte delle superfici dipinte da Richter, fatte di colori artificiali quasi sospesi in strati gelatinosi. La sua pertanto, più che una critica alla società dello spettacolo in quanto tale (le polemiche sulla quale sono anzi liquidate in fretta e furia in quanto "ideologiche"), è una fenomenologia dell'apparire mediato, di questo "guardare", tipico del nostro mondo, che ci cerca. La sembianza di cui si era occupato Friedrich, per fare un esempio, apparteneva a una natura ancora imbevuta della luce di Dio, di una luminosità arcana. La sembianza che interessa a Richter appartiene invece a una "seconda natura" (un termine fondamentale introdotto da György Lukács quasi cent'anni fa),

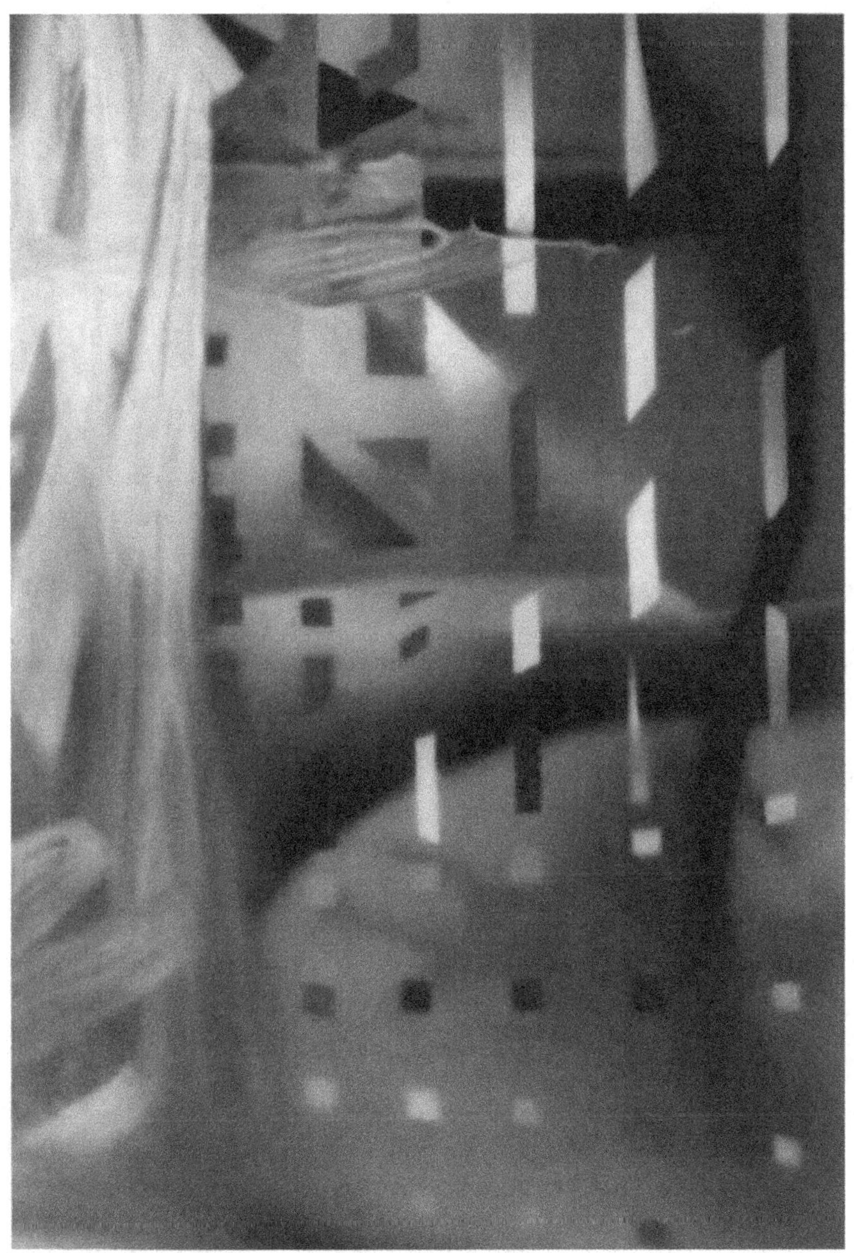

Abstrakt, 1977. Olio su tela, cm 300 x 200

una cultura-fatta-natura immersa nel bagliore dei media, una sembianza fatta di forme fotografiche, televisive e digitali di visualità, *fotogenica* nel senso spiegato qui sopra[39]. "Le fotografie sono quasi la natura" (p. 228) sostiene Richter, e molti dei suoi soggetti "naturali", in effetti, sono dati come mediati, con colori variamente sbiaditi come nelle vecchie foto, saturati come negli inserti pubblicitari dei rotocalchi, artificiali come nelle immagine pixelate. Addirittura, soggetti come quello di *Paesaggio lunare* (1968), esistono per noi solamente in forma mediata[40]. Alcuni quadri iniziali ricordano immagini prese dalla televisione, e allora la sfocatura può anche evocare la sbavatura orizzontale di televisori e monitor. Inoltre, fin dai primi anni Settanta, alcuni lavori astratti anticipano le bizzarre dimensioni dello spazio digitale, né profondo né totalmente piatto, ma entrambe le cose insieme.

Questa diffusa mediazione del mondo è un problema centrale della pittura "lirica" dopo Warhol[41]. Nonostante il suo disinteresse dichiarato verso "qualsiasi forma di critica della cultura preconfezionata o del mondo consumista" (p. 138), Richter affronta la contaminazione della sembianza da parte della mercificazione, in quanto dato di fatto del momento storico. Nel "mondo consumista", immagini e prodotti non sono facilmente tenuti distinti: la merce ha intaccato non solo la struttura del segno, ma anche la natura stessa della rappresentazione, una doppia trasformazione esplorata dalla pop art in generale[42]. Come il minimalismo adotta spesso la logica seriale della produzione industriale ("una cosa dopo l'altra", per dirla con le parole che Donald Judd dedica alle proprie colonne di mensole e alle proprie file di scatole), così la pop art riflette spesso sulla natura simulacrale dell'immagine-merce, sul suo stato di copia il cui legame con qualsiasi originale è il più delle volte allentato: si pensi, ad esempio, a come la stessa serialità di alcune immagini warholiane come le *Two Hundred Campbell's Soup Cans* le allontani da tutti i possibili referenti presenti nel mondo. Inteso come un tipo di segno, poi, il simulacro pop mette in crisi tanto le pretese di referenzialità della figurazione tradizionale quanto quelle di autonomia metafisica dell'astrazione modernista[43]. Richter, tuttavia, non si rassegna ad abbandonare la pittura tra le grinfie dell'ordine simulacrale dominante nel nostro mondo fatto di immagini, come capita invece spesso a Warhol: egli, piuttosto, oltre a riuscire spesso nell'impresa di ricavare una sorta di aura da banali riproduzioni, sa produrre una referenzialità bruciante a partire da fiacche immagini figurative: di nuovo, torna in mente il giradischi della serie Baader-Meinhof. Così facendo, Richter insiste, in modo assai più enfatico di quanto non facessero i colleghi pop, sulla pittura come medium

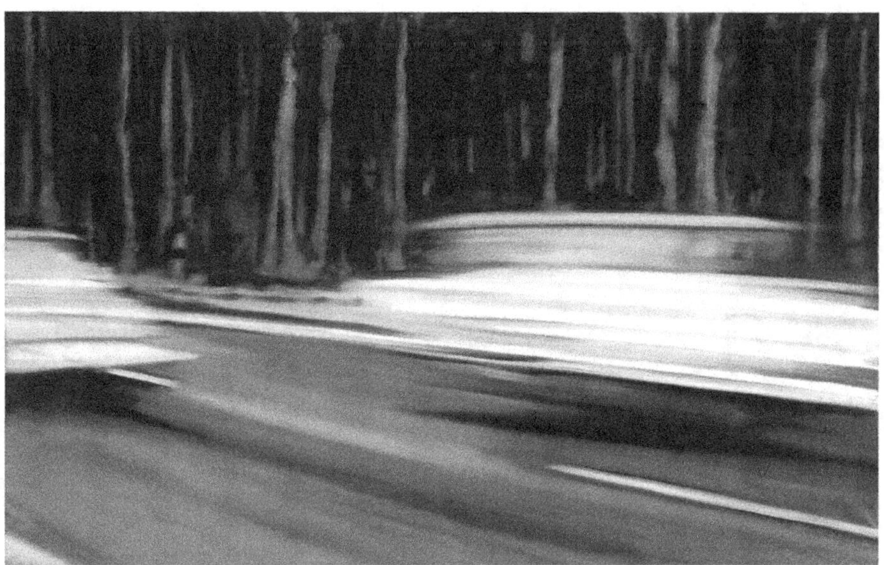

Zwei Fiat, 1964. Olio su tela, cm 200 x 130

ancora in grado di riflettere sulla natura della sembianza. Sono sempre le parole di Kracauer a tornare utili: "Affinché la storia venga rappresentata", scrive nel saggio del 1927, "è necessario distruggere quella connessione meramente superficiale che offre la fotografia"[44]. Similarmente, per Richter, "la foto è la raffigurazione, mentre la pittura è la tecnica per farla a pezzi" (p. 273): ovvero, la fotografia produrrebbe una rassomiglianza (si limita cioè a "vedere" gli oggetti) che la pittura può, anzi deve, aprire in due, in modo che la sembianza possa esservi rivelata ("appercepita").

"Illusione. O piuttosto apparenza, sembianza": nella tradizione culturale tedesca, il significato del termine *Schein* oscilla spesso tra la pura illusione e l'apparizione arcana, e Richter ricorre agli effetti di entrambe, alla superficialità dell'una come all'aura dell'altra. Al tempo stesso, non si limita a celebrare la pura illusione, come fanno spesso gli artisti pop, così come non si abbandona alla credenza che l'apparizione arcana sia veramente a nostra disposizione: "Abbiamo perso il sentimento dell''onnipresenza di Dio nella natura'. Per noi, tutto è vuoto" (p. 82). Ancora una volta, Richter segue le orme dei suoi predecessori tedeschi, secondo i quali, per usare le parole di Theodor Adorno, l'"idea di arte" sarebbe "impadronirsi della [...] apparenza, determinarla in

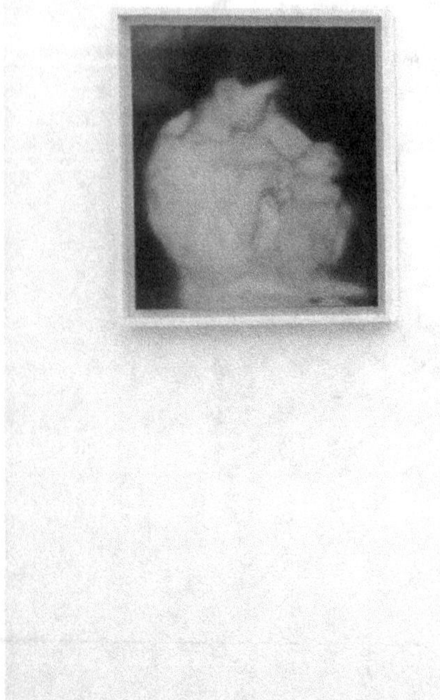 

quanto apparenza per se stessa, anche negarla come irreale"[45]. Tutte e tre le operazioni suggerite da Adorno, impossessamento, determinazione e negazione dell'apparenza, sono chiamate in causa nel lavoro di Richter. Cosa rimane, allora, della "bella sembianza"? Più di quarant'anni fa, Clement Greenberg ricorse alla definizione "rappresentazione senza fissa dimora" per indicare la permanenza di tracce figurative nei dipinti astratti di Willem De Kooning: "con questo termine intendo una pittoricità plastica e descrittiva applicata a finalità astratte, ma che continua a suggerirne di figurative"[46]. Analogamente, forse, possiamo parlare, a proposito di Richter, di "sembianza senza fissa dimora". Anzi, lo è doppiamente poiché, ormai praticamente privata della sua dimensione arcana, non ha neanche, di converso, un qualsivoglia radicamento nel mondo, tale è la distanza posta, rispetto ad esso, dalla sua condizione mediata. Così, le sfocature luminose di Richter riflettono sulle moderne vicissitudini dello *Schein*.

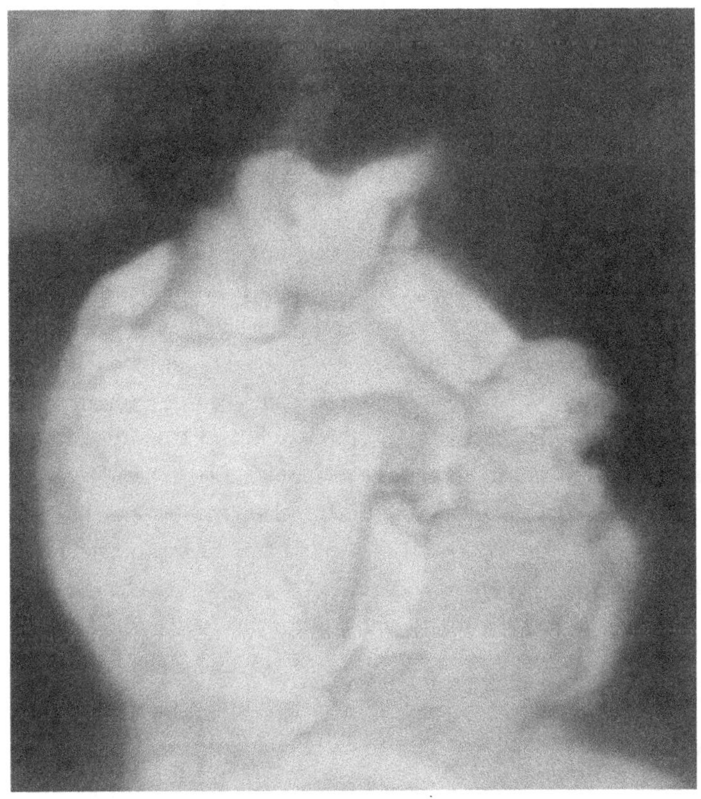

S. con Bambino, 1995. Olio su tela, cm 60 x 50

Tradizionalmente, l'estetico è pensato come elemento conciliatorio: in Kant, ad esempio, il giudizio estetico è chiamato a riconciliare ragion pura e ragion pratica, necessità e libertà, giudizi di valore e constatazioni di fatto. In Schiller, invece, le arti creative hanno il compito di lenire le fratture causate dalle competenze tecnologiche ("l'arte per curare l'arte" è una sua frase famosa). In Stendhal, infine, l'arte deve offrire la bellezza come "promessa di felicità" (il più noto degli aforismi). Ma ci sarebbero altri esempi. Per alcuni critici, queste accezioni dell'estetico sono altrettante istanze di dislocamento ideologico: concentrare nell'arte la possibilità di questa riconciliazione significherebbe distrarci dall'esigenza di ricercarla altrove, soprattutto in questioni di giustizia sociale[47]. Richter, tuttavia, rimane legato a questo ideale di conciliazione: nel 2000, alla domanda "la bellezza dei suoi quadri racchiude un messaggio?", risponde che "non c'è un messaggio, ma solo la speranza che la vita possa essere bella" (p. 354)[48]. Al contempo, servendosi di una sembianza alterata dai nuovi media, nonché di una bellezza compromessa dalle catastrofi, egli ci mostra come questo ideale sia severamente messo alla prova, come sia anzi a sua volta un'illusione[49]. Certo, Richter ci fa vedere la bellezza, ma perfino dal suo punto di vista essa è credibile solo se "ferita" in qualche modo (p. 129). Si tratta di una bellezza non più opposta al sublime poiché, anzi, sublima e desublima al tempo stesso; di una bellezza che chiama in causa la propria incapacità di offrire riconciliazione o promettere felicità, e che può invece consistere, al limite, in "una specie di allegria nervosa [...] coi denti serrati" (p. 489). È un'arte di grande efficacia quando raggiunge questo grado di implacabilità, quando è, appunto, "nervosa" e "serrata"; in caso contrario, rischia talvolta di cadere nel sentimentalismo, come in alcuni ritratti della moglie Sabine e del figlio Moritz di metà anni Novanta. Non è tuttavia da escludere che Richter incorra consapevolmente in questo rischio per meglio mostrare la presente condizione della sembianza, spesso posticcia, e della bellezza, parzialmente "stereotipata" (p. 505)[50].

"Dopo essere stati a lungo ossessionati dalla pittura, si arriva al punto di convincersi di poter modificare l'umanità attraverso di essa. Ma se questo appassionato coinvolgimento viene a mancare, non rimane più nulla da fare. E a quel punto è meglio lasciar stare la pittura. Perché essa, in sé, è un'idiozia bella e buona" (p. 70). Scritta nel 1973, in un periodo in cui è tornato in auge il dibattito sulla presunta morte della pittura, questa famosa affermazione è ben lontana dall'essere un argomento a sostegno di tale diagnosi terminale: piuttosto, essa proietta la pittura su un registro di generale agnosticismo, di un credere diverso da quello istituzionale, di un "agire morale" estraneo a qualsiasi codice ufficiale. Richter non è troppo lontano, qui, dai tardo-modernisti come Michael Fried, che vedono nella pittura una riserva di valore in un mondo che ne è ormai privo, come un luogo di "legami", di "speranza" e perfino di "utopia" (pp. 121 e 161)[51]. Richter è però assai più sensibile, rispetto a Fried ed altri, alla difficoltà, quando non all'assurdità, di questa convinzione: nella maggior parte dei casi, egli osserva lucidamente la fragile condizione della pittura contemporanea all'interno della storia della cultura. Talvolta si dimostra addirittura sprezzante verso le convenzioni pittoriche: "Sono abbastanza borghese da continuare a mangiare con forchetta e coltello, così come dipingo a olio su tela", afferma nel corso dell'intervista con Buchloh del 1986 (p. 177). In altri casi, non può che rassegnarsi all'"inadeguatezza" del medium, che egli definisce "il normale caos" (p. 181). Questo persistente "scetticismo che sta al posto della complessità" (p. 200) è il rovescio della medaglia dell'"appassionato coinvolgimento" con la pittura, ed è proprio l'atteggiamento agnostico a consentire a Richter di abbattere la linea aporetica – e adorniana – secondo la quale "liquidare" la pittura significherebbe anche affermarne "l'autonomia" (p. 176).

Proprio questa, pertanto, è una delle possibili risposte al dilemma su Richter dal quale siamo partiti: la sua pittura non è né una forma avanzata di critica fatta attraverso l'arte, né una cinica forma di *pastiche* post-storico. Non risolve le proprie contraddizioni, ma piuttosto le mette in scena, e nel fare ciò arriva talvolta a sospenderle. Ci sarebbero molti modi di leggere questa sospensione. Alcuni potrebbero vederla come una soluzione di compromesso, in base alla quale Richter sarebbe "il più grande pittore moderno d'Europa" proprio perché consentirebbe di salvare capra e cavoli (e molto altro): le istanze anti-artistiche come quelle pro-pittura, avanguardia e tradizione, banalità e bellezza "alta", indifferenza e coinvolgimento, in un appagamento quasi schizofrenico di tutti i desideri possibili[52]. Altri potrebbero invece vedervi un modo di lasciare aperta la strada a possibili soluzioni future, nel senso di una messa in scena di contraddizioni estetiche in grado di produrre, per il presente, una sorta di consapevolezza critica.

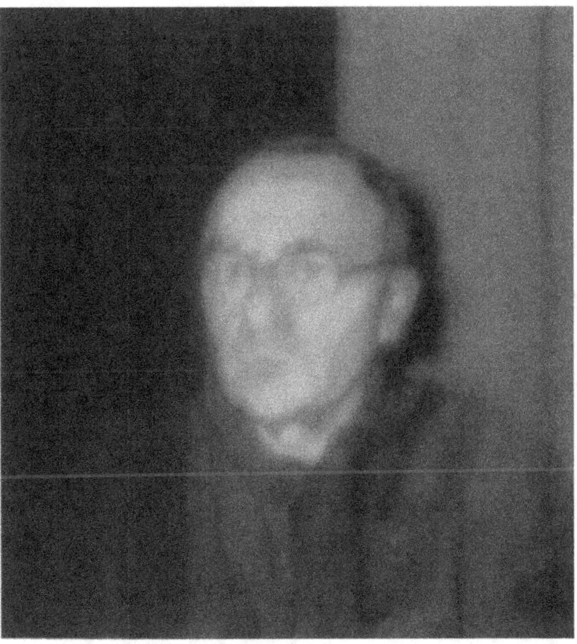

Autoritratto, 1996. Olio su tela di lino, cm 51 x 49

La lettura che egli stesso dà tiene conto, parzialmente, di entrambe queste alternative: "quello che cerco di fare in ogni quadro è riunire gli elementi più disparati e contraddittori, se attuali e praticabili, con la maggiore libertà possibile. Non ci sono Paradisi" (P. 166).

A mio modo di vedere, Richter non è né dialettico né decostruttivo, nell'approccio come negli esiti; ciò non significa, tuttavia, che il suo lavoro si limiti a un'oscillazione stagnante o a un banale eclettismo. Se anche vuol essere neutrale, si tratta però di una neutralità complessa, tutt'altro che nulla, di una neutralità capace di rispondere al traumatico eccesso di ideologia invasiva che ha caratterizzato una vita trascorsa sotto i regimi nazista, comunista e capitalista[53]. Dapprima c'è stata l'esperienza della guerra totale: "Vedere Dresda ridotta a una distesa di macerie, vivere in mezzo alle rovine, mi ha cambiato la vita" afferma Richter (p. 355). Poi la scoperta, tardiva, dell'Olocausto, avvenuta significativamente attraverso la fotografia: "Là, in quel cortile" – quello dell'Accademia di Dresda, frequentata dal 1952 al 1956 – "mi furono mostrati per la prima volta due libri con fotografie dei campi di concentramento e degli orrori che vi venivano perpetrati. Avevo una ventina d'anni, e non mi dimenticherò mai quel momento" (p. 469). Nello stesso periodo, l'artista era una vittima del complesso della perdita del padre che aveva colpito "l'intera

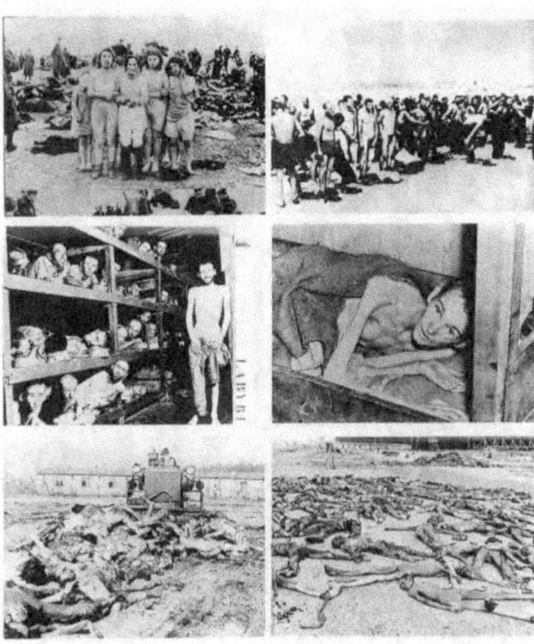

Atlas: Tavola 18, 1967. Ritagli e fotografie in bianco e nero e a colori,
cm 66,5 x 52

generazione": "La maggior parte dei nostri padri era mancata di casa per molto tempo a causa della guerra; alcuni non fecero mai ritorno, altri tornarono con l'anima a pezzi, e per di più nel ruolo dei colpevoli" (pp. 442 e 502). In generale, egli rimane sospettoso nei confronti delle ideologie ufficiali, quella comunista come quella capitalista. Pertanto, pur insistendo sul "credere" inteso come speranza, Richter si oppone al credere inteso come ideologia, da lui ritenuto falso ma anche distruttivo. Questa visione prende forma durante la lavorazione della serie sui terroristi della banda Baader-Meinhof: "A mio avviso non dovremmo avere idee, utopie o ideologie", scrive Richter nel 1989; "non abbiamo bisogno di credere. La religione, Khomeini, il cattolicesimo, il marxismo: tutte le credenze sono pericolose e sbagliate" (p. 221).

Questa avversione alle ideologie sembra essere una motivazione chiave dei suoi dispositivi di base: il "non-stile" dei quadri tratti da istantanee, la sciattezza delle immagini da enciclopedia ("che neutralizzano ogni cosa e ogni ideologia": p. 421), la natura evasiva delle immagini sfocate, l'indifferenza *blasé* dei quadri grigi, l'arbitrarietà dei grafici di colore, e così via. Questa ricerca della neutralità come schermo protettivo nei confronti dell'ideologia richiama il primo Barthes de *Il grado zero della scrittura* (1953), anche se tutto sommato Richter somiglia di più all'ultimo Barthes de *Il neutro* (1977-78), secondo cui la neutralità non cancella il senso, ma lo "confonde". "Definisco il neutro come ciò che sconfigge [*déjoue*] il paradigma", scrive Barthes, adottando l'accezione linguistica di "paradigma" come "opposizione di due termini virtuali, uno dei quali è concretizzato nel parlare per produrre significato". "O piuttosto", continua, "chiamo Neutro tutto ciò che confonde il paradigma [...] Da cui l'idea di una creazione strutturale in grado di sconfiggere, annullare o contraddire l'implacabile binarietà del paradigma mediante l'introduzione di un terzo termine"[54]. Richter ricerca proprio questa struttura instabile, questo "terzo termine", questa soluzione enigmatica di opposizioni intollerabili: "Qualcosa deve essere mostrato e al tempo stesso celato, in modo da dire, possibilmente, un'altra cosa ancora, una terza cosa" (p. 272). Ancora una volta, la scelta può essere criticata in quanto conveniente compromesso tra due posizioni opposte, un "triangolo" estetico del tutto degno delle "terze vie" problematiche che hanno caratterizzato la politica occidentale nell'ultima generazione: limitarsi a liquidarlo, significherebbe compiacersi di quel cinismo a cui Richter oppone resistenza. Alla fine dei conti, l'importanza di questo artista risiede forse proprio nella lucidità con cui pone queste possibilità contraddittorie, nel suo indugiare nelle loro intriganti difficoltà.

1. Richter G., *Text, 1961 bis 2007: Schriften, Interviews, Briefe*, hrsg. Elegr D.-Obrist H.U., Verlag der Buchhandlung Walter König, Köln 2008. I riferimenti nel testo sono alla versione inglese, *Writings, 1961-2007*, DAP, New York 2009 (n.d.t.).

2. Anche per Richter gli stessi soggetti avevano questo carattere inquieto: "Ho tenuto un certo numero di foto per anni", afferma nel 1989 a proposito della serie, "sotto l'etichetta delle cose da finire" (*Writings*, p. 226). Sempre nel 1989 aggiunge: "Ho provato a riaprire la pratica, a fare un nuovo funerale, ma non ho trovato soluzione. Il caso intero, con il suo complesso di fatti, è stato tenuto nascosto. A volte ho la sensazione che abbiamo dimenticato, o che stiamo dimenticando, che stiamo gettando via l'intera questione come se fosse immondizia".

3. Cfr. Rosenblum R. (1975), *La pittura moderna e la tradizione romantica del Nord. Da Friedrich a Rothko*, trad. it. 5 Continents, Milano 2006. Secondo Rosenblum, Friedrich e i suoi contemporanei si trovavano di fronte a un dilemma: "come esprimere l'esperienza dello spirito, del trascendente senza ricorrere a temi tradizionali quali l'Adorazione, la Crocifissione, la Risurrezione, l'Ascensione, il cui vigore si affievoliva incessantemente nell'età dell'Illuminismo" (p. 15). Benché l'autore faccia menzione di Richter, la sua tesi si basa su una presunta continuità, quella che l'artista cerca appunto di mettere in dubbio, per quanto egli stesso, su questo punto, sia prevedibilmente ambiguo. Ecco una sua affermazione del febbraio 1973: "Quello che mi manca è il fondamento spirituale su cui si sosteneva la pittura romantica. Abbiamo perso il sentimento dell'onnipresenza di Dio nella natura'. Per noi tutto è vuoto. Eppure, quei dipinti ci sono ancora, e ci parlano. Continuiamo ad amarli, ad usarli e ad averne bisogno" (*Writings*, p. 82). In una lettera inviata lo stesso mese al curatore Jean-Christophe Amman, Richter ribadisce la propria convinzione che "un quadro di Caspar David Friedrich non sia una cosa appartenente al passato" (p. 72), allusione alla famosa affermazione di Hegel secondo cui "l'arte è e rimane per noi, dal alto della sua più alta determinazione, un passato" (*Introduzione alla "Estetica"*, trad. It. Guerrini, Milano 1996, p. 51).

4. Nel 1986, a Richter fu chiesto un parere sull'affermazione di Theodor Adorno secondo la quale la poesia dopo l'Olocausto sarebbe un pratica barbara. Assai diretta la risposta: "C'è una poesia lirica dopo Auschwitz". (*Writings*, p. 75). Per una lettura equilibrante su questo tema, cfr. Clark T.J. (1999), *In difesa dell'espressionismo astratto*, in *Addio a un'idea*, trad. it. Einaudi, Torino 2005.

5. Ecco una serie di affermazioni su questo tema. "Mi rifiuto di limitarmi a un'unica opzione, a una rassomiglianza esteriore o a un'unità di stile che non può sussistere" (1973, *Writings*, p. 72). "Voglio che la pittura sia il più possibile eterogenea, ma tutto deve provenire dallo stesso stampo, per quanto questa possa sembrare una contraddizione. Le contraddizioni devono esserci, ma devono anche coesistere, convergere" (1985, p. 145). "Ho sempre detestato gli artisti così coerenti, con uno sviluppo univoco; mi sembra una cosa orribile" (2002, p. 384).

6. Cfr. Kimmelman M., *An Artist Beyond Isms*, "New York Times Magazine", January 27, 2002. Buchloh trae la propria riflessione dall'attività del giovane Richter, e coerentemente alla propria militanza di (neo)avanguardia mette in evidenza l'aspetto di critica sollevato dal progetto. Robert Storr, curatore della retrospettiva del MoMA, si identifica invece con il Richter più anziano, il quale, per quanto disturbato dalle difficoltà storiche della pittura, nondimeno ne tiene sempre alto il vessillo: cfr. Storr R., *Gerhard Richter. Forty Years of Painting*, Museum of Modern Art, New York 2002. A tratti Storr sembra talmente preoccupato di confutare quanto scritto da Buchloh, da dimenticarsi dell'arte (sulla quale, peraltro, si basa l'attacco al collega), mancando di coglierne la natura aporetica. La sua mostra non solo sottovaluta le istanze duchampiane in Richter (vi appaiono ad esempio pochissimi dei pezzi in vetro e dei Grafici di colore), ma sembra ignorare gli importanti spostamenti di equilibrio all'interno della sua pittura. Perché Richter opta per i monocromi grigi dopo anni di quadri basati su fotografie? I Grafici di colore giovanili affermano la pittura con la stessa decisione delle astrazioni gestuali più tarde? E queste ultime sono poi così unilateralmente affermative? Questioni simili sono state poste nella retrospettiva del 2002, senza però tentare un'analisi. Nell'intervista pubblicata in catalogo, Storr non sembra curarsi della lettura della pittura di Richter come retorica, sulla quale l'artista dice molto semplicemente: "ci deve essere un fondo di verità" (p. 429).

7. Buchloh B., *Gerhard Richter's Atlas: The Anomic Archive*, "October", 88, Spring 1999. Si veda anche Blazwick I., ed., *Gerhard Richter: Atlas. The Reader*, Whitechapel, London 2003. In *Mal d'archivio*, Jacques Derrida sostiene che la "patologia" del titolo sia legata all'impulso alla ripetizione a all'istinto di morte (cfr. Derrida J., *Mal d'archivio: un'impressione freudiana*, trad. it. Filema, Napoli 1996), tesi provocatoria che forse si addice più a Warhol che a Richter. *Atlas* può essere considerato "stuplime", crasi di "stupido" e "sublime" coniata da Sianne Ngai, che definisce il neologismo come "un'esperienza estetica nella quale lo stupore è paradossalmente unito alla noia" (Ngai S., *Ugly Feelings*, Harvard University Press, Cambridge 2005, p. 271).

8. Richter non vede una particolare differenza tra relatività e selettività. Questa un'affermazione del 2005: "Vedo molti paesaggi, ne fotografo a centinaia, e di questi ne dipingo al massimo un paio. Questo per me è una prova che so quello che voglio, e questo mi dà una certa sensazione di sicurezza" (*Writings*, p. 499). Un riferimento pertinente può essere l'opposizione, stabilita da Fredric Jameson, tra Godard e il regista tedesco Hans-Jürgen Syberberg, rappresentanti rispettivamente di un modo postmoderno e di uno modernista di relazionarsi al valore di verità delle rappresentazioni culturali: il primo le considera "puro testo", il secondo "una visione autentica del mondo" (Jameson F., *"In the Destructive Element Immerse": Hans-Jürgen Syberberg and Cultural Revolution*, "October", 17, Summer 1981, p. 111). Richter mantiene aspetti di entrambi gli approcci.

9. Con questo non intendo dire che i quadri siano semplici trucchetti, o che le uova siano vuote, benché questa sia la visione di alcuni critici. In ogni caso, le uova di cuculo sono tutt'altro che innocenti: oltre all'elemento dell'inganno, infatti, c'è un elemento di violenza verso il sacrosante abitante del guscio, soprattutto nell'accezione tedesca ("legt jemandem ein Kuckuckei ins Nest").

10. Rodchenko A. (1939), *Working with Mayakovsky*, trad. ing. in Rubinger K. ed., *From Painting to Design: Russian Constructivist Art of the Twenties*, Galerie Gmurzyska, Köln 1981, p. 191.

11. Talvolta, queste forme astratte ricordano i segni arzigogolati degli ultimi dipinti di Willem de Kooning, realizzati durante la malattia.

12. Secondo Buchloh, i quadri della serie *Silicati* evocano "cellule computerizzate e strutture di massa", in un modo che "articola un profondi scetticismo, per non dire disperazione" riguardo a "serialità e controllo" (Richter, *Writings*, p. 486). In un certo senso, essi aggiornano le *Urformen der Kunst* (1928) di Karl Blossfeldt: le foto in primo piano di piante rimandano ad analogie formali tra design artificiale e naturale, laddove i motivi dei *Silicati* sradicano un simile scambio: quello che resta, qui, ai livelli *micro* e *macro* della cellula e della massa rispettivamente, è un'organizzazione "tecno-animalistica".

13. Per Simmel questo effetto è prodotto a livello di nervi, tanto stimolati dal mercato capitalista che "alla fine smettono di reagire". A suo modo di vedere, "il denaro con la sua assenza di colori e la sua indifferenza si erge a equivalente universale di tutti i valori, esso diventa il più terribile livellatore, svuota senza scampo Il nocciolo delle cose, la loro particolarità, il loro valore individuale, la loro imparagonabilità": Simmel G. (1903), *Le metropoli e la vita dello spirito*, trad. it. Armando Editore, Roma 1995, pp. 42-43. Cfr. anche Simmel G. (1900), *Filosofia del denaro*, trad. it. UTET, Torino 1984. Come vedremo nel capitolo successivo, il *blasé* ha un ruolo di primo piano anche in Ruscha.

14. Benché i due termini siano spesso accomunati, "arbitrario" e "casuale" hanno due significati diversi. Come "arbiter", "arbitrario" deriva dal litino *ad-betere*, "andare verso", e quindi indica "colui che va a vedere",ossia colui che esamina e decide. Il primo significato del termine, pertanto, è "relativo a (o dipendente da) il giudizio di un *arbiter*". A mio avviso, pertanto, l'arbitrario implica comunque una decisione presa da un soggetto, mentre il "casuale" suggerisce proprio la negazione di questo potere decisionale. Solo il secondo significato riportato nell'*Oxford Dictionary* include l'accezione di arbitrario come "derivato da una semplice opinione o preferenza". Da questo punto di vista, le decisioni di Richter possono essere arbitrarie, ma di certo non casuali.

15. Duchamp utilizza il termine parlando dei *Tre rammendi tipo* (1913-14). Cfr. Duchamp, *Scritti*, p. 39.

16. Nei suoi appunti Richter cita spesso un aforisma di Cage: "Non ho niente da dire, e lo sto dicendo". L'artista è d'altra parte interessato al grado di controllo dimostrato da Cage con il suo "metodo di coincidenza": "Aveva escogitato un sistema ingegnoso per creare strutture a partire dalla pura abbondanza. E si servì di un talento ancora maggiore per dare forma a questa successione di suoni. È l'esatto contrario del caso, della natura e dell'immondizia" (*Writings*, pp. 446 e 461).

17. Afferma Richter nel 2000: "L'ho detto trent'anno fa: non ho opinioni, sono del tutto indifferente. L'ho detto per proteggermi" (*Writings*, p. 358). Che tanta indifferenza possa costituire la base di un'estetica è stato chiarito da Moira Roth in *The Aesthetic of Indifference*, "Artforum", November 1977: l'autrice collega l'emergere di questa estetica negli anni Cinquanta alla paralisi politica generata dal maccartismo.

18. Richter cita due volte questa vicenda nei suoi appunti dell'epoca, il che fa supporre che si tratti di una sorta di scena madre (*Writings*, pp. 21 e 30). Forse che questo ricordo sta in realtà a schermare un'altra scena, quella del traumatico incontro con le foto dai campi di concentramento? Tornerò più avanti su tale questione.

19. Kracauer S. (1927), *La fotografia*, trad. it. In *La massa come ornamento*, Prismi, Napoli 1982, p.

123. Anche Buchloh fa riferimento a Kracauer in *Gerhard Richter's Atlas*.

20. Kracauer, *La fotografia*, p. 124.

21. Come si è visto nel cap. 2 "banalità" era un termine assai abusato nei primi anni Sessanta, quando la pop art fu vista per la prima volta, e il lavoro di Richter stava iniziando ad emergere. Per la maggior parte dei critici si tratta di un termine peggiorativo, mentre moltissimi artisti lo considerano una preziosa qualità. A detta di tanti, l'idea stessa metteva in pericolo la possibilità di una profondità morale e metafisica, in arte, nel caso della pop, ma anche, ad esempio, nella concezione del male, come nella polemica nata attorno a Hannah Arendt dopo l'uscita di *La banalità del male. Eichmann a Gerusalemme* (1963). Paul B. Jaskot analizza questa controversa vicenda in *Gerhard Richter and Adolf Eichmann*, "Oxfrod Art Journal", XXVIII, 3, 2005.

22. Nell'intervista con Storr del 2002, Richter fa riferimento alla tesi della Arendt sulla banalità del male, e commenta: "il candeliere [*Corona fiamminga*] è una mostruosità. Non ho bisogno di dipingere un mostro, basta dipingere questa roba, questo schifoso, piccolo, insulso candelabro. Quella roba è terrificante [...]. È questo che rende il banale ben più che semplicemente banale" (*Writings*, 407). Nello stesso passaggio, l'artista fa specifica menzione della volgarità connessa con la cultura piccolo-borghese, ben rappresentata dal candeliere, ma resiste poi a farsi prendere in questa lettura di "classe": "non voglio discuterne in questi termini, perché così diventerebbe una forma di critica sociale" (p. 408). A quanto pare, per Richter il banale è diventato una categoria generale, persino naturale, a suo modo: "ho utilizzato il cosiddetto 'banale'", scrive nel 1985, "per dimostrare il banale equivale all'importante e all'umano" (p. 152).

23. Come suggerito nella nota 51 del cap. 3, l'effetto può essere modificato dalla macchina digitale. A differenza di Warhol, che mette in scena questo effetto, soprattutto nelle fototessere e negli *Screen Tests*, Richter vi riflette sopra da una certa distanza, tramite la pittura.

24. Se Warhol mette in primo piano la difficoltà di creare questa immagine-di-sé, Richter sottolinea piuttosto il desiderio di essa.

25. Queste ragazze cadute nell'oblio possono essere viste come le controparti oscure dei famosissimi soggetti maschili di *48 Ritratti* (1971-72): tuttavia, questi ultimi sono altrettanto implacabilmente sottoposti al regime dell'apparire fotografico e della mera serialità. Non è l'unico caso di "aggiornamento" di un quadro famoso da parte di Richter: *Ema (Nudo sulle scale)* del 1966,

ad esempio, gioca sui lavori di Duchamp citati nel sottotitolo, ma senza condividerne l'elaboratezza dinamica: la donna nuda è la moglie di Richter, e la sfocatura conferisce alla scena un'aura particolare.

26. Ci sono anche altri esempi di opere basate su scatti familiari: *Famiglia* (1964), *Famiglia al mare* (1964), *Nuotatori* (1965), etc.

27. Dice Richter a proposito del grigio: "Per me il grigio è l'auspicabile e unico possibile corrispettivo dell'indifferenza, del rifiuto di affermare qualcosa a tutti i costi, della mancanza di opinione e della mancanza di forma". E sulla sfocatura: "rendo le cose sfocate per rendere tutto ugualmente importante e ugualmente trascurabile" (*Writings*, p. 37). L'assunto è paragonabile a quanto fatto da Warhol a proposito degli effetti della ripetizione (in Warhol come in Richter, l'abbiamo visto, l'estetica dell'indifferenza sembra avere un nucleo traumatico): "non voglio che sia essenzialmente la stessa cosa, voglio che sia *esattamente* la stessa. Perché più guardi la stessa identica cosa, più perde di significato, e più ti svuoti e ti senti bene" (Warhol-Hackett, *Pop*, p. 56). Il grigio di Richter ricorda da vicino il grigio di James Rosenquist, ed entrambi evocano in effetti il fotografico, anche se con esisti diversi (il grigio di Rosenquist, per cominciare, suscita nostalgia più che indifferenza).

28. Cfr. Laplanche J., *Nuovi fondamenti per la psicoanalisi*, trad. it. Borla, Roma 1989.

29. L'*Oxford Dictionary* non contempla, almeno per l'inglese "photogenic", quest'uso colloquiale. La parola è invece definita in questi modi: "prodotto o causato dalla luce", "un termine arcaico per *fotografico*", "fotogenetico", ossia "dotato della proprietà di produrre o emettere luce". Nella mia accezione kracaueriana, questa sembianza fotografica può essere letta come per certi versi circolare, come colto da Edgar Morin poco prima che Richter facesse il suo ingresso sulla scena artistica: "Tutto ciò che è fotogenico aspira a essere fotografato. Tutto ciò che è fotografato assomiglia a ciò che è filmato, a sua volta moltiplicato dalla fotografia" (*Le star*, p. 78).

30. La nota di Barthes sul *grisaille* appare qui particolarmente suggestiva: "il *grisaille*, figura che può essere definita come "il colore dell'assenza di colore", indica un altro modo di pensare il paradigma come principio fondamentale dell'organizzazione. Modello del paradigma: l'opposizione di colori primari in contrasto tra loro [...]. Il monocromo (il Neutro) sostituisce all'idea di opposizione quella di differenza lieve [...], di *nuance*. La *nuance* diventa il principio di organizzazione generale (che copre cioè la totalità della superficie, come nel paesaggio di un trittico) che in qualche modo bypassa il paradigma: questo spazio fatto integralmente e quasi esaustivamente di *nuance* è lo scintillio [...]. Il Neutro è scintillio, nel senso che il suo aspetto, e forse il suo significato, è sottilmente modificato a seconda dell'angolazione dello sguardo del soggetto": Barthes R. (1977-78), *Le Neutre. Cours et séminaires au Collège de France (1977-78)*, Seuil, Paris 2002, p. 81. Tornerò più avanti sul concetto di "neutro".

31. Usando parole che suggeriscono il perché dell'ambivalenza delle sfocature, Richter nota come, tecnicamente, i suoi quadri non siano "mai sfocati". Piuttosto, "quello che chiamiamo sfocatura è in realtà un'imprecisione, e ciò significa che le immagini sono ben diverse dagli oggetti che rappresentano. Ma poiché le immagini non sono fatte per essere confrontata al reale, non possono essere sfocate, imprecise, o diverse (diverse da cosa?). Come può del colore su una tela essere sfocato?" (*Writings*, p. 60).

32. Emergono qui diverse associazioni teoriche (parlo più avanti della "risonanza" freudiana). Da un lato, l'effetto-soggetto della sfocatura di Richter può essere letta, alla Derrida, come *pharmakon*, che in greco significa sì "medicinale", ma anche "veleno". Dall'altro, la sua modalità di significazione può essere considerata in base alla categoria barthesiana del "terzo senso", definito, e qui questo aspetto è cruciale, come un "senso ottuso" ("*Obtusus* significa: *che è smussato, di forma arrotondata*"), che consente sia "una certa emozione" che un particolare slittamento sensoriale. Come vedremo nel cap. 5, questo smussamento è presente anche in Ruscha. Cfr. Derrida J. (1973), *La farmacia di Platone*, trad. it. Jaca Book, Milano 2007; Barthes R. (1970), *Il terzo senso*, trad. it. in *L'ovvio e l'ottuso*, Einaudi, Torino 1985.

33. Lacan vede questo "doma-sguardo" (*dompte-regard*) come la funzione primaria di tutta la pittura (*Quattro concetti fondamentali*, pp. 109-110). Come detto, Richter mette in evidenza questo addomesticamento, ma lo sconvolge anche, come del resto Hamilton e Warhol. Per un approfondimento su questa forma di sconvolgimento, cfr. Foster, *Torn Screens*. Johannes Meinhardt osserva che la sfocatura, in Richter, sopprime lo *studium* della fotografia originale, il suo repertorio di significati culturali, in modo da rinforzarne il punctum, o dimensione traumatica (Meinhardt J., *Illusionism in Painting and the Punctum of Photography*, in Buchloh B.H.D., *Gerhard Richter*, MIT Press, Cambridge 2009).

34. A proposito dell'interesse iniziale per l'indifferenza, queste le parole di Richter in occasione di un'intervista del 1992: "Cercavo

di proteggere me stesso, dicendo di essere indifferente, che non me ne importava nulla, e così via. Temevo che i miei quadri potessero sembrare troppo sentimentali. Ma non ho paura, oggi, di ammettere che non era un caso se dipingevo cose che mi riguardavano personalmente: quelli di tema tragico, gli omicidi e i suicidi, i fallimenti, eccetera" (*Writings*, p. 283).

35. Klee P. (1920), *Confessione creatrice*, trad. it. In *Confessione creatrice e altri scritti*, Abscondita, Milano 2004, p. 13. Scrive Richter nel 1988: "L'arte rende visibile la realtà artificiale, e anche l'altra [quella naturale]" (*Writings*, p. 205).

36. Come di consueto, Richter è alquanto contraddittorio, o perlomeno sfuggente, a questo riguardo. Dice a Storr nel 2002: "Non mi è mai interessata la luce. La luce è lì, e tu l'accendi o la spegni, che ci sia il sole o meno. Non so cosa sia la 'problematica della luce'. La prendo piuttosto come una metafora per un'altra qualità, altrettanto difficile da descrivere" (*Writings*, p. 57).

37. Come afferma Richter nel 1986, "l'atto produttivo dell'artista [...] non ha nulla a che vedere con La 'manualità', ma è solo una questione di capacità di vedere e decidere *cosa* debba essere reso visibile" (*Writings*, p. 169). E ancora nel 2001: "Il principale punto di collegamento tra quadri figurativi e astratti è il loro comune scopo: dare un'immagine, una descrizione visibile, produrre un'apparenza, come una foto" (p. 373).

38. La nota è da riferirsi al 1964-65: nel 1971, Richter dice quasi la stessa cosa a proposito della visione: "il senso della vista fa in modo che appercepiamo le cose, ma al tempo stesso riduce e in parte preclude la nostra appercezione del reale" (*Writings*, p. 57).

39. Lukács sviluppa il concetto nel 1916 in *Teoria del romanzo* (trad. it. in *L'anima e le forme – Teoria del romanzo*, Sugar, Milano 1972), e quindi, in termini esplicitamente marxisti, in *Storia e coscienza di classe* (trad. it. Sugar, Milano 1967). Adorno se ne occupa in *L'idea di storia naturale* (1932), trad. it. in *L'attualità della filosofia. Tesi all'origine del pensiero critico*, Mimesis, Milano-Udine 2009.

40. Per un artista come Godard, la storia del ventesimo secolo è mediata innanzitutto dal cinema, come egli stesso dichiara in *Histoire(s) du cinema (1900-90)*, in cui i due termini vengono scambiati – "la storia del cinema" è anche "il cinema della storia" – a dire, in parte, che tutti noi vediamo la storia del secolo appena passato attraverso l'obiettivo della macchina da presa. Per il contemporaneo Richter, la mediazione e innanzitutto fotografica, e secondariamente

televisiva. A proposito di una questione analoga, Benjamin Buchloh ha parlato del suo "riuscito tentativo di superare sul suo stesso terreno l'industrializzazione dell'esperienza cromatica" (in *Gerhard Richter: Paintings from 2003-2005*, Marian Goodman Gallery, New York 2005, p. 22).

41. Lukács: "La seconda natura, quella delle relazioni umane, non possiede alcuna sostanzialità lirica [...]. Essa è la pietrificazione di un complesso di sensi, divenuto estraneo, incapace ormai di risvegliare l'interiorità; essa è un ossario di interiorità uccise" (*Teoria del romanzo*, p. 296). Richter cerca in questa seconda natura un minimo di forza lirica, e questo fa parte della sua improbabile missione. A volte, tuttavia, egli, cerca di avere una cosa e il suo opposto insieme: nel 1988, ad esempio, ammette di servirsi di "[un'accezione preconfezionata] di paesaggio" (*Writings*, p. 210, parentesi nell'originale), mentre nel 1993 afferma, a proposito di questa pervasività della mediazione, che "non ho idea di cosa significhi questo 'secondo grado'" (p. 307).

42. Cfr. Baudrillard, *Per un'economia politica del segno*. Walter Benjamin vede l'emergere di questa condizione di "apparenza" che "si deposita nelle merci (*Parco Centrale*, in *Opere complete*, vol. 7, 1938-40, Einaudi, Torino 2006, p. 189). Benché il suo pensiero non sia molto costante su questi temi, una delle sue formule è la seguente: "la mancanza di apparenza [*die Scheinlosigkeit*] e il decadimento dell'aura sono fenomeni identici" (p. 191). Richter rivede quest'ultima equazione: sembianza e aura non si dissolvono o consumano; sono piuttosto trasformate, come suggerito del resto dallo stesso Benjamin nell'appunto già in parte citato: "Con i nuovi sistemi produttivi che portano alle imitazioni, l'apparenza si deposita nelle merci" (p. 189).

43. Su questo punto, si veda Foster, *Il ritorno del reale*, cap. 2. Può essere utile, a questo punto, una riflessione filosofica contemporanea agli inizi della pop art. In *Questo non è una pipa* (1968, trad. it. SE, Milano 1988) Foucault sostiene che i due termini privilegiati della rappresentazione siano l'"affermazione" e la "somiglianza": la realtà del referente è affermata attraverso la somiglianza dell'immagine ad esso. Nell'arte modernista, questo paradigma è eroso in due modi fondamentali, che Foucault associa rispettivamente a Kandinsky e Magritte. Nei suoi lavori astratti, Kandinsky libera l'affermazione della realtà dalla somiglianza nei suoi confronti, del resto perlopiù abbandonata. Ciononostante la realtà, collocata ora *oltre* la somiglianza, in un altro ambito (spirituale o platonico), è comunque affermata, anzi, a maggior ragione, e lo stesso si può dire, in modi diversi, a proposito dell'astrattismo di Malevic, Mondrian e molti altri. Nelle sue immagini figurative, Magritte fa radicalmente l'opposto: libera cioè la somiglianza dall'affermazione. La somiglianza è mantenuta, ma non è affermata nessuna realtà, e il referente, con la sua realtà, evapora: "Magritte lascia regnare il vecchio spazio della rappresentazione", scrive Foucault, "ma soltanto in superficie [...]: sotto non c'è nulla" (p. 59). In Magritte, cioè, la rappresentazione dà solamente l'idea di ripresentarsi, mentre in realtà torna trasformata in un simulacro sovversivo. Nel suo gesto abrogante, l'astrazione conserva la rappresentazione, mentre il simulacro la sradica, sottrae la realtà da sotto di essa. Di fatto, il simulacro annebbia l'opposizione di rappresentazione e astrazione su cui l'arte moderna sembra essere fondata. Foucault conclude il suo saggio con un'invocazione alle scatole di zuppa di Warhol, lasciando intendere che quest'ultimo faccia un po' meglio di Magritte. Richter sembra giungere alla stessa conclusione, e ripensare, al contempo, Kandinsky, Magritte e Warhol insieme. Al contrario di quelle di Kandinsky, infatti, le sue opere astratte non affermano alcuna realtà trascendentale, mentre i suoi lavori figurativi al contrario di quelli di Magritte e Warhol, vanno oltre il semplice simulacro: mettono in scena l'apparire di quest'ultimo, in modo da riflettere su di esso.

44. Kracauer, *La fotografia*, p. 117. L'autore prosegue: "Nell'opera d'arte è il significato dell'oggetto ciò che diviene immagine spaziale. Nella fotografia, all'opposto, è l'immagine spaziale di un oggetto a rappresentare il significato. Le due immagini, quella 'naturale' e quella che viene filtrata dalla conoscenza, non coincidono affatto".

45. Adorno, *Teoria estetica*, p. 105.

46. Greenberg C. (1962), *After Abstract Expressionism*, in *Collected Essay and Criticism*, vol. 4, p. 125. Thomas Crow riprende l'espressione coniata da Greenberg in *Hand-Made Photograph and Homeless Representation* (1992), ripubblicato in Buchloh, *Gerhard Richter*. In *Teoria del romanzo*, Lukács include la mancanza di fissa dimora tra i temi fondamentali del romanzo: "l'antico parallelismo della struttura trascendentale tra il soggetto che crea e il mondo esteriorizzato delle forme create è infranto, e [...] gli ultimi fondamenti della raffigurazione, dell'atto di creazione, sono diventati privi del loro luogo d'origine" (p. 274).

47. Cfr. ad esempio Eagleton T., *The Ideology of the Aesthetic*, Blackwell, Oxford 1990.

48. L'ideale estetico dell'armonia può anche essere utilizzato come cartina di tornasole per riflettere sulla sua stessa mancanza, una linea di pensiero che, ispirata a Schiller, si estende da Marx a Marcuse e oltre. Anche in questo caso l'esempio di Richter è assai rilevante.

49. "Certo, la parola 'bellezza' dà origine a un gran numero di idiozie", afferma Richter nel 1986. "Quando viene esaltata, può essere alquanto fastidiosa. I nazisti l'hanno dimostrato chiaramente: un corpo bello, una mente bella, e tutte le scemenze di questo tipo. Era una forma unilaterale, pestilente di bellezza, del tutto sbagliata. Ma questo non significa che la bellezza non esista! Rimane comunque un vocabolo pericoloso" (*Writings*, p. 191). Il primo decennio del 2000 ha visto il ritorno del discorso morale sulla bellezza, come se la categoria stessa non fosse mai stata messa in discussione dall'arte, o compromessa dalla storia. Cfr. Perling Hudson S., *Beauty and the Status of Contemporary Criticism*, "October", 104, Spring 2003. É giunto poi il momento che io manifesti il mio apprezzamento per la stimolante lettura delle analogie affettive di Richter fatta da Kaja Silverman nel suo *Flesh of My Flesh*, Stanfor University Press, Palo Alto 2009: faccio tuttavia fatica a vedere i quadri nella luce di redenzione che l'autrice vi proietta.

50. È vero, in effetti, che i quadri nei quali Richter ritrae membri della propria famiglia appaiono quasi logori (perfino il figlio dell'artista in fasce ci è mostrato sotto una luce tutt'altro che attraente). Sullo "stereotipato", si veda la nota 41 al cap. 2: l'originale tedesco è *abgedroschen*. Tra le metà degli anni Novanta e i primi anni del nuovo millennio, Richter oscilla tra immagini che fanno trapelare un certo tipo di fede (come i quadri con madre e figlio) e altre che manifestano rassegnazione (come i *Silicati*). "Si tratta di casa mia", afferma nel 2002 a proposito della "nostra cultura cristiana"; "sono le mie radici, ed è una tradizione verso la quale ho il massimo riguardo" (*Writings*, p. 448). Recentemente, poi, ha eseguito numerose commissioni per chiese, tra cui una grande vetrata per il duomo di Colonia. "Il mio lato conservatore", ammette nel 2000, "è diventato sempre più importante con il passare degli anni" (p. 368).

51. Cfr. Fried, *Art and Objecthood*, e in particolare l'introduzione. Richter ha dimostrato spesso questa fragilità, soprattutto di recente. Ecco una dichiarazione del 2002: "L'arte tradizionale è praticamente morta, o almeno lo è quella enorme, complicata entità, piena di splendide aspirazioni estetiche e morali, che si era soliti chiamare "arte". È stata ormai completamente messa da parte, e non costituisce più alcun tipo di interesse per la collettività: anzi, è sempre più denigrata [...]. Io sono l'eccezione che viene tollerata, o forse nemmeno" (*Writings*, p. 445). Ancora, nel 2004: "Appartengo a un campo dell'arte che ha ormai perso di importanza, ed è rimasto con ben poco da dire" (p. 493). Ciononostante, quando nel 2002 gli era stato chiesto "in che modo avrebbe voluto essere compreso", aveva risposto, ridendo, "forse come il paladino della tradizione" (p. 439). La sua ambiguità nei confronti della tradizione aumenta quanto più si fa riferimento alla linea tedesca. "Mi fa molto piacere farne parte", afferma nel 2006 (p. 510), salvo fare un passo indietro davanti alla domanda sull'esistenza di uno spirito specificamente "tedesco" in pittura: "Credo che esista, sì. Ma preferisco non sapere i dettagli" (p. 516).

52. Richter non nega questa componente spuria e speciosa, come si evince da un commento relativo al successo degli anni Ottanta: "C'era una richiesta di quadri, che ero in grado di soddisfare. Allo stesso tempo, c'era un rifiuto concettuale della pittura. Io servivo ad entrambe le cause. Fu una scelta astuta, una legittimazione a godersi ciascuna delle due strade. Piacere senza rimorso" (*Writings*, p. 397). In questo passo, Richter è ben poco adorniano, e del resto fatica spesso a mantenere la complessa dialettica associata ad Adorno.

53. "Sì, era mio desiderio diventare neutrale", confida Richter a Storr nel 2002, in relazione alle sue dichiarazioni giovanili; "la vedevo come un'opportunità. Era il contrario dell'ideologia" (*Writings*, p. 418). "Il fatto è che non riesco a vederlo come un limite", aggiunge parlando con la figlia Betty, sempre nel 2002, a proposito dell'"idea, dell'accusa di non prendere posizione, né a parole né attraverso il lavoro, ossia di essere politicamente indifferente, né di sinistra né di destra, o forse entrambe le cose insieme [...]. Dimostra che nulla è chiaro e semplice come la gente ama pensare" (p. 441).

54. Barthes, *Le Neutre*, p. 31. Abbiamo incontrato il termine "deflettore" a proposito di Warhol nel cap. 3, e incontreremo di nuovo il neutro a proposito di Ruscha nel cap. 5.

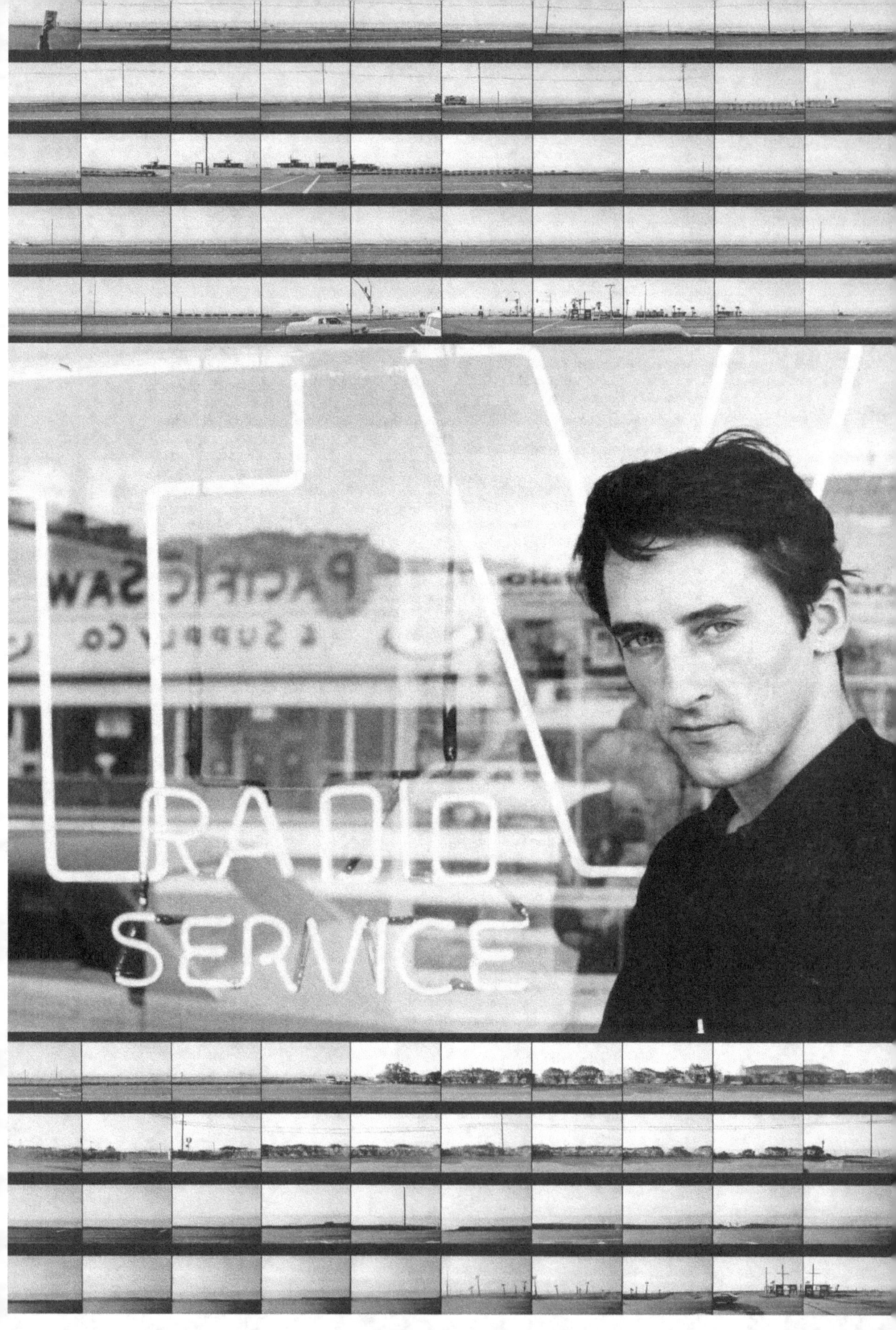
PACIFIC SAW
& Supply Co
LA
RADIO
SERVICE

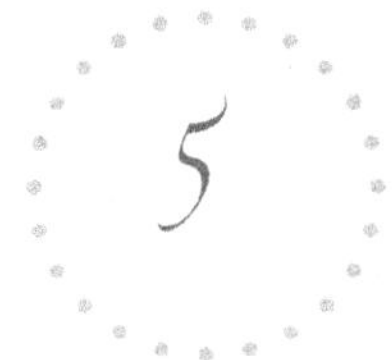

Ed Ruscha

L'immagine impassibile

Secondo Gerhard Richter, c'è "una vasta, grande, ricca cultura pittorica, o dell'arte in generale, che abbiamo perso, ma che ci impone degli obblighi". Chiaramente l'artista tedesco percepisce tanto la perdita quanto la conseguente responsabilità, sentendo il peso di entrambe. Ed Ruscha sembra invece immune dall'una come dall'altra. "Il mio lavoro non ha legami con l'Europa", afferma nel 1990, e del resto egli sembra trovare pochi margini di sviluppo nella tradizione europea del *tableau*[1]. Al contempo, egli mantiene parecchi punti in comune con Richter: anche Ruscha, infatti, è interessato al banale e al neutro, e la sua pittura condivide con quella del collega la riflessione sulle modificate condizioni dell'apparire nel dopoguerra. Anche nel suo caso, poi, questi interessi sono perseguiti lontano dall'ambiente newyorkese. Anzi, il primo spostamento avviene nella direzione opposta: nato a Omaha nel 1937, Ruscha lascia Oklahoma City nel 1956 per frequentare il Chouinard Art Institute a Los Angeles, città nella quale, da allora, è sempre rimasto[2]. Tra le tante esperienze formative, è proprio a Los Angeles che l'artista scopre Jasper Johns, e in particolare lavori come *Flag* (1954-55) e *Target With Four Faces* (1955), riprodotti su "Print Magazine" nel 1957 (un'influenza che, significativamente, gli giunge tramite la riproduzione a stampa); è qui che assiste alla prima mostra di Andy Warhol alla Ferus Gallery nell'estate del 1962, occasione in cui viene esposta l'intera gamma delle *Campbell's Soup Cans*; è qui infine che visita la retrospettiva di Marcel Duchamp al Pasadena Museum of Art nell'autunno del 1963.

All'inizio del soggiorno in California, Ruscha lavora come grafico, progettando dapprima annunci pubblicitari, poi riviste, tra le quali "Artforum", tra il 1965 e il 1967. Mentre altri artisti pop si servono dei materiali a stampa a partire da frammenti, Ruscha tende fin da subito ad adottare interi impaginati, con il risultato che alcuni dei suoi primi quadri hanno qualcosa sia dell'astrazione che del design[3]. Prendiamo ad esempio *Annie* del 1962, che consiste in due larghi rettangoli con colori primari in stile Color Field (giallo in alto, blu in basso, separati da una pallida fascia con una linea in inchiostro di china), con il nome dell'orfanella dei fumetti scritto in rosso con contorno nero sulla superficie gialla, nel tipico carattere paffuto. Ruscha registra già in questa fase la convergenza tra pittura astratta e design commerciale, e lo fa con la stessa chiarezza di qualsiasi altro artista pop, Warhol incluso.

È fondamentale notare, tuttavia, come questa convergenza non sia poi adottata a livello di *modus operandi*: "L'espressionismo astratto ha compresso l'intero procedimento artistico in un unico atto", osserva Ruscha nel 1982, "mentre io ho voluto suddividerlo in fasi, come sto facendo in questo momento" (Ruscha, *Leave Any Information at the Signal*, p. 228; tutte le successive indicazioni di pagina si riferiscono a questo volume)[4]. I calcoli metodici del lavoro progettuale, evidenti in tutta la sua produzione, lo sono soprattutto nei libri fotografici, tra i quali si segnalano *Twentysix Gasoline Stations* (1963), *Some Los Angeles Apartments* (1965), *Every Building on the Sunset Strip* (1966), *Thirtyfour Parking Lots* (1967), *Nine Swimming Pools and a Broken Glass* (1968) e *Real Estate Opportunities* (1970). Al tempo stesso, questi libri appaiono quasi casuali: "non la considero nemmeno fotografia", afferma l'artista nel 1972, "si tratta più che altro di immagini fatte per riempire un libro" (p. 49)[5]. Benché i soggetti siano assai meno aleatori di quanto possa emergere da questa dichiarazione (diversi libri, ad esempio, indagano strutture o spazi specifici della sola Los Angeles), la loro presentazione è quanto più "neutra e generica" possibile: "Non è che una raccolta di 'fatti' [...], di 'readymade'" (pp. 40 e 26). Lavorando in questo modo, il giovane Ruscha sminuisce il proprio stile e, attraverso questo stesso ridimensionamento ("non importa chi abbia scattato le foto": p. 25), finisce per affermare una poetica del tutto personale. Una particolare impassibilità, divertita, desolata, spesso le due cose insieme, emerge da queste tipiche immagini di stazioni di servizio deserte, parcheggi vuoti ripresi dall'alto, e così via. E questi numeri apparentemente arbitrari (perché proprio *ventisei* stazioni di servizio, *trentaquattro* parcheggi, *nove* piscine?) non fanno che contribuire alla vuota assurdità, o perlomeno enigmaticità, di queste opere.

- • "Eh?"

Questo effetto, che Ruscha definisce "una sorta di 'eh?'", può essere originato, in molti casi, dall'uso che l'artista fa delle parole, le quali, come "nell'insegna sgrammaticata di un fruttivendolo" possono sembrare al tempo stesso affermative, perfino ovvie, o scorrette, addirittura oscure come altrettanti "farfugliamenti" o irritanti scioglilingua (pp. 65, 91, 156). Diversi dei quadri giovanili con inserti di parole scritte evocano in realtà dei segnali, la più inequivocabile delle categorie semiotiche, poiché, come nel caso di imposizioni o avvertimenti (si pensi ai cartelli stradali)

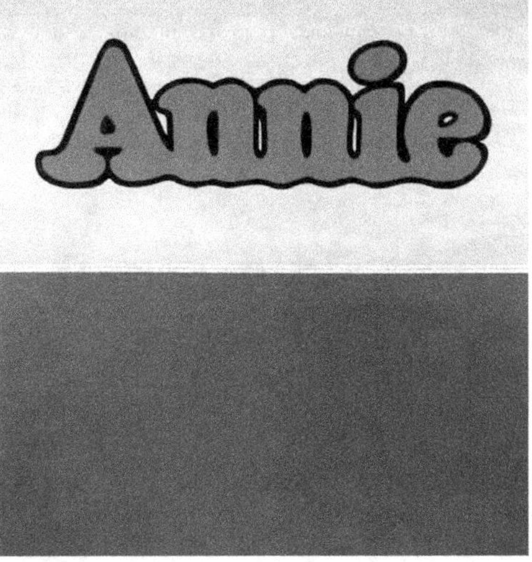

Annie, 1962. Olio su tela, cm 183 x 170

non possono permettersi di risultare ambigui. Però è proprio l'ambiguità che sembra caratterizzare i segnali di Ruscha. Cosa dobbiamo pensare, ad esempio, di un quadro nel quale la parola "electric" brilla in caratteri gialli e rossi su uno sfondo blu, in modo da attrarre lo sguardo e mettere in allarme al tempo stesso? Laddove il mondo di tutti i giorni richiede, in segni di questo tipo, il massimo della chiarezza, Ruscha vi instilla una profonda ambiguità, con esiti spesso umoristici, talvolta seducenti, in qualche caso, come in *Electric*, inquietanti.

In un importante saggio sull'artista, Yve-Alain Bois scrive che "non può esistere informazione che non debba elevarsi al di sopra di un oceano di rumore", e Ruscha è particolarmente sensibile a questi disturbi nella comunicazione, al punto che le sue parole possono risultare sospese nel significato tanto quanto lo sono nello spazio[6]. "Mai le parole senza i pensieri poterono salire al cielo": questa famosa battuta dall'*Amleto* si ritrova nel lavoro di Ruscha, al punto da poter essere presa come il suo motto, al netto però di qualsiasi possibilità di approdo in cielo o comunque a una destinazione sicura (e del resto lo stesso Claudio, che pronuncia queste parole nel dramma shakespeariano, fa una brutta fine).

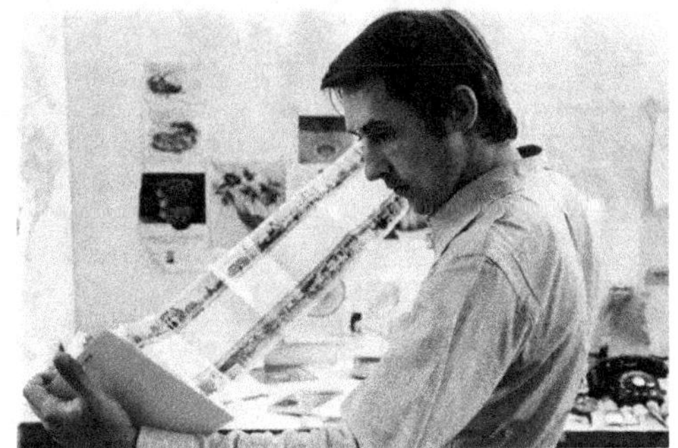

Ed Ruscha con il libro Every Building on the Sunset Strip, 1967
Courtesy: Jerry McMillan e Craig Krull Gallery, Santa Monica

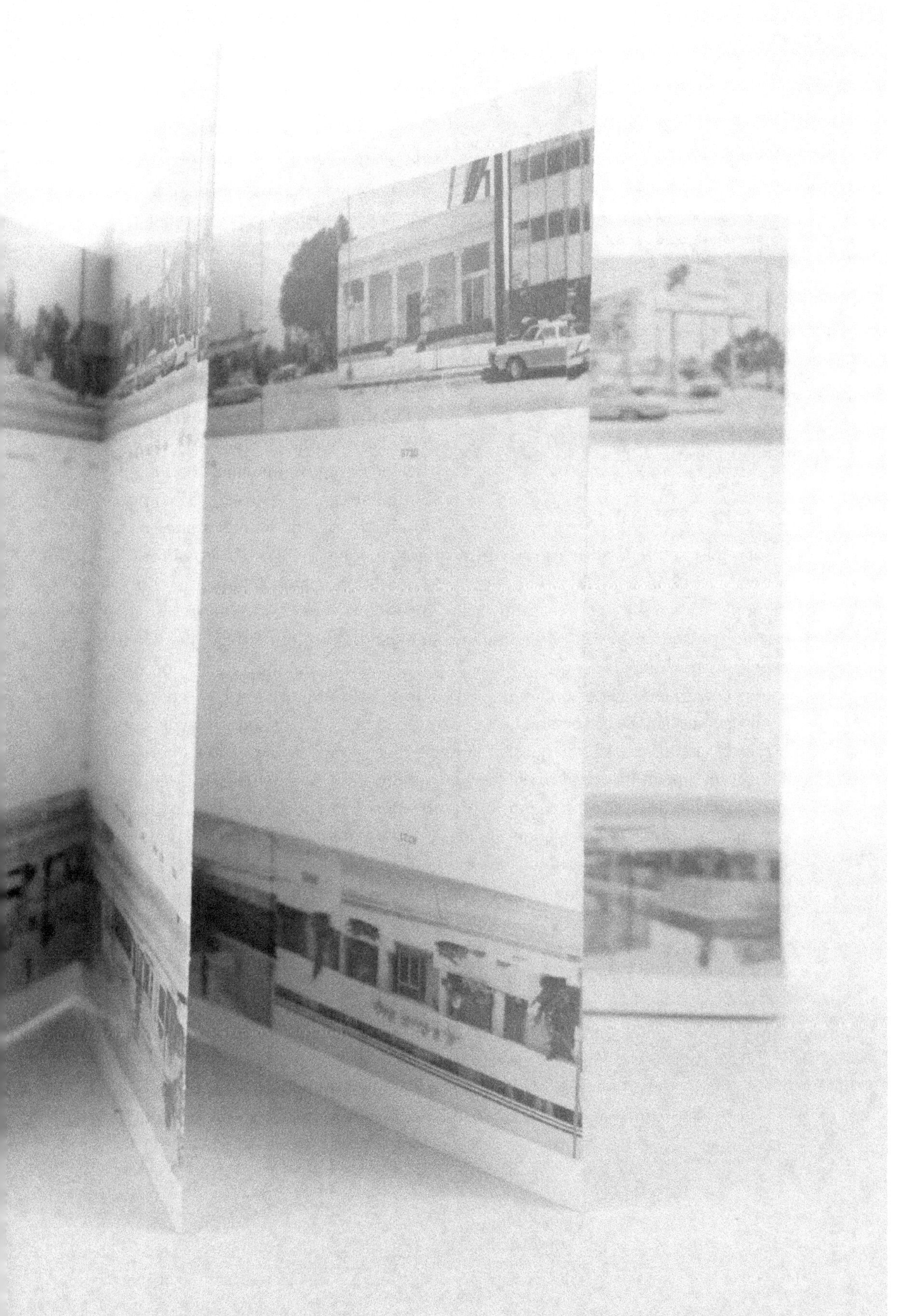

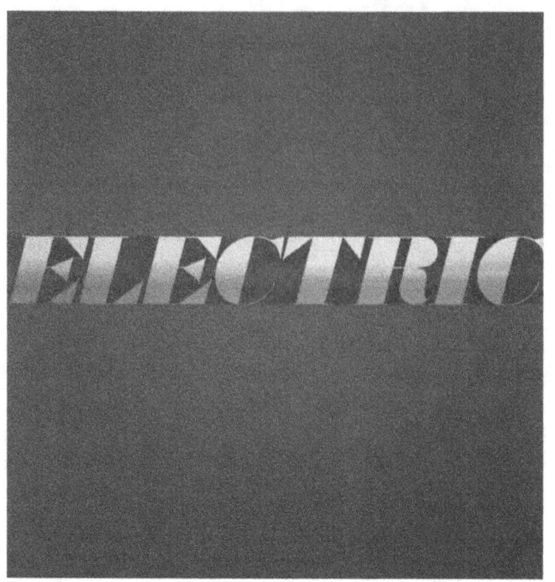

Electric, 1963. Olio su tela, cm 183 x 170

"Lascia tutte le informazioni dopo il segnale" è un'altra frase nota che Ruscha riprende, il messaggio della propria segreteria telefonica è anche il titolo della raccolta dei suoi scritti, appunti e interviste pubblicata nel 2002. A dispetto dell'impressione di certezza meccanica, impersonale, anche questo motto avanza la possibilità dell'insuccesso comunicativo in qualsiasi fattore della trasmissione del messaggio (mittente, codice o destinatario). Le parole, fa capire Ruscha in più di un'occasione, non sono trasparenti né ai "pensieri", né all'"informazione"[7]. Come è stato più volte notato, Ruscha è inizialmente attratto da parole onomatopeiche come "oof", "honk" e "smash", che cercano di unire suono e significato. Questi termini sono spesso considerati più figurativi o motivati di altri, più radicati nei suoni del mondo. Tuttavia, come riconosciuto dai linguisti, da Saussure in poi, ciò non corrisponde necessariamente a verità: questi termini hanno a loro volta una componente convenzionale (non tutti dicono "oof" quando ricevono un pugno), e Ruscha sfrutta questo barlume di arbitrio per creare un ulteriore tocco di ambiguità, un altro effetto "eh?" (a proposito, anche quest'ultima una costruzione linguistica). Quanto è bizzarra la scritta "oof", ad esempio, se la vediamo dipinta a dimensione umana, a lettere maiuscole gialle in carattere *sans-serif* su sfondo blu notte, quasi un'esclamazione da fumetto priva di un personaggio che la pronunci? Non appena Ruscha re-inquadra parole come questa, esse diventano snaturalizzate, o meglio "de-automatizzate" davanti ai nostri occhi (sono tutti termini che difficilmente si incontrano nella lettura e per alcuni non sono neanche classificabili come "parole")[8].

Ruscha produce poi un effetto simile attraverso dei "sosia linguistici", ossia espedienti che sembrano sottolineare visivamente ciò che le parole comunicano verbalmente. Questa soluzione appare con una certa frequenza nei quadri del 1964 come *Damage*, nel quale le lettere A e G sembrano bruciare in fiamme gialle e rosse, o *Scream*, nel quale la parola, nera su fondo giallo, è attraversata da linee diagonali che si irradiano dalla S in modo tale da suggerire la forza di un grido trasmesso da un megafono[9]. Certo, si tratta di segni semplici per rappresentare le parole "fiamma" e "grido", figure codificate utilizzate sia nei fumetti che nell'arte (e come abbiamo visto, la condivisione di tali segni da parte dei due ambiti è un *leitmotiv* della pop art). Ciononostante, Ruscha ci invita ad osservare quanto sono strani. Come ha evidenziato Bois, Ruscha è ben lontano dal cratilismo, ossia dalla credenza che i segni siano radicati nell'aspetto dei loro referenti; piuttosto, con lavori come le scritte onomatopeiche, gioca con la nostra antica adesione a questa teoria allo scopo di disturbarla, andando a produrre un ulteriore "eh?".

In questo modo, i raddoppiamenti reciproci di parole ed immagini destabilizzano il significato anziché affermarlo. Nel corso degli anni, questa ambiguità calcolata ha spinto i critici a paragonare Ruscha ai pittori surrealisti, René Magritte su tutti; e del resto, per quanto l'artista americano sia restio ad accettare il collegamento, i punti di contatto non mancano, a partire dal gioco tra illusione *trompe-l'oeil* e accostamento parola-immagine[10]. In una brillante riflessione su Magritte, pubblicata per la prima volta nel 1968, Michel Foucault propone un confronto con il calligramma, una forma testuale in cui le parole sono disposte sulla pagina in modo da formare l'immagine relativa al tema o al significato del testo (l'esempio più noto sono i *Calligrammes* di Apollinaire del 1918). Come spiega Foucault, il calligramma è pensato per "prendere in trappola le cose con una doppia grafia": "colloca gli enunciati nello spazio della figura, e fa *dire* al testo ciò che il disegno *rappresenta*". Ciononostante, le differenze tra livello visuale e livello verbale rimangono: "Il calligramma non *dice* e non *rappresenta* mai nello stesso momento; quella stessa cosa che si vede e che si legge è taciuta nella visione, nascosta nella lettura"[11]. In lavori famosi come *La trahison des images* (*Ceci n'est pas une pipe*) del 1926, Magritte gioca quindi su tensioni già all'opera nel calligramma, e svela dall'interno l'apparente raddoppiamento della parola da parte dell'immagine: "Magritte ha riaperto la trappola

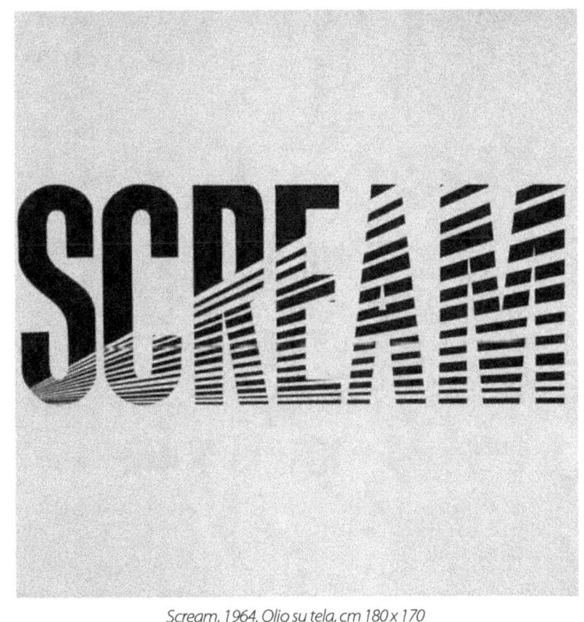

Scream, 1964. Olio su tela, cm 180 x 170

che il calligramma aveva chiuso su ciò di cui parlava", con il risultato che la cosa "è volata via", mentre le parole e le immagini sono state "redistribuite" nello spazio, condividendo ben poco terreno comune[12]. Benché Ruscha ricorra raramente alla configurazione del calligramma, i suoi accostamenti di parole e immagini mettono spesso in atto un trucco simile: "Iniziai a vedere la parola stampata", afferma, "e da allora essa ha preso il comando" (p. 151). Nel suo lavoro, tuttavia, ciò che si vede non è mai del tutto coerente con ciò che si legge. Ad esempio, diverse tele del 1964 mostrano ganasce applicate alla prima o all'ultima lettera della parola "dimple" (increspatura), quasi per attuarne il significato; e lo stesso succede con altri termini prediletti dall'artista, come "boss" e "radio". Anche in questo caso, però, il raddoppiamento produce ambiguità, in quanto, pur essendo la parola rappresentata come un oggetto, è proprio la loro differenza reciproca ad essere evidenziata[13]. "Un altalena tra le due cose" è la descrizione più accurata che Ruscha fa del rapporto parola-immagine nella sua arte (p. 282), e questa strana elasticità è quanto mai pertinente: "mi piace l'idea che una parola diventi un'immagine, quasi abbandonando il proprio corpo, per poi tornare e riassumere la natura di parola"[14]. Al limite, riconosce l'artista, "mi vedo lavorare con due cose che non pretendono nemmeno di comprendersi a vicenda" (p. 302)[15].

Poster della collettiva al Pasadena Art Museum "New Painting of Common Objects" (autunno 1962) a cura di Walter Hopps

Tipicamente, quindi, l'ambiguità dell'effetto "eh?", che sia divertente, enigmatica o carica di tensione, è prodotta mediante uno sconvolgimento delle distinzioni binarie che articolano normalmente il significato, nell'arte ma non solo: pittura astratta e design commerciale, presentazione casuale e calcolo metodico, tracce motivate e segni convenzionali. Queste sono solo alcune delle differenze che Ruscha mette alla prova, con apparente *nonchalance*.

• • *Oggetti comuni*

Ed Ruscha ci rivela che il suo enorme interesse per l'effetto "eh?" deriva da un "profondo rispetto per le cose strane, che non possono essere spiegate" (p. 305). L'interesse per il bizzarro, peraltro, va di pari passo con l'apprezzamento per le cose comuni: parole di uso vernacolare, immagini e oggetti che, per quanto familiari, hanno qualcosa fuori posto, o comunque si segnalerebbero maggiormente alla nostra attenzione se questo fosse il caso[16]. Inizialmente, ad esempio, Ruscha dipinge alcuni dei suoi motivi "a grandezza naturale",

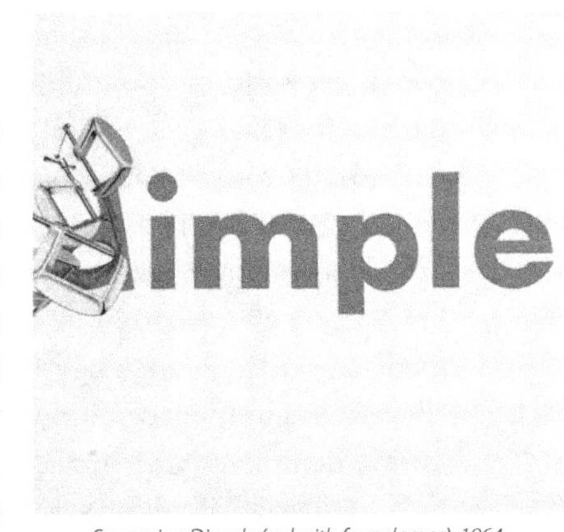

Squeezing Dimple (red with four clamps), 1964
Olio su tela, cm 75 x 77

proprio come avviene spesso nella pittura popolare, in un modo che, almeno ai nostri occhi, appare al tempo stesso comune e strano. In *Actual Size* del 1962, per citare un caso, una scatoletta di carne Spam, realizzata in scala 1:1, sembra volare, con tanto di scia infuocata, attraverso lo spazio della sezione inferiore, mentre la parola "SPAM" appare in maiuscole gialle su fondo blu scuro nella parte superiore. Secondo una battuta diffusa in quegli anni gli astronauti venivano definiti "spam in a can" ("carne in scatola"), così nasce un quadro bizzarro, soprattutto perché, come lo stesso Ruscha ricorda, "le parole esistono in un mondo senza dimensioni" (p. 231), e pertanto l'accostamento della "grandezza naturale" della scatoletta e la "non-grandezza" della parola rende fortemente incerto lo spazio di *Actual Size*. In che modo si relazionano tra di loro i due spazi, con le sgocciolature di colore dell'uno che cadono sull'altro? Lo spazio inferiore, con la sua scatoletta-missile, sta forse per lo "spazio" interstellare? E lo spazio in alto, con il nome del *brand*, è forse uno "spazio pubblicitario"? Se così fosse, la convergenza di pittura astratta e design commerciale, più che una fusione delle due categorie, sarebbe una collisione tale da avere un effetto straniante su entrambe[17]. Ruscha ci esorta a considerare l'ambito del "quotidiano" come un termine medio, decisamente ambiguo, tra il *folk* e la *pop*. A quale di queste due categorie, ad esempio, appartengono le immagini di *Twentysix Gasoline Stations*?[18]

Sensibile al quotidiano, l'artista cerca di dedurlo passo dopo passo, da elementi folk e da elementi pop. Dal punto di vista biografico, la sua posizione è ottimale: nato e cresciuto nel Midwest, considerato il cuore della cultura folk americana, si trasferisce a Los Angeles, la capitale della cultura pop, nella piena consapevolezza di come un percorso simile sia a tutti gli effetti inserito nella tradizione "Okie". "Nei primi anni Cinquanta", commenta Ruscha nel 1985, "fui colpito dalle foto di Walker Evans e dalle pellicole di John Ford, soprattutto *Furore*, nelle quali i poveri "Okie" (contadini la cui terra è diventata sterile) emigrano in California con materassi caricati sulla macchina, piuttosto che morire di fame in Oklahoma" (p. 250). Qui Ruscha propone che nel folk l'esperienza sia già mediata, e rilegge anch'egli la propria "crisi d'identità" attraverso la lente del "bianco e nero filmico" (ibid.). Non è però disposto a lasciare il folk nel passato: alcune delle fotografie iniziali, soprattutto quelle scattate durante il soggiorno in Europa, sono focalizzate su strutture e segni emblematici che possono essere definiti folk. Alcuni quadri giovanili, poi, alludono al vocabolario *naif*, altro attributo tipico dell'arte folk: alcuni, ad esempio, presentano i nomi delle città del sud visitate durante una gita in autostop del 1952, come Sweetwater, Dublin, Vicksburg. Infine, i quadri con uccelli e pesci di metà anni Sessanta giocano a loro volta con la pittura folk, in particolare con quella di dilettanti amanti della natura, esempio "country" di arte kitsch. Il rapporto con il folk, in ogni caso, non è del tutto ironico, essendovi comunque presente un elemento "quotidiano" che Ruscha apprezza sinceramente[19].

Fin dall'inizio, del resto, questo interesse aveva determinato la sua attrazione verso Duchamp e Johns. Secondo Ruscha "Duchamp ha scoperto gli oggetti comuni" come materiali artistici, e Ruscha stesso, come Johns, li rende "il soggetto centrale in primo piano" (pp. 330, 289)[20]. Questa strategia è poi messa in atto in un momento in cui, come ai tempi di Duchamp, la mercificazione sempre più diffusa ha ormai alterato l'aspetto degli oggetti quotidiani, ma anche quello delle parole di uso comune, delle immagini, dei colori e degli spazi: in sintesi, la natura profonda dell'apparire[21]. A tutti gli effetti, Ruscha aggiorna il dispositivo del readymade in modi che chiamano in causa questo cambiamento, con un'attenzione particolare per il *branding* dei prodotti, la reificazione delle parole, l'astrazione dei luoghi e l'artificiosità del colore. Sua intenzione non è solamente de-automatizzare la nostra percezione di queste cose soggette al cambiamento, ma anche di stillarne, per quanto possibile, un elemento di "quotidianità".

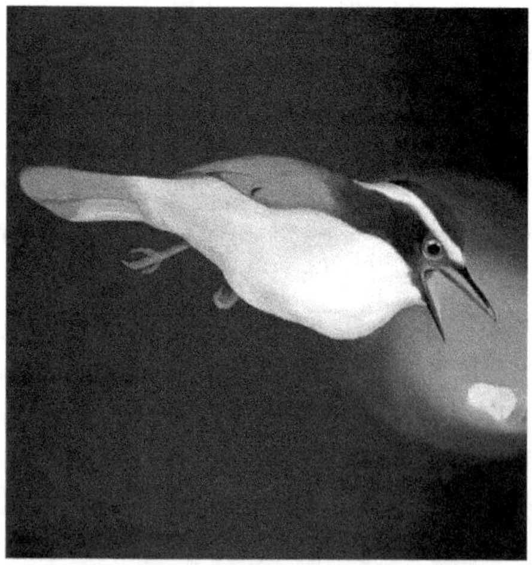

Angry Beacuse It's Plaster, Not Milk, 1965.
Olio su tela, cm 140 x 122

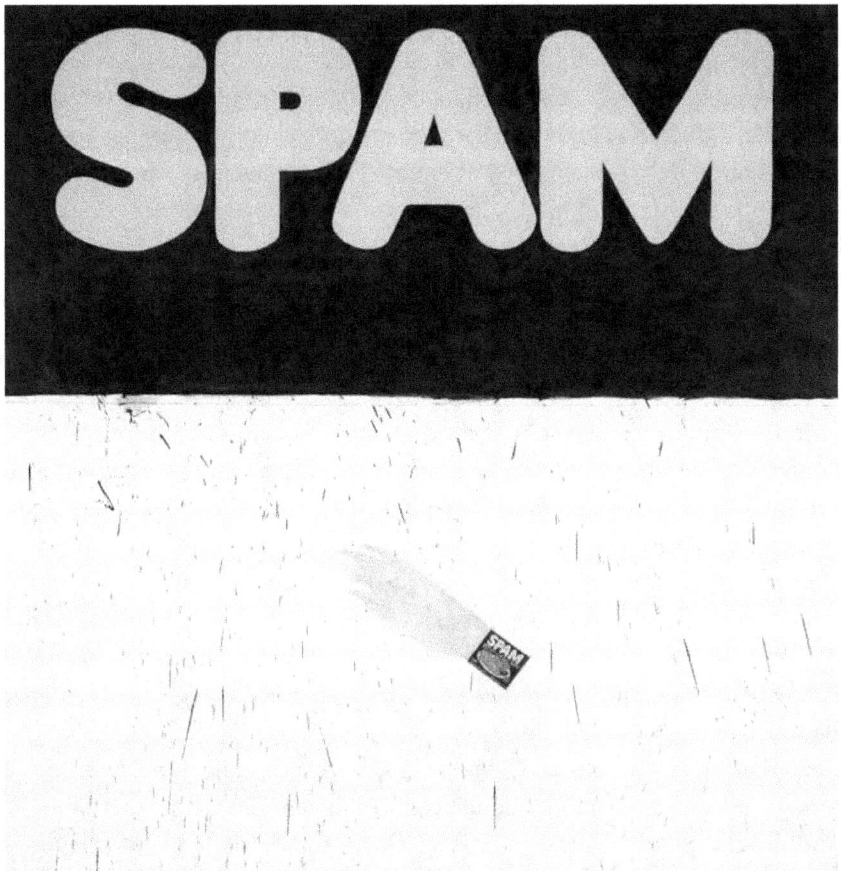

Actual Size, 1962. Olio su tela, cm 183 x 170

Vorrei dedicarmi qui alla trasformazione di prodotti e parole, mentre nel paragrafo successivo passerò ad analizzare quella di luoghi e colori. Come dimostrato da importanti analisi, come quella di Vance Packard ne *I persuasori occulti* (1957), o quella di Daniel Boorstin in *Image: A Guide to Pseudo-Events* (1961), il *branding* dei prodotti diventa oggetto di riflessione critica proprio in contemporanea con l'emergere di Ruscha come artista. Sono del 1961 le fotografie in bianco e nero della serie *Product Still Lives*, che presentano merci di uso casalingo stagliate come icone su fondo nero. I soggetti più ricorrenti sono prodotti per la cucina o per le pulizie, come la già citata carne Spam, l'uvetta Sun-Maid, il sapone Oxydol, la pasta abrasiva Monarch, la vernice per carrozzerie Wax Seal e la trementina Sherwin-Williams, in alcuni casi riprodotti anche nei quadri. Ruscha si concentra cioè sugli oggetti-simbolo dell'industrializzazione generale della vita quotidiana, del cibo, delle faccende domestiche, del tempo libero, che caratterizza quegli anni[22]. Come già appare chiaro dal titolo della serie, la "natura morta" è vista come se fosse dominata dal "prodotto", ossia la forma tradizionale dell'una è letteralmente inglobata dal *packaging* commerciale dell'altro, con gli ingredienti ridotti a parole scritte su etichette (le sole effettive tracce di cibo sono le immagini di carne Spam e i grappoli d'uva portati dalla Sun-Maid nelle rispettive etichette, appunto)[23]. Eppure, nel bel mezzo di questa mercificazione intensificata, Ruscha recupera una particolare versione del linguaggio quotidiano: di nuovo, egli presenta i prodotti in modo iconico, più che *ironico*, e i marchi sono in effetti nomi estremamente familiari (Sun- Maid ha mantenuto la sua fama negli anni, come del resto il logo "a copertura del mondo" della Sherwin-Williams, mentre "Spam" è un termine colloquiale come "Kleenex", e ha per di più acquistato una nuova vitalità internazionale nel gergo della posta elettronica). Insomma, Ruscha coglie una specie di pop-folk in via di definizione, e lo inserisce nei suoi quadri giovanili[24].

La seconda categoria, la reificazione delle parole, è legata alla prima. Trattando il linguaggio verbale come se fosse un oggetto, come nei quadri dedicati a "dimple", Ruscha problematizza spesso la coagulazione delle parole a formare *cliché* (un punto di contatto con Lichtenstein). I quadri "verbali" dei primi anni Sessanta sono tendenzialmente suddivisibili in tre categorie, in base ai tipi di termini utilizzati: dal gergo subculturale di "boss" ed "ace" al burocratese di "heavy industry" o "war surplus", fino a marchi registrati come "Spam" e "Buick"[25]. Parole come queste sono introdotte o influenzate da altrettante tipologie di produttori di linguaggio, *hipster*, politicanti e pubblicitari rispettivamente, con i relativi scopi di ricognizione e offuscamento. Nella loro circolazione pubblica, queste parole significano in modi diversi, cariche (o meno) di significati destinati a diversi gruppi della piramide sociale[26]. In alcuni casi, Ruscha presenta le parole prescelte in modo da trattenerle al di qua della caduta nel cliché mono-dimensionale, mediante l'ambiguità o la bizzarria (il già citato *Electric* è solo uno dei possibili esempi). "Ho sempre operato, sostanzialmente, con un metodo di recupero-rifiuti", scrive; "recupero e rinnovo cose dimenticate o scartate" (p. 251).

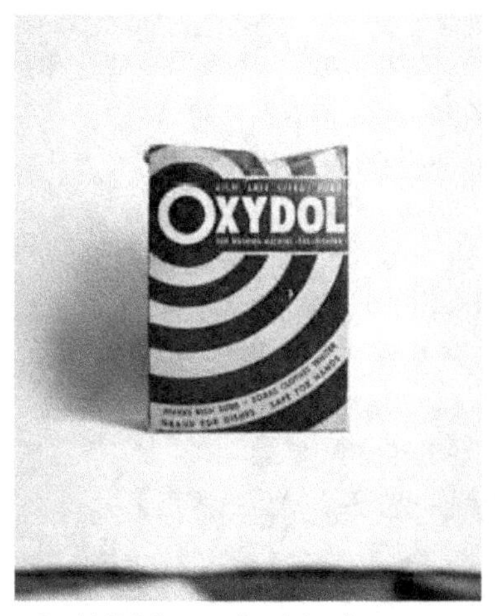

Oxydol, 1961. Stampa alla gelatina d'argento, cm 12,7 x 10,2

Altrove, le parole sono presentate in modo tale da essere quasi spinte, una volta per tutte, nella condizione di stereotipi preconfezionati. L'effetto è particolarmente enfatizzato nelle famose rielaborazioni di due emblemi "industriali" come la 20th Century Fox e la Standard Oil Company: la prima è soggetto di *Large Trademark with Eight Spotlights* (1962), titolo che già preannuncia la condizione di *brand* (i "riflettori" sottolineano come il "marchio

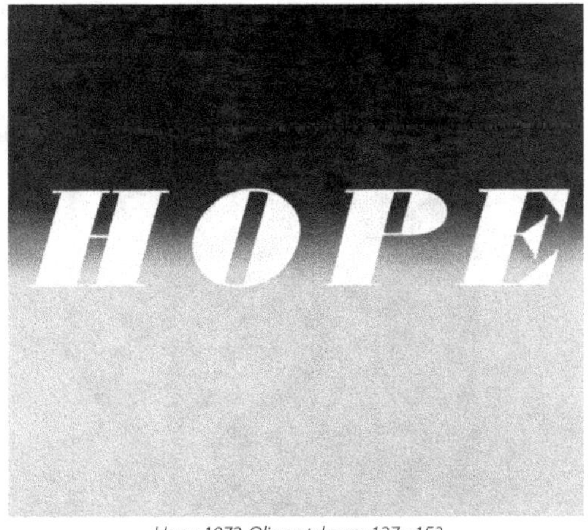

Hope, 1972. Olio su tela, cm 137 x 153

registrato" stesso sia la più importante star dello studio di produzione), mentre la seconda è al centro di numerose immagini di stazioni di servizio, le quali ci portano a riflettere su un termine del tutto comune trasformato nel simbolo di un'impresa multinazionale[27]. In entrambe le serie, il logo diventa una struttura architettonica, con tanto di linee di riferimento a matita ancora visibili, che si proietta diagonalmente verso il fruitore, dominando lo spazio del quadro: l'immagine-readymade diventa così ambiente, e viceversa. Per certi versi, il logo è assunto come un monumento classico, ma anche come una sorta di oracolo arcano – il "logo" come *logos* – che è formulazione tanto assurda quanto resa plausibile dallo strapotere delle industrie legate al petrolio e al cinema nel dopoguerra. Il feticismo della merce è così declinato a livello multinazionale, fenomeno che Ruscha coglie fin dai primi sintomi. Anche qui, tuttavia, egli si concentra sulla normalità, sull'"essere comune", facendo riferimento alla 20th Century Fox con la definizione generica di "large trademark", nonché scegliendo, tra tutte le aziende petrolifere disponibili, quella chiamata, significativamente, "Standard"[28]. Nel 1913, parlando della "scoperta" duchampiana dell'oggetto comune, Apollinaire auspicava che un artista come Duchamp potesse "riconciliare l'Arte col Popolo"[29]. Cinquant'anni dopo, in un momento in cui la mercificazione della vita è messa a tema dal giovane Ruscha, Warhol torna a considerare la possibilità di una simile riconciliazione. L'unico fattore culturale comune che Warhol vede nella situazione, però, è una sorta di equivalente capitalista dell'immagine del comunismo restituita dalla Guerra Fredda: un sistema entro il quale "tutti si somigliano e fanno le stesse cose", condizione che esce affermata nel suo lavoro coerentemente alla tipica strategia dell'esacerbazione mimetica

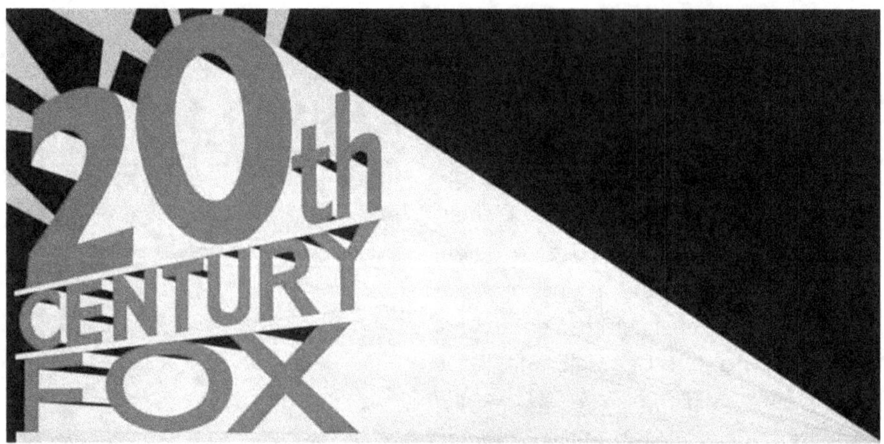

Large Trademark with Eight Spotlights, 1962. Olio su tela, cm 170 x 335

("ciascuno di noi dovrebbe essere una macchina")[30]. Ruscha non condivide né l'atteggiamento speranzoso di Apollinaire, né quello cinico di Warhol; e tuttavia, benché la sua de-automatizzazione del luogo comune ormai logoro non dica un granché dal punto di vista politico, non si può nemmeno dire che non vi sia nulla. Antonio Gramsci ebbe a definire il buon senso come il "folklore della filosofia", un miscuglio in parti uguali di superstizione e da smascherare e di verità da distillare[31]. Ruscha mostra a sua volta una reazione ambivalente rispetto a questo folklore, attento com'è a problematizzarlo, da un lato, in quanto senso auto-evidente, ma anche a recuperarlo in quanto linguaggio della sfera quotidiana. Nel suo lavoro, ciascuno stimolo a deridere, perfino a distruggere questi "standard" e le "norme" ad essi associate (le immagini delle stazioni di servizio Standard, del "Norm's Diner" o anche del Los Angeles County Museum of Art in fiamme sono ben più che illustrazioni umoristiche) è controbilanciato dall'istinto a recuperare il luogo comune come vernacolo condiviso.

Ciò è particolarmente evidente nei libri fotografici come *Twentysix Gasoline Stations*, ma anche in molti dei quadri con parole, come il già citato *Actual Size*[32]. L'attenzione verso ciò che è "comune", del resto, attraversa tutta la produzione di Ruscha, mettendola sotto una luce inedita: prendiamo, ancora una volta, le semplicissime foto dei primi libri, spesso descritte come prive di talento, altrove come "amatoriali", un altro dei tanti aggettivi che fungono da etichetta per tutto ciò che è condiviso. Va notato come in queste foto siano spesso ritratte proprietà private destinate a un uso talvolta decisamente pubblico, come stazioni di rifornimento e parcheggi. Il linguaggio "trovato" delle sue battute di spirito, poi, dei suoi modi di dire e dei *cliché* è mantenuto come comun denominatore:

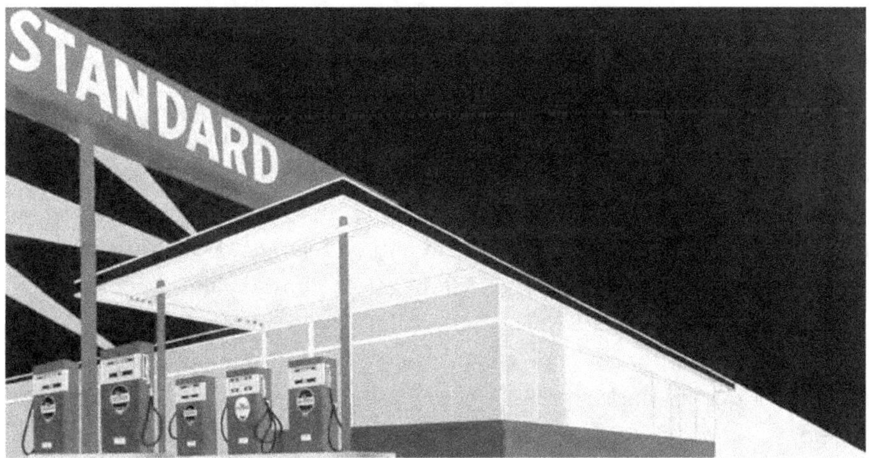

Standard Station, 1966. Olio su tela, cm 52 x 100

poiché nessuno *possiede* questo linguaggio, tutti possono usufruirne, ed è proprio questa dimensione collettiva che Ruscha ama sfruttare. "È il regno del *luogo comune*", scriveva Sartre nel 1957. "Infatti questa bella espressione ha un molteplice senso: indica senz'altro i pensieri più frusti, ma questi pensieri sono pur diventati il luogo d'incontro della comunità. Ognuno vi si ritrova, ritrova gli altri. Il luogo comune è di tutti e m'appartiene; appartiene a tutti in me, è la presenza di tutti in me. È in essenza la *generalità*"[33]. Ed Ruscha fa di questo luogo comune il suo medium prediletto.

Negli anni Settanta, l'artista realizza una serie di quadri verbali che hanno come messaggio ideali condivisi, come in *Mercy*, *Truth*, *Duty* e *Hope*, tutti del 1972, o che fanno riferimento a categorie collettive, come *We Humans* (1974), *Days of the Week*, *Anybody's Destiny* (entrambi del 1979) e *The Future* (1981). Una simile presa collettiva hanno anche altri quadri successivi, nei quali vengono chiamate in causa entità come i decenni, gli stati, i paesi, tutte presentate in modo da risultare caratteristicamente enigmatiche. Ancora più recenti sono le opere dedicate alle montagne, alla terra, alle costellazioni, immagini comuni in un altro senso, come *cliché* o "idee di idee di idee" dei rispettivi referenti (*The Mountain*)[34]. Alcune di queste immagini, poi, chiamano in causa il terreno problematico della "proprietà comune", ossia di quelle risorse non regolamentate che, come l'aria, sono disponibili all'uso di chiunque, almeno in teoria; altre, al contrario, richiamano alla memoria l'antica categoria della *res nullius*, "le cose di nessuno" che, come le montagne appunto, sono anche, potenzialmente, cose per tutti[35].

• • *Una patina di celluloide*

Agendo nei modi descritti, seppur entro una condizione di mercificazione pervasiva, Ruscha mette in luce possibili forme di comunanza. Nel fare ciò, si guarda bene dallo sminuire tale condizione: piuttosto, egli coglie, ancora una volta, un'ambiguità di fondo. Da un lato, la mercificazione può inaridire o mortificare le parole, le immagini, gli oggetti e gli spazi, ed è proprio in un simile stato di degrado che Ruscha ci presenta tutte queste cose. Prendiamo come esempio l'astrazione del luogo, di cui si è detto: talvolta, il terreno è mostrato in quanto pura proprietà, come nelle vacue immagini di *Some Los Angeles Apartments*, simili a foto per annunci di affitto, o in quelle austere di *Real Estate Opportunities*, titolo estremamente ironico se associato ai luoghi poco interessanti ivi mostrati. Certo, soggetti analoghi sono stati presentati in modi simili anche nella tradizionale pittura di paesaggio, almeno a partire da Thomas Gainsborough, ma spesso Ruscha li mostra *esclusivamente* come beni immobili: in *Every Building on the Sunset Strip*, ad esempio, il terreno ha come uniche caratteristiche la suddivisione a griglia e la numerazione dei lotti, mentre il titolo di ciascuno degli appartamenti di Los Angeles o di ciascuna "opportunità" è semplicemente costituito dal rielativo indirizzo[36]. Lavori successivi come i *Metroplots* di fine anni Novanta, poi, portano all'estremo questa logica, tanto che il titolo di per sé richiama a un mondo intero consegnato alla lottizzazione: il paesaggio urbano dell'area metropolitana di Los Angeles è presentato mediante vedute aeree oblique (punto di vista spesso privilegiato da Ruscha), che non lasciano vedere nulla se non grigie immagini astratte, arricchite esclusivamente da alcune sottili linee e da qualche nome di strada, quasi a suggerire una condizione catastrofica in cui una mappa quanto mai schematica è tracciata sopra uno spazio quanto mai appiattito, essendo qui radicalizzata la mancanza di persone riscontrabile nei vari libri fotografici, vera e propria *non-qualità* apprezzata anche da Warhol. Anche qui siamo in presenza di una "proprietà comune", che in questo caso risulta abbandonata[37].

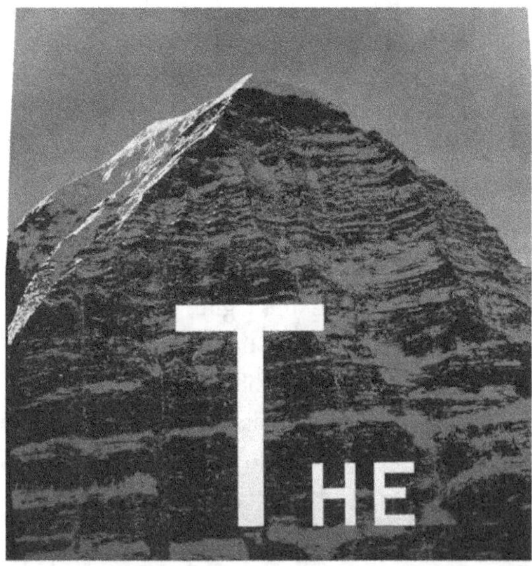

The Mountain, 1988. Acrilico su tela sagomata, cm 195 x 183

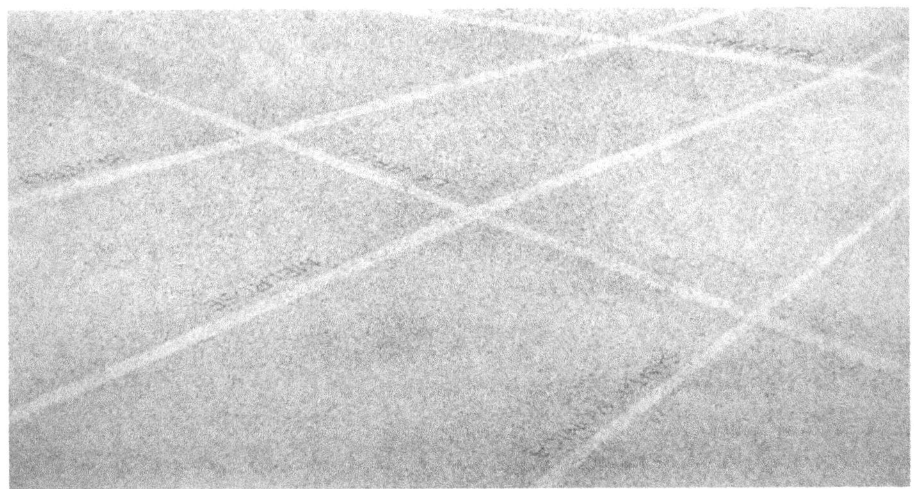

Santa Monica, Melrose, La Brea, Fairfax, 1998. Acrilico su tela, cm 153 x 285

Dall'altro lato, la mercificazione può anche caricare, animare le parole, le immagini, gli oggetti e gli spazi, e anche questo paradosso rientra tra i soggetti preferiti di Ruscha[38]. Di nuovo, egli ci mostra logo come quello della 20th Century Fox o quello della Standard come se fossero in qualche modo sotto stress, a grandi dimensioni e con prospettiva inversa, quasi come effetti speciali, come se si trattasse degli elementi dominanti del paesaggio, o addirittura le uniche "figure" pubbliche o gli unici fattori storici rimasti da rappresentare. In alcuni casi sembra proprio che sia questo il caso, soprattutto a Los Angeles, dove la celeberrima insegna di Hollywood, presenza ricorrente nella produzione dell'artista, ha per anni dominato sulla città come una sorta di *genius loci*. Proprio a questa barcollante struttura, non a caso, Ruscha attribuisce un'aura del tutto particolare. Più in generale, le parole diventano non solo immagini, ma veri e propri personaggi, tanto che inizialmente le dimensioni stesse sono chiamate a supporto di questo peculiare effetto: "Mi sembravano personaggi familiari", dice l'artista a proposito delle lettere nel prediletto formato di 180 cm (p. 159). Inoltre, quasi a compensare la severità delle sue astrazioni di luogo, egli propende per una marcata artificiosità cromatica. anche se ben diverse dai primari brillanti di un Lichtenstein, le accentuate tinte pastello di questi lavori ne condividono l'animazione innaturale, con l'ulteriore differenza che, laddove Lichtenstein chiama in causa la dimensione melodrammatica del fumetto, Ruscha piuttosto si rifà agli effetti psichedelici dello spazio rappresentato nell'immaginario della

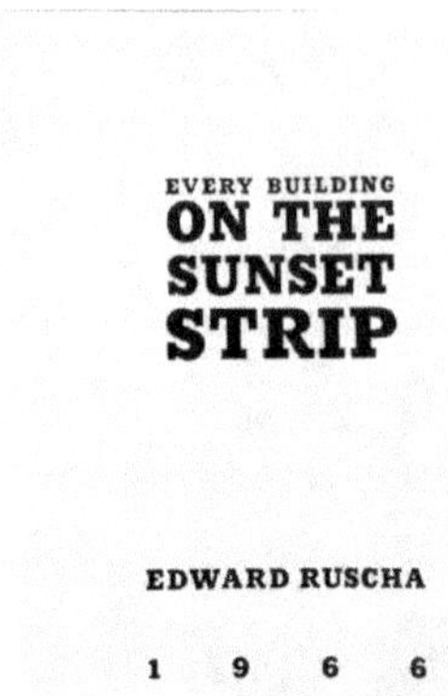

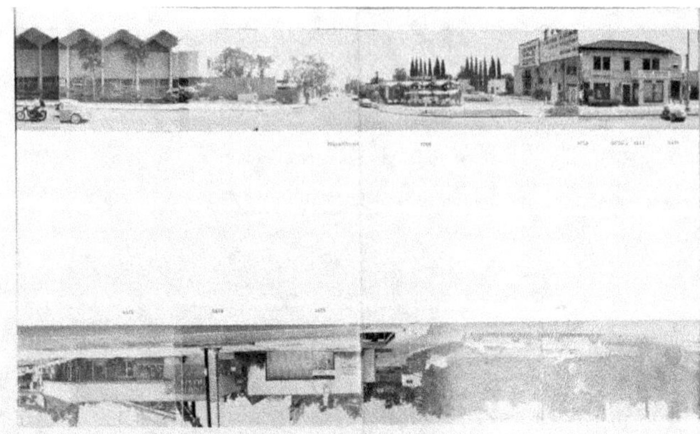

Every Building on the Sunset Strip, 1966

fantascienza. La medesima visione è presente nel concetto di "parola calda" (*hot word*): "le parole, per me, hanno diverse temperature", scrive l'artista nel 1973. "Quando raggiungono un certo punto e diventano parole calde, allora iniziano ad attrarmi" (p. 57). All'interno dello stesso passo, egli parla di parole che "bollono", e addirittura "esplodono", condizione di estremo "calore" spesso evocata mediante colori o configurazioni di spazio che sembrano assumere uno stato liquido o gassoso, o una via di mezzo tra i due: si prenda come esempio la serie delle "parole liquide" (*liquid words*) di fine anni Sessanta, realizzate appunto in modo da apparire fluide, ma anche quella coeva delle parole "macchiate", nella quale sono utilizzate sostanze extra-artistiche come la birra o il gasolio, inizialmente *fluide* in senso letterale. Ciò che Ruscha suggerisce, di fatto, è una condizione odierna di reificazione generalizzata entro la quale la forma-merce si è allargata fino ad includere le più svariate categorie, come parole, colori e spazi, in modi che tendono non tanto a consolidarle e frammentarle, come nella più classica spiegazione del fenomeno di reificazione (proposta da György Lukács nel 1923), ma piuttosto a conferire loro un aspetto liquefatto o volatile[39]. Come Richard Hamilton prima di lui, Ruscha si rifà a una reificazione in tutto e per tutto simile al proprio contrario, la liquefazione, o meglio ancora la rarefazione: un mondo fatto di effetti indistinti più che di *cose* slegate, un mondo che sembra quasi sotto l'effetto di farmaci, come del resto è dichiarato, ad esempio, nel titolo *Three Darvon and Two Valiums* (1975), dove i colori contribuiscono a suggerire un quanto mai appropriato stato di rintontimento.

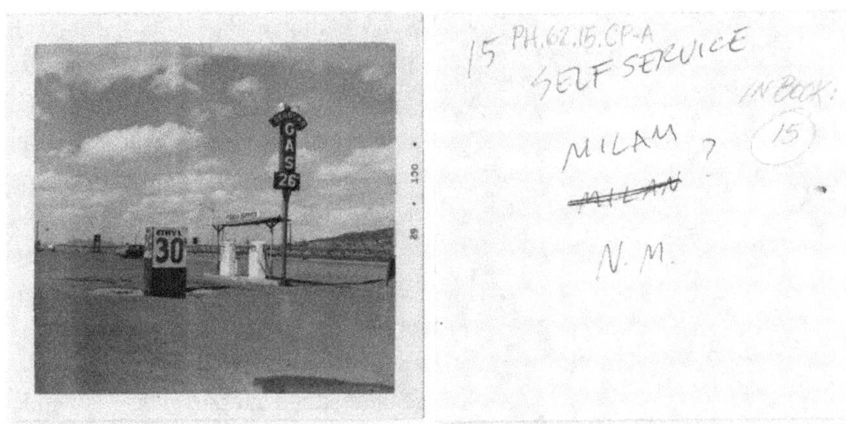

Twentysix Gasoline Stations: fronte e retro con note di Ed Ruscha a Milam, New Mexico

In questo modo, l'accostamento paradossale di carica e svuotamento, tipico di Ruscha, è riferito alla struttura caratteristica del sentire rappresentato nei suoi lavori. "Deadpan" è il termine spesso usato per definire questo sentimento, o meglio questa mancanza di sentimento (anche qui c'è un'ambiguità di fondo), spesso senza aggiungere altro. Parola squisitamente americana che l'*Oxford English Dictionary* data al 1928, "deadpan" corrisponde a "privo d'espressione" o "impassibile", e tuttavia una forma di espressione vi è decisamente presente: il verbo "to deadpan" significa comunicare qualcosa di divertente con aria impassibile – proprio la forma di ironia che si riscontra ovunque in Ruscha – e farlo con un volto neutro o piatto come una padella ("pan"). Buster Keaton è spesso menzionato nei dizionari come valido esempio, e non a caso il suo ruolo è spesso quello della stoica vittima della modernità industrializzata. "Deadpan", quindi, è molto vicino a *blasé* (il francese per "piatto", "distaccato"), ossia lo stato mentale che Georg Simmel, come si è visto nel capitolo precedente, associa alla vita nelle grandi città di cent'anni fa. Nella sua importante analisi, Simmel, maestro di Lukács, vede l'"atteggiamento della mera neutralità oggettiva" proprio del "tipo metropolitano" come una difesa contro "l'intensificazione della vita nervosa" tipica della megalopoli moderna, "una durezza senza scrupoli" che consiste in un "attutimento della sensibilità rispetto alle differenze"[40]. Sempre secondo Simmel, tuttavia, questa attitudine verso il *blasé* non sarebbe che uno scudo superficiale, poiché la vita metropolitana, al tempo stesso, con la pervasività della situazione-mercato, richiede anche una risposta in senso opposto, ovvero l'affinamento della capacità di discrezione, della facoltà di giudizio, dell'istinto a cogliere le differenze. Di fatto, quindi, l'atteggiamento *blasé* del tipo metropolitano sta a protezione di un'"intellettualità" acuita, ossia di una mente attrezzata a svolgere i rapidissimi calcoli necessari al successo, se non addirittura alla sopravvivenza, nell'"economia del denaro" delle grandi città[41]. Quindi, può essere che Ruscha, puntando il dito verso la trasformazione a cui è soggetta la reificazione nella contemporaneità,

Three Darvons and Two Valiums, 1975. Pastello su carta, cm 57 x 75

faccia lo stesso con il *blasé*? L'aspetto "impassibile" del suo lavoro, in effetti, è ben più del blasé nell'accezione simmeliana, in quanto evoca un mondo al tempo stesso "incolore" e "sporco", "indifferente" e "differenziato", reso appunto piatto e acuto al tempo stesso, e talvolta questo doppio effetto è suscitato anche nel fruitore. Si pensi ancora allo spazio narcotizzato, anestetizzato e acuto a un tempo, di *Three Darvons and Two Valiums*, o anche a questo appunto non datato:

> Sono le cose piccole a contare [...]. Credo che un innocuo oggetto di design industriale possa influenzare i nostri atteggiamenti verso il mondo. Nel mio caso, potrebbe trattarsi del pomello del cambio di una Ford del 1950 (p. 400)[42].

Ancora una volta, Ruscha mette alla prova queste distinzioni in modo da farci riflettere su fondamentali trasformazioni dell'esperienza moderna, meritandosi così, a sua volta, la qualifica di "pittore della vita moderna". Un secolo fa, critici come Simmel, Lukács e Benjamin focalizzavano la loro analisi sulla rapidità degli scambi che si verificano in metropoli affollate come Berlino e Parigi, mettendo in primo piano l'intensità dello "shock urbano". Ruscha opera su un terreno diverso, l'autotopia

Hollywood is a Verb, 1979. Pastello su carta, cm 59 x 74
Courtesy: The Broad Collection

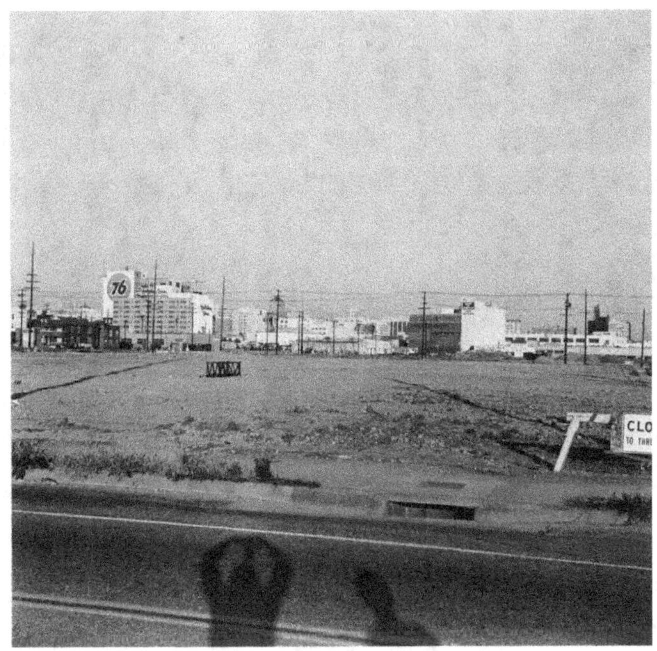

Vacant Lots (4 works), 1970. cm 55.5 x 55.5

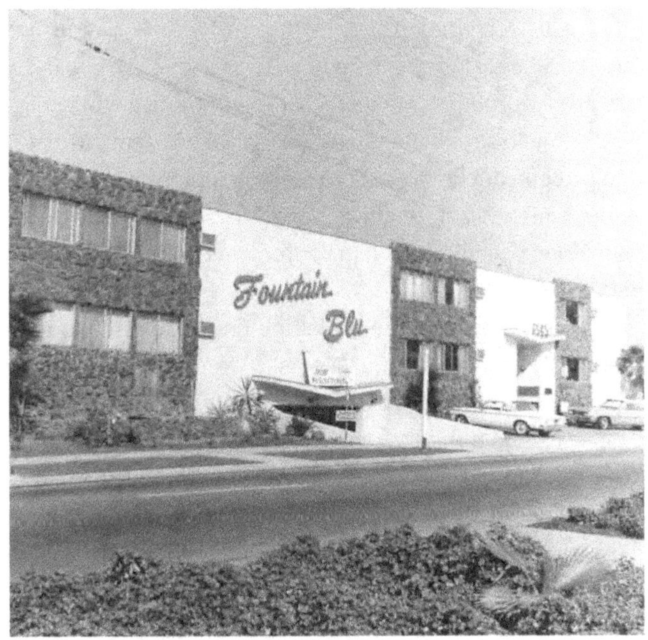

6565 Fountain Ave., 1965, da Some Los Angeles Apartments

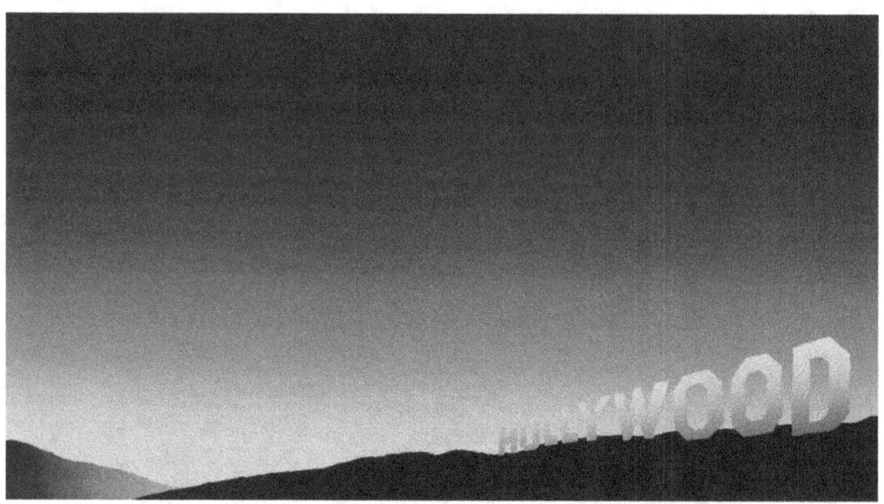

Hollywood, 1968. Serigrafia a otto colori

generalizzata di Los Angeles, ed esplora un fenomeno sensoriale diverso come il potere anestetizzante della vita moderna nella città californiana. Ciononostante, i collegamenti non mancano: Benjamin, ad esempio, associava alcune delle sue riflessioni sulla distrazione nella cultura metropolitana al tipo di fruizione tipico dell'architettura e del cinema. "L'architettura ha sempre offerto il prototipo di un'opera d'arte la cui ricezione avviene nella distrazione", scrive in *L'opera d'arte nell'epoca della sua riproducibilità tecnica*, mentre "la ricezione nella distrazione [...] trova nel cinema lo strumento più autentico su cui esercitarsi"[43]. Architettura e cinema sono presenti anche in Ruscha, non solo come soggetti, ma anche come strutture che determinano il formato dei quadri. Dopo la reificazione e il blasé, quindi, la distrazione è un ulteriore tema affrontato dall'artista nella sua riflessione sulla modernità.

"Per me Los Angeles è una serie di vetrine che costituiscono altrettanti piani verticali rispetto alla strada", afferma l'artista, "e non c'è quasi nulla dietro le facciate": si tratta dunque della "perfetta città di cartone" (pp. 223 e 244)[44]. Il riconoscere questa piatta frontalità rende i suoi libri fotografici, altrimenti strambi, particolarmente appropriati come modalità di presentazione di tali soggetti, come nel caso di *Every Building on the Sunset Strip*. Oltre alle vetrine e alle facciate dei palazzi, la Los Angeles di Ruscha è anche una città di cartelloni, ed è proprio su questi enormi pannelli sospesi nello spazio urbano e coperti di scritte gigantesche che egli modella la sua pittura, al di là dei casi in cui i cartelloni stessi sono i soggetti prescelti. Proprio come un quadro, un cartellone consiste di "vernice su

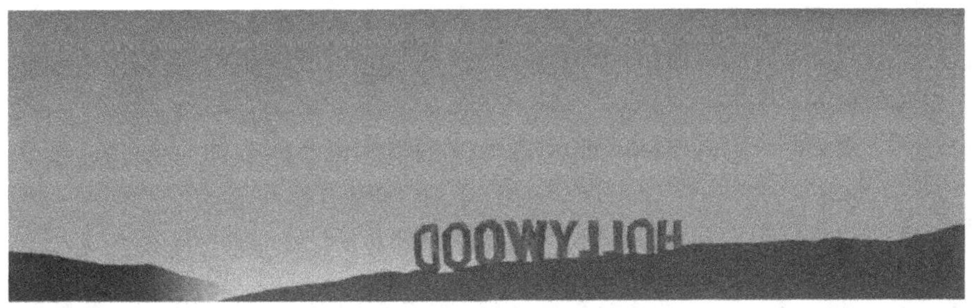

The Back of Hollywood, 1968. Serigrafia a otto colori

di una superficie sollevata di 90 gradi", e "fa da sfondo per il dramma che si verifica", descrizione che per altro ben si addice anche alla spazialità di tipo teatrale riscontrabile in molti suoi lavori (pp. 165 e 265)[45]. Come hanno notato altri critici, questa attenzione per le vetrine e i cartelloni richiede un punto di vista motorizzato. L'automobile è "un anello mancante nei libri [fotografici]", nota Henri Man Barendse, "il filo rosso che lega le piscine, gli appartamenti e, naturalmente, i parcheggi e le stazioni di servizio", per non parlare della Sunset Strip (p. 213). L'auto è anche il veicolo invisibile di alcuni quadri, ambientati a Los Angeles, nei quali sono rappresentati cartelli e segnali in scale differenti, in mezzo ad ampi orizzonti e cieli sconfinati. "Vedo il tuo lavoro", dice il curatore Bernard Blistène a Ruscha, "come un campo vastissimo che percorri in macchina, e la tela come una specie di parabrezza" (p. 304). Insieme al cartellone, Ruscha recupera in effetti, parlando di "parabrezza", l'antico modello pittorico della *finestra*. Entrambi questi paradigmi hanno determinato le proporzioni dei suoi quadri fin dagli anni Settanta, favorendo, a volte in modo estremo, l'asse orizzontale. Un esempio può essere *The Back of Hollywood* (1976-77), la cui larghezza supera di tre volte l'altezza, nel quale i riferimenti a entrambe le strutture si incrociano: un autentico cartellone eseguito su commissione, ci mostra il retro della famosa insegna, le cui lettere si leggerebbero nel verso giusto se viste, immaginariamente, nello specchietto retrovisore di un'auto. Come i cartelloni e i parabrezza, i quadri di Ruscha presentano un mondo sospeso in aria, rivolto a uno spettatore il cui stato è un misto di attenzione e distrazione[46]. "Un campo vastissimo che percorri in auto": più di qualsiasi altra città, Los Angeles si caratterizza come una distesa orizzontale attraverso la quale ci si sposta da orizzonte ad orizzonte. "Si tratta di immaginare cose che corrono lungo una linea orizzontale, e cercano di decollare", osserva Ruscha. "Dimensioni e movimento vi prendono parte entrambi" (p. 161)[47].

Sia l'illusione di scala che quella di movimento implicano a loro volta il cinema: talvolta, come lo spettatore di un film, il fruitore di un quadro di Ruscha ha l'impressione di muoversi dentro e attraverso lo spazio. L'artista, del resto, ha spesso chiamato in causa la "patina di celluloide" del film (p. 277), la sua spazialità profonda e superficiale, illusionistica e piatta al tempo stesso: lo spazio è anche superficie, e viceversa, con i titoli di testa e di coda che rimangono sospesi in questa duplice dimensione. Per fare solo un esempio, la conformazione appena descritta è ripetuta nelle diverse versioni del filmico "The End", ripreso con caratteri piatti, strisce di celluloide e spazio quasi aereo[48]. Con questo accorgimento l'artista non fa che ripeterci che il film non è altro che luce proiettata su una superficie piatta, la quale crea un'illusione di spazio: uno spazio che non solo sembra invitarci al suo interno, ma che a volte si proietta a sua volta verso di noi, un'altra duplicità colta dal lavoro di Ruscha. In *Large Trademark with Eight Spotlights*, ad esempio, le luci gialle sembrano nascere a una certa distanza, tagliare diagonalmente lo spazio tridimensionale verso di noi, e raccogliersi sul piano del quadro come su uno schermo cinematografico, alla cui superficie si allineano circondando il simbolo della 20th Century Fox, anch'esso apparentemente proiettato. La luce e lo spazio della pittura, insomma, sembrano assorbiti nelle rispettive declinazioni filmiche. L'elemento cinematografico, del resto, è evidente anche nelle proporzioni. A proposito dell'influenza dei film, l'artista insiste sulla "panoramicità del *widescreen*": "Le proporzioni dei miei lavori sono in gran parte influenzate dal concetto di panorama" (p. 291 e 308). Dedito com'è alla "modalità orizzontale" del quadro di paesaggio, egli ci restituisce questo genere tradizionale della pittura, dopo averlo trasformato in

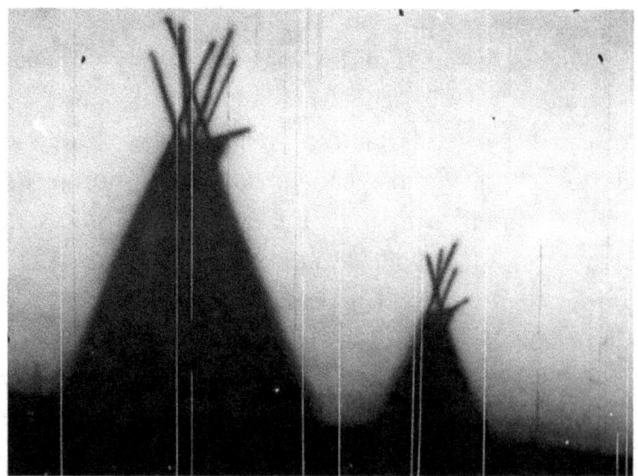

Western, 1991. Acrilico su tela, cm 183 x 245

base alla scala Panavision e alla forma di spettacolo del Cinerama. Nei quadri più recenti, questo orientamento "trans-panavision" (p. 426) adotta le vaste aperture spaziali e i tramonti luminosi che comunicano, il più delle volte, una "versione profondamente californiana dell'infinito"[49]. "Se chiudete gli occhi, cosa significa, dal punto di vista visivo?", si chiede Ruscha a proposito di questo sublime hollywoodiano: "significa una modalità di manifestazione della luce" (p. 221). Tale luce è al contempo vera e illusoria, la materia di cui sono fatti

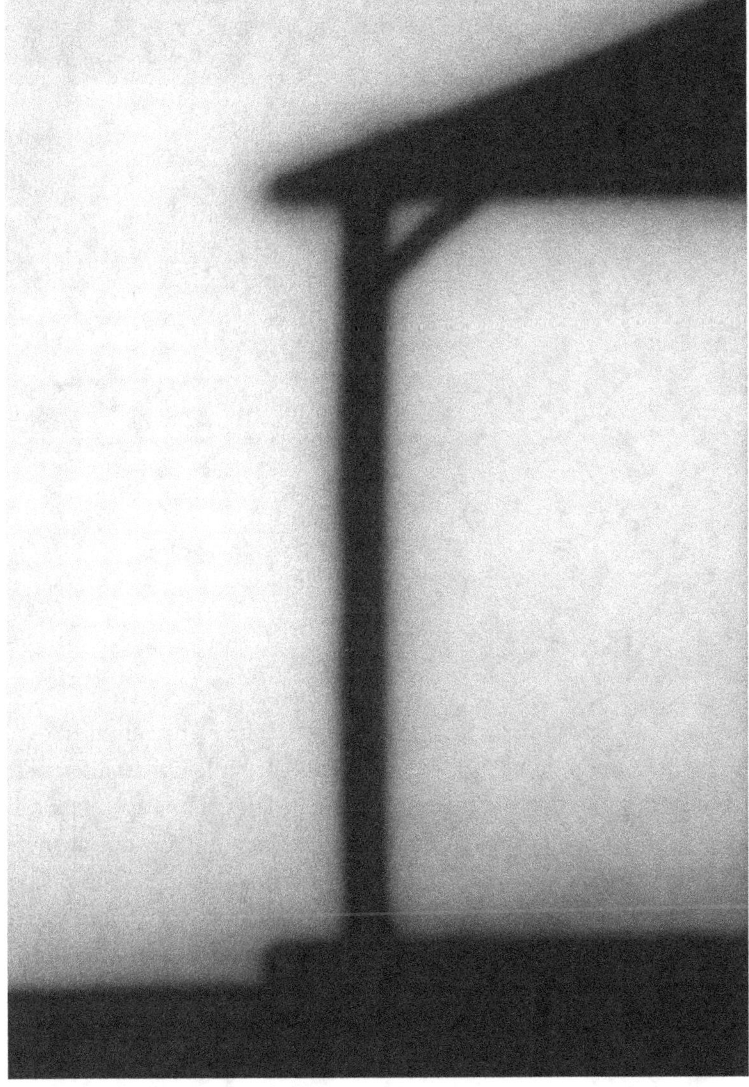

Porch, 1996. Acrilico su tela, cm 92 x 62

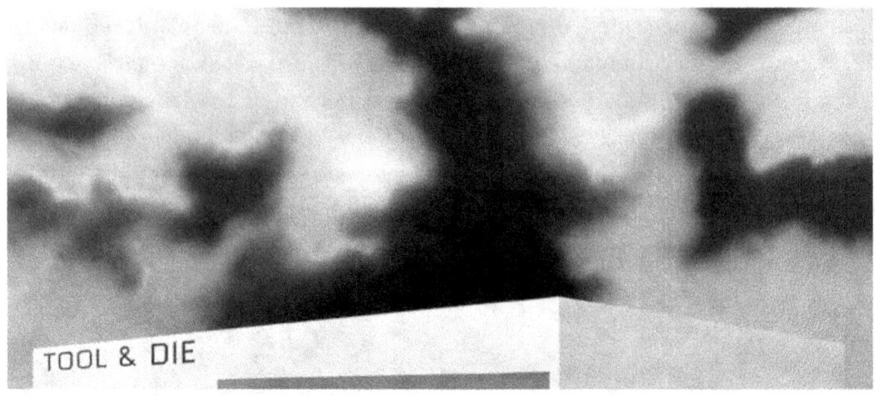

Blue Collar Tool & Die, 1992. Acrilico su tela, cm 132 x 295

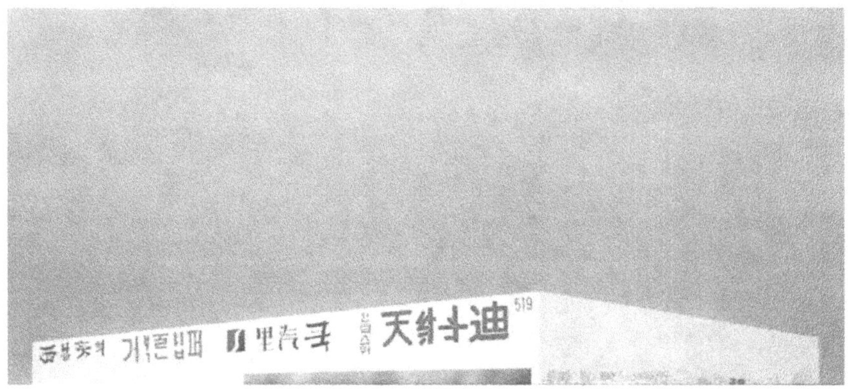

The Old Tool & Die Building, 2004. Acrilico su tela, cm 132 x 295

i sogni del cinema: "se osservi il simbolo della 20th Century Fox, provi questa sensazione di concreta immortalità" (p. 221). Da questo punto di vista, Ruscha non è poi forse così distante dalla tradizione europea, da quella "vasta, grande, ricca cultura pittorica" ricordata nostalgicamente da Richter. Con questo non voglio dire che la "tradizione romantica nordica" si estenda fino al bacino di Los Angeles, ma semplicemente suggerire come Ruscha, in fin dei conti, rimanga in contatto con la pittura di paesaggio, in particolare quella del West, e come il suo sublime hollywoodiano si inserisca in questa tradizione (che egli ci mostra, come anche Hamilton e Richter) profondamente alterata dal cinema, dalla pubblicità e dalla cultura dei media in generale.

The End, 1991. Acrilico su tela, cm 179 x 285

• • *Fine*

A parte il "sentimento di concreta immortalità", il tono generale dell'arte di Ruscha cambia attorno alla seconda metà degli anni Ottanta. Dove prima le parole erano di un liquido incandescente, e i cieli di una brillantezza quasi intossicante, ora questi soggetti assumono una freddezza nebbiosa, tutto assume un'atmosfera notturna. Con lo spostamento su nuovi *leitmotif* come i vecchi fotogrammi e orologi privi di lancette, cambia anche il senso del tempo, come se i soggetti si ritirassero non solo nel buio, ma anche nel passato, talvolta in modo inquietante. Un simile effetto è dovuto in larga parte alla tecnica maggiormente utilizzata negli ultimi due decenni, quella della *silhouette*, associabile a "cose immediatamente riconoscibili", come icone e logo (p. 275). Similarmente, per certi versi, alla sfocatura in Richter, la silhouette di Ruscha comunica due cose contemporaneamente: un potente simbolo collettivo, un'immagine che fa già parte di una memoria condivisa, e lo svanire di queste stesse cose familiari. L'oscuramento, pertanto, sembra essere anche culturale, quasi che, a ridosso dell'annuncio fatto da Ronald Reagan di un "nuovo mattino per l'America", l'artista volesse ribattere proponendo un mondo notturno: in questi quadri, insomma, l'immagine che percepiamo non è quella di "una città splendente sulla collina", ma piuttosto quella del tramonto degli dèi d'America.

La tanto vantata eccezionalità degli Stati Uniti, il loro sogno democratico e il loro eterno futuro sono stati a lungo in pericolo lungo la frontiera occidentale; tuttavia, in una serie di quadri che si conclude alla metà degli anni Novanta, Ruscha utilizza simboli quali sagome di tepee, di bufali, di carovane dirette verso la notte, suggerendo così, come in alcuni film western, che il West altro non è che una finzione destinata in ogni caso a concludersi presto. La progressiva sparizione nel nero, peraltro, non è riservata esclusivamente ai soggetti di questo tipo: gli oggetti della quotidianità sono a loro volta oscurati o distorti (ad esempio, una tazza di caffè che sembra fondersi al proprio supporto in tela di lino, orologi inclinati come in un'anamorfosi), mentre i simboli dell'America perdono forma e integrità materiale (si veda ad esempio la silhouette di Shirley Temple, quasi un *blob* indistinto, o il profilo di Thomas Jefferson, ormai annerito).

Questo lento dissolvimento tocca forse il culmine in *Porch* (1996) con il palo di sostegno solitario di una veranda appena illuminata dal crepuscolo: immagine tipica dei film western (potrebbe benissimo essere tratta da *Sentieri selvaggi*), fa la sua comparsa entro una serie di quadri simili, con colonne ioniche e doriche, altrettanto isolate, quasi a suggerire che, pur sembrando per un verso altrettanto classico, il palo è ben lontano dai corrispettivi antichi, più una fragile rovina che uno sprezzante segno sul territorio. Questo cambiamento di tono influenza anche il modo in cui Ruscha evoca le cose di proprietà comune, come nelle impressionanti silhouette di coyote e corvi solitari, animali che nella tradizione dei nativi americani sono considerati "*trickster*" ("ingannatori"), in quanto esseri appartenenti al mezzo, di casa ovunque e in nessun luogo (*Howl*, 1986)[50]. C'è poi il motivo ricorrente della nave fantasma che solca il mare a gonfie vele,

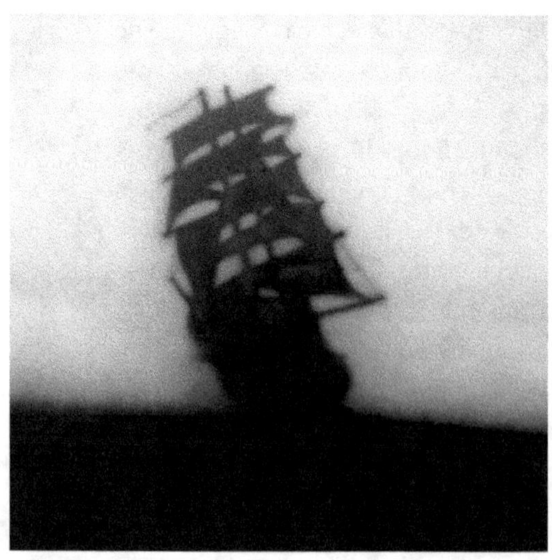

Untitled, 1986. Olio e smalto su tela, cm 163 x 163

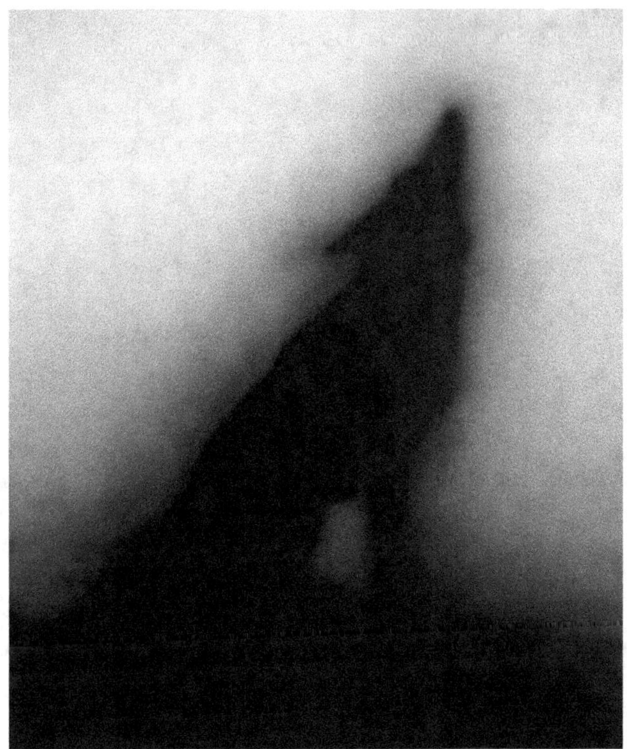

Howl, 1986. Acrilico su tela, cm 183 x 163

una sagoma nera che richiama alla memoria lo splendido racconto di Kafka *Il cacciatore Gracco*, nel quale il protagonista, né vivo né morto, è condannato a vagare di porto in porto in una sorta di condizione purgatoriale: "Nessuno sa di me; e se si venisse a sapere di me, non si conoscerebbe la mia dimora; e se si conoscesse la mia dimora, non si saprebbe come fare a trattenermici, e quindi non si saprebbe come fare ad aiutarmi"[51]. L'America spirituale che Ruscha ha disegnato nell'arco di cinquant'anni si estende dallo sguardo dell'*Okie* ottimista che viaggia verso Ovest sulla Route 66 nel 1956, fino a quello del fantasma contemporaneo del perduto Gracco. Anche quando Ruscha rievoca la "versione profondamente californiana dell'infinito", lo spazio pittorico appare sottile e fragile, e talvolta anche in questi quadri c'è un accenno alla catastrofe o allo "schianto" imminente (p. 214)[52]. Come Nathanael West e Joan Didion, Ruscha afferma quindi che Los Angeles è un miraggio, la

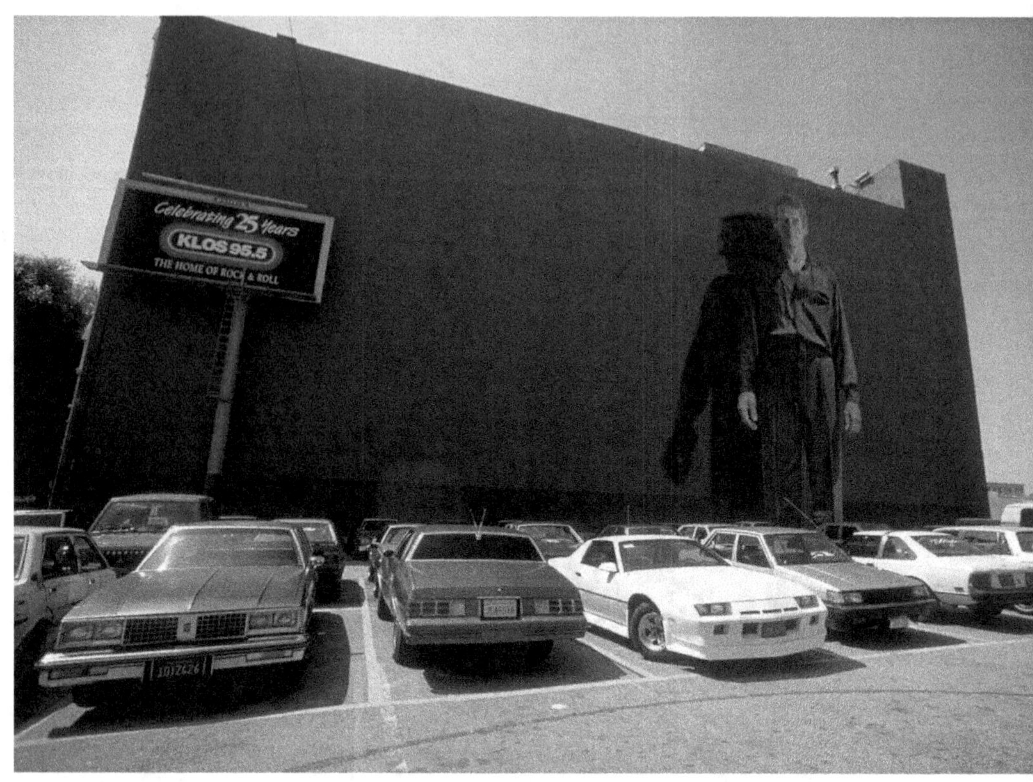

"Ed Ruscha Monument", murale di Kent Twitchell realizzato nel 1987 al 1031 di S. Hill Street a Los Angeles

California un mito, una facciata in procinto di sbriciolarsi nel deserto, un set cinematografico destinato a liquefarsi nel mare: almeno uno dei suoi tramonti tremendamente orizzontali contiene la frase "amnesia eterna" scritta in piccoli caratteri in basso[53]. Ultimamente l'artista ha avanzato l'ipotesi che l'"impero" americano nella sua interezza possa aver compiuto il suo corso.

Nel 1836, l'americano Thomas Cole, inglese di nascita, realizzò un celebre ciclo di cinque dipinti intitolato *The Course of the Empire*, con l'intento di illustrare lo sviluppo di una nazione a partire da condizioni di vita selvaggia, passando per una pace pastorale e una perfezione classica, fino alla guerra e alla distruzione, per giungere come ultimo stadio a un paesaggio di rovine nel quale la natura rivendica tutto quanto per sé. Ruscha prende in prestito questo titolo per un ciclo allegorico di dieci quadri, cinque realizzati in bianco e nero a partire dal 1992, gli altri cinque a colori dal 2002 al 2005.

Ciascuno dei quadri in bianco e nero riprende un magazzino operaio o un negozio dell'area di Los Angeles con i modi schematici del disegno tecnico, e ciascuno è accoppiato a un quadro a colori dello stesso edificio, trasformato nel tempo trascorso tra un'opera e l'altra[54]. Alcune delle attività prescelte risultano aver avuto successo, o essere passate di mano (una facciata mostra ad esempio fittizi caratteri asiatici), ma la maggior parte è caduta in disgrazia, mentre la cima di una cabina del telefono nella prima serie ci ricorda di quando esistevano ancora servizi pubblici di questo tipo. Se gli Stati Uniti sono ancora un impero, sottintende Ruscha, si tratta di un impero di facciata, il cui paesaggio è costituito da un *terrain vague* costellato di "scatole con sopra un nome" (queste le parole dell'artista), e sovrastato da un cielo che sembra tutt'altro che calmo. E per quanto fragoroso possa essere stato il suo *boom* durante la prima età pop, il futuro che lo attende nel nuovo *network* di capitali globalizzati appare quantomeno tetro. Certo, "la fine dell'impero americano" è a sua volta diventata, oramai, un *cliché*: e tuttavia, anziché trattare la questione in modo sentimentale, Ruscha la affronta con volto impassibile, come era lecito prevedere. Ed eccoci qui, ad anni luce di distanza dall'inebriante desiderio di cultura americana che aveva guidato le prime apparizione della pop art in Gran Bretagna. Anche quell'iniziale entusiasmo postbellico verso i media e la loro tecnologia è spento da tempo.

1. Ruscha E., *Leave Any Information at the Signal*, MIT Press, Cambridge 2002, p. 307; da qui in poi, nel capitolo, I numeri di pagina sono riferiti a questo volume.

2. Questo disinteresse verso la East Coast si estende anche all'Europa, dove Ruscha si trova per alcuni mesi nel 1961, e dove nasce la sua convinzione che, almeno per quanto riguarda il suo lavoro, "non c'è arte se non in America" (*Leave any Information*, p. 121). Un'affermazione di questo tipo segue la moda stabilita da altri artisti della sua generazione (come Donald Judd), e va letta in parte come provocazione, in parte come battuta, in parte come rivendicazione di spazio.

3. Cfr. Turvey L., *Ed Ruscha and the Language That He Used*, "October", 111, Winter 2005, ripubblicato in Ead. *Ed Ruscha*, MIT Press, Cambridge 2011.

4. Questa convergenza non è assolutamente da leggersi come una conciliazione. L'accostamento di pittura e design rimane disgiuntiva (ben più che in Lichtenstein), e su questo torneremo. Si potrebbero scegliere altri esempi di convergenza tra i due termini nel primo Ruscha, come *Talk About Space* (1963), nel quale la parola "space" appare, nel carattere della "S" di Superman, in maiuscole gialle su fondo blu, in modo da sembrare, al tempo stesso, pittura "pura" e una versione-fumetto dello spazio interstellare. La matita raffigurata in basso e il "parlare" annunciato dal titolo sembrano riferirsi alo discorso tardo-modernista sullo spazio pittorico, che a parere di Leo Steinberg aveva sì contribuito alla fusione di astrazione e design, ma secondo modalità che Ruscha critica proprio nel proporre la sua versione della stessa fusione: "Nella critica formalista, il criterio del progresso rimane una

sorta di tecnologia del design, soggetta ad un solo imperativo: il trattamento della 'superficie intera come un unico, indifferenziato campo d'interesse'. Gli obiettivi sono la riunificazione di figura e sfondo come di forma e campo, a tutto danno della discontinuità tra i piani, la limitazione dei motivi a quegli elementi (le linee orizzontali e verticali) che suggeriscono una relazione simbiotica di immagine e cornice, ma anche il ricongiungimento di pittura e disegno in un unico identico gesto e l'equiparazione di progetto e processo (come nei *dripping* di Pollock, o nelle velature di Morris Louis). Per dirla in breve, una sintesi di tutti gli elementi separati della pittura" (*Other Crieria*, p. 79).

5. Fino a che punto queste "collezioni di *readymade*" sono influenzate da precedenti come le scatolette di Warhol esposte alla Ferus Gallery nel 1962? Come suggerito da Thomas Crow (peraltro in una lezione dedicata proprio a Ruscha), questi libri contengono una storia segreta di Los Angeles. Sulla scena artistica di quel contesto, cfr. Schwarz A., *Ed Ruscha's Los Angeles*, MIT Press, Cambridge 2010.

6. Bois Y.-A., *Thermometers Should Last Forever*, in *Ed Ruscha: Romance with Liquids, 1966-1969*, Rizzoli, New York 1993, p. 8, ripubblicato in Turvey, *Ed Ruscha*. In particolare, Bois segnala "le proporzioni delle lettere, lo sfarfallio fonetico, l'allitterazione grammaticale, ma anche il motivo descritto dalle colature d'olio sull'asfalto dei parcheggi, le occasioni immobiliari nel paesaggio urbano, le metafore della lingua robotizzata nei nuovi media" (p. 12). Ruscha gioca sulla presunta leggibilità immediata dell'immagine pop, come del resto fanno anche atri artisti.

7. Su questo punto mi sento di dissentire da quanto scritto da Lisa Turvey nell'eccellente saggio citato alla nota 3. A mio parere, Ruscha sottolinea la materialità delle parole non tanto per motivarle, quanto per contraddire la presunta immaterialità della comunicazione, coerentemente con la tendenza non-idealista di molta arte concettuale (Mel Bochner, per fare un esempio).

8. Bois collega questo aspetto al programma dei formalisti russi per la de-automatizzazione del linguaggio: per loro, l'oggetto era la riduzione a *cliché* del linguaggio poetico, mentre per Ruscha è quella del linguaggio commerciale. Come abbiamo visto nel cap. 2, anche Lichtenstein è attratto dalle onomatopee, e anch'egli si concentra sulla loro convenzionalità.

9. Rodchenko utilizzò una forma simile per indicare il "grido" nel suo poster per l'Agit-prop del 1925 a sostegno dell'alfabetizzazione.

10. Ruscha realizza la propria versione dell'antica leggenda sul *trompe l'oeil*, narrata da Plinio il Vecchio nella *Historia Naturalis* (77-79 circa), secondo la quale un quadro di Zeusi raffigurante dell'uva era talmente verosimile da attirare gli uccelli. *Angry Because It's Plaster, Not Milk* (1965) mostra un uccello "irritato" dall'inganno subito per colpa di un bicchiere di latte: il latte, dice il titolo, sarebbe in realtà intonaco, ma come sappiamo non è nemmeno quello.

11. Foucault M. (1968), *Questo non è una pipa*, trad. it. SE, Milano 1988, pp. 26 e 32.

12. Ibid., pp. 36 e 32. Si può forse individuare, qui, anche un collegamento a Raymond Roussel, il cui interesse verso l'entropia del messaggio e le frasi indirette ispirò Duchamp e forse, per suo tramite, anche Ruscha.

13. Talvolta, come nei quadri sporcati dei primi anni Settanta, Ruscha tratta il linguaggio in modo materiale. Il suo giocare con la denotazione prende altre forme nelle immagini di parole il cui carattere le rappresenta in modo stereotipo, come nel caso del Gotico usato per "Church" o "German", o il finto scritto a mano libera usato per "Foo".

14. Ruscha citato in Turvey, *Ruscha and Language*, p. 96. "Quasi abbandonando il proprio corpo": si direbbe che per Ruscha le parole siano non solo *cose*, ma addirittura persone, e su questo punto tornerò più avanti.

15. Su questo punto, Ruscha non è distante da Johns, che in un noto appunto metodologico del 1963-64 scrive: "Una cosa funziona in un modo / una funziona in un altro / un'altra funziona in modi diversi *in momenti diversi*" (Johns J., *Writings, Sketchbook Notes, Interviews*, ed. Varnedoe K., MoMA, New York 1996, p. 54). Sebbene in Johns il significato epistemologico di questa ambiguità possa essere più profondo, la critica è forse più affilata in Ruscha, che intralcia la connessione tra immagine e parola fondamentale al funzionamento efficace delle didascalie, delle pubblicità e così via. Per fare un esempio recente, il suo lavoro è stato dominato a metà anni Novanta da una particolare categoria di parole "logorate": campi monocromatici con strisce da censura, o con blocchi rettangolari di parole cancellati come altrettanti messaggi corretti o lettere redazionate. In ciascun caso, i titoli presentano i messaggi che spesso si fanno minacciosi, come battute da vecchio film gangster, come "Agree to Our Terms or Prepare Yourself for a Blast Furnace" (perlopiù, tuttavia, ci si limita al succinto "Your a Dead Man"). Non mancano gli elementi di ambiguità e ironia: alcune delle strisce sono grezze, come se realizzate in un momento di rabbia dal futuro colpevole, mentre altre sono pulite come se prodotte da un'autorità (un giornale, un poliziotto, un tribunale o un governo). E nel mettere a confronto scritte e strisce, noi stessi siamo intrappolati tra queste posizioni di espressione e cancellatura, esibizione e nascondimento. Tutto ciò, però, è finzione, e non dobbiamo credere a nulla: perché pensare che i messaggi corrispondano ai titoli, o le strisce ai messaggi? Possiamo vederli semplicemente come astrazioni un tantino bizzarre, anche se è subito chiaro che ad essere messa in dubbio è proprio la tendenza a credere, a fidarsi. Un esempio lampante è In *God We Trust* (1994), che può anche essere letto come un cerchio astratto, se non fosse per la censura posta in luogo della frase del titolo sulle monete americane. Cosa costituisce il valore, dunque? È questa la domanda che il quadro ci invita a porci (in un modo che richiama sicuramente Warhol), e secondo l'autorità di chi?

16. Con "singolare" traduciamo la parola inglese "odd" [N.d.T.], la cui definizione dall'*Oxford English Dictionary* è appunto "ciò che avanza quando il resto è stato distribuito o diviso in coppie" (uno dei significati, in effetti, è quello di "dispari", N.d.T.). Ciò che è odd, pertanto, può essere visto come un elemento di disturbo rispetto a opposizioni e distinzioni date. Ciò che è *odd*, singolare per Ruscha può essere avvicinato a ciò che è "ottuso" per Barthes, che come visto nel cap. 4 usa questo termine per definire un "terzo senso" – "evidente, erratico e ostinato" – che scardina tipi di senso più diretti come la comunicazione (o messaggio) e la significazione (o senso); cfr. Barthes, *Il terzo senso*, p. 43.

17. Per quanto guarda esempi più recenti di questa staffetta tra il comune e il singolare, cfr. Foster H., *Evening in America*, in *Ed Ruscha: Catalogue Raisonné*, vol. 5, Gagosian, New York 2010.

18. Si tratta di un tema importantissimo nella Pop Art, soprattutto nella versione inglese. Come si è visto nel cap. 1, l'ugualitarismo dell'Independent Group, ad esempio, metteva in discussione sia l'accezione elitista di civilizzazione (rappresentata da Kenneth Clark) che quella accademica di modernismo (rappresentata da Herbert Read), e respingeva altresì l'attenzione sentimentalista per una cultura *folk* della classe lavoratrice (rappresentata da Richard Hoggart). ""I film americani e le riviste furono l'unica cultura vivente che conoscemmo da bambini", Banham ribadisce ai suoi colleghi dell'IG. "Tornammo alla Pop Art nei primi anni cinquanta come Behans tornava a Dublino o Thomases a Llaregub, un ritorno alla nostra letteratura nativa, alle arti nostrane" (*Who Is This Pop?*, p. 13). Qui, in effetti, Banham evidenzia la parziale sostituzione del folk da parte del pop come base di una "cultura comune", come vedremo più avanti.

19. Questo tocco comune è evidente anche in altri elementi, come il carattere tipografico inventato da Ruscha verso il 1981 per le sue immagini-parole, e da lui battezzato Boy Scout Utility Modern. La stessa personalità dell'artista, del resto mescola hip e folk.

20. La prima mostra collettiva, curata da Walter Hopps al Pasadena Museum of Art, era intitolata *New Painting of Common Objects* (1962), e comprendeva altri eruditi delle cose comuni, come l'amico Joe Goode, ma anche Warhol, Lichetnstein e Jim Dine, tra gli altri. L'influenza di Duchamp su Ruscha risale a molto tempo prima della retrospettiva del 1963 a Pasadena, come risulta chiaro da *Three Standard Envelopes* (1960), un lavoro giovanile che gioca sui *Trois Stoppages Etalon* (1913). Per quanto riguarda Johns, tutti i suoi soggetti "fino al 1958" sono "luoghi comune del nostro ambiente", come indicato da Leo Steinberg molti anni fa (*Other Criteria*, p. 26): per una descrizione specifica di questo "ambiente", cfr. Shannon J., *The Disappearance of Objects: New York Art and The Rise of the Postmodern City*, Yale University Press, New Haven 2009, cap. 2. Molto, in Ruscha oscilla tra "genere" e "genericità", benché in un tentativo di distillare da entrambi il "generale".

21. Ruscha sottolinea anche la mercificazione della scrittura (cfr. nota 13), e così facendo punta il dito sulla nostra distanza dall'ambizione modernista, espressa nel Bauhaus e altrove, di rendere trasparente il carattere.

22. Cfr. cap. 2, nota 36.

23. La subordinazione dell'immagine alla parola è qui un fatto della vita consumista, più che una tattica da arte proto-concettuale. Ruscha lascia intendere che la declinazione della connessione parola-immagine tipica del marchio ha travolto qualsiasi sua formulazione d'avanguardia.

24. Quadri giovanili come *Dublin* (1960) e *Box Smashed Flat (Vicksburg)* (1960-61) – nei quali i nomi di città del sud sono affiancati, rispettivamente, a un frammento da "Little Orphan Annie" e da una confezione di uvette Sun-Maid – combinano elementi pop e folk, così come quadri che associano diversi emblemi del West (ad esempio, un fumetto western e una stazione di servizio). Un certo tipo di folk-pop è presente anche in artisti coevi come Robert Indiana, ma senza la pungente ambiguità di Ruscha.

25. La seconda categoria risuona di riflessioni sulla politica del tempo, come il profetico avvertimento pronunciato da Dwight D. Eisenhower nel 1959, nel suo ultimo discorso all'Unione, relativamente al "complesso militare-industriale". In un testo successivo, *The Information Man* ("Los Angeles Institute of Contemporary Art Journal", 6, June-July 1975, p. 21), Ruscha si prende gioco di un altro tipo di linguaggio reificato, quello statistico e burocratico.

26. Ruscha anticipa i timori sul linguaggio sovrastrutturale che verranno trattati sistematicamente da Herbert Marcuse in *Uomo a una dimensione* (1964); significato e affetto, tuttavia, non vengono semplicemente sottratti alle sue parole, come è stato proposto. Ruscha, in effetti, ha affermato di essere attratto dai suoi termini quando, come capita spesso, li sente pronunciati per strada, alla radio o altrove (i suoi taccuini sono costellati si parole e frasi di questo tipo, e alcune tornano nei quadri). Il soggetto colto dal linguaggio "trovato" è un *topos* del surrealismo, ma l'interesse di Ruscha deriva, più che da qualsivoglia rivelazione surrealista del desiderio, dal fascino enigmatico della singolarità. Ad esempio: "Il primo libro derivò da un gioco di parole", afferma l'artista nel 1965. "Mi piace la parola 'gasoline', e mi piace la qualità specifica di 'twenty-six'" (*Leave Any Information*, p. 23).

27. "Standard" è una parola ambigua, con due significati quasi antitetici connessi con la distinzione da un lato, l'uniformità dall'altro; lo *standard*, ad esempio, è un "vessillo distintivo", ma anche un "peso o una misura a cui altre si conformano" (*Oxford English Dictionary*). Alcune autorità si riferiscono a questo tipo di vocaboli (quelli con significati opposti) con il nome di "contronimi".

28. Su questo punto, Benjamin suggerisce che la "salvezza" della parola vada cercata proprio laddove essa è maggiormente mercificata, nei giornali (cfr. *Il giornale*, in *Opere complete*, vol. VI, 1934-1937, pp. 40-41). Per Ruscha, le parole rese merce pervadono l'ambiente, e talvolta le tratta come se fossero "straniere", nel senso proposto da Adorno nel suo testo del 1959 *Parole da fuori*: "La lingua partecipa della reificazione, della separazione di cose e pensieri. L'usitato suono della naturalezza inganna su di ciò. Esso desta l'illusione che ciò che viene detto sia immediatamente ciò che viene inteso. La parola straniera ricorda crassamente che tutto il linguaggio reale ha qualcosa del gettone da gioco, confessandosi da sé gettone da gioco. Essa si fa capro espiatorio della lingua, portatrice della dissonanza, che dalla lingua va configurata e non celata con ornamenti. Ciò contro cui ci si ribella nel caso della parola straniera è non da ultimo il suo mettere a giorno la situazione di tutte le parole: e cioè che la lingua blocca ancora una volta coloro che la parlano; che essa probabilmente è fallita come loro *medium* specifico (Adorno T. *Parole da fuori*, in *Note per la letteratura 1943-1961*,

trad. it Einaudi, Torino 1979, pp. 207-208). Anche Duchamp era interessato a un linguaggio anomico o, come l'avrebbe chiamato lui, "anemico".

29. Apollinaire G. (1913), *I pittori cubisti: meditazioni estetiche*, trad. it. SE, Milano 1996, p. 65. Impossibile calcolare, in questa affermazione, il rapporto tra naïveté e ironia.

30. Swenson, *What Is Pop Art?*, p. 103. La nota affermazione per esteso: "Secondo alcuni, Brecht voleva che tutti pensassero allo stesso modo. Io voglio che tutti pensino allo stesso modo. Ma Brecht voleva arrivarci mediante il Comunismo, in un certo senso. La Russia lo sta facendo a livello governativo. Qui sta succedendo da sé, senza restrizioni politiche. Quindi, se funziona senza che nemmeno si sia provato, perché non si può volerlo senza essere comunisti? Tutti hanno lo stesso aspetto e fanno le stesse cose, e questo è un fatto sempre più diffuso". Per altre importanti riflessioni su arte moderna e cultura comune, cfr. Crow, *Modern Art in the Common Culture* e Nesbit M., *Their Common Sense*, Black Dog, London 2000.

31. Gramsci A., *Quaderni del carcere*, Einaudi, Torino 1977, Vol. III, *Quaderno XXIV* (1934), p. 2271.

32. Come scrive Dave Hickey a proposito di questi lavori, "non si trattava di una stazione di servizio standardizzata, ma di una stazione che distribuiva standard, come un ristorante che serviva norme, o un museo che faceva entrambe le cose" (Hickey D., *Available Light*, in *The Works of Eduard Ruscha*, San Francisco Museum of Modern Art, San Francisco 1982, p. 24).

33. Sartre J.-P., Prefazione a Sarraute N. (1956), *Ritratto d'ignoto*, trad. it. Feltrinelli, Milano 1959, pp. 8-9. Sartre aggiunge poi: "Per appropriarmene occorre un atto: un atto con cui ci spogliamo della nostra particolarità per aderire al generale per diventare la generalità. Non simili a tutti, ma, precisamente, l'*incarnazione* di tutti. Con quest'adesione eminentemente sociale, io m'identifico con tutti gli altri nell'indistinto dell'universale" (p. 9). Questa lettura del "comune" ha a che vedere, più che con Kant (il quale, nella *Critica della facoltà di giudizio*, discute il "senso comune" come *Gemeinsinn*, a supporto della presunta universalità dei giudizi di gusto, ma anche come *sensus communis*, ossia la comprensione delle cose), con Marx, il quale in un passo della *Grundrisse* parla del "sapere sociale generale" (o "conoscenza") come di *"forza produttiva immediata"* (vol. I, p. 719). Il concetto è stato oggetto di una recente riflessione di Paolo Virno: "la moltitudine odierna ha come proprio presupposto un Uno non meno, ma assai più universale dello

Stato: l'intelletto pubblico, il linguaggio, i 'luoghi comuni'" (Virno P., *Grammatica della moltitudine. Per una analisi delle forme di vita contemporanee*, DeriveApprodi, Roma 2002, p. 36). Virno riconosce come alcuni aspetti contemporanei di questo "intelletto pubblico" possano essere sgradevoli (parla soprattutto di opportunismo e cinismo), ma non può negarne l'importanza chiave in una politica di sinistra. Altri esponenti del pensiero di sinistra sono più scettici: Jean-Luc Nancy, ad esempio, mette sotto processo il luogo comune in *La comunità inoperosa* (1986, trad. it. Cronopio, Napoli 1992),mentre lo stesso Sartre lo associa all'inautenticità. In una comunicazione privata su questa sezione, Lisa Turvey aggiunge: "l'altra faccia della medaglia di queste parole o detti tenuti insieme è che le frasi sono tanto idiosincratiche da suggerire quasi un linguaggio o codice privato, appartenenti non a tutti ma a nessuno. Le prime parole di molte delle frasi dipinte da Ruscha sembrano inizialmente un *cliché* familiare, mostrano la struttura di una battuta o di un aforisma, ma poi sono deviate fuori dal seminato: *Faster Than a Speeding Beanstalk, Sand in the Vaseline, Industrial Strength Sleep, Mind If I Laugh, Bolts of Anger*, e così via. Linguisticamente, si tratta appunto del *singolare* opposto al *comune*, o del lato singolare del comune, un'ulteriore ambiguità tenuta in tensione da questo tipo di lavori.

34. Afferma Ruscha: "è praticamente come se dipingessi idee di idee di idee di montagne. Il concetto mi appariva come un'estensione logica dei paesaggi che ho dipinto per parecchio tempo: paesaggi orizzontali, pianure, gli scenari nei quali sono cresciuto. Montagne come queste erano come un sogno, significavano 'Canada' o 'Colorado'" (citato in Mahoney E., *Top of the Pops: What Warhol Was to New York*, Ruscha Is to L.A., "Guardian", August 14, 2001).

35. In questo senso, i dipinti con le montagne mettono in tensione un'altra coppia ancora, il *sublime* e il *banale*. Alcuni degli ideali sopra citati – grazia, purezza, etc. – sono per certi versi *cattolici* più ancora che *comuni*, e non è forse un caso che Ruscha abbia ricevuto un'educazione cattolica. Per quanto riguarda le cose comuni, Daniel Heller-Roazen offre questa interessante spiegazione di un'importante legge romana: in relazione alla proprietà, "possono esservi cose 'di tutti' (*unversitatis*), che appartengono a un'intera comunità; possono esserci cose 'di nessuno' (*nullius*), di cui cioè deve ancora appropriarsi un privato; e infine cose 'comuni a tutti' (*communes omnium*). [...] Tanto le cose comuni quanto le cose pubbliche sono 'fuori dal nostro patrimonio'

(*extra patrimonium*), e [...] nessun individuo potrebbe esserne il proprietario: le prima perché non possono in nessun modo essere congiunte alla città; le seconde perché, in modo perfettamente simmetrico, non possono in alcun modo essere disgiunte da essa"; Heller-Roazen D. (2009), *Il nemico di tutti*, trad. it. Quodlibet, Macerata 2010, pp. 64-66. In tempi di frammentazioni esasperate, inquinamento pervasivo e *global warming*, la proprietà comune è diventata sede attualissima di contestazione politica. Per una storia di questo fenomeno, cfr. Linebaugh P., *The Magna Carta Manifesto: Liberties and Commons for All*, University of California Press, Berkeley / Los Angeles 2008.

36. L'equivalente suburbano, *East Coast* del libro fotografico è l'opera di Dan Graham *Homes for America*, pubblicato nel numero di Dicembre 1966-Gennaio 1967 di "Arts Magazine". Nel 2005, Ruscha aggiorna *Every Building on the Sunset Strip* con un volume su Hollywood Boulevard, Then & Now.

37. I quadri "City Lights" di metà anni Ottanta sembrano un'eccezione, poiché le griglie urbane, anch'esse viste dall'alto, ma di notte, sono illuminate con fari di automobili estremamente brillanti (soprattutto agli incroci). Si tratta tuttavia di una vita decisamente anonima, e la città appare come un campo astratto per testi sconnessi.

38. La stessa animazione è percepibile nella prosa pop, soprattutto nel "gonzo journalism" di Hunter S. Thompson e Tom Wolfe, ma anche nella produzione critica di Richard Hamilton e Reyner Banham (cfr. cap. 1, nota 62).

39. Cfr. Lukács, *La reificazione e la coscienza del proletariato*, in *Storia e coscienza di classe*, e il cap. 1 del presente volume.

40. Simmel, *Le metropoli e la vita dello spirito*, pp. 36-43.

41. Da un lato, come visto nel capitolo precedente (nota 13), Simmel scrive ""il denaro con la sua assenza di colori e la sua indifferenza si erge a equivalente universale di tutti i valori, esso diventa il più terribile livellatore, svuota senza scampo il nocciolo delle cose, la loro particolarità, il loro valore individuale, la loro imparagonabilità". D'altro lato, come reazione, il tipo metropolitano ricorre "alla stimolazione delle differenze", addirittura "alle eccentricità più arbitrarie". Infine, afferma il sociologo, "la funzione delle metropoli è di fornire uno spazio per il contrasto e per i tentativi di conciliazione di queste due tendenze" (*Le metropoli e la vita dello spirito*, pp. 52 e 56). Al limite, il deadpan può essere inteso come una maschera apotropaica posta a coprire il volto della

morte, come evocato in una famosa scena di *Io...
e il ciclone* (1928), nella quale Buster Keaton sta in
piedi, impassibile, mentre la facciata di un edificio
gli crolla addosso, scena ripresa da Steve McQueen
nel suo corto intitolato, significativamente,
Deadpan (1997). Aron Vinegar tratta l'impassibilità
in Ruscha in *I Am a Monument: On 'Learning from
Las Vegas'*, MIT Press, Cambridge 2008, ma con un
taglio diverso dal mio.

42. Al doppio scopo di asciugare e sovraccaricare,
reificare ed animare: questa è anche l'operazione
paradossale del feticismo, i cui effetti sono
stati descritti da Benjamin come il "sex-appeal
dell'inorganico", e come detto questa riflessione
è pertinente al lavoro di Ruscha (cfr. Benjamin W.
in *I «passages» di Parigi*, Einaudi, Torino 1982, p.
84). Un suo appunto sintetizza un pensiero simile
in un credo artistico: "Il centro della mia estetica
è la forma di un pomello del cambio Ford contro
un pomello del cambio Chevrolet" (*Leave Any
Information*, p. 399). In questa sovrapposizione di
arte e design, suggerisce Ruscha, discriminazione
estetica e particolarizzazione feticista sono difficili
da distinguere. E del resto una simile feticizzazione
è particolarmente attiva in una sottocultura che ha
esercitato una particolare attrazione verso l'artista,
quella dei restauratori d'auto e di tavole da surf di
Los Angeles. "Per me 'Hollywood' è praticamente
un verbo" commenta, e la frase torna nel suo
lavoro. "Lo si fa con le auto, lo si fa con tutto
ciò che produciamo" (p. 221). Ruscha supporta
pienamente la hollywoodizzazione (l'impersonale,
in questo caso, potrebbe avere proprio lui come
soggetto), nella sua versione sub-culturale come
in quella massificata, in parte perché promette
un'ulteriore connessione tra "l'Arte e la Gente".
Una tale personalizzazione ha influenzato altri
artisti di Los Angeles, come nel "feticcio finito" di
Billy Al Bengston, Ron Davis e Craig Kaufmann
(tra gli altri), che hanno sperimentato molto con
lacche, polimeri, fibra di vetro e Plexiglas. Per un
approfondimento su questa sottocultura, si veda il
saggio del titolo in Wolfe, *Kandy-Kolored Tangerine-
Flake Streamline Baby*, ma anche Banham R., *Los
Angeles: The Architecture of Four Ecologies*, Harper
& Row, New York 1971.

Alcuni quadri di Ruscha, come *Birds, Pencils*
(1965), che propone una combinazione delle
due cose del titolo, richiama fantasie di ibridi del
caricaturista francese ottocentesco Grandville, i cui
lavori, come sottolinea Benjamin, "trasferiscono il
carattere di merce all'universo" (*Parigi, la capitale
del XIX Secolo*, 1935, in *I «passages» di Parigi*,
p. 10). Da questo punto di vista, Ruscha trova un
corrispettivo nella letteratura contemporanea in
George Saunders (cfr. ad esempio *In Persuasion

Nation, 2006). Infine, sempre su questo tema,
molte delle sue parole sono duplici anche in un
altro senso, ruvide e raffinate, forzate e peculiari
(cfr. nota 26). Spesso, come suggerito nella nota 16,
appaiono anche "ottuse", in un modo che spesso
evoca un "terzo senso" decostruttivo alla Barthes
(cfr. cap. 4, nota 32).

43. Benjamin, *L'opera d'arte...*, pp. 45 e 46.
In un'importante riflessione su questo saggio,
applicabile anche a Ruscha, Susan Buck-Morss
scrive: "Sotto shock il sistema [sinestetico]
capovolge il proprio ruolo. Il suo obiettivo è *stordire*
l'organismo, addormentare i nervi, reprimere la
memoria: il sistema cognitivo della sinestesia
si è evoluto piuttosto in un'*anestesia* [...]. La
coesistenza di iper-stimolazione e stordimento è
caratteristica della nuova organizzazione sinestetica
dell'anestesia" (*Aesthetics ans Anaesthetics*,
"October", 62, Fall 1992, p. 8).

44. Sull'affinità di pop e simulacro, cfr. cap. 4, nota 43

45. Viene qui in mente James Rosenquist, la cui
attività pop trae origine dalla sue esperienza da
pittore di cartelloni. Rosenquist, tuttavia, usa gli
accostamenti tipici dei cartelloni per far esplodere
la scala della pittura e per sfruttare il principio
surrealista del collage di immagini, mentre Ruscha
rimane entro i limiti dimensionali della tradizione
del *tableau*, e cerca di sovrapporre formati, più che
giustapporre contenuti.

46. Cfr. ad esempio Mansoor J., *Ed Ruscha's One-
Way Street*, "October", 111, Winter 2005, e Whiting
C., *Pop L.A.: Art and the City in the 1960s*, University
of California Press, Berkeley / Los Angeles 2006,
pp. 61-105. Mansoor fa riferimento al saggio di
Benjamin *Strada a senso unico* (scritto tra il 1923 e il
1925, pubblicato nel 1928), una meditazione sulla
Berlino sporcata dalla trasformazione economica
e dai contrasti politici (cfr. cap. 1, nota 68). In un
passo, Benjamin traccia una storia a grandi linee
degli orientamenti architettonici del segnale visivo
dalle iscrizioni antiche ai cartelloni moderni: "Se
molti secoli fa [la scrittura] aveva incominciato
pian piano a coricarsi e da iscrizione eretta era
divenuta manoscritto semiadagiato sui leggii per
stendersi alla fine nel letto del libro stampato, ora
comincia altrettanto lentamente a risollevarsi da
terra. Già il giornale si legge tenendolo più ritto che
in posizione orizzontale; il cinema e la pubblicità
poi spingono del tutto la scrittura in dittatoriale
verticalità" (*Opere complete*, vol. II, *Scritti 1923-
1927*, trad. it. Einaudi, Torino 2001, p. 424). Come
abbiamo visto nel cap. 1, Hamilton chiama in
causa questa "perpendicolare dittatoriale", e lo
fa anche Ruscha, pur prediligendo la dimensione
orizzontale: insieme alla revisione del paradigma
della finestra, questa perpendicolare costituisce

un tratto caratteristico del suo lavoro, a partire dal modello dei *flatbed* esplorato da Rauschenberg, Johns e altri.

47. Non è questa la sede per rintracciare le connessioni tra questi aspetti di Ruscha e l'architettura e l'urbanesimo influenzati da automobili e merci proposta nel 1972 da Robert Venturi, Denise Scott Brown e Steven Izenour in *Imparare da Las Vegas* (trad. it. Quodlibet, Macerata 2010), nel quale è riconosciuta l'influenza della Pop Art in generale e di Ruscha in particolare. Per segnalare solo un collegamento, l'attenzione per le facciate dei negozi, con "quasi nulla se non le facciate stesse" (*Leave Any Information*, p. 223), e per i cartelloni, con segni che diventano spazi, ricorda il supporto dello "shed decorato" come "struttura convenzionale che applica simboli" (*Imparare da Las Vegas*, p. 120). La grande differenza è che i Venturi tendono a naturalizzare questa condizione del "brutto" e dell'"ordinario", mentre Ruscha cerca di de-automatizzarlo. Lo stesso si può dire della distrazione del soggetto automobilizzato-mercificato: i Venturi lo accolgono quasi a braccia aperte, mentre Ruscha ci invita a riflettere su di esso. Infine, mentre i Venturi presentano la pubblicità come proprietà comune (anzi, come l'unico suo linguaggio), Ruscha cerca di salvare la proprietà comune dalla pubblicità. Per una riflessione più approfondita su questi temi, cfr. Foster H., *Image Building*, "Artforum", October 2004. Per una lettura diversa, cfr. Vinegar, *I Am a Monument*.

48. Casualmente, è proprio attraverso questa allusione allo spazio filmico che Ruscha decostruisce la presunta tensione, in pittura, tra superficie materiale e profondità fittizia (come visto nel cap. 2). Come Johns ha "risolto" questo problema, segnalato da Greenberg, ricorrendo a forme vernacolari come le bandiere e i bersagli, un tempo ritenute estranee al modernismo vero e proprio, così Ruscha lo fa ricorrendo a un medium, il film, considerato altrettanto alieno.

49. Diederichsen D. in Magers M., ed., *Ed Ruscha: Gunpowder and Stains*, Walter König, Köln 2000, p. 9. Afferma Ruscha: "ho un atteggiamento molto convinto in relazione al dipingere in orizzontale. Credo di essere fortunato che le parole siano orizzontali". Già in Oklahoma "tutto era orizzontale" (pp. 290 e 300).

50. Nel suo fondamentale studio *La struttura dei miti* (1955), Claude Levi-Strauss sostiene che il corvo e il coyote possano essere visti come *trickster* in parte perché stanno al di fuori delle due categorie opposte dell'agricoltura e della caccia, gli "erbivori" e i "predatori" (in *Antropologia strutturale*, trad. it. Il Saggiatore, Milano 1966,

pp. 251-252). Molto, in Ruscha, è similarmente "Ingannevole".

51. Kafka F. (1916-17), *Il cacciatore Gracco, I racconti*, trad. it. Rizzoli, Milano 1985, p. 385. Per certi versi, la *silhouette* è per Ruscha ciò che la proiezione mentale è per Warhol. Lisa Saltzman scrive della *silhouette* in Kara Walker in modo simile: "Né traccia né rintracciamento [...]. Queste figure sagomate emergono, concretizzandoli, da corpi che perseguitano l'immaginazione storica e i suoi eredi contemporanei. L'elemento materiale di queste immagini ritagliate non corrisponde al corpo rappresentato mediante la strategia della silhouette, ma piuttosto al corpo inteso nel sistema sociale dello stereotipo" (*Making Memory Matter. Strategies of Remembrance in Contemporary Art*, University of Chicago Press, Chicago 2006, p. 68).

52. Ruscha citato in Diederichsen, in Magers, *Ed Ruscha*, p. 9.

53. Nel 1985, Kim Gordon dei Sonic Youth scrive a proposito di Ruscha: "Il paesaggio lussureggiante di Los Angeles inizia ad avere un senso solo quando ti accorgi che dietro c'è un deserto. *Los Angeles è il deserto infuocato di Ed Ruscha*" (*American Prayers*, "Artforum", April 1985, 73-78).

54. Uno degli edifici è chiamato "Tool & Die": il messaggio della sequenza nell'insieme è "Retool or Die". I dieci quadri sono esposti per la prima volta tutti insieme alla Biennale di Venezia del 2005; nel catalogo, Ruscha afferma, a proposito di queste "scatole con sopra il nome". "Sapete, non visito mai i parchi industriali, ma la mia mente vive in uno di essi". Il quadro può essere letto come una replica all'appropriazione del suo lavoro da parte di architetti postmoderni, dai Venturi fino ad oggi.

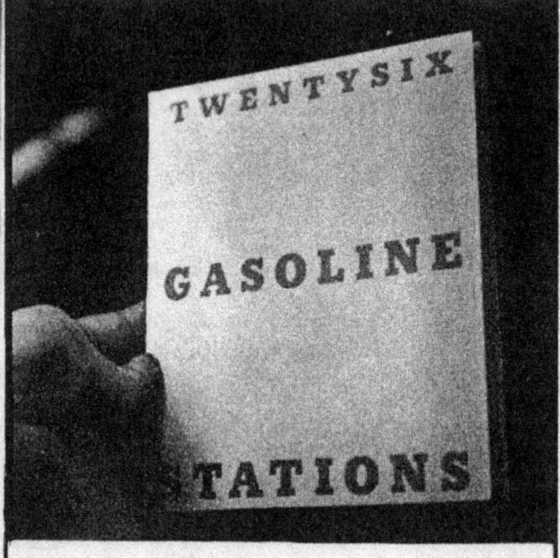

Pubblicità per il libro di Ed Ruscha "Twentysix Gasoline Stations"

Una cosa è il progetto per un libro, un'altra è il libro nel suo prendere forma. A volte un autore si stupisce delle proprie stesse fissazioni, che potrebbero addirittura definirsi "sintomatiche" se non fosse che, durante la scrittura, iniziano a diventare consapevoli. Proprio questa, almeno per il sottoscritto, è una buona ragione per scrivere: avere la possibilità di vedere cosa il pensiero può produrre senza che il soggetto lo sappia fino in fondo. Vorrei concludere il libro spendendo qualche parola proprio su alcune di queste fissazioni.

Una delle ragioni alla base di questa pubblicazione era la necessità di scervellarsi sulla valenza politica della pop art, di chiedersi, soprattutto, se sia mai stata critica nei confronti della cultura popolare, o se invece ne sia sempre stata complice. Fin da subito, tuttavia, è risultato chiaro come la questione non possa porsi come un'alternativa netta, e come la maggior parte degli artisti considerati ambisca piuttosto a un'"ironia dell'affermazione", tendente a spiazzare sia i favorevoli che i contrari. Alcuni critici vedono questo spiazzamento come un modo per avere la botte piena e la moglie ubriaca, soddisfacendo, in un sol colpo, i bisogni della cultura "alta" e di quella di massa. Sull'onda del medesimo scetticismo, gli stessi critici vedono la posizione anti-ideologica di Richter, o la postura impassibile di Ruscha, come equivalenti dell'indifferenza politica; parimenti, l'indagine fatta dall'uno sulla sembianza fotogenica, o quella dell'altro sulla "patina di celluloide", come un camuffamento della spettacolarizzazione sotto le mentite spoglie dell'arte. Non è certo il mio punto di vista, ma ha le sue ragioni, e non ho voluto cercare di negarle.

Detto questo, tale critica non sembra cogliere l'elemento protettivo che questi artisti cercano nell'estetica del "neutro"; peggio ancora, essa sembra ignorare le limitazioni politiche della pop art, che sono un fattore strutturale alla sua posizione culturale, in relazione non solo alla diffusione globalizzata del business dell'arte, ma anche a una società fatta di classi, le cui divisioni quest'arte sa talvolta nascondere, talvolta denunciare. La stessa ambivalenza della pop art nei confronti della cultura "alta" e di quella "bassa" è a sua volta duplice: il più delle volte, anziché pretendere di accontentare l'una e l'altra, la pop valorizza entrambe le culture, e al tempo stesso introduce un minimo di dubbio sulla nostra capacità di relazionarci con esse. In alcuni casi, e su questo voglio insistere, la pop art mette in luce le contraddizioni della cultura, e lo fa in modi che producono, a tutti gli effetti, consapevolezza critica.

Ho scelto pertanto di dare spazio alle punte di critica riscontrabili in quest'arte, e di conseguenza ho perlopiù trascurato il puro compiacimento che essa pure ha dimostrato nei confronti della cultura popolare. Del resto il compiacimento stesso è intermittente, e se pure ha una sua politica, si tratta di una politica leggera, una politica che dopo i postumi della pop art, sembra oggi alle corde, soprattutto nell'arte di veri e propri *avatar* di Warhol come Jeff Koons, Damien Hirst e Takashi Murakami. La politica pop su cui mi sono invece soffermato è calibrata in modo differente, centrata com'è su tutto ciò che è messo in comune, incluso il nostro immaginario condiviso, inteso (forse in modo perverso) come una tipologia moderna di "proprietà collettiva". Certo, questa comunanza è spesso degradata, e questo "comun-ismo" crea più di un problema. Sicuramente però, non è quasi mai utopico: anzi, se prendiamo Warhol o Ruscha come guida, ci appare semmai distopico.

Proprio il "comun-ismo" è una delle fissazioni che non mi aspettavo inizialmente, e un'altra è quella sensazione, quell'umore generale che questa tendenza tradisce, un sentimento poco notato solitamente: è la disperazione della pop art, l'autentico rovescio della medaglia del suo compiacimento. Si pensi all'invocazione iniziale fatta da Alison e Peter Smithson, affinché si prendessero "le misure" dei nuovi media, in modo da tener loro testa, seguita dall'avvertimento di Hamilton: "Se l'artista non vuol perdere troppo della sua antica missione, dovrà probabilmente depredare le arti popolari per recuperare quell'immaginario che costituisce la sua giusta eredità". Cresciuti a pane e "nuovi media, *dentro* la cultura popolare, gli americani sono probabilmente i più esperti in questo campo, ma anche loro sono stati sfidati a questo confronto, tanto che a detta dei primi fruitori Lichtenstein, come Warhol, appariva come travolto dai suoi soggetti di massa, per quanto poco gliene importasse. In altri casi, i miei artisti sembrano messi a disagio dal termine opposto, costituito dall'arte "alta", dalla tradizione del *tableau*, dall'"antica missione" dell'artista. Il più delle volte, hanno adottato la pittura in modo strategico, come una sorta di meta-medium, sufficientemente distante dai nuovi media e dalla cultura di massa per "prendere le misure" ad entrambi; altri hanno cercato, senza ironia, di essere considerati grandi pittori in sé (Richter di sicuro, Hamilton e

Lichtenstein probabilmente, forse Ruscha). Questo porta a un altro doppio legame che li ha condotti occasionalmente alla disperazione del paradosso: essere considerati al contempo i pionieri della prima età pop e gli ultimi arrivati della tradizione baudelairiana della pittura moderna. Infine non mancano i casi in cui l'impassibilità della pop art corrisponde a una disperazione vera e propria, constatabile anche nella sua forzata impersonalità, nella sua stessa ambivalenza, ovvero in quella già citata duplicità rispetto all'arte "alta" e "bassa" che ha probabilmente le radici in una tormentata collocazione politica. "Non solo sarei felice di essere vittima" ha scritto Baudelaire, "ma non mi dispiacerebbe essere carnefice"[1]. Warhol, Hamilton o Richter avrebbero potuto tranquillamente confessare lo stesso crimine, sebbene non con lo stesso linguaggio.

Ho messo in evidenza due strategie della pop art che possono benissimo essere indici di disperazione. Benché i miei artisti abbiano ripetutamente ripreso le immagini-*cliché* della cultura popolare, l'hanno fatto in molti casi con l'intenzione di de-reificarle, rendendo il *cliché* de-familiarizzato e quindi de-automatizzato (come Ruscha), oppure portandolo all'eccesso e facendolo così esplodere (come Lichtenstein). Anche questa è una fissazione che non avevo messo in preventivo, e che in realtà ne rivela un'altra ancora: fin dall'inizio, i critici hanno visto chi aderiva alla pop art come sempliciotti manipolati dai media, veri e propri zombie dell'arte. A mio modo di vedere, al contrario, gli artisti in questione sono non solo smaliziati, ma sono anche eccellenti teorici dei media. Ciascuno di loro, come cerco di dimostrare, ha prodotto una versione personale dell'immagine artistica come sonda mimetica dentro una matrice precostituita di linguaggi culturali, alti e bassi, una sonda assai complessa sia nella sua natura che nella sua leggibilità, a dispetto dell'impressione di scontatezza.

Proprio questa complessità fa emergere un'ultima fissazione: come questi artisti sono messi alla prova, così mettono alla prova a loro volta. Rimettono in discussione la tradizione del *tableau*, con i suoi criteri di composizione pittorica e le sue finalità di unificazione del soggetto, ma anche la stessa cultura popolare e la trasformazione del soggetto postbellico in *homo-imago*, con nuove forme di alfabetizzazione da apprendere, e un nuovo ordine simbolico da negoziare. C'è un intimo logorio che pervade il soggetto inteso come immagine (e viceversa), e i miei artisti non fanno che mettere sotto ulteriore pressione queste usurate relazioni. Come abbiamo visto, sono anche impegnati ad allenare e testare il soggetto tramite diverse tecnologie: la fotografia, il cinema, la televisione, e così via. Nel fare questo, non mancano di riflettere su una società fatta di test che sta nascendo, dal complesso militare-spettacolare parodiato da Lichtenstein alla *factory* neoliberale così eccentricamente preconizzata da Warhol. L'ultima parola su pittura e soggettività nella prima età pop, forse, spetta proprio a lui, ed è tratta da un libro pubblicato appena due anni prima della sua morte, *America* (1985): "Ho sempre pensato che la mia lapide mi piacerebbe muta. Niente epitaffi, niente nome. Anzi, in realtà mi piacerebbe che vi fosse scritto 'proiezione mentale'".

1. Baudelaire: "Non solo sarei felice di essere vittima, ma non mi dispiacerebbe essere carnefice, - per sentire la Rivoluzione in due modi! Abbiamo tutti lo spirito repubblicano nelle vene, come la sifilide nelle ossa. Siamo Democratizzati e Sifilizzati" (*Oeuvres*, II, p. 728, trad. it. in *La capitale delle scimmie*, Mondadori, Milano 2002, p. 143). In *La Parigi del secondo Impero in Baudelaire*, Benjamin cita questo appunto, e commenta: "Potremmo definire questi spunti di Baudelaire la metafisica del provocatore" (in *Opere complete*, VII, p. 103). A mio modo di vedere, questa tradizione del provocatore tra il dandy e il diabolico percorre il Dada e arriva fino alla pop art (con alcune fermate intermedie). È assai pronunciata, ad esempio, nel lavoro del dadaista zurighese Hugo Ball, che nei propri diari impersona consapevolmente questa maschera baudelairiana, come nella nota datata 20 settembre 1915. "Posso immaginare un tempo in cui cercherò l'obbedienza tanto quanto ho cercato la disobbedienza, fino in fondo". Da un'altra prospettiva, Benjamin colloca Baudelaire come l'"ultimo" poeta lirico; fatta eccezione per Richter, la dimensione lirica non è particolarmente contemplata dalla pop art. Lo è, invece, l'impegno verso la modernità, come ho cercato di sottolineare in questo libro.

Pop Art
Pittura e soggettività nelle prime opere di Hamilton,
Lichtenstein, Warhol, Richter e Ruscha
di Hal Foster

postmedia books 2016

Crediti fotografici e copyright
Il permesso di riprodurre le illustrazioni è stato concesso dai detentori dei diritti, come indicato nelle didascalie.
Riportiamo qui di seguito ulteriori indicazioni di copyright e crediti fotografici. Per tutte le immagini relative a
Lichtenstein, Courtesy Estate of Roy Lichtenstein. Per le immagini relative a Richter, courtesy Gerhard Richter e
Marian Goodman Gallery, New York / Parigi. Per le immagini di Hamilton; Courtesy Richard Hamilton; Courtesy
Scala / Art Resource, NY; Per le immagini di Warhol; Courtesy by SIAE, The Andy Warhol Museum e Robert Berman /
E6 Gallery (per le foto di Duchamp al Pasadena Art Museum). Per le immagini di Ruscha, Courtesy Ed Ruscha.

Finito di stampare nel mese di ottobre 2016
presso Ediprima, Piacenza

Postmedia Srl
Milano

www.postmediabooks.it

9 788887 490160 9